Lynch 3 – Der Weg zum Börsenerfolg

Peter Lynch – John Rothchild

LYNCH 3

Der Weg zum Börsenerfolg

Börsenbuchverlag

Die Originalausgabe erschien unter dem Titel
Learn to Earn: A Beginner's Guide to the Basics of Investing and Business
bei Simon & Schuster, New York.
ISBN 0-684-81163-4

2. Auflage 2025

Übersetzung: Bernhard H. Steinebrunner, Walter Hofmann
Satz: Andreas Schubert
Lektorat: Egbert Neumüller
Korrektorat: Elke Sabat
Druck: GGP Media GmbH, Pößneck

ISBN 978-3-86470-685-1

Bibliografische Information der Deutschen Nationalbibliothek:
Die Deutsche Nationalbibliothek verzeichnet diese Publikation in der Deutschen Nationalbibliografie; detaillierte bibliografische Daten sind im Internet über <http://dnb.d-nb.de> abrufbar.

BÖRSEN MEDIEN
AKTIENGESELLSCHAFT

Postfach 1449 • 95305 Kulmbach
Tel: +49 9221 9051-0 • Fax: +49 9221 9051-4444
E-Mail: buecher@boersenmedien.de
www.boersenbuchverlag.de
www.facebook.com/boersenbuchverlag

*Gewidmet den Lynch-Kindern (Mary, Annie, Beth),
den Rothchild-Kindern (Chauncey, Berns, Sascha)
und allen beginnenden Investoren, jung und alt.*

INHALTSVERZEICHNIS

DANK UND ANERKENNUNG

Die folgenden Personen verdienen besondere Erwähnung und Anerkennung für die Hilfe bei den Nachforschungen und der Überprüfung von Tatsachen, die sie für dieses Buch leisteten: Kathy Johnson, Charlene Niles, Deborah Pont, alle vom Stab des Magazins *Worth*; Peggy Malaspina und ihre Mitarbeiter bei Malaspina Communications: Lyn Hadden, Karen Perkuhn, Elizabeth Pendergast und Susan Posner.

Bei Fidelity und dessen verschiedenen Quellen: Robert Hill, Bart Grenier, Suzanne Connelly, Tim Burke, Evelyn Flynn, Shirley Guptill, Bob Beckwitt, Julian Lim, Debbie Clark, Jeffrey Todd und Denise Russell. Bei der Securities Research Corporation: Donald Jones und sein Stab.

Wir möchten auch dem Mitarbeiterstab der Wellesley-Bibliothek und der Bibliothek des Babson College danken; außerdem Joan Morrissey von der St. Agnes School; David Berson von Fannie Mae; Nancy Smith, Direktorin der Investoren-Weiterbildung bei der Securities and Exchange Commission; unseren beiden Agentinnen Doe Coover und Elizabeth Darhansoff sowie unserem Redakteur Bob Sender und seiner Assistentin Johanna Li.

VORWORT

Die Junior High Schools und High Schools in den USA haben vergessen, eines der wichtigsten Fächer in ihren Lehrplan aufzunehmen: das Investieren. Das ist ein himmelschreiendes Versäumnis. Geschichte ist ein Lehrfach, jedoch nicht die Teile über das enorme Voranschreiten des Kapitalismus und die Rolle, die große Aktiengesellschaften bei der Veränderung (meist Verbesserung) der Welt, in der wir leben, spielten. Es wird Mathematik unterrichtet, aber nicht ein Kapitel darüber, wie einfache Arithmetik herangezogen werden kann, um uns die Geschichte eines Unternehmens nahezubringen und herauszufinden, ob es mit seinen Bestrebungen Erfolg haben oder scheitern wird und ob wir einen Gewinn davon haben werden, Aktien dieses Unternehmens zu besitzen.

Es gibt Kurse in Hauswirtschaft: wie man näht, wie man einen Truthahn zubereitet, sogar wie man das Geld in der Haushaltskasse klug einteilt und nicht mehr Schecks ausstellt, als das Guthaben beträgt. Oft wird aber nicht erwähnt, dass das Sparen schon in jungen Jahren der Schlüssel zu späterem Wohlstand ist, dass das Anlegen des gesparten Geldes in Aktien neben dem Kauf eines Hauses den klügsten Schritt darstellt, den eine Person machen kann, und dass sich langfristig gesehen die Verhältnisse stets umso günstiger gestalten, je früher man mit dem Sparen und dem Investieren in Aktien beginnt.

Patriotismus wird den Schülern beigebracht, aber dabei wird mehr von Armeen und Kriegen, von Politik und den Regierungen erzählt als von den Millionen kleinen und großen Unternehmen, die der Schlüssel zu unserem Wohlstand und unserer Stärke als Nation sind. Ohne Investoren, die das Geld zur Verfügung stellen, um neue Unternehmen zu gründen, die neue Arbeitskräfte einstellen, oder die bereits lange bestehenden Unternehmen helfen, damit sie weiterwachsen, ihre Effizienz steigern sowie höhere Löhne und Gehälter zahlen können, würde die Welt, wie wir sie kennen, zusammenbrechen; es gäbe für niemanden Arbeit, und die Vereinigten Staaten und der Rest der Welt würden in eine schlimme Lage geraten.

Während der letzten fünf Jahre ereignete sich in dem Teil der Welt, den man den Ostblock nannte – in den Ländern hinter dem Eisernen Vorhang – etwas Gewaltiges. Die Bürger jener Länder erhoben sich, stürzten ihre Regierungen und jagten ihre kommunistischen Führer fort, alles in der Hoffnung, irgendwann einmal ihr Los und ihr Schicksal bessern zu können. Sie wünschen sich Demokratie, Redefreiheit und Religionsfreiheit; und neben diesen freiheitlichen Bürgerrechten verlangen sie auch Handlungsfreiheit. Dazu gehört das Recht, Dinge herzustellen, zu verkaufen, Dinge kaufen zu können; das Recht, ein Haus, eine Wohnung, ein Auto oder ein Geschäft als Eigentum besitzen zu dürfen; alles Rechte, die bis vor Kurzem für etwa die Hälfte der Menschheit nicht bestanden.

Die Sowjetbürger und die Osteuropäer marschierten, demonstrierten, riefen Streiks aus, organisierten, agitierten und kämpften, so hart sie nur konnten, um ein Wirtschaftssystem zu bekommen, das wir bereits lange besitzen. Viele Menschen wurden während dieser Kämpfe ins Gefängnis geworfen und viele verloren sogar ihr Leben. In unseren eigenen Schulen unterrichten wir aber nicht, auf welchen Grundlagen dieses System funktioniert, was gut daran ist und wie man es nutzen kann, indem man zum Investor wird.

Investieren macht Spaß. Es ist interessant. Mehr darüber zu lernen kann auf mehrfache Weise eine bereichernde Erfahrung werden. Die

Geldanlage kann Sie auf den Weg zum Wohlstand für Ihr weiteres Leben bringen, aber die meisten Menschen finden erst dann ein wenig Geschmack daran, wenn sie schon die Mitte des Lebens erreicht haben, eine Lesebrille benötigen und öfter einen längeren Gürtel und größere Hemden kaufen müssen, weil der Leibesumfang zunimmt. Zu diesem Zeitpunkt entdecken sie die Vorteile des Aktienbesitzes, und sie wünschen sich, schon früher etwas darüber gewusst zu haben.

In unserer Gesellschaft waren es vor allem die Männer, die den größten Teil der Finanzen handhabten, und die Frauen standen an der Seite und sahen zu, welche Fehler die Männer machten. Aber alles, was ein Mann bei der Geldanlage kann, kann eine Frau auch. Investmentgeschick vererbt sich nicht über Chromosomen. Wenn Sie also hören, dass über jemanden gesagt wird, er sei „ein geborener Investor", dann glauben Sie das nicht. Der geborene Investor ist eine Märchenfigur.

Die Grundlagen sind einfach und leicht zu begreifen. Grundsatz Nummer 1 lautet, dass Ersparnisse gleich Investments sind. Geld, das Sie in einem tönernen Sparschwein oder in einem Einmachglas aufbewahren, zählt nicht als Investment, aber jedes Mal, wenn Sie Geld bei der Bank einzahlen oder Anleihen oder Aktien einer Gesellschaft kaufen, investieren Sie. Irgendeine andere Person wird das Geld nehmen und es dazu verwenden, neue Läden, neue Häuser oder neue Fabriken zu bauen – Vorgänge, die Arbeitsplätze schaffen. Mehr Arbeitsplätze bedeuten mehr Lohnzahlungen. Falls jene Arbeitnehmer sich dazu durchringen können, einen Teil ihrer Einkünfte zur Seite zu legen und dann zu investieren, setzt sich der ganze Vorgang immer weiter fort.

Es ist immer dieselbe Geschichte, in jeder Familie, jedem Unternehmen und jedem Land. Ob es nun Belgien ist oder Botswana, China oder Chile, Mosambik oder Mexiko, General Motors oder General Electric, Ihre Familie oder meine: Diejenigen, die sparen und für die Zukunft investieren, werden in Zukunft wohlhabender sein als diejenigen, die einfach aus dem Haus gehen und alles Geld ausgeben, das sie in die Finger bekommen. Warum sind die Vereinigten Staaten so ein reiches

Land? In einem bestimmten Zeitraum hatten wir eine der höchsten Sparquoten der Welt.

Ihnen haben sicher schon viele Menschen erzählt, wie wichtig es ist, sich eine gute Ausbildung zu verschaffen, damit man eine vielversprechende Karriere einschlagen kann, die wiederum mit einem guten Gehalt verbunden ist. Vielleicht haben sie Ihnen aber noch nicht erzählt, dass langfristig gesehen Ihr zukünftiger Wohlstand nicht nur davon beeinflusst wird, wie viel Geld Sie verdienen. Es kommt vielmehr darauf an, wie viel von jenem Geld Sie für sich arbeiten lassen, indem Sie es sparen und investieren.

Die beste Zeit, um mit der Geldanlage anzufangen, sind Ihre jungen Jahre, und das werden wir später noch im Einzelnen besprechen. Je mehr Zeit Sie zur Verfügung haben, während der Ihre Investitionen wachsen, desto größer wird das Vermögen sein, das Sie schließlich besitzen werden. Diese Einführung in das Finanzwesen ist jedoch nicht nur für junge Leute bestimmt. Es gibt in allen Altersstufen angehende Investoren, die Aktien als verwirrend empfinden und noch keine Gelegenheit hatten, die Grundlagen dieser Art von Investition kennenzulernen.

Die Menschen leben heute länger als früher, was auch bedeutet, dass sie während eines viel längeren Zeitraums Rechnungen bezahlen müssen, als man es früher gewohnt war. Wenn ein Ehepaar 65 Jahre alt wird, hat es gute Aussichten, auch 85 Jahre alt zu werden, und wenn sie es bis zum Alter von 85 schaffen, besteht durchaus die Möglichkeit, dass mindestens einer der Ehepartner ein Alter von 95 Jahren erreichen wird. Diese Menschen werden zusätzliches Geld brauchen, um ihren Lebensunterhalt zu bestreiten, und der sicherste Weg, es zu bekommen, führt über das Investieren.

Es ist durchaus nicht zu spät, im Alter von 65 mit dem Investieren zu beginnen. Die Menschen, die heute 65 Jahre alt sind, haben möglicherweise 25 weitere Lebensjahre vor sich, in denen ihr Geld weiterwachsen kann, damit sie auch die zusätzlichen Rechnungen dieser 25 Jahre bezahlen können.

Falls Sie im Augenblick erst 15 oder 20 Jahre alt sind, können Sie sich vermutlich den Tag kaum vorstellen, an dem Sie 65 Jahre alt werden. Falls Sie aber das Sparen und Investieren zu einer Gewohnheit machen, dann wird Ihr Geld an jenem Tag rund 50 Jahre lang für Sie gearbeitet haben. 50 Jahre lang Geld zur Seite zu legen wird erstaunliche Ergebnisse liefern, selbst wenn Sie immer nur kleine Beträge sparen.

Je mehr Sie investieren, desto besser wird Ihre Lage sein; und die Nation wird auch besser dastehen, denn Ihr Geld wird neue Unternehmen und neue Arbeitsplätze schaffen.

EINFÜHRUNG

Unternehmen um uns herum

Wenn zwei oder mehr Personen zusammen geschäftlich tätig sein wollen, gründen sie oft eine Gesellschaft. Die meisten Firmen in der ganzen Welt haben die Rechtsform einer Gesellschaft. In den Vereinigten Staaten und vielen anderen Ländern nennt sich eine Kapitalgesellschaft oft „Corporation". Dieses Wort kommt von dem lateinischen Wort „corpus", deutsch „Körper". In unserem Fall bedeutet es etwa „Gruppe", also eine Gruppe von Personen, die sich zusammenschließen, um Geschäfte zu betreiben. Wie die Organe und Glieder eines Körpers zusammenwirken, um eine lebende Person zu bilden, so arbeiten die Mitglieder einer Gesellschaft zusammen, um das Ziel der Geschäfte zu erreichen.

In den Vereinigten Staaten ist die Gründung einer Gesellschaft, einer Corporation, ziemlich einfach. Man braucht nur eine verhältnismäßig niedrige Gebühr zu entrichten und einige Anträge und Papiere in demjenigen der 50 Bundesstaaten einzureichen, in dem man den gesetzlichen Sitz der Gesellschaft errichten will. Der Staat Delaware, an der Ostküste in der Nähe der Bundeshauptstadt Washington, ist hierfür sehr beliebt, weil die Gesetze dieses Staates nicht so umfangreich und streng sind und deshalb die Gründung von Gesellschaften begünstigen. Jedes Jahr werden in den 50 Bundesstaaten der Vereinigten Staaten Tausende von Gesellschaften gegründet. Wenn dem Namen der Gesellschaft die Buchstaben „Inc." folgen, dann besagt das, dass diese Gesellschaft die Anträge und Papiere eingereicht hat, um eine „Corporation" zu bilden. „Inc." ist die abgekürzte Schreibweise für „incorporated".

Vor dem Gesetz ist eine Corporation eine sogenannte „juristische Person", die auch für eine Übertretung der Gesetze, meist durch die Verhängung einer Geldstrafe, bestraft werden kann. Dieser Punkt ist einer der Hauptgründe, warum Geschäftsinhaber sich die Mühe machen, eine Corporation zu gründen. Wenn sie einen Fehltritt begehen und daraufhin Anklage erhoben wird, dann muss die Gesellschaft ihren Buckel hinhalten und die Geschäftsinhaber sind „aus dem Schneider".

Erinnern Sie sich beispielsweise an die Umweltkatastrophe in Alaska vor einigen Jahren, als der Tanker „Exxon Valdez" auf einen unterseeischen Felsen lief und sich aus dem entstandenen Leck mehr als 30 Millionen Liter Rohöl in den Prinz-William-Sund ergossen? Dieses Unglück verursachte eine gewaltige Verschmutzung des Meeres und der Küste, deren Beseitigung mehrere Monate dauerte. Der Tanker gehörte der Firma Exxon, der drittgrößten Gesellschaft der Vereinigten Staaten. Zu jenem Zeitpunkt hatte Exxon Hunderttausende von Aktionären, die alle Teilbesitzer des Unternehmens waren.

Wenn Exxon nicht „incorporated" – also eine Aktiengesellschaft – gewesen wäre, hätten alle diese Leute einzeln verklagt werden können und vielleicht die ganzen Ersparnisse ihres Lebens oder einen Teil davon aufgrund einer Verschmutzung der Umwelt durch Öl eingebüßt, an der sie selbst gar keine Schuld trugen. Selbst wenn die Gerichte zu dem Schluss gekommen wären, dass Exxon unschuldig an der Angelegenheit gewesen sei, hätten die Aktionäre zumindest doch die Kosten für die Verteidigung bezahlen müssen. (In den Vereinigten Staaten und in vielen anderen Ländern ist man zwar unschuldig, bis die Schuld nachgewiesen wurde und ein Schuldspruch ergeht, aber die Rechtsanwälte muss man in jedem Fall bezahlen.)

Das ist das Schöne an einer Aktiengesellschaft: Sie kann verklagt werden, und auch gegen die Manager und Direktoren kann Klage erhoben werden, aber die Eigentümer – die Aktionäre – sind geschützt vor diesen Unannehmlichkeiten. Sie können zunächst nicht verklagt werden. In England setzen derartige Gesellschaften das Wort „Limited“ (abgekürzt: Ltd.) hinter ihren Namen, was deutsch „beschränkt“ heißt. Dieser Zusatz bedeutet, dass genauso wie in den Vereinigten Staaten die Haftung der Eigentümer beschränkt ist. (Jetzt wissen Sie, was die Buchstaben „Ltd.“ bedeuten, wenn Sie einmal jemand danach fragen sollte.)

Die soeben geschilderten Verhältnisse sind eine entscheidende Schutzvorkehrung unseres kapitalistischen Systems. Wenn nämlich die Aktionäre jedes Mal, wenn der Gesellschaft ein Fehler oder ein Versehen unterläuft, vor Gericht gestellt werden könnten, würden Sie und ich uns ganz gewaltig davor fürchten, Aktien zu kaufen und Anleger zu werden. Warum sollten wir uns auch dem Risiko aussetzen, verantwortlich gemacht zu werden für die nächste große Ölkatastrophe oder ein Rattenhaar in einem Hamburger oder für sonst irgendeinen der unzähligen Fehler und Irrtümer, die sich täglich im Geschäftsleben ereignen? Ohne beschränkte Haftung würde kein Mensch auch nur eine einzige Aktie kaufen wollen.

Privatunternehmen und Aktiengesellschaften

Die weitaus überwiegende Zahl von Unternehmen in der freien Welt sind Privateigentum. Sie sind im Besitz einer Einzelperson oder einer kleinen Gruppe von Personen, und oft handelt es sich um Familienbetriebe. Verstreut über Amerika und die ganze Welt können Sie in jeder größeren Straße in jedem Dorf oder jeder Stadt Geschäfte finden, die im Privatbesitz sind: Friseursalons, Fahrradhändler, Kfz-Reparaturwerkstätten, Gaststätten, Bars, Cafés, Schreibwarengeschäfte, Antiquitätenläden, Buchhandlungen, Fotogeschäfte, Uhrmachergeschäfte, Juweliere, Gebrauchtwagenhändler und viele andere. In den Vereinigten Staaten und manchen anderen Ländern sind auch die meisten Krankenhäuser und Universitäten in privater Hand.

Alle diese Geschäfte und Betriebe sind insofern Privatunternehmen, als sich die Allgemeinheit nicht mit Geld an ihnen beteiligen kann. Wenn Sie in einem Gasthaus in einer Kleinstadt oder in den Ferien auf einem Bauernhof übernachten, Ihr Zimmer gemütlich war, Sie gut geschlafen haben und das Frühstück einladend und fröhlich aufgetragen wurde, dann können Sie nicht gut an der Tür des Besitzers klopfen und darum bitten, dass er Sie als Geschäftspartner aufnimmt. Wenn Sie mit den Eigentümern nicht verwandt sind oder der Besitzer nicht einen Sohn oder eine Tochter hat, der/die Sie heiraten will, sind ihre Aussichten, in Zukunft an diesem Betrieb teilzuhaben, praktisch gleich null.

Ganz anders ist die Lage jedoch, wenn Sie in einem Marriott-Hotel oder in einem Hilton-Hotel übernachten und Ihnen die ganze Aufmachung und die Atmosphäre gut gefallen haben. Sie brauchen nicht an irgendwelche Türen zu klopfen und zu warten, bis „Herein!“ gerufen wird, und Sie brauchen auch nicht die Tochter oder den Sohn von irgendjemandem zu heiraten, um Miteigentümer zu werden. Sie brauchen nur die Wertpapierabteilung einer Bank oder ein Zweigbüro einer Börsenmaklerfirma anzurufen und einen Auftrag zum Kauf von entsprechenden Aktien zu erteilen. Die Aktien der Unternehmen Marriott und Hilton werden an der Börse gehandelt. Jedes Unternehmen, zu dem die Öffentlichkeit auf diese Weise Zugang und Zugriff hat, ist eine Aktiengesellschaft.

(In den meisten Ländern der freien Welt gibt es mehr Privatunternehmen als Aktiengesellschaften. Diese sind aber meist sehr viel größer als die Privatunternehmen, und deshalb arbeiten die meisten Menschen für Aktiengesellschaften.)

Von einer Aktiengesellschaft (AG) können Sie und Ihre Eltern und Tante Lisa und der Nachbar auf der anderen Straßenseite freizügig Aktien kaufen und dadurch Miteigentümer werden. Nachdem Sie den Kaufpreis bezahlt haben, erhalten Sie eine Aktie als Beweis dafür, dass Sie nun Miteigentümer sind. Dieses Stück Papier hat einen echten Wert. Sie können es beliebig wieder verkaufen.

Eine AG ist die demokratischste Einrichtung der Welt, wenn es darum geht, Miteigentümer zu werden. Sie ist ein sehr gutes Beispiel für den Spruch: „Gleiches Recht für alle." Es spielt keine Rolle, ob Sie Weißer, Farbiger oder Asiate sind, ob Sie Mann oder Frau sind, welche Religion Sie haben, unter welchem Tierkreiszeichen Sie geboren wurden, welche Staatsangehörigkeit Sie haben oder ob schwarze oder blonde Haare auf Ihrem Kopf wachsen.

Selbst wenn der Generaldirektor der Hamburger-Kette McDonald's aus irgendeinem Grund wütend auf Sie sein sollte, kann er Sie nicht daran hindern, Anteilseigner von McDonald's zu werden. Die Aktien werden frei an den Börsen der Welt gehandelt, an fünf Tagen der Woche, in den Vereinigten Staaten sechseinhalb Stunden je Tag, und jeder beliebige Mensch, der das Bargeld dafür hat und den gängigen Kurs bezahlt, kann so viele Aktien kaufen, wie er will. Das trifft für McDonald's zu und auch für die 13.000 weiteren Aktiengesellschaften in den USA (und für 1.747 Firmen in Großbritannien, für 724 Firmen in Frankreich und für 690 Firmen in der Bundesrepublik Deutschland). Die Zahl solcher Firmen wächst ständig weiter, und vom frühen Morgen bis zum späten Abend kommen Sie mit ihnen in Berührung. Sie können ihnen meist gar nicht ausweichen.

Was haben Nike und Reebok, General Motors, United Airlines, The Gap, Coca-Cola, die Boston Celtics, Staples, Wendy's, Harley-Davidson, Sunglass Hut, Kodak, Fuji, Wal-Mart, Rubbermaid, Time Warner und Winnebago gemeinsam? Sie sind alle Aktiengesellschaften. Sie können das Alphabet von A bis Z Dutzende Male durchgehen und für jeden Buchstaben Aktiengesellschaften finden.

Zu Hause, auf der Straße, in der Schule und in den Einkaufszentren können Sie es gar nicht vermeiden, auf eine große Zahl von Erzeugnissen von Aktiengesellschaften zu stoßen. Nahezu alles, was Sie essen, anziehen, lesen, dem Sie zuhören, mit dem Sie fahren, auf dem Sie liegen oder mit dem Sie die Zähne putzen und gurgeln, wird von einem solchen Unternehmen hergestellt. Das Parfüm, das Sie benutzen, der

Nagellack, den Sie auftragen, und die Nüsse, die Sie essen, kommen von Aktiengesellschaften, die Sie mitbesitzen können. Beginnen wir einmal mit dem Aufwachen am Morgen: Die Bettlaken in Ihrem Bett kommen von einer großen Textilfirma, das Uhrenradio von Siemens oder Sony, die Toilettenschüssel und die Waschbecken von einer großen Keramikfirma, die Zahnpasta und das Shampoo von Procter & Gamble, die Rasierklingen von Gillette, die Seife von Colgate-Palmolive. Die Baumwolle und die Kunstfaser oder Wolle Ihrer Kleidung, die Sie dann anlegen, wurde in großen Spinnereien und Webereien verarbeitet, mit Farben großer Chemiekonzerne gefärbt und ausgerüstet. Vielleicht haben Sie die Dinge mit einer Visa-Kreditkarte der Citibank bezahlt.

Wenn Sie sich zum Frühstück niedersetzen, essen Sie vielleicht zuerst eine Banane von Chiquita und trinken Orangensaft von Seagram, besser bekannt für Whiskey als für Fruchtsaft. Die Pop-Tarts und Waffeln kommen von Kellogg's und das Entenmann's-Gebäck von Philip Morris, das neben den Marlboros außerdem auch noch Kraft-Käse und Oscar-Mayer-Wurst produziert. Der Toaster, die Kaffeemaschine und der Kühlschrank stammen vielleicht von Siemens oder sonst einer großen Aktiengesellschaft.

Zum Mittagessen trinken Sie vielleicht ein Getränk, das Brau und Brunnen geliefert hat. Coca-Cola und Pepsi-Cola sind Aktiengesellschaften, und Pepsi besitzt auch noch die Restaurantkette Pizza Hut. Wenn Sie nach Hause kommen und zum Telefon greifen, um einen Freund oder eine Freundin anzurufen, dann nehmen Sie die Dienste der Telekom, einer großen deutschen Aktiengesellschaft, in Anspruch. Am Abend treten Sie in ein Schnellrestaurant von McDonald's oder von Burger King ein, einer Tochterfirma der britischen Aktiengesellschaft Grand Metropolitan. Ihr Fernseher, die Lampen und die Hi-Fi-Anlage, einschließlich der CDs, wurden jeweils von einer Aktiengesellschaft hergestellt. CNN, dessen Sendungen Sie im Fernsehen verfolgen, ist eine Tochterfirma der Aktiengesellschaft Turner Broadcasting.

Aktiengesellschaften stellen die meisten Artikel her, für die im Fernsehen geworben wird, und auch die Werbesendungen selbst werden oft von Aktiengesellschaften produziert.

Es ist leichter, tausend Namen von großen Firmen, die Aktiengesellschaften sind, herunterzurasseln, als zehn Weltfirmen zu nennen, die noch in Privathand sind. Die Süßwarenfirma Mars, die die Mars-Riegel, Snickers und Milky Way herstellt, ist eine solche, ebenso wie die Firma Levi Strauss, von der Jeans-Kleidung kommt.

Fast von jeder Kaufhauskette, von jedem großen Hersteller, von vielen Firmen für Markenartikel können Sie Miteigentümer werden. Das ist gar nicht so kostspielig, wie Sie denken. Etwa für die Eintrittsgebühr eines Tages im „Magic Kingdom" können Sie sich bereits bei Disney einkaufen, und eine Aktie von McDonald's gibt es schon für den Gegenwert von etwa 20 Big Macs mit Pommes.

Unabhängig davon, wie alt oder jung Sie sind und wie viele Aktien Sie während Ihres Lebens kaufen, können Sie immer daran Spaß haben, in ein McDonald's-Restaurant oder ein Kaufhaus oder eine Tankstelle einzutreten und zuzusehen, wie die Kunden Schlange stehen, um die Waren zu erwerben. Sie können sich dann darüber freuen, dass ein Teil des Gewinns in Ihren eigenen Geldbeutel wandern wird.

Dies ist ein wichtiger Teil unseres „Way of Life", von dem die Gründerväter vor mehreren Hundert Jahren kaum träumen konnten. In den Vereinigten Staaten sind über 50 Millionen Männer, Frauen und Kinder Miteigentümer von mehr als 13.000 verschiedenen Aktiengesellschaften. Die Möglichkeit, Miteigentümer zu werden, ist die großartigste Methode, Massen von Menschen am Wachstum und Wohlstand eines Landes teilnehmen zu lassen. Das funktioniert in beide Richtungen. Wenn ein Unternehmen Aktien anbietet und verkauft, verwendet es das eingehende Geld dazu, neue Läden zu eröffnen oder neue und modernere Fabriken zu bauen oder seine Herstellungsverfahren zu verbessern, damit es mehr oder bessere Erzeugnisse an mehr Kunden verkaufen und den Gewinn steigern kann. Wenn die Gesellschaft wächst und vermögender wird, dann steigen ihre Aktien im Kurs, und damit werden die Anleger dafür belohnt, dass sie einen Teil ihres Geldes in einer so sinnvollen Weise angelegt haben.

Eine blühende Gesellschaft kann auch ihren Beschäftigten höhere Löhne und Gehälter bezahlen. Sie wird auf die gestiegenen Gewinne auch mehr Steuern entrichten. Die Regierung wird dann mehr Geld für Schulen, Straßenbau, Umweltschutz und Kindergeld und für viele andere Vorhaben, die der Gemeinschaft nützen, zur Verfügung haben. Diese ganze Abfolge von günstigen Entwicklungen beginnt dort, wo Menschen wie Sie etwas Geld in eine Aktiengesellschaft investieren.

Die Investoren sind das erste Glied in der kapitalistischen Kette der Wirtschaft. Je mehr Geld Sie sparen können und je mehr davon Sie zum Kauf von Aktien guter Gesellschaften verwenden, desto besser wird es Ihnen später voraussichtlich ergehen; denn wenn Sie Ihre Gesellschaften klug aussuchen und nicht ungeduldig werden, dann werden Ihre Anteile in der Zukunft wesentlich mehr wert sein als die Summe, die Sie ursprünglich dafür bezahlt haben.

KAPITEL 1

EIN KURZER RÜCKBLICK AUF DIE GESCHICHTE DES KAPITALISMUS

Die Morgenröte des Kapitalismus

Kapitalismus liegt vor, wenn Menschen Dinge erzeugen und für Geld verkaufen. Vielleicht erbringen sie für Geld auch Dienstleistungen. Während des größten Teils der bisherigen Geschichte der Menschheit war der Kapitalismus unbekannt, denn die große Masse der Weltbevölkerung bekam nie Geld in die Hand. Über Tausende von Jahren hinweg lebte der durchschnittliche Mann oder die durchschnittliche Frau ein ganzes Leben lang, ohne jemals einen einzigen Gegenstand zu kaufen.

Die Menschen lebten als Leibeigene, Sklaven oder Diener und Dienerinnen für Herren, die das Land und alles, was es darauf und darunter gab, besaßen. Für ihre Arbeit bekamen die arbeitenden Menschen freie Wohnung in einer Hütte und vielleicht ein kleines Stückchen Land zur eigenen Bearbeitung, auf dem sie Gemüse ziehen konnten. Ein Gehalt oder einen Lohn gab es nicht.

Niemand beklagte sich über das fehlende Einkommen, denn es gab keine Gelegenheiten, das Geld auszugeben. Gelegentlich kamen fahrende Händler durch den Ort und hielten kurz einen Markt ab, aber das war ein sehr seltenes Ereignis. Die Könige, Königinnen, Prinzen, Prinzessinnen, Herzöge, Grafen und so fort, die alle Sachwerte besaßen – Schlösser, Gebäude, Möbel, Tiere, Ochsenkarren, Hausrat, einfach alles von Goldschmuck bis zu Töpfen und Pfannen –, hielten alles im Besitz der Familie. Es wäre ihnen nie in den Sinn gekommen, ein Stück Land zu verkaufen, selbst wenn sie dabei einen großen Profit gemacht und außerdem weniger Rasen zu mähen gehabt hätten. Es gab keine handgepinselten Schilder mit der Aufschrift „Zu verkaufen" im Rasen vor den Schlössern. Grundbesitz konnte man nur durch Erbschaft oder Krieg erringen.

In vielen Teilen der Welt, seit den frühen Tagen des Judentums und dann weiter im Christentum, war eine Tätigkeit zur Erzielung von Gewinn etwas anrüchig, und wer Zinsen verlangte, konnte aus der Synagoge oder der Kirche ausgestoßen werden und einen ewigen Aufenthalt in der Hölle erwarten. Bankiers hatten einen üblen Ruf, und die Menschen mussten sich heimlich zu ihnen schleichen. Der Gedanke an einen Nutzen aus einer Transaktion oder das Streben, im Leben voranzukommen, wurden als selbstsüchtig, unmoralisch und gegen Gottes Plan für ein wohlgeordnetes Weltall angesehen. Heutzutage will jeder seine Lebensumstände verbessern, aber wenn Sie im Mittelalter gelebt und den Wunsch, „voranzukommen" oder „sich zu verbessern" geäußert hätten, dann hätten Sie von Ihren Freunden nur einen Gesichtsausdruck der Verständnislosigkeit erwarten können. Den Begriff des Strebens nach oben gab es nicht.

Falls Sie weitere Einzelheiten über das Leben vor dem Vorhandensein von Märkten und dem Arbeiten für einen Gehaltsscheck sowie der Freiheit, ihn auszugeben, erfahren wollen, sollten Sie das erste Kapitel des Klassikers „Die Denker der Wirtschaft" von Robert Heilbroner lesen. Es macht beim Lesen viel mehr Spaß, als es sein Titel verspricht. Etwa in den Jahrzehnten nach 1750 hatte sich in der Welt ein Geschäftsleben mit lebhaftem Handel zwischen den Nationen entwickelt. Überall wurden Märkte eingerichtet und genügend Menschen konnten Dinge kaufen, sodass die Kaufleute gute Geschäfte machten. Diese neue Klasse von Ladeninhabern, Hausierern, Spediteuren und Großhändlern wurde reicher und mächtiger als die Prinzen und Herzöge mit all ihrem Grundbesitz und ihren Armeen. Die Bankiers wagten sich ans Tageslicht, um Darlehen zu vergeben.

Unsere ersten Investoren als Pioniere in Amerika

Die Geschichtsbücher enthalten viele Gründe für Amerikas gewaltigen Erfolg – das günstige Klima, das fruchtbare Land, die große Ausdehnung, die „Bill of Rights", das zweckmäßige politische System, den endlosen Strom von arbeitswilligen Einwanderern, die Ozeane auf beiden Seiten, die uns vor Überfällen schützen. Tüftler und Erfinder, Träumer und Planer, Banken, Geld und viele Investoren gehören auch in diese Aufzählung.

Im ersten Kapitel der Geschichte unseres Landes als selbstständige Nation lesen wir von den Eingeborenen, den Indianern, von französischen Fallenstellern und Pelzhändlern, von spanischen Konquistadoren, Seeleuten, die in die falsche Richtung segelten, Glücksrittern, Entdeckern mit Mützen aus Waschbärfell und den Pilgervätern beim ersten Erntedankfest. Hinter der ganzen Szene musste aber jemand die Rechnungen bezahlen für die Schiffe, die Verpflegung und alle anderen Kosten dieser Abenteuer. Der größte Teil dieser Gelder kam aus den Taschen englischer, holländischer und französischer Investoren. Ohne sie wären die Kolonien nie kolonisiert worden.

Als die Stadt Jamestown in Virginia entstand und die Pilgerväter beim Plymouth Rock in Massachusetts landeten, gab es entlang der Ostküste der heutigen Vereinigten Staaten Millionen Hektar Land voller Wildnis, aber man konnte nicht einfach mit einem Schiff dorthin segeln, sich einen guten Platz aussuchen, ein Stück des Waldes darauf roden und anfangen, Tabak zu pflanzen oder mit den Indianern zu handeln. Man musste dazu von einem König oder einer Königin eine Erlaubnis erhalten.

In jenen Zeiten hing alles von den Königen und Königinnen ab. Falls man auf den königlichen Grundstücken, die den größten Teil der Ländereien der Erde umfassten, tätig werden wollte, musste man eine königliche Lizenz, die „Charter of Incorporation" genannt wurde, erwerben. Diese Lizenzen waren die Vorläufer der modernen Gesellschaften, der

„Corporations“, und die Geschäftsleute konnten ihre Tätigkeit nicht ohne eine „Charter“ oder einem Anteil an der Charter eines anderen aufnehmen.

Religiöse Gruppen wie etwa die Quäker in Pennsylvania, erhielten solche Charters. Gruppen von Geschäftsleuten, wie beispielsweise die Gründer der Stadt Jamestown, wurden ebenfalls Charters erteilt. Wenn man dann die königliche Erlaubnis, das Land zu besiedeln und eine Kolonie zu gründen, besaß, musste man sich nach Finanzierungsmöglichkeiten umsehen. Nun entstand die erste Börse.

Schon im Jahr 1602 kauften Menschen in Holland Aktien der Vereenigde Oostindische Compagnie. Dies war die erste der Allgemeinheit zugängliche Aktie der Welt, und sie wurde an der ersten allgemein zugänglichen Börse der Welt gehandelt. Diese befand sich auf einer Brücke über die Amstel in Amsterdam. Dort drängten sich lebhaft interessierte Investoren und versuchten, die Aufmerksamkeit eines Maklers auf sich zu ziehen; und wenn das Stoßen und Schieben außer Rand und Band geriet, wurde die Polizei gerufen, um die Ordnung wiederherzustellen. Die Holländer gaben Millionen von Gulden für das Vorrecht des Besitzes von Aktien der Niederländischen Ostindien-Kompanie aus. Heutzutage, wo viele Gesellschaften nur mit ihrer Abkürzung bekannt sind, wie zum Beispiel IBM oder VW, könnte man jene Gesellschaft kurzerhand VOC nennen.

Auf jeden Fall nahm diese holländische Gesellschaft diese Millionen Gulden, die sie beim Verkauf der Aktien eingenommen hatte, und gab das Geld dafür aus, einige wenige Schiffe auszurüsten. Diese Schiffe wurden nach Indien und in andere „Länder“ im fernen Osten geschickt, um die neuesten fernöstlichen Waren zurückzubringen, die damals in Europa groß in Mode waren.

Während Optimisten immer höhere Preise für die Aktien der Niederländischen Ostindien-Kompanie bezahlten, weil sie sich ausrechneten, dass die Gesellschaft ihnen ein Vermögen einbringen würde, wetteten Pessimisten mittels eines gewitzten Verfahrens, des sogenannten

Leerverkaufs (auch als „Shorten“ oder „Shortselling“ bezeichnet), auf einen Kursrückgang der Aktie. Diese Masche wurde nach 1600 erfunden und wird auch heute noch von Pessimisten an den Börsen angewendet. Im Falle der Niederländischen Ostindien-Kompanie behielten die Optimisten recht. Der Kurs der Aktie verdoppelte sich nämlich während der ersten Jahre, in denen sie gehandelt wurde, und die Aktionäre erhielten regelmäßig einen Bonus ausbezahlt, der als Dividende bekannt ist. Die Gesellschaft bestand nahezu 200 Jahre lang, bis sie an Kraft verlor und im Jahr 1799 aufgelöst wurde.

Vielleicht haben Sie einmal davon gehört, dass Henry Hudson mit seinem Schiff, der Half Moon, den Hudson, an dem heute der Staat New York liegt, auf der Suche nach einer Passage nach Indien hinaufsegelte. Er wiederholte damit denselben Fehler, den Kolumbus schon begangen hatte. Haben Sie einmal darüber nachgedacht, wer diese Suche nach einer goldenen Gans bezahlte? Wir alle wissen, dass Kolumbus von König Ferdinand und Königin Isabella von Spanien finanziert wurde. Hudson erhielt seine Mittel von der soeben besprochenen Niederländischen Ostindien-Kompanie.

Ein anderes holländisches Unternehmen, die Niederländische Westindien-Kompanie, schickte die ersten Europäer aus, die sich auf der Insel Manhattan niederlassen sollten. Als daher Peter Minuit den berühmtesten Landerwerb der Geschichte durchführte, indem er für Schmuck und Waren im Wert von 60 Gulden (24 Dollar) Manhattan kaufte, handelte er im Namen der Aktionäre der Niederländischen Westindien-Kompanie. Es ist schade, dass jene Gesellschaft nicht lange genug bestand, um Gewinn aus den vielen teuren Büroräumen im Stadtkern von New York zu ziehen.

Als sie sahen, wie die Holländer ihre Abenteuerzüge in der Neuen Welt finanzierten, folgten die Engländer ihrem Beispiel. Die Virginia Company in London hatte ausschließliche Rechte auf ein riesiges Gebiet, das sich von North und South Carolina durch den heutigen Staat Virginia bis hinauf in Teile des heutigen Staates New York erstreckte. Diese

Gesellschaft bezahlte die erste Expedition nach Jamestown, während derer die verliebte Indianerin Pocahontas ihre wütenden Verwandten davon abhielt, dem Anführer der neu Angekommenen, Hauptmann John Smith, den Schädel einzuschlagen.

Die Siedler von Jamestown arbeiteten, aber sie erwarben keinen Landbesitz, was gleich von Anfang an eine heikle Frage war. Sie wurden angeheuert, um die Wildnis zu roden, die Felder zu bestellen und Häuser zu bauen, aber das ganze Land, die durchgeführte Kultivierung und alle neuen Läden und Gewerbebetriebe gehörten den Aktionären daheim in London. Wenn die Kolonie Jamestown Gewinn abwarf, sahen die Siedler keinen Penny davon.

Nach sieben Jahren heftiger Streitigkeiten und Klagen der Siedler von Jamestown wurden die Vereinbarungen abgeändert. Die Menschen konnten nun eigenen Privatbesitz, echtes Eigentum, erwerben. Es stellte sich heraus, dass dies nicht mehr so wichtig war, denn die ursprüngliche Kolonie ging bankrott. Aus der Sache mit der Kolonie Jamestown konnte man jedoch eine wichtige Lehre ziehen: Eine Person, die Eigentum besitzt und einen Anteil an einem Unternehmen hat, wird wahrscheinlich härter arbeiten, sich glücklicher fühlen und eine bessere Leistung erbringen als eine Person, die besitzlos ist.

Die ausschließlichen Rechte auf die restlichen Ländereien an der Ostküste Amerikas, vom heutigen Staat Maryland bis hinauf nach Maine, wurden einer weiteren englischen Gesellschaft, der Virginia Company of Plymouth, erteilt. In der Darstellung auf den Landkarten der damaligen Zeit gehörte der größte Teil der heutigen Neuengland-Staaten zum nördlichen Teil von Virginia. Als später die Pilgerväter bei Plymouth Rock ankamen und an Land stolperten, drangen sie in Land, das der Plymouth Company gehörte, ein.

Schon Schulkinder lernen, wie die Pilgerväter und ihre Familien ihr Leben aufs Spiel setzten, um religiöse Freiheit zu erlangen, wie sie den schrecklichen Ozean in einem kleinen Schiff, der Mayflower, überquerten, wie hart für sie die Winter im kalten Neuengland waren, wie sie mit den Indianern Freundschaft schlossen und von ihnen die Rezepte für die Zubereitung von Kürbissen erhielten; aber kein Wort über die bemerkenswerte Geschichte, woher sie ihr Geld bekamen.

Wir wollen einen Augenblick innehalten, um die einzelnen Kapitel dieser Geschichte kurz zu überprüfen. Die Pilgerväter hatten England verlassen und waren nach Holland gekommen, wo die erste Börse eingerichtet worden war – die Pilgerväter kümmerten sich jedoch nicht um Aktien. Nach einigen Jahren Aufenthalt in Holland missfielen ihnen die Lebensumstände aber immer mehr und sie beschlossen, irgendwo anders hin zu flüchten. Drei Landstriche auf der Erde hatten sie in die engere Wahl gezogen: die Gebiete am Orinoco in Südamerika, ein Stück des heutigen Staates New York, der im Machtbereich der Holländer lag, und eine Gegend, die ihnen von der Virginia Company of London angeboten wurde.

Der schwerwiegendste Grund, der sie noch zurückhielt, war Mangel an Bargeld. Sie brauchten Reiseproviant und ein Schiff und konnten sich beides nicht leisten. Ohne finanzielle Hilfe wären sie für immer in Europa stecken geblieben, und die Amerikaner hätten nie etwas von ihnen gehört. An diesem Punkt der Geschichte trat nun Thomas Weston auf.

Weston war ein reicher Londoner Eisenwarenhändler. Er hatte Zugriff auf Ländereien in Neuengland und außerdem Zugriff auf eine große Menge Bargeld. Er und seine Freunde waren zu der Ansicht gekommen, dass die Pilgerväter eine hervorragende Investition darstellen würden. Sie machten diesen daher ein Angebot, von dem sie hofften, dass die Pilgerväter es nicht ausschlagen könnten.

Westons Gruppe, die sich den Spitznamen „The Adventurers“ gab, obwohl diese Geschäftsleute gar nicht selbst auf Abenteuer ausziehen wollten, beschloss, das Geld bereitzustellen, um die Pilgerväter nach Amerika zu senden. Als Gegenleistung mussten die Pilgerväter sich verpflichten, sieben volle Jahre lang vier Tage in der Woche zu arbeiten, um die Kolonie gewinnbringend zu machen. Nach dem Ablauf der sieben Jahre würde die Partnerschaft beendet werden, beide Parteien würden die Gewinne unter sich aufteilen und die Pilgerväter würden frei sein und ihrer eigenen Wege gehen können.

Die Pilgerväter nahmen diese Bedingungen an, weil sie keine andere Wahl hatten, und begannen, ihre Koffer zu packen. In der letzten Minute spielte ihnen Weston einen Streich, indem er die Vereinbarung abänderte. Statt jede Woche vier Tage lang zugunsten des Unternehmens arbeiten zu müssen, wurden nun sechs Arbeitstage gefordert. Außer am Sonntag hätten sie dann keine freie Zeit mehr, um ihren Garten am Haus zu bestellen, ihre Kleider zu flicken oder sich ihrer Religion zu widmen.

Nachdem sie mit Weston herumargumentiert und nichts erreicht hatten, entschieden Sie sich, ohne einen schriftlich niedergelegten Vertrag die Segel zu hissen und ohne irgendwelches Reisegeld aufzubrechen, denn obwohl Weston bisher alles bezahlt hatte, weigerte er sich nun, auch nur einen einzigen weiteren Penny herauszurücken. Sie mussten einen Teil der Butter, die sie für den Reiseproviant hergestellt hatten, verkaufen, um die Hafengebühren zu bezahlen und den Hafen mit der Speedwell, dem Schiff, das sie in Holland ausgerüstet hatten, verlassen zu dürfen.

Die Speedwell war leck. Die Auswanderer waren daher gezwungen, in den Hafen zurückzukehren, und hatten dabei immer den Verdacht, dass der Kapitän und die Matrosen mit Weston unter einer Decke stecken würden und das Leck in der Schiffswand absichtlich verursacht hätten. Die meisten Pilgerväter und ihre Angehörigen zwängten sich nun in ein zweites Schiff, das kleiner und langsamer war als die Speedwell – die Mayflower.

Es ging sehr eng zu auf der Mayflower auf der Reise zu ihrem versprochenen Land in Virginia, wobei sie den richtigen Kurs verfehlten und über ihr Ziel hinausschossen. Als sie den Irrtum bemerkten, versuchten sie, wieder südwärts zu segeln, aber die Klippen und Untiefen von Cape Cod versperrten die Durchfahrt. Statt einen Schiffbruch in diesen fremden, rauen Gewässern zu riskieren, warfen sie im Hafen von Provincetown Anker.

Von dort segelten sie dann weiter nach Plymouth, wo sie schließlich ihre Blockhäuser bauten und Feldfrüchte anpflanzten. Da Weston den

Zufluss von Geld unterbrochen hatte, brauchten die Pilgerväter eine neue Bargeldquelle. Sie handelten mit einer anderen Investorengruppe (die John Peirce leitete) und der Plymouth Company, der das Land gehörte, eine neue Vereinbarung aus.

Jeder der Pilgerväter sollte 100 Morgen (etwa 40 Hektar) zur eigenen beliebigen Verwendung erhalten. Peirce seinerseits würde für jeden Siedler ebenfalls 100 Morgen erhalten. Obendrein sollten Peirce und jeder der anderen Investoren für die Bezahlung der restlichen Umzugskosten und die Finanzierung der Ansiedlung pro Nase weitere 1.500 Morgen erhalten.

Zusätzlich zu ihren vielen sonstigen Sorgen, etwa wie man den Winter überleben könne und wie sich die Beziehungen zu den Ureinwohnern, den Indianern, gestalten würden, hatten die Pilgerväter die Sorge, wie sie die zwei Investorengruppen, die von Peirce und die von Weston, die schon ansehnliche Summen zur Verfügung gestellt hatten, um sie bis hierher zu bringen, bezahlen konnten. Wenn wir uns auch gern vorstellen, dass die Pilgerväter ihr ganzes Vertrauen in den Willen Gottes setzten, so hatten sie doch dasselbe Problem wie wir: fällige Rechnungen.

Nach dem ersten tätigen Jahr der Plymouth-Kolonie segelte die Mayflower zu einem Besuch mit leeren Laderäumen nach England zurück: ohne Pelze, ohne Ernteerzeugnisse, ohne irgendetwas, das die Investoren hätten verkaufen können. Plymouth verlor Geld und verlor weiter Geld, eine Ernteperiode nach der anderen, oder, wie man an der Wall Street sagt: ein Quartal nach dem anderen. Dies ärgerte die Investoren sehr, wie es immer bei Investoren der Fall ist, die mit ihrem Geld null Gewinn machen. Was die ganze Angelegenheit noch verschlimmerte, war die Notwendigkeit, noch weitere Hilfsgüter zu der Kolonie hinüberzuschicken, sodass die Kosten noch weiter anstiegen.

Im Jahr 1622 hatte Weston die Nase voll von Plymouth und der Unterstützung der „teuren“ Pilgerväter, ohne dass irgendein Ergebnis sichtbar war. Er übergab daher seinen Anteil an dem Geschäft an seine „Adventurer“-Genossen und zog sich aus der Sache zurück. In der Zwischenzeit versuchte John Peirce heimlich hinter dem Rücken der anderen Investoren, die Kontrolle über Plymouth allein an sich zu reißen, damit er der „Lord Proprietor of Plymouth Plantation“ (Herr und Gebieter der Plymouth-Plantage) würde. Damit kam er aber nicht durch.

Fünf Jahre lang wogten die Argumente zwischen den Pilgervätern und den Investoren hin und her: Die Pilgerväter klagten über den Mangel an Unterstützung, und die Investoren klagten über den Mangel an Profit. Im Jahr 1627 wurde die Partnerschaft schließlich aufgelöst. In ihrer Verzweiflung verkauften die Investoren den ganzen Betrieb für die bescheidene Summe von 1.800 Englische Pfund an die Pilgerväter.

Da diese die 1.800 Pfund nicht beisammenhatten, mussten sie die Kolonie auf Raten bezahlen: 200 Pfund pro Jahr. Dies war der erste „Leveraged Buy-out“ in Amerikas Geschichte, ein Vorläufer des berühmten Schachzugs mit der Firma RJR Nabisco in den 1980er-Jahren, auf dem das Buch und der Film „Barbarians at the Gate“ beruhen. (Bei einem „Leveraged Buy-out“ – zu Deutsch „fremdfinanzierte Übernahme“ – wird eine Firma mit gepumptem Geld von Menschen gekauft, die sich das eigentlich gar nicht leisten können.) Der „Leveraged Buy-out“ der Pilgrim Fathers war der erste Fall in Amerika, bei dem die Arbeiter die Firma übernahmen.

Nun kommt der interessanteste Teil der Geschichte. Sobald die Pilgerväter sich ein wenig eingerichtet hatten, beschlossen sie, eine Art kommunistische Gesellschaft einzuführen. Sie legten all ihren Besitz zusammen und keinem Einzelnen war irgendein privates Eigentum erlaubt. Gouverneur William Bradford, der damals der Leiter der Pilgerväter war, sah gleich von vornherein, dass die kommunistischen Verhältnisse in einem Fehlschlag enden würden. Es war ihm klar, dass ohne Privateigentum die Menschen keinen Anreiz haben würden, schwer zu arbeiten. Warum sollten sie sich auch anstrengen, wenn alle Bewohner der Kolonie sowieso denselben Nutzen empfangen würden (Nahrung, Unterkunft und so weiter), ob sie nun arbeiteten oder untätig herumsaßen. Einige weitsichtige Bewohner der Kolonie baten Gouverneur Bradford, die Sache so einzurichten, dass es den Farmern und Fischern gestattet sein würde, ihre eigenen Farmen und Boote zu besitzen und einen Gewinn aus ihren Anstrengungen zu ziehen. Als Gegenleistung unterstützten sie die Gemeinschaft der Kolonie durch die Zahlung einer Steuer auf ihre Gewinne. Dieses System freier Unternehmer, das Bradford dann gründete, war im Grunde dasselbe wie unser gegenwärtiges System.

Die Unabhängigkeit der Pilgerväter löste leider ihr Geldproblem nicht. Obwohl sie hart arbeiteten, wuchs die Schuldenlast der Kolonie von 1.800 auf 6.000 Pfund. Zur Ausdehnung des Fischfangs wurden für die Fangflotte weitere Pilgerväter von Holland herübergebracht. Man hoffte, mit den Gewinnen aus dem Fischfang einen Teil der Schulden abzahlen zu können, aber es wurden nie genug Fische dafür gefangen. Zehn Jahre lang zogen sich die Verhandlungen zwischen der Kolonie und ihren Gläubigern hin, bis die Streitfrage im Jahr 1642 endgültig abgeschlossen wurde.

Die Pilgerväter trugen zum Aufbau der sozialen, politischen, religiösen und wirtschaftlichen Grundlagen des modernen Amerikas bei, aber für die Investoren waren sie nichts als ein Fehlschlag. Weston, Peirce und ihre Freunde waren die großen Verlierer bei diesem Unternehmen, dabei waren sie nicht dumm, sondern recht gewitzt. Dies zeigt, dass das Investieren ein heikles Vorhaben ist, bei dem selbst die besten Pläne oft schieflaufen können. Vielleicht geschah ihnen alles aber auch ganz recht, da sie so hinterlistig und raffiniert waren und versuchten, die ursprüngliche Vereinbarung zu ihren Gunsten zu verändern.

Die geschilderte Story ist einer der Fälle, in denen die Allgemeinheit froh sein konnte, keine Aktien des Unternehmens kaufen zu können. Die Pilgerväter waren keine Aktiengesellschaft, wie es die Niederländische Ostindien-Kompanie und die Niederländische Westindien-Kompanie gewesen waren. Es fanden sich aber anschließend weitere Gelegenheiten für die europäischen Massen, am Goldrausch der Neuen Welt teilzunehmen, und das mit ebenso katastrophalen Ergebnissen. Es gab die unselige Mississippi Company und die South Sea Company. Beide erschienen im frühen 18. Jahrhundert auf der Bildfläche und verkauften an den Börsen von Paris und London Zehntausenden von leichtgläubigen Kunden ihre Aktien.

Die Mississippi Company war das Lieblingsprojekt eines großspurigen Geschäftemachers namens John Law, einer der schillerndsten Personen seines Jahrhunderts. Law floh aus Schottland, seiner Heimat, nachdem er in einem Duell, dessen Anlass ein geplatztes Geschäft war, einen Mann getötet hatte. Er ging nach Frankreich und verschaffte sich eine Audienz bei König Ludwig XV., der minderjährig war und die königlichen Entscheidungen einem Regenten, dem Herzog von Orléans, überließ.

Bekanntschaft mit einer königlichen Familie war in jenen Zeiten der einzige gangbare Weg, aufzusteigen. Law beschwatzte den Regenten so lange, bis er ihn davon überzeugt hatte, dass er, John Law, das Problem der gewaltigen Staatsverschuldung lösen könne.

Der Plan Laws für Frankreich sah vor, eine Druckmaschine zu beschaffen und Papiergeld zu drucken, das man dann zur Bezahlung der Schuld verwenden könne. Papiergeld war weltweit noch eine verhältnismäßig neue Sache und der Regent war von der ganzen Angelegenheit sehr beeindruckt. Er war sogar so sehr beeindruckt, dass er dem aus Schottland stammenden Einwanderer die vollständige Leitung der Königlichen Bank von Frankreich, zusammen mit dem Verfügungsrecht über die königliche Papiergelddruckmaschine, übertrug.

Bald war das Papiergeld des Herrn Law überall im Umlauf. Fast über Nacht stieg er vom Stand eines unbekannten Ausländers zum Herrscher der französischen Finanzen und zum reichsten Bewohner von Paris, nach König Ludwig XV. höchstpersönlich, auf.

Als seine Beliebtheit in der öffentlichen Meinung nach den Angaben der Volksbefragung, oder was immer man damals zur Erforschung der öffentlichen Meinung benutzte, sehr hoch war, kündigte Law sein zweites Großprojekt, die Mississippi Company, an. Ihr Zweck sollte darin bestehen, fantastische Schätze aus der Umgebung des Mississippi herbeizuschaffen. Der Mississippi floss durch das Louisiana-Territorium, das französische Forschungsreisende (Colbert, Joliet, Marquette) zuerst durchquert hatten und das später von Frankreich beansprucht wurde. Daheim glaubten die Franzosen, Louisiana sei ein zweites Mexiko, reich an Lagerstätten für Gold und Silber, die nur darauf warteten, fortgeschafft zu werden. Law selbst war nie am Mississippi oder überhaupt irgendwo auf dem ganzen amerikanischen Kontinent gewesen, aber es gelang ihm dennoch, die Öffentlichkeit vom Wahrheitsgehalt der fantastischen Geschichten, die sie gehört hatten, zu überzeugen.

Wie die Fans bei einem Rockkonzert eilten die Einwohner von Paris in das Gewirr von engen Straßen in der Nähe des herrschaftlichen Hauses von Law. Man musste einen Antrag stellen, um Aktien kaufen zu können. Die Leute schwangen das neue französische Geld in ihren Händen und fielen fast übereinander her, um die Vertreter Laws zur Annahme ihrer Anträge zu bewegen. Der Kurs der Aktien stieg und stieg, bis die Gesellschaft des Herrn Law auf dem Papier mehr wert war als alles im Umlauf befindliche Gold. Und immer noch drängten neue Käufer herbei.

Es gab kaum jemanden in Frankreich, der nicht vom Mississippi-Fieber erfasst wurde und nicht vom Mississippi-Gold träumte, das es in Wirklichkeit gar nicht gab. Es waren keinerlei Angaben über die Gesellschaft des Herrn Law erhältlich außer denjenigen, die Law selbst veröffentlichte, und es gab damals noch kein *Wall Street Journal*, das der Öffentlichkeit mitteilen konnte, dass der Plan von Law nicht die geringsten Aussichten auf Erfolg habe. Wer immer Zweifel an Law oder seiner Gesellschaft äußerte, wurde aus der Stadt weggeschafft und in weit entlegene Gefängnisse gesteckt.

Wenn die breite Masse der Bevölkerung die Ersparnisse ihres Lebens auf hoffnungslose Vorhaben verwettet, nennt man dies einen „Massenwahn" oder eine „Blase". Der Ablauf der Angelegenheit ist immer derselbe. Sich wie verrückt gebärdende Investoren zahlen wahnsinnige Preise, um an einer nebulösen Gelegenheit teilzunehmen, und früher oder später stürzen die Kurse ins Bodenlose. Nachdem die Mississippi-Blase geplatzt war, wurde den Menschen klar, dass Laws Gesellschaft ein Schwindel und er selbst nur ein Taschenspieler war. Die Anleger versuchten, ihre Aktien wieder loszuwerden, aber es fanden sich keine Käufer mehr. Sie verloren die gesamten Ersparnisse ihres Lebens, die französische Wirtschaft brach zusammen und das Bankensystem mit dazu. So rasch, wie Law zu einem französischen Helden aufgestiegen war, wurde er nun zum Sündenbock Frankreichs.

In England gab es ein Gegenstück zur Mississippi Company, nämlich die South Sea Company, die 1711 gegründet wurde. Die Organisatoren ahmten in jeder Weise die Winkelzüge von John Law getreulich nach. Sie versprachen, die riesigen militärischen Schulden Englands zu bezahlen, falls ihnen der englische Monarch ein Monopol für den Handel mit den Ländern der „südlichen Meere", insbesondere mit Mexiko und Peru, einräumen würde.

Im Jahr 1720 gab die South Sea Company einen neuen Plan bekannt. Die Gesellschaft sei bereit, der englischen Regierung genug Geld zu leihen, um die gesamte Staatsschuld, sowohl die durch militärische Ausgaben entstandenen als auch die sonstigen Verpflichtungen, vollständig bezahlen zu können, vorausgesetzt dass die Regierung bereit sei, fünf Prozent Zinsen auf dieses Darlehen zu bezahlen. Zur gleichen Zeit begann die Gesellschaft, weitere Aktien aus ihren Beständen zu verkaufen. Halb London machte sich in Pferdekutschen zur Exchange Alley, der dortigen Börse, auf, fest entschlossen zum Kauf von Aktien. Dieser Ansturm verursachte einen schlimmen Stau, die Straßen waren wochenlang verstopft.

Die Nachfrage nach den Aktien der South Sea Company war so groß, dass der Kurs sich über Nacht verdreifachte, noch bevor das britische Parlament das Vorhaben der Gesellschaft gutgeheißen hatte. Ein englischer Staatsmann verkündete sogar eine Warnung: Die Menschen sollten ihr Geld in der Tasche behalten. Aber beim Vorliegen eines Massenwahns wie hier hört niemand auf die einsame Stimme der Vernunft.

Als sich herumsprach, dass die Gründer der South Sea Company durch den Verkauf von Aktien sehr reich geworden seien, wurden von anderen Menschen, die auch reich werden wollten, ganz schnell weitere Gesellschaften gegründet. Für jede verrückte Idee, die man sich nur ausdenken konnte, gab es nun eine Gesellschaft: für ein Perpetuum mobile, für Salzgewinnung im Heiligen Land, für den Import von Walnussholz aus Virginia, für die Malztrocknung mittels heißer Luft, für die Herstellung von Möbelplatten aus Sägemehl oder für eine neu erfundene Seife. Eine der Gesellschaften weigerte sich sogar, den Investoren offenzulegen, was sie mit dem angelegten Geld anfangen würde. Sie beschrieb ihre Absichten wie folgt: „Die Ausführung einer mit großen Vorteilen verbundenen Aufgabe, die aber niemand wissen darf."

Adlige und einfache Bürger, Kaufleute und Tagelöhner, Menschen aus allen Berufen und aus jeder gesellschaftlichen Stellung wurden von der Londoner Börse in der Erwartung angezogen, über Nacht reich zu werden. Als die Seifenblase schließlich platzte, traf die Engländer das gleiche Schicksal, wie es zuvor in Frankreich zugeschlagen hatte. Der Kurs der Aktien der South Sea Company machte einen Sturzflug nach unten, eine Menge Leute verloren die Ersparnisse ihres Lebens und das britische Finanzsystem war nahe am Zusammenbruch.

Ein Direktor der South Sea Company nach dem anderen wurde vor Gericht gestellt, sein Vermögen beschlagnahmt und er selbst ins Gefängnis gesteckt, manche in den berüchtigten Tower of London. Auch der große Naturforscher Sir Isaac Newton ließ sich etwas von dem Massenwahn anstecken und verlor bei dieser Gelegenheit eine Menge Geld. Er sagte einmal: „Ich kann die Bahnen von Himmelskörpern berechnen, aber nicht die Verrücktheiten der Menschen."

Der Zusammenbruch der South Sea Company trug der englischen Börse einen so schlechten Ruf ein, dass das englische Parlament ein Gesetz verabschiedete, das den Kauf oder den Verkauf von Aktien irgendwelcher Gesellschaften als ungesetzlich erklärte, ganz gleich, was das Geschäftsziel der Gesellschaften sei. Die Börse wurde geschlossen und jeglicher Handel mit Aktien, der damals „Jobbing" genannt wurde, kam zum Stillstand. Aktienhändler, die vorher die beliebtesten Personen der Stadt gewesen waren, wurden nun gesellschaftlich ausgestoßen und übler angesehen als Taschendiebe, Straßenräuber und Huren.

Das war ein schlimmer Anfang für die Wertpapiere, doch die Zustände haben sich seither bedeutend verbessert, besonders in den letzten Jahrzehnten.

Unternehmer der Frühzeit

Auf der amerikanischen Seite des Atlantiks begannen die Bewohner der Kolonien, die ursprünglich im Interesse der Geschäfte anderer nach Amerika gelangt waren, selbst Geschäfte und Firmen zu gründen.

Im frühen 18. Jahrhundert wurden Gesellschaften vielerlei Art gegründet. Kaufleute, die selbstständig oder mit Partnern tätig wurden, entdeckten bald die Vorteile der Gründung einer Corporation. Später, nachdem die Kolonien ihre Unabhängigkeit von England erstritten hatten, nahmen die Amerikaner die Idee der Unternehmensgründung sehr viel besser auf, als es in Europa der Fall gewesen war. Keines der anderen hochindustrialisierten Länder – Großbritannien, Frankreich, Deutschland oder Japan – brachte so viele Unternehmen hervor wie die Vereinigten Staaten von Amerika.

Tatsächlich sind einige der Gesellschaften, die vor nahezu 300 Jahren ihre Tore öffneten, heute noch im Geschäft! Wenn man alle Kriege, Panikausbrüche, Rezessionen und die vielen sonstigen Rückschläge, die die Vereinigten Staaten in jenen Jahrhunderten bis heute erlebt haben, bedenkt, ist das Fortbestehen jener Firmen eine sehr erstaunliche Tatsache. Generationen wurden geboren und sanken ins Grab, Waren und Erzeugnisse wurden modern und wieder altmodisch, Großfeuer verheerten Städte, Wälder wurden abgeholzt, blühende Stadtviertel wurden zu Slums, nahezu alles hat sich seit dem 18. Jahrhundert verändert. Aber J. E. Rhoads & Sons ist immer noch da, seit 1702, als das Unternehmen Peitschen für Pferdekutschen herstellte.

Rhoads & Sons wäre schon längst von der Bildfläche verschwunden, wenn nicht um 1860 herum die Manager so gewitzt gewesen wären und erkannt hätten, dass die Eisenbahnen im Kommen waren. In einer Welt ohne Pferdekutschen würden keine Zukunftsaussichten für die Hersteller von Kutscherpeitschen bestehen. Sie stellten die Fabrik auf die Herstellung von Förderbändern um.

Die Dexter Company war bei ihrer Gründung im Jahr 1767 eine Mühle im Ort Windsor Locks im Staat Connecticut. Mehr als zweieinviertel Jahrhunderte später ist sie immer noch erfolgreich tätig, aber nicht mehr im Mühlengeschäft. Wie Rhoads & Sons wurde sie von rasch entschlossenen Managern, die immer die Zeichen der Zeit erkannten und danach handelten, am Leben erhalten. Der Betrieb von Mühlen war ein schwindender Geschäftszweig, Dexter stellte daher auf die Erzeugung von Briefpapier und Umschlägen um. Vom Briefpapier wurde dann auf Teebeutel gewechselt und von den Beuteln auf Leim. Heutzutage produziert die Gesellschaft hochwertige Außenbeschichtungen und Erzeugnisse für Klebeverbindungen in Flugzeugen.

Eine Gesellschaft in Baltimore, D. Lameth Seed, erzeugt und vertreibt seit 1784 Gemüsesamen. Sie verkaufte schon Thomas Jefferson (dem dritten Präsidenten der Vereinigten Staaten) Gemüsesamen für sein Landgut in Virginia, und nach mehr als zweihundert Jahren liefert sie immer noch Saaten für die von Jefferson entworfene und geschaffene Anlage, die nun zum nationalen Erbe gehört. Wenn eine Gesellschaft ein gutes Produkt herstellt, das immer gebraucht wird, kann sie ewig im Geschäft bleiben.

Da keines dieser frühen Unternehmen eine Aktiengesellschaft war, konnten die Bürger davon keine Aktien erwerben und besitzen (Dexter wurde zum 201. Geburtstag im Jahre 1968 eine öffentliche Aktiengesellschaft). Zum Zeitpunkt der amerikanischen Revolution gab es nicht eine einzige im Lande errichtete Aktiengesellschaft. Nach der Revolution erschien eine Bank als erste Aktiengesellschaft auf der Bühne – die Bank of North America, die im Jahr 1781 gegründet wurde. Die Bank of New

York (gegründet 1784) war die erste Gesellschaft, deren Aktien an der New Yorker Börse, der New York Stock Exchange, gehandelt wurden. Sie werden dort immer noch gehandelt.

Die Bank of Boston folgte dem Vorbild, das die Bank of New York gegeben hatte, und bot, ebenso wie die Bank of the United States, der Öffentlichkeit ihre Aktien zum Kauf an. Die Hauptaufgabe letzterer Bank bestand darin, auszuknobeln, wie die durch den Revolutionskrieg aufgelaufenen Schulden bezahlt werden könnten.

Während der Zeit, in der die Siedlungen in Nordamerika noch eine britische Kolonie waren, gab es dort keine Banken, weil die Engländer dies nicht erlaubten. Dieses Problem wurde nach der Erringung der Unabhängigkeit und der Bildung der Vereinigten Staaten gelöst, aber selbst dann gab es noch viel Theater um die Frage, ob die amerikanische Bundesregierung eine Bank fördern sollte. Einige der Gründerväter der Republik, besonders Jefferson, hegten großes Misstrauen gegen Banken und deren Papiergeld.

Ähnlich wie die Europäer bei John Law in Frankreich und der South Sea Company in England habgierig hohe Preise für Aktien bezahlten, so bezahlten auch die ersten Aktionäre in den Vereinigten Staaten zu viel für ihre Bank-Aktien und wussten sehr wenig darüber, was sie da kauften. Immer mehr wurde für diese Aktien geboten, bis die Kurse unsinnig hochgetrieben worden waren. Auch heute noch ist es an der Wall Street so: Was unglaublich hoch steigt, muss stets wieder einmal herunterkommen. Beim Crash von 1792, dem ersten Crash in der Geschichte der Wall Street, landeten die Bank-Aktien mit einem mächtigen Bums auf einem viel tieferen Kurs. Sobald sich der Staub etwas gelegt hatte, erließ die gesetzgebende Versammlung des Staates New York ein Gesetz, das den Aktienhandel als kriminelle Tätigkeit unter Strafe verbot, ähnlich wie dies zuvor in London geschehen war. Aktien konnten nur noch unter der Hand erworben oder verkauft werden.

Das Schicksal dieser frühen Bank-Aktien war eine gute Lektion für die Anleger in einem jungen, neuen Land, und es ist auch eine gute

Lektion für heutige junge Anleger. Wenn Sie durch den Erwerb von Aktien Miteigentümer eines Unternehmens werden, verdienen Sie nur Geld, wenn das Unternehmen erfolgreich ist. Viele sind es nicht. Das ist das Risiko beim Erwerb von Aktien. Die Gesellschaft, an der Sie Miteigentümer sind, kann wertlos werden. Dafür, dass sie dieses Risiko auf sich nehmen, werden die Menschen allerdings reich belohnt, wenn sie sich die richtigen Gesellschaften heraussuchen, um in ihnen Geld anzulegen.

Beispielsweise wurden diejenigen Anleger sehr glücklich, die Aktien der Gesellschaft gekauft hatten, die die Brücke über den Charles River in Massachusetts baute. John Hancock, einer der Unterzeichner der amerikanischen Unabhängigkeitserklärung, war einer dieser Anleger. Im Jahr 1786, am elften Jahrestag der Schlacht von Bunker Hill gegen die Engländer, fand der erste Verkauf der Aktien statt. Ein Festzug zog über die Brücke hinweg, Böller wurden abgefeuert und anschließend fand eine Feier statt, bei der 83 der ersten Anleger zu einem Festbankett eingeladen wurden. Die ganze Sache war ein freudiges Ereignis, dem viele freudvolle Jahre folgten, in denen den Anlegern eine Dividende bezahlt wurde. Diese ständigen Dividenden stammten aus den Gebühren, die die Menschen bezahlten, um über die Brücke ans andere Ufer zu gelangen. Diese Kunden waren natürlich weniger glücklich als die Anleger. Einige Zeit später wurde eine zweite Brücke, die Warren Bridge, über den Charles River gebaut, um mit der ersten Brücke in Wettbewerb zu treten. Sobald genügend Gebühren eingenommen worden waren, um den Bau dieser zweiten Brücke zu bezahlen, war geplant, die Maut abzuschaffen, sodass die Menschen den Fluss umsonst überqueren könnten. Die Besitzer der ersten Brücke erhoben Einspruch gegen dieses Vorhaben und reichten eine Klage ein, die schließlich bis zum obersten Gericht der Vereinigten Staaten, dem Supreme Court, ging. Sie verloren diesen Rechtsstreit, und das war das Ende ihres bisherigen profitablen Monopols.

Eine weitere erfolgreiche Gesellschaft, die nach den geschäftlichen Grundsätzen der ersten Brücke über den Charles River gestaltet wurde, war die Gruppe, die die Lancaster Turnpike (gebührenpflichtige Überlandstraße im Bezirk Lancaster) in Pennsylvania baute und betrieb. Lancaster Turnpike verkaufte Aktien (mithilfe einer Lotterie, wie sich herausstellte) und zahlte auch eine hübsche Dividende. Die Benutzer dieser Überlandstraße zahlten die Gebühren auch nicht lieber als die Nutzer der Brücke über den Charles River, aber sie zahlten sie doch lieber, als mit ihren leichten Einspänner-Pferdewagen über die Feldwege und durch die Wälder zu fahren.

Gesellschaften, die Brücken, Mautstraßen und Kanäle bauten und betrieben, waren Vorläufer der Straßenbahngesellschaften, Eisenbahnen und Untergrundbahnen, die etwas später auf der Bildfläche erschienen.

Der Vater des amerikanischen Finanzsystems

Jeder weiß, dass George Washington der politische Vater der Vereinigten Staaten war, aber Alexander Hamilton war der Vater des amerikanischen Finanzsystems und der erste Finanzminister des jungen Landes. Diese Tatsache wird in den üblichen Schulbüchern meist unterschlagen, aber ohne das Finanzsystem hätte auch das politische System keinen Erfolg gehabt. Hamilton gebührt die Ehre, die Vereinigten Staaten auf eine finanzielle Grundlage gestellt zu haben. Er ist bekannter dafür, ein schlechter Schütze gewesen zu sein, weshalb er ein Duell gegen Aaron Burr, seinen politischen Gegner, verlor; aber er war andererseits ein umso zielbewussterer Wirtschaftsfachmann und einer der Gründer der Bank of New York.

Hamilton sah, dass das Land ohne Geld nicht vorankommen könne, und um Geld zu erhalten, brauchte es Banken. Dieser Zusammenhang erscheint uns heutzutage selbstverständlich, aber damals herrschten darüber sehr widersprüchliche Ansichten.

George Washington war der gleichen Ansicht wie Hamilton und beteiligte sich sogar mit Geld an einer Bank. Washington war Aktionär der Bank of Alexandria, die in der Nähe seines Landsitzes Mount Vernon eingerichtet worden war. Viele wichtige Leute bekämpften aber Hamiltons Ideen, und Jefferson war der erbittertste Gegner. Jefferson war als Farmer ein Gentleman, der das Pflügen und Säen auf dem Land und das Ernten der Früchte des Feldes als tugendsame Beschäftigung ansah. Er hasste Fabriken und die Städte, die um die Fabriken herum wuchsen. Für Jefferson waren die Banken die Wurzeln allen Übels, und die übelste Einrichtung war für ihn die Bank der Regierung.

Wenn man die Umstände näher untersucht, stellt sich heraus, dass Jefferson kein überragender Fachmann im Bereich seiner eigenen Finanzen war. Er verplemperte nach und nach ein großes Vermögen und war nahezu bankrott, als er im Jahr 1826 starb. Er gab viel Geld aus, besonders für unterhaltsame Apparate und Erfindungen sowie für Bücher, und seine Bibliothek enthielt mehr Bände als die des Harvard College, das schon seit über hundert Jahren bestanden hatte, bevor Jefferson überhaupt geboren wurde. Er war ein Tüftler, ein Bücherwurm und ein Farmer von ganzem Herzen – allerdings von der vornehmen Art, die das Ausmisten und die sonstige landwirtschaftliche Knochenarbeit den anderen überlässt.

Jefferson hätte sich nie vorstellen können, dass Fabriken Millionen von Menschen vom Land in die Städte locken würden oder dass Fabriken, nach einigen schwierigen Zeiten, heutzutage vielen Menschen den Schlüssel zu einem besseren Leben bieten oder dass die Schwerindustrie trotz all ihrer Probleme den Amerikanern den höchsten Lebensstandard in der Geschichte der Menschheit bescheren würde. Dies konnte nicht geschehen ohne die riesigen Geldmengen, die in den Bau von Straßen, Kanälen, Autobahnen, Brücken und Fabriken flossen – und woher kam der größte Teil dieser Gelder? Von den Banken, die Jefferson so sehr fürchtete.

Trotz des Widerstands von Jefferson wurde im Jahr 1791 vom amerikanischen Kongress die erste Bank of the United States genehmigt. Es gelang ihr, 20 Jahre lang tätig zu sein, bis im Jahr 1811 eine neue Gruppe von Banken-Hassern im Kongress die Erneuerung der Gründungssatzung verweigerte. Die Bank musste schließen.

Im Jahr 1816 wurde eine zweite Bank of the United States gegründet, dieses Mal in Philadelphia im Bundesstaat Pennsylvania. Wenige Jahre später geriet sie in Schwierigkeiten, als Andrew Jackson zum siebten Präsidenten der Vereinigten Staaten gewählt wurde. Jackson war ein rauer Geselle und Hinterwäldler, der aus den noch wenig erschlossenen Gebieten des Staates Tennessee stammte. Man nannte ihn nach den großen Hickory-Bäumen „Old Hickory", denn er war lang wie ein Baum (etwa 185 cm, was für die damalige Zeit sehr viel war), er hatte eine Haut wie Baumrinde und er wuchs in einer Blockhütte auf. Obwohl er in dem Ruf stand, das freie und offene Leben zu lieben, war er während des größten Teils seines Lebens krank und blieb im Haus. Wie sein Vorgänger Jefferson war er der Ansicht, dass die Einzelstaaten mehr Macht haben sollten, die amerikanische Bundesregierung weniger.

Dieser zweiten Bank of the United States wurde die Schuld an einer Finanzpanik im ganzen Land zugeschoben, in deren Verlauf viele Unternehmen bankrottgingen und die Menschen ihre Ersparnisse und ihre Arbeit verloren. (Dies war die erste in einer langen Reihe von Paniken, die große Verheerungen im ganzen Land anrichteten.) Die Farmer im westlichen Teil des Landes zeigten ebenso wie die Fabrikarbeiter im Osten mit dem Finger auf das „Bank-Ungeheuer", das sie als Ursache der Panik ansahen.

Als Jackson zehn Jahre nach der Panik zum Präsidenten gewählt wurde, hörte er daher auf diese Menschen, nahm alles Geld aus der von der amerikanischen Bundesregierung geförderten Bank und verfrachtete es zur Einlage in verschiedene Banken der Einzelstaaten – das war das Ende der zweiten Bank of the United States. Von da an regelten die Staaten das Bankenwesen und gaben die Satzungen und die Gründungsstatuten aus. Bald entschlossen sich selbst Franz und Frieda Irgendwer, die sonst nichts Besseres zu tun hatten, eine Bank zu gründen.

Tausende von Banken tauchten in Haupt- und Seitenstraßen von großen und kleinen Städten auf, so wie heutzutage Hamburger-Restaurants und Pizzabäcker. Und da jede dieser vom Staat zugelassenen

Banken ihr eigenes Papiergeld ausgeben konnte, war es sehr verwirrend, Geschäfte abzuwickeln, denn von einem Staat zum nächsten war es sehr schwierig, herauszufinden, wessen Bargeld wie viel wert war, und viele Kaufleute nahmen überhaupt keine Geldscheine an. Eine Reise innerhalb des Landes war sehr ähnlich wie heutzutage das Reisen im Ausland: An jedem neuen Ort musste man Geld wechseln.

Dies ist ein Bereich, in dem die Vereinigten Staaten und Europa verschiedene Richtungen eingeschlagen haben. In den europäischen Ländern gab es immer nur wenige Banken mit vielen Filialen, während es in den Vereinigten Staaten immer eine Menge verschiedener Banken gab. Etwa um das Jahr 1820 gab es in den Vereinigten Staaten circa 300 verschiedene Banken, während man in England nur eine Handvoll fand. Heutzutage bestehen in den Vereinigten Staaten mehr als 10.000 Bankinstitute, wenn man auch alle Sparkassen und Kreditgenossenschaften dazurechnet, während es in Großbritannien weniger als 15 sind.

Viele amerikanische Banken lebten gewissermaßen „von der Hand in den Mund" und es mangelte ihnen am notwendigen Kapital, um sie über eine Krise hinwegzuretten, und dabei lauerte im Hintergrund immer eine Krise darauf, ausbrechen zu können. Die Hälfte aller Banken, die zwischen 1810 und 1820 eröffnet wurden, waren bis 1825 bereits gescheitert, und die Hälfte der Banken, die zwischen 1830 und 1840 eröffnet wurden, waren bis 1845 wieder verschwunden. Wenn man bei einer Bank Geld einlegte, war es nicht versichert wie heutzutage. Menschen mit Sparkonten oder Girokonten genossen keinen Schutz und verloren bei einem Zusammenbruch ihrer Bank alles Geld. Es gab keine Schließfächer.

Banken waren riskante Orte, um sein Geld zu parken, aber das hielt die Amerikaner nicht davon ab, dennoch dort die Ersparnisse ihres Lebens anzulegen. Die Banken nahmen ihrerseits diese Spargelder und verliehen sie an die Erbauer von Brücken und Kanälen, Überlandstraßen und Eisenbahnen, wodurch sich das Transportwesen Amerikas entwickelte. Jedes Mal, wenn eine Bank einer Bahngesellschaft, einer Brückenbaugesellschaft oder einem Stahlwerk Geld lieh, kam dieses Geld von den Sparkonten der Menschen, die Geld bei der Bank anlegten.

Dies lässt sich ganz einfach zusammenfassen: All die Energie, die Aufregung, das geschäftige Treiben und Gewühl in den Städten, das zum wirtschaftlichen Aufbau führte, wurde aus den Taschen des Mannes und der Frau von der Straße finanziert.

Jedes Mal, wenn die Regierung Geld für irgendein Vorhaben benötigte, standen ihr vier Wege offen, es zu beschaffen: Steuern, Darlehen von Banken, der Verkauf von Lotterielosen oder der Verkauf von Anleihen. (Mehr über Anleihen in einem späteren Kapitel.)

Jedes Mal, wenn eine Gesellschaft Geld benötigte, standen ihr drei Wege offen, es zu beschaffen: Sie konnte sich von einer Bank Geld leihen, sie konnte Anleihen verkaufen oder sie konnte Aktien von sich verkaufen. In der ersten Hälfte des 19. Jahrhunderts waren Aktien aber die allerletzte Hoffnung einer Gesellschaft. Die Idee, der Allgemeinheit Aktien einer Gesellschaft anzubieten, fasste nur sehr langsam Fuß.

Der Vater des modernen Wirtschaftslebens

Überall, vor allem in den Vereinigten Staaten, wurden Märkte eröffnet und die Menschen kauften und verkauften fieberhaft. Für viele schien alles außer Rand und Band geraten zu sein. Noch nie in der Geschichte der Menschheit war es so vielen Einzelpersonen erlaubt gewesen, ihrer eigenen Wege zu gehen und für ihren eigenen Nutzen zu arbeiten.

Nun traten die Wirtschaftstheoretiker auf den Plan. Über Tausende von Jahren hinweg hatten Religionsphilosophen herauszufinden versucht, wie die Menschheit nach Gottes Wünschen leben könne. Sie diskutierten über Politik, die beste Regierungsform und die Anforderungen an den oder die Führer des Volkes. Man benötigte aber die Wirtschaftstheoretiker, um zu beschreiben, was geschehen würde, wenn der einzelne Mensch die Freiheit besäße, sein eigenes Glück zu suchen.

Der erste und schlaueste frühe Wirtschaftstheoretiker war ein Schotte namens Adam Smith, ein Außenseiter seiner Zeit, der während der amerikanischen Revolution lebte. Smith ging nicht auf Partys und Picknicks, sondern blieb zu Hause, dachte nach und schrieb und war so gefangen von seinen Ideen, dass er in den Ruf kam, geistig verwirrt zu sein. Sein großes Werk hatte den Titel „An Inquiry into the Nature and Causes of the Wealth of Nations" und ist heute unter dem abgekürzten Titel „The Wealth of Nations" beziehungsweise „Der Wohlstand der Nationen" im Buchhandel erhältlich.

„Der Wohlstand der Nationen" wurde im Jahr 1776, in dem die englischen Kolonien in Amerika ihre Unabhängigkeit erklärten, veröffentlicht. Es ist eine Schande, dass Adam Smith nicht mehr Achtung für sein Werk erhielt. Er verdient einen Platz in der vordersten Reihe der historischen Persönlichkeiten, zusammen mit John Locke, Benjamin Franklin, Thomas Paine und anderen revolutionären Denkern, die behaupteten, dass politische Freiheit der Schlüssel zu einer gerechten Gesellschaft sei, in der die Menschen in Frieden und Harmonie leben könnten. Die anderen eben Genannten äußerten sich sehr wenig zu der Frage, wer die dabei anfallenden Rechnungen bezahlen soll, aber Smith tat es. Er war ein Verfechter der wirtschaftlichen Freiheit.

Smith meinte, dass dann, wenn jeder seine eigene Arbeit ausführen würde, die Allgemeinheit weit besser dran wäre, als wenn ein König oder ein zentraler Planer die ganze Schau abzieht und diktiert, wer was bekommt. Dieser Schluss kommt uns heutzutage ganz offensichtlich und klar vor, aber 1776 war es eine völlig neue Idee, dass Millionen von Einzelpersonen herstellen und verkaufen könnten, wozu sie Lust und Laune hätten, jeder jeden Augenblick in jede beliebige Richtung gehen könnte und daraus eine geordnete Gesellschaft entstehen könnte, in der jeder Kleidung und Nahrung und ein Dach über dem Kopf hat. Was würde denn geschehen, wenn sich von 100 Menschen jeweils 99 dafür entscheiden würden, Hüte zu produzieren, und sich nur ein einziger auf den Anbau von Gemüse verlegen würde? Das ganze Land wäre voller

Hüte und niemand hätte etwas zu essen. An diesem Punkt kommt jedoch die „unsichtbare Hand" zu Hilfe.

Es gab und gibt natürlich keine unsichtbare Hand, aber Smith stellte sich eine solche vor, die hinter den Kulissen tätig sei, um sicherzustellen, dass die richtige Zahl von Menschen Gemüse züchtet und die richtige Zahl von Menschen Hüte anfertigt. Er redete in Wirklichkeit von der Art und Weise, wie Angebot und Nachfrage die Güter und die Arbeitsleistungen im Gleichgewicht halten. Wenn beispielsweise zu viele Hutmacher zu viele Hüte herstellen würden, dann würden diese Hüte auf den Märkten große Stapel unverkaufter Hüte bilden und die Hutverkäufer wären gezwungen, die Preise zu senken. Niedrige Erlöse für Hüte würden manchen Hutmachern dieses Gewerbe verleiden und sie dazu veranlassen, auf anderen Gebieten auf lohnendere Art Geld zu verdienen, beispielsweise mit dem Gemüseanbau. Schließlich würde es gerade genügend Gemüsepflanzer und genügend Hutmacher geben, um exakt die richtige Menge an Gemüse und die richtige Anzahl von Hüten hervorzubringen.

In der rauen Wirklichkeit tritt der Ausgleich nicht so vollständig und vollkommen ein, wie es eben geschildert wurde, aber Smith verstand die Grundsätze, nach denen eine freie Marktwirtschaft funktioniert, und diese Grundsätze sind heute noch wahr. Immer wenn sich Nachfrage nach einem neuen Erzeugnis, etwa nach Computern, entwickelt, stellen mehr und mehr und mehr Gesellschaften solche Geräte her, bis so viele Computer in den Läden zum Verkauf angeboten werden, dass die Geschäftsinhaber die Preise senken müssen. Dieser Wettbewerb ist sehr gut für Sie und für mich und für alle anderen Verbraucher, denn er zwingt die Hersteller von Computern dazu, ihre Produkte zu verbessern und die Preise zurückzunehmen. Aus diesem Grund werden alle paar Monate neue Computermodelle angeboten, die viel leistungsfähiger sind und viel weniger kosten als die alten Kisten. Ohne Wettbewerb könnten die Hersteller hingegen immer weiter ihre alten Kisten fabrizieren, und die Verbraucher könnten nichts dagegen tun.

Die unsichtbare Hand hält das Angebot und die Nachfrage für alle Dinge, vom Kaugummi bis zu Bowlingkugeln, im Gleichgewicht. Wir brauchen keinen König, keinen Kongress, kein Parlament, keinen Bundestag oder ein Ministerium für Produkte, um zu entscheiden, was im Lande erzeugt und hergestellt werden soll, wie viel Stück von jeder Sorte und wer die Erlaubnis erhält, die Dinge herzustellen oder anzupflanzen. Der Markt sortiert all das ganz automatisch richtig aus.

Smith erkannte also, dass der Wunsch, weiterzukommen, ein positiver Impuls ist und kein negatives Vorhaben, das manche Religionsprediger und öffentliche Meinungsbildner jahrhundertelang zu unterdrücken suchten. Er stellte fest, dass Eigennutz nicht nur dem eigenen Nutzen dient. Er spornte die Menschen an, ihren Hintern zu heben und bei jeder Sache und Arbeit, die sie beginnen, ihr Bestes zu geben. Er regte sie an, Verfahren und Geräte zu erfinden, Überstunden zu machen, noch mehr als unbedingt nötig in eine Sache zu stecken. Stellen Sie sich einmal vor, was für schlechte und desinteressierte Zimmerleute, Installateure, Ärzte, Rechtsanwälte, Buchhalter, Bankangestellte, Sekretärinnen, Professoren, Fußballspieler und Tennisspielerinnen wir hätten, wenn es den Bürgern nicht erlaubt wäre, Gewinn aus ihren Talenten zu ziehen, und Erfolg nie belohnt würde.

Smith sagte, dass es ein „Gesetz der Akkumulation" gebe, das durch das Eigeninteresse für jedermann ein besseres Leben schaffe. Wenn der Inhaber eines Geschäfts reicher werde, dann würde er oder sie das Unternehmen erweitern und neue Arbeitskräfte einstellen, wodurch alle anderen Menschen auch etwas reicher werden würden und der eine oder andere selbst ein Geschäft, ein Unternehmen, ins Leben rufen würde. In diesem Sinne schuf der Kapitalismus Möglichkeiten und Aussichten, im Gegensatz zu der feudalen Landwirtschaft, wo eine kleine Zahl von hohen Herren oder Damen das Land besaß und es in der Familie hielt und wo Sie, wenn Sie als Leibeigener geboren wurden, ohne Vermögen leben und sterben würden und Ihre Kinder und deren Kinder in alle Ewigkeit in diesen engen Verhältnissen leben müssten.

Während der Zeit, in der Smith sein Buch schrieb, und auch durch das ganze darauffolgende Jahrhundert hindurch versuchten große Denker in allen Dingen Gesetzmäßigkeiten zu entdecken. Wissenschaftler hatten bereits viele Gesetze der Physik gefunden, zum Beispiel das Gesetz der Schwerkraft, die Gesetze, nach denen sich die Planeten um die Sonne bewegen, und etliche Gesetzmäßigkeiten auf dem Gebiet der Chemie. Die Menschen glaubten an ein geordnetes Weltall, in dem es, wenn es Gesetze für die Planetenbahnen und die Äpfel, die von den Bäumen fallen, gab, auch Gesetze für das Wirtschaftsleben, für die Politik und dafür, wie die Menschen in verschiedenen Situationen reagieren, geben müsse. Wenn man beispielsweise die Formel gefunden hätte, nach der das Geld umläuft, dann würde man genau vorhersagen können, wer schließlich wie viel Geld haben würde.

Es war eine Sache, zu behaupten, dass es ein Gesetz von Angebot und Nachfrage gebe oder ein Gesetz, nach dem das Geld umläuft, und eine recht andere Sache, eine Formel zu finden, die dies auch schlüssig zeigen würde. Die Wirtschaftsfachleute versuchten genau das aber immer wieder und verkündeten neue Theorien, um das Schwanken und die Hektik des Marktes auf eine einzige Gleichung zurückzuführen.

Die ersten amerikanischen Millionäre

Nach den noch vorhandenen Unterlagen und Aufzeichnungen gab es in Nordamerika zur Kolonialzeit, also vor 1776, keinen einzigen Millionär. Elias Haskett Derby aus Salem im Staat Massachusetts stand im Ruf, die reichste Person im ganzen Land zu sein. Er war ein Kaufmann, der Handel mit überseeischen Ländern trieb und sich, beiläufig erwähnt, weigerte, am Sklavenhandel teilzunehmen. Sein Haus gehört heute dem National Park Service und kann besichtigt werden. Es steht nur wenige Hundert Meter vom „Haus mit den sieben Giebeln“ entfernt, dem Schauplatz der Handlung des berühmten Buches von Nathaniel Hawthorne.

Die Tatsache, dass in den amerikanischen Schulen jeder einmal etwas von Hawthorne und keiner jemals etwas von Elias Haskett Derby hört, zeigt Ihnen die unterschiedliche Wichtigkeit, die der Literatur einerseits und den Finanzen andererseits in den amerikanischen Schulen und ganz allgemein in der Welt beigemessen wird.

Einige Hundert Kilometer weiter südlich hatte Robert Oliver, ein Kaufmann aus Baltimore, Maryland, ebenfalls ein ansehnliches Vermögen angehäuft. Während und nach der amerikanischen Revolution, also um das Jahr 1776 herum, wurde Robert Morris als die reichste Person in Nordamerika angesehen.

Morris gründete ein Syndikat, eine Interessengemeinschaft, die sich mit dem Kauf und Verkauf von Schiffen beschäftigte. Seine Schiffe segelten von Westindien nach Europa und von dort wieder zurück, wobei sie Tabak und Nahrungsmittel, beispielsweise Zucker, nach Europa brachten und auf dem Rückweg Tuche und Fertigwaren geladen hatten. Er war der Vorsitzende eines geheimen Ausschusses, der die amerikanischen Revolutionsheere mit Jacken, Hosen, Hemden und Schießpulver versorgte, und seine Gesellschaften erhielten die Lieferverträge für die Ausrüstung der Armee. Unter den Artikeln der Bundesakte wurde Morris zum Vorsitzenden des Finanzwesens ernannt, und er war ein begeisterter Förderer von Alexander Hamilton und dessen Lieblingsprojekt, der ersten Nationalbank.

Morris war der Ansicht, dass nur die bessere Klasse von Menschen das Land lenken und regieren solle. Er hielt die Bevorzugung von Gentlemen für richtig, und er hegte nicht den geringsten Zweifel daran, dass er ein solcher Gentleman sei. Er lehnte die Vorstellungen Jeffersons, dass der kleine, unabhängige Farmer das Rückgrat der Nation sei und das Wahlrecht erhalten solle, vollständig ab.

Wie viele der großen, gerissenen Geschäftemacher späterer Zeiten baute Morris seinen Herrschaftsbereich mit Geld auf, das er sich von Banken lieh. Er hatte viele Freunde in hohen Stellungen, und da die Armee sein größter Kunde war, könnte man ihn als den ersten großen amerikanischen Rüstungslieferanten bezeichnen.

Genauso wie mancher Geschäftemacher unserer Tage, etwa Donald Trump, dehnte er seine Bestrebungen zu weit aus und pumpte sich mehr Geld von den Banken, als er später zurückzahlen konnte. Im Überseehandel trat eine Flaute ein, sein finanzielles Imperium brach zusammen und Morris erklärte seinen Bankrott.

In jenen Tagen war eine Bankrotterklärung eine sehr ernste Angelegenheit, denn jemandem Geld zu schulden und es nicht zurückzuzahlen war ein Vergehen. Morris verbrachte drei Jahre in einem Schuldnergefängnis in Philadelphia und wurde während dieser Zeit einmal sogar von George Washington besucht. Von seiner Gefängniszelle aus organisierte Morris einen öffentlichen Feldzug zur Abschaffung dieser Art von Bestrafung. Dank seiner Bemühungen werden in den Vereinigten Staaten heutzutage die Menschen nicht mehr eingesperrt, wenn sie ihre Schulden nicht bezahlen können. Wenn es jetzt, so um 1996 herum, immer noch Schuldnergefängnisse gäbe, wären sie sehr überfüllt, denn jedes Jahr erklären mehr als 800.000 Amerikaner Privatinsolvenz. Die meisten von ihnen sind durch ihre Kreditkarten zu tief in den Schuldensumpf geraten.

Im Jahr 1815 gab es in den Vereinigten Staaten ein halbes Dutzend Millionäre. Die meisten erwarben ihren Reichtum durch Schifffahrt und Handel. Die Spitzenposition unter ihnen hatte Stephen Girard aus Philadelphia inne, der im Jahr 1831 mit 82 Jahren als reichste Person der Vereinigten Staaten starb.

Girard war in Frankreich als Sohn eines Schiffskapitäns geboren worden. Schon als Teenager fuhr er zur See und wurde später internationaler Händler und Kaufmann. Er kam nach Amerika und legte sein Geld in Landbesitz, Bank-Aktien und Staatsanleihen an. Auf allen diesen drei Gebieten hatte er Erfolg. Schließlich gründete er selbst seine eigene Bank und trat einer Interessengemeinschaft bei, um mit einem jungen Geschäftemacher namens John Jacob Astor in Geschäftsverbindungen zu treten. Wir werden gleich mehr über jenen Herrn erfahren.

Bei seinem Tod hinterließ Girard ein Vermögen von sechs Millionen Dollar, was damals ein gewaltiger Reichtum war. Heutzutage kann man damit kaum noch die Jahreseinkünfte eines Spitzenspielers im Baseball, Tennis oder Fußball bezahlen. Den größten Teil des Geldes vermachte er einem College für Waisenjungen. Girard war ein überzeugter Atheist, der Religionen so sehr verachtete, dass nach den Bestimmungen seines Testamentes kein Geistlicher irgendeiner Religionsgemeinschaft jemals einen Fuß auf das Gelände des Colleges setzen durfte.

Girards Nettovermögen wurde vom Reichtum John Jacob Astors in den Schatten gestellt. Astor war ein Einwanderer aus Deutschland, der als Pelzhändler anfing. Dann kaufte er einen Anteil an einem Schiff, das zwischen den Vereinigten Staaten und China hin- und hersegelte. Damit wurden immer noch die großen Vermögen angesammelt – mit Schifffahrt und Handel. Aus einem Schiff wurden zwei, dann drei, dann vier, und schließlich besaß er eine ganze Flotte von Schnellseglern, die als Klipper bekannt wurden. Für einen Amerikaner war der Aufbau einer solchen Flotte ein außerordentlicher Erfolg, denn er musste mithilfe von geborgtem Geld erfolgen, und die amerikanischen Banken hatten nur begrenzte Mittel zum Ausleihen zur Verfügung, im Gegensatz zu beispielsweise den britischen Banken.

Während dieses geschichtlichen Zeitabschnitts wurde das Geld durch Edelmetalle gedeckt. Die Menge an Papiergeld, die eine Bank drucken konnte, hing daher von der Menge an Gold und Silber ab, die die Bank in ihrem Tresor liegen hatte. In London waren große Bestände von Edelmetallen in Barrenform vorhanden, und die Banken konnten daher die Notenpressen laufen lassen und eine Menge Bargeld drucken, das sich die Wirtschaftsgrößen ausleihen konnten. In den Vereinigten Staaten waren die Bestände an Gold und Silber aber ziemlich niedrig, sodass es den Banken oft an Bargeld mangelte und Astor und seine Geschäftsfreunde Schwierigkeiten hatten, sich genügend Geld für die Finanzierung ihrer grandiosen Projekte zu borgen.

Als er einsah, dass er auf internationaler Ebene den Wettbewerb nicht überwinden konnte, wandte er sich vom überseeischen Handel ab und konzentrierte sich auf den amerikanischen Markt. Dort war er recht erfolgreich, denn als er 1848 im Alter von 84 Jahren starb, hinterließ er ein Vermögen von mehr als 20 Millionen Dollar, ungefähr dreimal so viel wie sein alter Freund Girard.

Bald nach dem Begräbnis Astors und dem Lesen der vielen einschlägigen Zeitungsartikel, die über seinen großen Reichtum berichteten, waren die Menschen wütend darüber, dass seine Familie mehr als 19 Millionen Dollar erben sollte und nur 500.000 Dollar für die Armen vorgesehen waren. Nun begann in der Öffentlichkeit eine heiße Debatte: Wer soll erhalten, was jemand beim Tod nicht mitnehmen kann? Die öffentliche Meinung war der Ansicht, dass Astor seinen Mitmenschen einen größeren Teil und seinen Verwandten einen kleineren Teil des Vermögens hätte vermachen sollen, denn von den Kapitalisten wurde doch angenommen, dass sie zum Wohle der Gesellschaft tätig seien.

Diese Streitfrage liegt in den Vereinigten Staaten und vielen anderen Ländern heute noch in der Luft. Jedermann scheint harte Arbeit und Streben nach Vorwärtskommen für eine gute Sache zu halten, aber die Menschen sind verschiedener Ansicht darüber, was mit dem Ertrag der Anstrengungen geschehen soll. Heutzutage hätte Astor seinen Kindern nicht 95 Prozent seines Vermögens vererben können, denn die Erbschaftsteuer hätte gleich 55 Prozent davon abgesahnt, sobald er zur Ruhe gebettet wurde. Die heute lebenden reichen Leute haben nun eine andere Wahl: Sie können ihr Geld privaten Hilfsorganisationen und Stiftungen, wie beispielsweise Universitäten, Krankenhäusern, Heimen für Obdachlose und AIDS-Forschungseinrichtungen, vermachen oder nichts tun, dann steckt die Regierung, wie bereits erwähnt, gleich den größeren Teil davon ein.

Die Saat für Aktien keimte nur langsam

Im Jahr 1800 hatten sich in den USA 295 Gesellschaften gegründet, aber die meisten davon verblieben in privater Hand, sodass Herr und Frau Jedermann auf der Straße nicht Miteigentümer/in werden konnten. Die Meinungen über Gesellschaften waren widersprüchlich. Wer sie für gut hielt, betrachtete sie als wichtige Verbündete der Demokratie, die der Allgemeinheit viel nützen würden. Ihre Gegner hielten sie für undemokratisch, hinterlistig und verschwörerisch, für Zusammenschlüsse, die nur ihren eigenen Nutzen im Sinn haben.

Für jeden, der in Aktien investieren wollte, war diese Zeit eine frustrierende Periode. Die einzelnen Bundesstaaten der Vereinigten Staaten hatten bereits Gesetze erlassen, die die Haftung der Anleger in Fällen, in denen gegen eine Gesellschaft Klage erhoben wurde, beschränkten. Die Anleger konnten daher Geld in Aktien anlegen, ohne fürchten zu müssen, in einem Rechtsstreit mehr als den Wert ihrer Aktien zu verlieren. Aber nicht viele Investoren nutzten diese Form der Geldanlage. Man konnte kaum irgendwelche Freunde oder Nachbarn finden, mit denen man den Enthusiasmus über eine erfolgreiche Firma teilen konnte und mit denen man über den Geschäftsgang und die Aussichten der Lieblingsfirmen plaudern konnte, wie dies heutzutage bei Aktienliebhabern oft der Fall ist, wenn sich eine passende Gelegenheit dazu ergibt.

In den Zeitungen gab es keinen Wirtschaftsteil und keine Kurstabelle und in den Buchhandlungen auch keine Bücher über einen klugen Vermögensaufbau wie beispielsweise das vorliegende. Es gab überhaupt nur eine ganz kleine Auswahl an Aktien: etwa von einem Dutzend verschiedener Banken, von einigen Versicherungsgesellschaften, von ein oder zwei Leuchtgas erzeugenden Unternehmen, dann war schon Schluss. Im März 1815 wurde im *New York Commercial Advertiser*, einer damals sehr beliebten Zeitung, die vollständige Liste der Firmen, deren Aktien die Öffentlichkeit erwerben konnte, abgedruckt: insgesamt 24 verschiedene

Aktien, die meisten davon Bank-Aktien. Im Jahr 1818 wurden die Aktien von 29 Unternehmen öffentlich gehandelt, und im Jahr 1831 war ihre Zahl auf 31 angestiegen.

Der früheste Aktienhandel wurde unter einer Platane an der Wall Street in New York abgehalten, und später wurden Aktien in kleinen, gemieteten Räumen oder in Cafés gehandelt. Einmal brach in einem dieser Räume ein Feuer aus, und die Aktienmakler siedelten auf einen Heuboden über, um dort ihre Geschäfte fortzuführen.

Die New York Stock Exchange (NYSE) war damals wirklich kein besonders aufregender Ort. Man konnte dort herumstehen und Däumchen drehen, während man darauf wartete, bis wieder irgendwelche Aktien angeboten und verkauft wurden. Das Geschäft war so flau, dass die Makler morgens um 11:30 Uhr mit dem Handel begannen und um 13:30 Uhr schon wieder mit allem fertig waren. Am 16. März 1830 schlief die ganze Sache nahezu ein. Jener Tag hält den Rekord für den niedrigsten Umsatz, denn während des ganzen zweistündigen Handelszeitraums wechselten nur 31 Aktien den Besitzer. Das ist weit entfernt von der Zahl von 338 Millionen Aktien, die an einem durchschnittlichen Börsentag im Jahr 1995 den Besitzer wechselten.

Der Börsenbetrieb belebte sich im Jahre 1835 ein wenig, denn nun wurden 121 verschiedene Aktien an der NYSE gehandelt. Das Land belebte sich durch den Bau von Kanälen für die Binnenschifffahrt, von Überlandstraßen und Brücken. Diese ansehnlichen Verbesserungen kosteten Geld, und das wurde durch den Verkauf von Aktien und Anleihen aufgebracht. Bank-Aktien waren nicht mehr der heißeste Tipp wie noch in den beiden Jahrzehnten davor. Aktien und Anleihen von Eisenbahnen gewannen an Beliebtheit. Bald kauften die Leute jedes Wertpapier, auf dem nur irgendwo das Wort „rail" vorkam, und scherten sich kaum um den Kurs. Man bezahlte immer höhere Preise für Land links und rechts einer Eisenbahnlinie. Wer nicht genug Geld hatte für einen solchen Landkauf, der borgte es sich von den Banken. Die Banken verliehen riesige Summen für derartige Grundstücksgeschäfte, und eine große Zahl von Farmern ließ ihre Ernten stehen und stürzte sich stattdessen auf den Grundstückshandel.

Diese Entwicklung war in den Vereinigten Staaten ein ähnlicher Massenwahn wie die Blase der South Sea Company in London etliche Jahre zuvor, und 1836 platzte diese Blase. Die Aktienkurse und die Grundstückspreise fielen so rasch, wie sie gestiegen waren. Die Anleger versuchten, ihre Papiere wieder zu Geld zu machen. Die angehenden Eigentümer von großen Ländereien, die Geld geliehen hatten, um Aktien und Land zu kaufen, steckten bis zum Hals in Schulden, die sie den Banken nicht zurückzahlen konnten. Den Banken ging das Geld aus, und Menschen, die ihr Geld auf Sparkonten angelegt hatten, verloren ihre Ersparnisse, als die Banken ihre Pforten schlossen und pleite waren. Bald war Bargeld so knapp, dass es sich niemand mehr leisten konnte, irgendetwas zu kaufen. Das Finanzsystem war dem Zusammenbruch nahe. Das war die Panik des Jahres 1837.

Die amerikanische Wirtschaft (und die Wirtschaftsverhältnisse der meisten anderen Länder) taumelte von Hochstimmung zu Panik und zurück. Während der Perioden mit Hochstimmung, in denen die Preise anstiegen und Arbeitsplätze reichlich vorhanden waren, gaben Spekulanten ihren letzten Gehaltsscheck aus, verpfändeten den Familienschmuck, stürzten sich in Schulden und unternahmen alles, um Aktien oder Anleihen oder Land zu kaufen und sich am Geschehen zu beteiligen. In Paniken, Zusammenbrüchen und Wirtschaftsdepressionen erhielten die Spekulanten dann ihre Quittung, und die Menschen wurden wieder nüchtern.

Die Aktienkurse erlebten im Jahre 1853 einen Crash und erneut im Jahre 1857, in dem die Aktien der beliebten Erie Railroad von 62 auf 11 Dollar fielen. Immer noch besaß aber nur ein verschwindend kleiner Prozentsatz der Bürger in Amerika Aktien – angesichts der rapiden Anstiege und plötzlichen Zusammenbrüche der Kurse war dieser Umstand für viele Menschen das Beste. Wieder einmal mussten die Europäer die Hauptlast der Verluste tragen, da sie nichts aus den früheren Lektionen gelernt hatten und Geld in die Anlagemöglichkeiten in den Vereinigten Staaten pumpten. In den Jahren um 1850 besaßen Ausländer, vor allem Engländer, nahezu die Hälfte des gesamten amerikanischen Wertpapierbestands.

Der amerikanische Erfindergeist

Die Europäer, die sich im Besitz einer etwas höheren Bildung glaubten, sahen die Amerikaner als einen Haufen lärmender, ungehobelter Kerle an, mit niedriger Bildung und raubeinig. Welche Überraschung traf sie aber, als all die großen Erfindungen aus den amerikanischen Köpfen zu entspringen begannen. Der Erfindungsreichtum war die Antwort der Amerikaner auf den Mangel an Menschen. In einem riesigen Land mit einer kleinen Bevölkerung musste man Maschinen erfinden, die einen Teil der Arbeit übernahmen. Auch wenn kluge Erfinder Maschinen erdachten, so bedeutete dies aber noch nicht, dass die Maschinen auch zum Leben erwachen und Arbeit verrichten würden. Der Kapitalismus – Menschen, die willens waren, ihr Geld in die Herstellung der Maschinen zu investieren – brachte das goldene Zeitalter der amerikanischen Erfindungen hervor.

Da gab es Fulton mit seinem Dampfschiff, die Mühleneinrichtungen von George Cabot, die umfassende industrielle Fabrik von Francis Cabot Lowell sowie die Getreidemähmaschine von McCormick. Der Baumwollanbau war unbedeutend gewesen, denn die Samenkörner hafteten fest an den Fasern und ein Arbeiter benötigte zehn Stunden Arbeit, um die Körner mit einem eisernen Kamm abzureißen und ein Pfund Fasern zu gewinnen. Eli Whitney aus Connecticut kam 1793 als Hauslehrer auf eine Farm in den Südstaaten und sah dies. Innerhalb von zehn Tagen baute er eine Entkernungsmaschine, bei der Haken an einer Walze die Fasern zwischen eng stehenden Stäben hervorzogen. Die „Cotton Gin" wurde tausendfach nachgebaut, und zehn Jahre später ernteten die Plantagen Baumwolle im Wert von zehn Millionen Dollar.

McCormicks Mähmaschine, der mehrschüssige Revolver von Colt und ein neuartiges Vorhängeschloss waren die drei amerikanischen Erfindungen, die bei der Industrieausstellung im Kristallpalast in London die Besucher in Verwunderung versetzten. Die Europäer waren erstaunt über die amerikanischen Erzeugnisse und ebenso erstaunt über das amerikanische Fabrikationssystem, das eine derart gleichbleibende Qualität lieferte, dass das letzte Stück genau dem ersten glich.

Wie schon gesagt, es war Geld notwendig, um diese Erfindungen vom Entwurf auf dem Zeichenbrett in die Produktion zu bringen. Ein Teil des Geldes liehen die Banken aus, aber mehr und mehr wurde es durch den Verkauf von Aktien aufgebracht, da der Besitz von Aktien sowohl in Amerika als auch besonders im Ausland an Popularität gewann. Ausländer, Europäer, finanzierten den fantastischen Fortschritt in Amerika, indem sie in unseren aufblühenden Markt investierten, und 150 Jahre später zahlen wir einen Teil dieser Hilfe zurück, indem wir riesige Summen in die heranwachsenden Märkte Asiens, Afrikas und Lateinamerikas investieren.

Auf der Farm erleichterten Maschinen das Leben des Farmers, der bis zu den Jahren um 1850 noch fast die gleichen primitiven Methoden anwendete, die 5000 Jahre früher in Ägypten benutzt wurden. Die Farmer pflügten das Land mit Pflügen, die von Tieren gezogen wurden, oder mit Handpflügen, die Menschen zogen. Viel Arbeit, die Rückenschmerzen verursachte, wurde von Sklaven verrichtet, die Opfer des Systems waren, genauso wie die Sklaven im antiken Mesopotamien.

Der primitive Ackerbau trug die Hauptschuld an der Sklaverei. Die Sklaverei verschwand, als die Allgemeinheit ihren Verstand anstrengte und eine Bewegung zur Abschaffung dieses Übels entfachte, aber auch dem Kapitalismus kommt ein gewisses Verdienst zu. Investoren und ihr Geld wurden benötigt, um die Fabriken zu bauen, die die landwirtschaftlichen Maschinen herstellen (Dreschmaschinen, Mähbinder, Scheibeneggen, Pflüge mit stählernen Pflugscharen, Fördereinrichtungen und Silos für Getreide und so weiter), um die Landwirtschaft grundlegend und dauerhaft umzustellen. Als neue Maschinen die Knochenarbeit übernahmen, die früher Sklaven und Leibeigene ausführen mussten, brachte es keinen wirtschaftlichen Nutzen mehr, Menschen in lebenslange Knechtschaft zu zwingen.

Mehrere Unternehmen, die vor hundert Jahren landwirtschaftliche Maschinen bauten, bestehen heute noch: John Deere, International Harvester (heute unter anderem Navistar und Caterpillar). Während sie Maschinen entwickelten und verkauften, die hacken, pflanzen und ernten konnten, entwickelten andere Firmen Unkrautbekämpfungsmittel und Düngemittel, um die Schädlinge und Unkräuter zu verdrängen und den Boden ertragreicher zu machen. Die Kombination von neuen Maschinen und neuen Chemikalien verwandelte die amerikanischen Farmen in die effizienteste Speisekammer der Erde, die mehr Weizen, Mais und so weiter pro Hektar als die Landwirtschaft irgendeines Landes in der Geschichte des Ackerbaus erzeugen konnte oder kann.

Während in Irland bei katastrophalen Kartoffel-Missernten nahezu eine Million Menschen ums Leben kamen, in China viele wegen Knappheit an Reis verhungerten und für einen Großteil der Menschheit Hunger zum täglichen Leben gehörte, erzeugten und erzeugen die Vereinigten Staaten mehr Nahrungsmittel, als ihre Bewohner essen können.

Die Entwicklung der landwirtschaftlichen Maschinen änderte die Verfahren der amerikanischen Farmer bei der Feldbestellung und Ernte, aber sie hatte wenig Einfluss auf die amerikanische Kost, die oft eintönig war. Die meisten Familien waren Selbstversorger. Der Speisezettel wurde angeführt von Brot, Kartoffeln, Rüben und Trockenobst, gelegentlich etwas belebt von einer Scheibe eingesalzenem oder geräuchertem Fleisch. Es gab keine Kühlschränke oder Tiefkühltruhen in der Küche oder im Keller. Obst und Gemüse gab es daher nur in den kurzen Zeitabschnitten, wenn diese Gemüse oder Früchte gerade erntebereit waren.

Im Winter gab es Gurkensalat oder Salat von eingelegten Gurken oder überhaupt keinen Salat. Wer nicht nahe an einem Fluss oder großen See wohnte, bekam keine Fische. Zitronen stellten luxuriöse Früchte dar und eine Orange fand ein Kind vielleicht einmal im Jahr auf dem weihnachtlichen Gabenteller. Die Tomate war eine exotische Frucht, die aus Mexiko eingeführt wurde und der von vielen Misstrauen entgegengebracht wurde, weil man sie für giftig hielt. Grapefruit gab es nur in Florida.

Es gab keine Autobahnen und keine Fernlastzüge mit Kühlcontainern. Auch bei den Eisenbahnen gab es keine Kühlwaggons zum Transport von Salat und Gemüse in die Städte. Die Konservenindustrie war noch jung und konnte die verschiedenen Gemüse noch nicht so verpacken, dass man sie in Regalen aufbewahren konnte. Die Familien machten Gemüse und Obst in Einmachgläsern selbst haltbar. Rinder, Schafe und Schweine waren wandelnde Steaks; Lammkoteletts und Schweineschnitzel wurden lebend von den Farmern zu den Verbrauchern in den großen Städten befördert, sodass ihr Fleisch quasi frisch gehalten wurde.

Man hört heutzutage öfter Äußerungen von Menschen, die sich nach der „guten alten Zeit“ zurücksehnen, nach dem „einfacheren“ und „natürlicheren“ Leben. Die Stimmung dieser Nostalgiker würde aber vermutlich rasch umschlagen, wenn sie jemals selbst an sich das einfache Leben erproben müssten: Schweiß und Rückenschmerzen vom Morgengrauen bis zum Hereinbrechen der Nacht. Eine Familie zu bekochen, sauber gekleidet, trocken und warm zu halten war ein Vollzeitjob. Ohne die modernen Geräte für den Haushalt und ohne die arbeitserleichternden Erzeugnisse und Konserven fand die Arbeit der Frauen nie ein Ende – und ebenso wenig die der Männer.

Die meisten Häuser wurden aus handbehauenen Stämmen errichtet, und auch die Kleider, die Vorhänge und die Möbel wurden selbst gesponnen, gewebt und geschreinert, und sogar die Seife wurde selbst gesotten.

Es gab kein Fernsehen, und das war vielleicht ein Vorteil, denn viele Menschen hatten keine Zeit zum Fernsehen. Heutzutage sprechen wir viel von „häuslicher Unterhaltung", aber in jenen Tagen fand die Unterhaltung tatsächlich im Hause statt: mit Kartenspiel, Puzzlespielen, Musik, Erzählen von Geschichten und Witzen.

Wenn diese Arten von Unterhaltung so wunderbar waren, warum haben sich inzwischen so viele Menschen dem Radio und dem Fernsehen zugewandt?

Die Ausbreitung der Eisenbahnen und die Entwicklung des Handels

Während des 19. Jahrhunderts nahm der Handel mit Aktien an Bedeutung zu, teilweise aufgrund der ersten erfolgreichen Erfindung von Thomas Alva Edison: dem Kursdrucker mit einem Papierstreifen, englisch „tickertape machine" genannt, nach dem tickenden Geräusch, das das Gerät beim Drucken von sich gab. Als Haube war über die Druckeinrichtung mit der Papierbandrolle eine große Glasglocke gestülpt, sodass das Ganze aussah wie ein Münzautomat für Kaugummikugeln oder Erdnüsse. Jedes Mal, wenn ein Aktienpaket an einer Börse gekauft oder verkauft wurde, gelangte eine Nachricht davon über die Telegrafenlinien zu den Börsentickern überall in den Vereinigten Staaten und in der ganzen Welt.

Auf einem etwa anderthalb Zentimeter breiten Papierstreifen, der seitlich aus dem Gerät hervorkroch, wurde das Symbol der Aktie, die Anzahl der Aktien, die soeben den Besitzer gewechselt hatten, und der Kurs, zu dem dieses Geschäft abgewickelt worden war, ausgedruckt. Jedermann, der Zugang zu einem solchen Ticker hatte, konnte dem ruckenden Erscheinen des Papierbands zusehen und sich, fast auf die Minute genau, über die letzten Aktientransaktionen auf dem Laufenden halten.

Die amerikanische Wirtschaft wuchs von den Jahren um 1790 bis zum Ausbruch des Bürgerkriegs (1861–1865) auf das Achtfache. Dies bedeutet, dass die Bevölkerung achtmal so viele Produkte erzeugte und sie im Vergleich zu den Zeiten als englische Kolonie im achtfachen Umfang kaufte und verkaufte. Die Vereinigten Staaten waren auf dem Weg, die bedeutendste Industriemacht der Erde zu werden. Als der Bürgerkrieg beendet und die Sklaverei aufgehoben worden war (allerdings die Diskriminierung aufgrund der Rassenzugehörigkeit noch lange fortbestand), dehnte sich die Bevölkerung nach dem Westen hin aus, und die Wolkenkratzer begannen, nach oben zu streben.

Um 1855 herum schossen entlang der Flüsse in Neuengland zahlreiche Textilfabriken aus dem Boden, und nicht weniger als 46 Baumwolle verarbeitende Firmen boten ihre Aktien an der Börse in Boston, Massachusetts, an. Als die Soldaten aus dem Bürgerkrieg heimkehrten, hatten sie sich daran gewöhnt, eine Uniform zu tragen. Nun kauften sie sich selbst eine neue Art von Uniform, den fertigen Anzug von der Stange. Seife und Kerzen, Leder und Ahornsirup, alles Dinge, die früher im Farmerhaushalt selbst hergestellt wurden, waren nun auch in Läden erhältlich. Die Handelsschranken zwischen den einzelnen Bundesstaaten der Vereinigten Staaten fielen allmählich, und Massenartikel konnten nun über die Staatsgrenzen hinweg gehandelt werden.

Unter den Eisenbahngesellschaften wurden Union Pacific und Central Pacific für die Lösung der Aufgabe ausgewählt, das Eisenbahnnetz über den ganzen Kontinent hinweg bis zum Pazifischen Ozean zu erweitern. Gelegentlich brachen zwischen den irischen, deutschen oder chinesischen Arbeitern Streitigkeiten und Handgreiflichkeiten aus, aber insgesamt legten sie sich ins Zeug, die Schwellen zu legen und dann die Schienen mit großen Nägeln festzuhämmern.

Verschiedenen Eisenbahngesellschaften in mehreren Teilen des Landes gewährte der US-Kongress Rechte auf nahezu 70 Millionen Hektar – dies war die größte Eigentumsübertragung in der Geschichte der Vereinigten Staaten, und dazu noch eine ziemlich umstrittene. Die Eisenbahngesellschaften verkauften ihrerseits einen Teil dieser Ländereien an Farmer und benutzten einen anderen Teil als Sicherheit für die gewaltigen Darlehen, die sie zur Entlohnung der Arbeiter und zur Bezahlung der Schienen, der Lokomotiven, Waggons und sonstiger teurer Anlagen bei den Banken aufnahmen.

Mehrere der heutigen Eisenbahngesellschaften besitzen immer noch ausgedehnte, wertvolle Landstriche aus der damaligen Landgewährung durch den amerikanischen Kongress. Sie stellen einen fast unermesslichen Wert dar.

Die Eisenbahnen beförderten Fracht und Passagiere – und sie brachten eine Menge neue Käufer an den Aktienmarkt. In diesem zweiten „Eisenbahnrausch" investierten die Anleger 318 Millionen Dollar ihres eigenen Geldes in Aktien von Eisenbahngesellschaften, und als Ergebnis dieses Zuflusses an Kapital überspannten weitere 20.000 Kilometer Eisenbahnlinien das Land. Die amerikanische Bundesregierung hatte dazu das meiste Land gestiftet. Es waren weniger die Cowboys und die sechsschüssigen Trommelrevolver, die den Westen eroberten, als vielmehr die Eisenbahnen. Wer weiß, wie lange die Öffnung der neuen Territorien sich ohne das Geld der Investoren und ohne die Landgewährung durch die Regierung verzögert hätte.

Eisenbahn-Aktien – eine bombensichere Sache, das war der freudige Ruf der Anleger von der Ostküste bis zur Westküste. Die Menschen sahen, wie sich die Eisenbahnlinien bis in die entlegensten Gebiete des Landes ausstreckten; die Lokomotiven mit den Wagen dahinter dampften auf diesen Linien dahin, und angesichts dieser Entwicklung wurden die Eisenbahn-Aktien als nahezu risikolos eingestuft.

Eine ansehnliche Zahl von Farmern spekulierte in Eisenbahn-Aktien, in Eisenbahnländereien und in Landgesellschaften, die durch den Homestead Act von 1862 entstanden. (Der US-Kongress erließ im Jahre 1862 ein Gesetz, nach dem ein Einwanderer im Westen oder Nordwesten etwa 65 Hektar Land erhalten konnte, vorausgesetzt, dass er darauf ein Haus baute und mindestens einen Teil des Landes in Bearbeitung nahm.) Einige dieser Eisenbahnprojekte und Farmprojekte waren jedoch recht windige Vorhaben, genauso wie viele Gründungen von Gesellschaften für Gold- und Silberbergwerke, die den Eisenbahngesellschaften folgten.

Der amerikanische Schriftsteller Mark Twain soll einmal ein Goldbergwerk als „ein Loch in der Erde, das einem Lügner gehört“ bezeichnet haben, und mehr als einmal verkaufte ein solcher Lügner Aktien seiner „Goldgrube“. Diejenigen Menschen, die Aktien von Bergwerken mit unbewiesenen Edelmetallvorkommen verkauften, machten weit mehr Geld als alle Goldsucher, die mit Pickeln, Schaufeln und flachen Schüsseln zum Goldwaschen nach Kalifornien zogen. Die Opfer solcher Schwindelunternehmen konnten nicht von irgendeiner Staats- oder Bundesregierung Hilfe erbitten, und die Gesetze, die es den Gesellschaften verbieten, falsche oder irreführende Angaben zu veröffentlichen, sollten erst später geschrieben werden.

Während der großen Zeit der Cowboys, die nur etwa 25 Jahre umfasste, gab es viele Aktien von Viehfarmen an den Börsen. Ende der 1860er-Jahre gab es in den Vereinigten Staaten 38 Millionen Rinder und 39 Millionen Einwohner, also ungefähr für jeden Einwohner ein Rind. Auf die Leute an der Ostküste, die sich in diesen Rindviehmarkt wagten, machten die Cowboys einen großen Eindruck.

Im Jahr 1869 wurden die Aktien von 145 verschiedenen Unternehmen an der New York Stock Exchange gehandelt. Unter diesen Firmen befanden sich nun auch die ersten Versicherungen, Stahlwerke und Eisenhütten, die sich zu Industriegiganten entwickelten. Sie lockten Farmer weg von ihren Farmen und Einwanderer von der anderen Seite des Atlantischen Ozeans in ihre Fabrikstädte.

Die Eisenbahnen überzogen nun das Land mit einem dichten Netz, und auf den Kanälen zwischen den großen Seen herrschte lebhafter Schiffsverkehr. Binnenschiffe brachten Eisenerz und Kohle herbei, um die Bäuche der Hochöfen zu füllen und die Stahlproduktion zu ermöglichen. Rauch und giftige Gase quollen aus den hohen Schornsteinen und Öfen, aber immer noch kamen Schiffsladungen von Arbeit suchenden Einwanderern an.

Sie kamen im Hafen von New York an, aus Irland, vom europäischen Festland, aus dem fernen China, der Hungersnot durch Ausfall der Kartoffelernte entfliehend, auf der Flucht vor Kriegen, Geheimpolizei, Ungerechtigkeit, Mangel an Toleranz, wirtschaftlicher Unsicherheit, vor allen möglichen Umwälzungen und Drohungen. Sie nahmen schlecht bezahlte Arbeiten an, an Nähmaschinen in der Bekleidungsindustrie, in Schlachthäusern, als Schweißer, beim Einziehen von Nieten oder in der Instandhaltung, mit der Ölkanne in der Hand durch schmutzige Maschinen steigend, um das Räderwerk der Produktion in Betrieb zu halten. Ihre tägliche Arbeitszeit war lang, und oft waren auch die Arbeitsbedingungen gefährlich. Sie strebten aber nach diesen mühseligen Arbeits- und Wohnbedingungen, denn wenn die Lage in der Neuen Welt auch noch so schlimm war, so war sie doch immer noch besser als daheim, woher sie kamen, wo die Menschen verhungerten oder in endlosen Kriegen zerrieben wurden. Warum wagten so viele den Sprung über das große Wasser, über den Atlantischen oder Pazifischen Ozean, wenn das Leben in Amerika nicht besser war?

Sie waren sich auch darüber im Klaren, dass sie wenig Hoffnung auf Fortkommen und Verbesserung hegen konnten, wenn sie zu Hause in Polen oder in Griechenland oder sonst irgendwo geblieben wären, denn in jedem Land besaß eine kleine Gruppe von aristokratischen Familien das Land, hortete das Geld und lenkte die Regierungen. In Amerika hatten sie Hoffnungen – und noch mehr: Sie hegten Erwartungen. War dies doch das Land, das Gelegenheiten bot, die darauf warteten, ergriffen zu werden. Die Arbeiter sahen den wachsenden Wohlstand in ihrer Nachbarschaft, und sie hofften darauf, auch einmal daran teilzuhaben – oder wenn ihnen dies selbst nicht gelingen würde, dass ihre Kinder weiter kommen würden, und das trat auch oft ein.

Die Nachkommen von Einwanderern, die als Fabrikarbeiter Arbeit fanden, hatten eine Chance, Colleges zu besuchen und Ärzte, Rechtsanwälte, Direktoren oder sogar Besitzer oder Mitbesitzer eben der Unternehmen zu werden, in denen ihre Eltern und Großeltern viele Stunden täglich bei niedrigem Lohn gearbeitet hatten.

Im Großen und Ganzen gab der amerikanische Arbeiter gegen Ende des 19. Jahrhunderts sein Geld nicht für teure Ferienreisen oder

Sektgelage aus – jedenfalls die meisten nicht. Sie legten ihr Geld bei einer Bank ein, wo die Verhältnisse inzwischen etwas weniger chaotisch geworden waren als zu der Zeit, während der das Bankwesen in der Hand der einzelnen amerikanischen Staaten gewesen war. Die verwirrende Zahl der verschiedenen Währungen, die das Einkaufen so schwierig gemacht hatte, verschwand Mitte der 1860er-Jahre, als ein neues Bundesbanksystem (Federal Banking System) geschaffen wurde. Seit jener Zeit gibt es in den Vereinigten Staaten eine einzige nationale Währung, den US-Dollar.

Die Amerikaner legten so viel Bargeld bei ihren Banken ein, dass die jährlichen Spareinlagen vom Ende des Bürgerkrieges (1865) bis zum Ausbruch des Ersten Weltkriegs im Jahr 1914 vollen 18 Prozent des Wertes der gesamten Industrieproduktion des Landes entsprachen, eine ganz erstaunliche Sparleistung. Weil dieses Bargeld dann benutzt wurde, um bessere Fabriken und bessere Straßen zum Transport der Güter von den Fabriken oder zu den Fabriken zu bauen, wurde die Arbeitsleistung der Beschäftigten wirkungsvoller. Mit dem gleichen Arbeitsaufwand wie bisher konnten mehr Güter erzeugt werden.

Die verfügbare Geldmenge wuchs um mehr als das 40-Fache, aber es gab nahezu keine Inflation. Wenn heutzutage ein Land wie Russland, das wieder hochkommen will, einfach mehr Geld druckt, dann stellen wir sofort einen Sturz des Wertes des Geldes und einen unmäßigen Anstieg der Preise fest. In der zweiten Hälfte des 19. Jahrhunderts, als die Vereinigten Staaten ihrerseits ein heranwachsendes Land waren, blieben die Preise nahezu konstant, obwohl die Banken begonnen hatten, wie verrückt Geld zu drucken. Der Grund dafür, dass dieses Gelddrucken keine Inflation verursachte, liegt darin, dass die Ausgangsleistung unserer Industrie genau wuchs wie die verfügbare Geldmenge.

Der Umstand, dass die Grenzen der Vereinigten Staaten durch Schutzzölle gegen viele ausländische Güter wirkungsvoll geschlossen waren, könnte ein weiterer Faktor sein, der zum nationalen Wohlstand beitrug. Heutzutage hören wir viel von der Freiheit des Handels und wie gut diese sei, aber während der großen Zeit der amerikanischen Wirtschaft, als wir das rascheste Wachstum aufwiesen und die Fabriken voll ausgelastet waren, hatten ausländische Wettbewerber Schwierigkeiten, in unsere Märkte einzudringen, und unsere Fabriken waren in gewissem Umfang vor ausländischen Wettbewerbern geschützt.

Der amerikanische Erfindergeist blieb rastlos tätig: Der Telegraf (Morse), das Telefon (Bell), das in großen Stückzahlen hergestellte Auto (Ford) und der vulkanisierte Gummireifen (Goodyear) wurden erfunden. Die Leute erfanden bessere Mausefallen, bessere andere Dinge, eine Maschine für jede Tätigkeit, die früher durch die menschliche Hand ausgeführt wurde. In den Jahren um 1880 wurde im Kongress einmal ein Antrag gestellt, das US-Patentamt zu schließen, da jede erfolgreiche Erfindung schon gemacht worden sei. Wie falsch waren doch jene Annahme und jener Antrag!

Es gab nun eine Maschine, um Zigaretten zu rollen, die von einer Firma namens Bonsack hergestellt wurde und erstmals von einem Tabakfarmer in South Carolina namens Duke – nach dem die berühmte Duke University in South Carolina benannt ist – benutzt wurde. Es gab eine Maschine zur Herstellung von Streichhölzern, eine Maschine zur Mehlherstellung (die Firma Pillsbury führte sie bei sich ein), eine Maschine zur Milchkondensierung (die Firma Borden besaß die ausschließlichen Rechte auf dieses Verfahren), ein neues Verfahren zur Stahlherstellung (den Bessemer-Prozess) und eine Maschine zur Herstellung von Suppe in Dosen (die zuerst von der Firma Campbell verwendet wurde). Es gab auch eine Maschine, mit der die schwimmende Seife Marke „Ivory“ hergestellt wurde, wobei dieser Seifentyp zufällig infolge eines Irrtums bei Versuchen im Labor von Procter & Gamble entdeckt wurde.

Sobald eine neue Maschine erfunden wurde, mussten andere Menschen weitere Maschinen erfinden, um die neue Maschine herzustellen, und auch die Ersatzteile und die Vorrichtungen, um sie zu reparieren. Statt dass die Maschinen Menschen arbeitslos machten, wie viele Kritiker des Maschinenzeitalters vorhergesagt hatten, schufen die Maschinen Arbeit. Für jeden Arbeitsplatz, der an ein metallisches Gebilde verloren ging, wurden einige Arbeitsplätze neu geschaffen. Mit jedem Fortschritt, jeder Verfeinerung der Maschinen wurde auch die Arbeit leichter. Fabrikmäßig hergestellte Güter konnten billiger hergestellt werden als von Hand und waren in vielen Fällen besser, oder die Qualität war zumindest gleichbleibend. Billigere Güter konnten auch billiger an die Kunden verkauft werden, die somit jedes Mal, wenn ein Industriezweig mechanisiert wurde, mehr und mehr für ihr Geld bekamen.

Die Entstehung der nationalen Marken

Als das 20. Jahrhundert anbrach, gab es eine blühende Industrie für kleine Näschereien und Gebäck, alle möglichen Arten von Gelees, Marmeladen, Keksen, Karamellen und Kaugummis. Diese Dinge wurden von Gesellschaften, die ihre Aktien an der Börse verkauften, hergestellt und in den ganzen Vereinigten Staaten vermarktet. Man konnte diese Dinge essen und auch sein Geld in diesen Unternehmen anlegen.

Die eintönigen Zeiten, in denen das Sortiment an haltbarem Kleingebäck nur aus Schiffszwieback, Butterkeksen, viereckigen Salzkeksen und runden Zuckerkeksen bestand, liegen weit zurück. Jenes Gebäck wurde von örtlichen Bäckereien handwerklich hergestellt und im Kolonialwarengeschäft des Ortes aus offenen Gefäßen verkauft.

In den Vereinigten Staaten war vor Jahrzehnten Uneeda die bekannteste Keksmarke. Dieser Markenname war damals so allgemein bekannt wie Coca-Cola in unseren Tagen. Die Kekse wurden von der National Biscuit Company, bekannt als Nabisco, hergestellt. Nabisco war das Ergebnis von Zusammenschlüssen, wobei viele kleine Familienbetriebe der Keksbranche in zwei großen Backunternehmen vereinigt wurden: der American Biscuit Company im mittleren Westen und der New York Biscuit Company im Osten. Diese beiden Megabäckereien fassten ihre Kräfte schließlich zusammen zur Firma Nabisco, die um die Jahrhundertwende an die Börse ging, indem der Allgemeinheit für 30 Millionen

Dollar Aktien des Unternehmens angeboten und verkauft wurden. Diese wurden von 1.300 Ursprungsaktionären erworben, unter denen sich auch mehrere berühmte Persönlichkeiten befanden. Im Grunde genommen hätte aber jede beliebige Person diese Aktien ebenfalls kaufen können.

Unter der klugen Führung von Adolphus Green machte Nabisco Schluss mit der Keksdose als amerikanische Besonderheit und führte etwas Pfiff und neue Ideen ein. So wurden die Kekse nun verpackt, um sie knusprig und trocken zu halten und sie auch davor zu bewahren, dass sie jeder mit mehr oder weniger sauberen Fingern betasten und prüfen konnte, wenn sie in offenen Gefäßen im Laden angeboten wurden. Die etwas faden Uneeda-Kekse wurden zwar weiter hergestellt, aber sie wurden durch eine ganze Reihe neuer Produkte ergänzt: Fig Newtons (nach der Stadt Newton in Massachusetts benannt), Premium Saltines, Barnum's Animal Cracker (1902), Lorna Doones, Oreo Cookies (1912) und Ritz Crackers (1934).

Oreo wurde die meistverkaufte Keksmarke der Welt und hält diese Spitzenstellung immer noch. Oreo ist schon so lange auf dem Markt, dass manchmal vergessen wird, dass dieses Gebäck in einem Labor von Nabisco entwickelt wurde. Nabisco erwarb auch die Rechte für die erste interessante Nascherei für Hunde, den Milk Bone.

Dann kamen Planters Peanuts. Sie wurden von einem Straßenverkäufer mit einem Handwagen namens Amedeo Obici erfunden, der um die Jahrhundertwende herum seine Erdnüsse in den Straßen der Stadt Wilkes-Barre im Staat Pennsylvania verkaufte. Er hatte eines Tages die Idee, seine Erdnüsse mit etwas Salz zu bestreuen. Seine gesalzenen Erdnüsse verkauften sich so erfolgreich, dass er im Jahr 1906 mit einem Partner die Firma Planters Nut and Chocolate Company gründete, aus der später die Planters Lifesavers Company entstand. Dieser Markenname wurde weltberühmt und das Unternehmen später zu einer Tochterfirma von RJR Nabisco.

Eine weitere Neuheit war Heinz-Ketchup, der vom Essiggurkenhersteller Henry J. Heinz zusammengemischt wurde. Heinz, der zuvor schon einmal Bankrott erklären musste, weil sein Geschäft in der Wirtschaftspanik des Jahres 1873 unterging, stieg später zum weltweiten Gurkenkönig, Soßenkönig und Verbreiter von Ketchup auf. Er leitete sein Rezept und den Namen von einer orientalischen Mischung namens „ketsiap" ab, deren Hauptbestandteil in Essig eingelegte Fische waren. Heinz ließ die Fische weg und fügte stattdessen Tomaten hinzu.

In der Zeit, in der Nordamerika noch eine englische Kolonie war, und sogar noch bis ins 19. Jahrhundert hinein waren die Amerikaner davon überzeugt, dass Tomaten giftig seien, auch wenn einmal ein tapferer Offizier, Oberst Johnson, auf den Stufen des Rathauses von Salem in New Jersey in aller Öffentlichkeit eine Tomate aß, um damit zu demonstrieren, dass dies nicht tödlich sei. Sobald aber Heinz die Tomaten pürierte und in cremiger Form zusammen mit Gewürzen in Flaschen füllte, entwickelten die Menschen die Gewohnheit, auf alle essbaren Dinge Ketchup zu kleckern – eine heute noch weltweit verbreitete Praxis. Präsident Nixon klatschte Ketchup sogar auf die Rühreier, die er zum Frühstück aß.

Ketchup, Senf, Oliven, kleine Gurken, Tomaten-Obst-Relish, praktisch alles, was man auf einen Hamburger klatschen kann, wurde von Heinz zum ersten Mal in Massen erzeugt und vermarktet. Er errichtete Zweigfabriken in sechs amerikanischen Bundesstaaten, Großhandelslager und Verkaufsbüros in der ganzen Welt, beschäftigte 2.800 fest angestellte Arbeitskräfte und hatte Lieferverträge mit 20.000 Farmern, die die für seine Soßen erforderlichen Zutaten anbauten.

Während Heinz mit der Entwicklung und dem Verkauf seines Ketchups und 56 weiterer Soßen beschäftigt war, erfand Sylvester Graham die berühmten Graham Crackers. Er war ein Pfarrer und Prediger der Temperance Union (Bewegung der Alkoholgegner), wetterte gegen Alkohol, Fleisch, Senf und sogar gegen den Ketchup von Herrn Heinz (von dem er behauptete, dass er Irrsinn verursache); er predigte dagegen kaltes Duschen, harte Matratzen, Obst, rohes Gemüse und Vollkorn-Weizenmehl, das er für sein neues Gebäck verwendete. Vollkornmehl helfe gegen die Fleischeslust und mäßige die brodelnden Hormone der Teenager, denn nach Ansicht von Graham wurden diese Hormone durch den Verzehr von Fleisch und Fett aufgestachelt. Nach seiner Theorie waren Teenager, die fleißig Graham Crackers aßen, ausgeglichener, benahmen sich besser und konnten sich besser auf ihre Hausaufgaben konzentrieren.

Während sich Graham auf seinem Cracker-Kreuzzug befand, kämpfte auch Dr. John Kellogg mit Cornflakes gegen die Lüsternheit der Teenager (er nannte jene Gemütsbewegungen „gefährliche Sehnsüchte"). Er war ein Vegetarier und Gesundheitsapostel, der in Battle Creek im Bundesstaat Michigan ein berühmtes Sanatorium betrieb. Er experimentierte eines Tages mit einem Brotrezept. Es sollte eine neue Art von Toast ergeben, der leichter zu beißen war als der übliche Zwieback, der so hart war, dass sich die Esser manchmal die Zähne ausbrachen. Er ließ den Ofen ein wenig zu lange an, und als er nachschaute, hatte sich sein Versuchsbrot in trockene Flocken verwandelt. Bald war er davon überzeugt, dass regelmäßiges Essen dieser Flocken die Flammen der heißesten Liebesbeziehung auf ein tugendhaftes Maß mildern und die amerikanischen Jugendlichen vor Schwierigkeiten bewahren könnte.

Nicht allzu viele Menschen hatten dieselben Ansichten wie Kellogg oder auch wie Graham, aber das hinderte ganz Amerika und die gesamte restliche Welt nicht daran, immer mehr Graham Crackers und Kellogg's-Flocken und -Pops zu essen.

Kellogg machte die Bekanntschaft von C.W. Post, einem redegewandten Verkäufer, der einmal als Patient in Kelloggs Sanatorium weilte. Post hatte jene Heilstätte aufgesucht, um seine nervöse Erschöpfung zu kurieren, und aß dort zum ersten Mal in seinem Leben einen Teller Kellogg's Corn Flakes. Er fand Gefallen daran, aber er hasste den Karamell-Kaffee, der im Kellogg'schen Sanatorium zum Frühstück serviert wurde. Um etwas Schmackhafteres trinken zu können, erfand er Postum, ein Pulver auf der Grundlage von geröstetem Getreide, mit dem man einen Aufguss herstellen konnte, der wie Kaffee schmeckte – oder der wenigstens Herrn C.W. Post den Eindruck von Kaffee verschaffte. Post gründete ein Unternehmen, um Postum zusammen mit zwei Frühstücksflocken, Grape Nuts und Post Toasties, in großem Maßstab zu vermarkten.

Die Schokoladentafeln von Hershey waren gleichfalls eine Neuheit. Milton Snavely Hershey, um den Namen ganz genau auszuschreiben, besaß einen winzigen Laden für Karamellen und besuchte im Jahre 1893 die Weltausstellung in Chicago. Dort sah er die Vorführung einer deutschen Maschine zur Herstellung von Schokoladentafeln und bestellte gleich eine für sein Geschäft. Hershey benutzte die Maschine erst, um Karamellen mit Schokoladenüberzug herzustellen, später dann zur ersten Massenproduktion von Schokoladentafeln in den Vereinigten Staaten. Als nächste Produkte folgten Hershey's-Kisses im Jahr 1907 und die Hershey's-Goodbar mit Erdnüssen 1925. Im Jahr 1927 wurden die Aktien von Hershey zum ersten Mal an der New York Stock Exchange gehandelt.

Die Erfolgsliste lässt sich fortsetzen: Jerome Smucker verkaufte Apfelbutter und Apfelmost, von Bäumen geerntet, die noch von Johnny Appleseed im Bundesstaat Ohio gepflanzt worden waren. (Johnny war eine legendäre Figur während der frühen Jahre der Besiedlung Nordamerikas. Er wanderte als Aussteiger das ganze Jahr über von Farm zu Farm und bezahlte die Mahlzeiten und das Quartier, das ihm gewährt wurde, immer mit Apfelkernen, die er als Saatgut sorgfältig aus jedem Apfel, den er jemals aß, sammelte.) Im Jahr 1897 gründete Smucker die J.M. Smucker Company, die nun, fast ein Jahrhundert später, mehr Gelees und Marmeladen verkauft als sonst irgendjemand.

Zu jener Zeit waren in den Vereinigten Staaten mindestens tausend Markennamen registriert. Aus ihnen drangen sogar Schlagwörter und Ausdrücke in den amerikanischen Wortschatz ein, wie etwa „absolutely pure", Werbeworte der Royal Baking Company; „you press the button, we do the rest" von Kodak; „it floats" von der Seifenmarke Ivory Soap; „the beer that made Milwaukee famous" von Schlitz; „all the news that's fit to print" von der *New York Times* und „pink pills for pale people" aus den Anzeigen für Vitaminpillen, die ein Medizinmann namens Dr. Williams vertrieb.

Die Erfindung all dieser Produkte führte ihrerseits zum Entstehen neuer Läden und Geschäfte, wo diese Dinge verkauft werden konnten. Noch in der Mitte des 19. Jahrhunderts gab es in den Vereinigten Staaten keine Supermärkte. Niemand hatte an ein Lebensmittelgeschäft als Massen-Einkaufsstätte gedacht, bis zwei Teeliebhaber, George Gilman und George Huntington Hartford, in New York etwa an der Stelle, wo heute die beiden riesigen Türme des World Trade Centers aufragen, im Jahre 1859 ein Teegeschäft eröffneten. Es war ein kleiner Laden mit einem hochtönenden Namen: The Great American Tea Company. Später wurde der Name abgeändert, um noch mehr Eindruck zu machen: The Great Atlantic and Pacific Tea Company.

Aus einem Teegeschäft in New York wurden fünf; dann kamen Teegeschäfte in anderen Staaten hinzu, in denen Gilman und Hartford noch Kaffee, Butter und Milch in die Regale stellten. Im Jahr 1912 betrieben sie eine Kette von 400 Läden, den ersten Massenmarkt für Lebensmittel, und Ende der 1920er-Jahre umfasste die Firma 15.000 Läden in den Vereinigten Staaten mit einer Milliarde Dollar Jahresumsatz. Es wäre schwer gewesen, im ganzen Land jemanden zu finden, der noch nie etwas von A & P gehört hatte.

Dank der wachsenden Zahl von Ladenketten und Versandhäusern konnten die Menschen in Massen erzeugte Produkte zuverlässiger Qualität kaufen, und dies zu viel niedrigeren Preisen, als sie von den Hausierern und örtlichen, unabhängigen Kaufleuten gefordert wurden. In kleinen Orten oder auf der Farm war die Zustellung eines Pakets durch die Post ein wichtiges Ereignis, besonders wenn es von der Firma Montgomery Ward kam, die nach ihrem Gründer Aaron Montgomery Ward benannt wurde, der im Jahr 1872 in Chicago das erste Versandhaus gründete, oder von Sears, Roebuck and Company, die im Jahr 1887 ihren ersten Katalog versandten.

Anfangs verkaufte Sears im Versandhandel nur Taschenuhren, aber das Unternehmen dehnte sich rasch auf ein breites Warenangebot aus. Man sagte bald, dass auch das entlegenste Farmhaus in den Vereinigten

Staaten mindestens zwei Bücher besitze: die Bibel und den Katalog von Sears & Roebuck. Eine Geschichte erzählt, dass ein Goldsucher in dem entlegenen Ort Norne in Alaska brieflich eine Bestellung von 100 Rollen Toilettenpapier übersandt und eine entsprechende Summe Bargeld beigelegt habe. Sears schrieb zurück, dass nur Aufträge von Artikeln aus dem Katalog mit Angabe der Bestellnummer bearbeitet werden könnten. Der Kunde schrieb zurück: „Wenn ich den Katalog gehabt hätte, hätte ich kein Toilettenpapier bestellen müssen."

Als immer mehr Waren von weit entfernten Orten bestellt wurden, stieg der Frachtverkehr der Bahnen an, und die Post gewann im Leben der Menschen an Bedeutung. Die Dienstleistungen der Post spielten eine entscheidende Rolle im Kapitalismus, denn sie stellten den wirkungsvollsten Weg dar, um in Massen erzeugte Güter an die Massen zu übermitteln. Selbst damals hatte der amerikanische Postdienst jedoch den Ruf, einen schlechten Service zu bieten, und die Warenhersteller ärgerten sich darüber. Eine prompte Lieferung war in diesem Geschäft so wichtig, dass Adolphus Green eine Auszeit von der Leitung von Nabisco nahm, um eine Kampagne zur Reform der Post zu leiten.

Die industrielle Revolution und die Raubritter der Anfangszeit

Gesellschaften hatten die Fabriken, das Gefüge, die Träger der modernen Vereinigten Staaten aufgebaut. Noch in der Mitte des 19. Jahrhunderts waren Gesellschaften an weniger als einem Viertel der amerikanischen Wirtschaft beteiligt, aber als das 20. Jahrhundert nahte, übten Gesellschaften auf jedes Gebiet des täglichen Lebens einen großen Einfluss aus.

Massenproduktion war das Schlagwort des Tages. Die Güter konnten aus den Fabriken direkt in die Waggons der Bahnen geladen werden und wurden dann weithin über die Grenzen der einzelnen Bundesstaaten hinweg verkauft. Regionale Marktzentren entstanden in

Gegenden, wo bisher nur in einzelnen Orten Läden mit einem Warenangebot geringen Umfangs die Menschen in der jeweiligen Nachbarschaft versorgten. Diese Erweiterung des Marktgeschehens verursachte eine revolutionäre Umwälzung der Gesellschaft, die das tägliche Leben der Menschen genauso stark oder sogar noch mehr als die vorhergehende amerikanische Revolution beeinflusste. Während beispielsweise im Jahr 1820 zwei Drittel der in den Vereinigten Staaten getragenen Kleidung in der Familie zu Hause von Hand zugeschnitten und genäht wurde, kam am Ende des Jahrhunderts nahezu alle Kleidung aus den Fabriken.

Namen von Firmen und Markennamen wie Pillsbury (Mehl), Campbell (Suppen), Heinz (Ketchup), Borden (Kondensmilch), Quaker Oats (Haferflocken) und Procter & Gamble (Seifen und Waschmittel) wurden allgemein bekannt. Erzeugnisse für den Haushalt errangen denselben Bekanntheitsgrad wie berühmte Schriftsteller, Maler, Schauspieler oder Politiker. In den Jahren nach 1880 war Ivory Soap in den Vereinigten Staaten vom Atlantik bis zum Pazifischen Ozean bekannt. 1884 entwickelte George Eastman die Massenproduktion von Filmen zum Fotografieren, und innerhalb von zehn Jahren wurde das Knipsen mit Kodak-Filmen und Kodak-Kameras zum Hobby von Millionen.

Das Maschinenzeitalter und die Massenproduktion zogen so schnell herauf, dass sich die Menschen kaum rasch genug darauf einstellen konnten. Die Gesetze über Eigentumsrechte mussten neu gefasst werden, die Aufstellung neuer Handelsrichtlinien wurde erforderlich und die Formen des Geschäftslebens änderten sich. Eine kleine Zahl von gewieften Männern nutzte die Gunst der Stunde und bereicherte sich mehr, als es sich ihre Zeitgenossen in ihren wildesten Träumen vorstellen konnten. Diese Männer rafften Reichtümer zusammen, die die Schätze der reichsten Pharaonen, Sultane, Herrscher, Könige, Königinnen, Eroberer und Reichsgründer der Geschichte in den Schatten stellten. In Amerika nannte man sie „Robber Barons“ (Räuberbarone), eine Bezeichnung, die der Geschichtswissenschaftler Matthew Josephson Ende der 1920er-Jahre prägte.

Die Raubritter der Anfangszeit, die „Robber Barons", waren keine Räuber im herkömmlichen Sinne des Wortes und auch keine Gesetzesbrecher. Sie bogen jedoch manche Gesetze etwas zurecht und veranlassten sogar, dass einige Gesetze zu ihren Gunsten etwas umgeschrieben wurden. Sie waren gerissene Spekulanten, die meist in Armut aufgewachsen waren. Durch Kampf, Intrigen und rücksichtslose Durchsetzungskraft schwangen sie sich zur Spitze der amerikanischen Industrie empor. Sie dehnten den Machtbereich des Geldes aus.

Zu ihnen gehörten Jay Gould, Sohn eines armen Farmers aus dem Nordteil des Staates New York, der sich mit Winkelzügen knapp an den Gesetzen vorbei ein fabelhaftes Reich von Eisenbahnen schuf; Andrew Carnegie, Sohn schottischer Handweber, der ebenfalls Eisenbahnen besaß und der mächtigste Mann des Landes in Bezug auf Eisen und Stahl wurde; Cornelius Vanderbilt, ein Raubein unter den Dockarbeitern New Yorks, der eine Flotte von Dampfschiffen aufbaute, die Schifffahrtsindustrie und später auch das Eisenbahnwesen beherrschte, der aber trotz seiner Erfolge und Reichtümer jahrelang in einem kleinen Haus mit ausgefransten Teppichen wohnte; Daniel Drew, ursprünglich ein Viehtreiber, der ein Meister in der Manipulation der Börsenkurse zu seinen Gunsten war; John Pierpont (J.P.) Morgan, der pflichtgetreue Kirchgänger, der so mächtig in Geldsachen war, dass er einmal sogar gebeten wurde, der US-Regierung über eine kurzzeitige Geldverlegenheit hinwegzuhelfen; Jay Cooke, der stets optimistische Aktien- und Anleihehändler, dessen Investmentgesellschaft so groß und mächtig war, dass bei ihrem Zusammenbruch fast das gesamte Land ebenfalls zusammenbrach; „Diamond" Jim Fisk, ein früherer Hausierer und Zirkusmann, der auffallende Kleider und Ringe an jedem seiner fetten Finger trug; Russell Sage, ein gewiefter Aktienspekulant und Eisenbahnmagnat; Leland Stanford, der zum Gouverneur von Kalifornien aufstieg und seine politische Macht dazu benutzte, dort die Eisenbahnen auszubauen und sich zu bereichern. Die heute berühmte, private Stanford University in Kalifornien übernahm später sein Geld und seinen Namen.

Der letzte, aber keineswegs der geringste, war John D. Rockefeller, dessen Vater als Hausierer ein sogenanntes Schlangenöl als Wundermittel verkauft hatte. Er war ein strenggläubiger Baptist, aus dem ein gewitzter und Furcht einflößender Kapitalist wurde. Alle Ölgesellschaften wurden von ihm zu einem gigantischen Monopol zusammengefasst, das dann die Preise beliebig erhöhen oder senken konnte und alle Rivalen zur Unterwerfung zwang. Wir werden später noch darauf zu sprechen kommen.

Mit Ausnahme des einen oder anderen pflegten die „Robber Barons" einen konservativen Lebensstil, oft sehr religiös und in Anbetracht ihrer gewaltigen Vermögen in eigenartiger Weise genügsam. Die meisten von ihnen bauten oder besaßen Eisenbahnen und grübelten beständig darüber nach, wie sie sich gegenseitig diese Eisenbahnen abluchsen konnten. Sie wussten, wie man die Börsen beeinflussen konnte, um die Kurse nach oben und nach unten schnellen zu lassen, und sie machten Millionen, wenn sie nach oben schnellten.

Von Diamond Jim Fisk sagte man nicht umsonst, er sei „first in the pockets of his countrymen" („immer als Erster in den Taschen seiner Mitbürger"). Jay Gould war ein Meister darin, die Vorteile der Aktien seiner Erie Railroad so glänzend zu preisen, dass die Leute sie zu weit überhöhten Kursen kauften. Aufgrund dieser Machenschaften Goulds wurde die Erie Railroad später als die „Schandschlampe der Wall Street" bezeichnet – eine Gesellschaft mit ruinierter Kreditwürdigkeit, die 69 Jahre lang, von 1873 bis 1942, keinen Cent Dividende bezahlte.

Als Jay Cooke die Pforten seiner Banken schloss, weil seine Investitionen in Eisenbahnen danebengegangen waren, löste er damit die Panik des Jahres 1873 aus, die mehrere Börsenmaklerfirmen in den Ruin trieb und dem Geschäft an der Wall Street beinahe das Lebenslicht ausblies.

Während sich die Bevölkerung der Vereinigten Staaten von 1864 bis in die ersten Jahre des 20. Jahrhunderts hinein verdoppelte, wuchs das

Netz der Eisenbahnen um das Siebenfache. Fast jeder Amerikaner lebte nahezu in Hörweite der Dampfpfeifen der Eisenbahnen. Der 22-jährige George Westinghouse, der auf der Seite der Nordstaaten am Sezessionskrieg teilgenommen hatte, erfand für die Eisenbahnen die Druckluftbremse; das elektrische Licht verdrängte langsam die Petroleumlampen und das Gaslicht; und von der Firma Pullman wurden die Salon- und Schlafwagen bei den Eisenbahnen eingeführt.

Obwohl die Eisenbahnen sich überallhin erstreckten und der Verkehr lebhaft war, verloren die Menschen mit Eisenbahn-Aktien Geld. Immer wieder brach irgendeine Krise aus oder wurde ein Skandal aufgedeckt, was die Einsätze der kleinen Leute auslöschte, während die Robber Barons erfolgreich Profite zusammenrafften. Im Jahr 1877 starb einer der erfolgreichsten dieser Robber Barons, Cornelius Vanderbilt, in New York und hinterließ seinen gesamten Reichtum, die damals schwindelerregende Summe von 100 Millionen Dollar, seinem Sohn William Vanderbilt.

Zum Zeitpunkt seines Todes galt der alte Vanderbilt als der reichste Mann Amerikas. Er erwarb seinen Reichtum mit Schifffahrtlinien und später mit Eisenbahnen, besonders mit der New York Central Railroad. Wenn er auch oft als Titan der Wirtschaft bezeichnet wurde, so wurde er andererseits als aristokratischer, undankbarer Kerl verflucht, der den Menschen, die mit Schweiß und harter Arbeit seine Eisenbahnen erbaut und sein Vermögen geschaffen hatten, nichts davon zukommen ließ.

Die Öffentlichkeit war entrüstet darüber, dass er sich aus dem Leben verabschiedet hatte, ohne der Allgemeinheit etwas zu vererben. Vanderbilt selbst war der Ansicht gewesen, dass er schon genug Gutes gestiftet hätte, indem er die Eisenbahn überhaupt geschaffen hatte, und dass sein Geld lediglich seine eigene Angelegenheit sei. Sein Sohn William drückte sich hinsichtlich dieser Streitfrage weniger zimperlich aus, indem er einmal sagte: „Die Leute soll der Teufel holen."

In der sich entfaltenden Marktwirtschaft der Vereinigten Staaten ging vieles nicht ordnungsgemäß zu. Die gleichen Erscheinungen kann man derzeit in vielen aufstrebenden Marktwirtschaften feststellen. Ungefähr alle 20 Jahre brach in Amerika die Wirtschaft zusammen und die Menschen rannten zu den Banken, um ihre Spargelder zu retten, von denen der größte Teil sowieso ausgeliehen worden war. Die Banken konnten nicht alle Einleger auf einmal auszahlen und brachen daher zusammen. Sobald dann die Banken zusammengebrochen waren und ganze Gemeinden und Städte ohne bares Geld dastanden, verursachte das bei vielen Unternehmen den Bankrott, und das Geschäftsleben ging in den Keller. An der Börse gab es einen Crash und ebenso am Markt für Anleihen, denn die Unternehmen und Gemeinden, die die Anleihen angeboten hatten, konnten die fälligen Zinsen nicht mehr bezahlen.

In der Panik von 1873 verloren viele Europäer viel Geld, genauso wie schon vorher bei ähnlichen finanziellen Zusammenbrüchen. Aufgrund der vielen Crashs und Paniken kamen die Vereinigten Staaten in den Ruf, eine Nation von Schlawinern zu sein, denen man bei Geschäftsabschlüssen nicht trauen könne. Ähnliches wird derzeit von einigen chinesischen und russischen Geschäftemachern behauptet. Die Amerikaner waren die Versager und Nichtsnutze von gestern.

In der Panik von 1893 (die großen Zusammenbrüche schienen in Abständen von jeweils 20 Jahren aufzutreten) wurde ein Viertel aller amerikanischen Eisenbahngesellschaften in den Bankrott getrieben. Im Jahr 1903 gab es zur Abwechslung einmal nur eine kleinere Panik. Panik hin oder Panik her, gerade in jener Zeit nahmen einige große Aktiengesellschaften ihren Anfang, und sie sind heute noch bedeutende Gesellschaften, die Hunderttausende von Arbeitskräften beschäftigen und für ihre Aktionäre, ihre Mitbesitzer, Geld verdienen. Die Hälfte aller Länder, die die Landkarten der Welt im Jahr 1900 zierten, sind heute verschwunden, aber Hershey's (Süßwaren), Quaker Oats (Haferflocken), Wrigley's (Kaugummi), AT&T (Telefon), DuPont (Chemie), die Bank of Boston, American Tobacco, U.S. Steel und die verschiedenen Abkömmlinge der ursprünglichen Riesengesellschaft Standard Oil von Rockefeller (Exxon, Chevron, Mobil, Amoco und so weiter) sind noch gesund und lebenskräftig.

Die gefürchteten Monopole

Als das 20. Jahrhundert anbrach, war es offensichtlich geworden, dass mit der Art und Weise, wie der Kapitalismus funktionierte, irgendetwas falsch sein musste. Die ganze Sache hatte als offener Wettbewerb begonnen, in dem jeder mit einer guten Idee durchaus eine Chance auf Erfolg hatte. Dieser hoffnungsvolle Anfang hatte sich jedoch zu einem abgekarteten Spiel verzerrt, das von wenigen Großfirmen beherrscht wurde. Diese Wirtschaftsriesen nannte man Monopole.

Man kann behaupten, dass die Monopole eine der größten Gefahren für den „American Way of Life", für die amerikanische Lebensart und Lebensauffassung, darstellten, denen die Vereinigten Staaten jemals ausgesetzt waren; sie wurde vielleicht höchstens von Adolf Hitler und vom Kommunismus übertroffen. Wenn Sie schon einmal das Brettspiel Monopoly gespielt haben, dann verstehen Sie den Grundgedanken der Monopole: Das Ziel besteht darin, alle Grundstücke aufzukaufen, damit die Spieler, die auf ihnen landen, keine andere Wahl haben als unmäßig hohe Mieten zu bezahlen. Ein Spieler, der dies erreichen kann, heimst schließlich das ganze Geld ein.

In der Wirklichkeit folgt ein Monopol genau den gleichen Spielregeln wie das Brettspiel, aber es beschränkt sich nicht nur auf Grundstücke. Es entsteht immer dann, wenn es einen uneingeschränkten Marktführer in irgendeinem Industriezweig gibt, der alles lenkt und die Preise festsetzt. Beispielsweise gibt es in einem Bäckerei-Monopol nur eine einzige Gesellschaft, die Kuchen und Gebäck herstellt und verkauft, sodass die Kunden bezahlen müssen, was immer die Gesellschaft verlangt, oder auf Kuchen und Gebäck verzichten müssen. Ob es nun Bäckereien sind oder Spielzeuggeschäfte oder Fluggesellschaften, jedes Mal, wenn ein Monopol gebildet wird, haben die Kunden keine andere Wahl. Es ist kein anderer Bäcker, kein anderes Spielzeuggeschäft oder keine andere Fluggesellschaft da, zu der sie gehen können, weil alle anderen Mitbewerber sich entweder bereits dem Monopol angeschlossen haben oder aus dem Geschäft verdrängt wurden.

Die Handelsgesellschaften, über die Sie schon früher in diesem Buch etwas gelesen haben – die Virginia Company, die Niederländische Ostindien-Kompanie und so weiter –, waren alles Monopole. Ihre Konzessionen, die ihnen von den europäischen Königen gewährt wurden, gaben ihnen das ausschließliche Recht, in riesigen Landstrichen der Neuen Welt geschäftlich tätig zu werden. Auf mehr als 1.500 Kilometern entlang der nordamerikanischen Küste überwachten und kontrollierten diese Gesellschaften den Ackerbau, den Fischfang und den Handel mit den Indianern. Ohne ihre Erlaubnis konnte kein anderer mitspielen.

Der erste Mensch, der einsah, dass Monopole eine Bedrohung für den zukünftigen Wohlstand der Welt darstellten, war Adam Smith, der Verfasser des Buches „Wohlstand der Nationen". Smith erkannte, dass der Wettbewerb der Schlüssel zum Kapitalismus war. Solange jemand anders einfach daherkommen und ein Produkt besser und billiger herstellen konnte, so lange konnte es sich kein Unternehmen leisten, miserable Arbeit zu liefern, und damit durchkommen. Wettbewerb hielt die Unternehmen wach und munter. Sie wurden gezwungen, ihre Produkte ständig zu verbessern und die Preise so niedrig wie möglich zu halten, sonst hätten sie ihre Kunden an einen Mitbewerber verloren.

Mitte des 19. Jahrhunderts, als die amerikanische Wirtschaft aufblühte, gab es in jedem Industriezweig viele verschiedene Firmen, und der Wettbewerb war sehr hart. Die Eigentümer der Unternehmen hießen diese Zustände nicht unbedingt willkommen, selbst wenn sie für die Allgemeinheit gut waren, wie Adam Smith sagte. Sie kamen sogar zu der Ansicht, dass Wettbewerb eine Bedrohung sei. Sie wurden des Zwanges leid, ihre Mitbewerber ständig durch Verbesserung ihrer Produkte abwehren zu müssen. Sie dachten über irgendeine Möglichkeit nach, höhere Preise für ihre Erzeugnisse fordern zu können, Preise, die die Kunden auf jeden Fall und unter allen Umständen bezahlen müssten.

Wenn es ihnen erlaubt gewesen wäre, hätten alle Besitzer von Unternehmen in einem bestimmten Geschäftszweig, zum Beispiel die Besitzer von Bäckereien, sich irgendwo in einem Raum treffen können, um sich dafür zu entscheiden, dass alle einheitlich dieselben hohen Preise für ihr Brot und ihre Kuchen verlangen würden. Sie hätten Preisabsprachen treffen können, um zu vermeiden, sich gegenseitig Konkurrenz zu machen. Sie hätten strategische Zusammenschlüsse bilden können. Tatsächlich bildeten sich in den Vereinigten Staaten in den 1870er- und 1880er-Jahren Kartelle für die Preisfestsetzung, aber es wurden Gesetze erlassen, die Kartelle – oder „Pools", wie man sie damals nannte – für illegal erklärten.

Bald nach 1880 knobelte ein gewitzter Rechtsanwalt namens S.C.T. Dodd aus, wie Gesellschaften die Gesetze gegen Kartelle durch die Bildung von Trusts umgehen könnten. Ein Trust war eine althergebrachte Methode, eine Anzahl von Besitztümern unter die Kontrolle eines einzigen Managers zu stellen. Während er in der Rechtsabteilung der John D. Rockefeller Oil Company arbeitete, trug er Rockefeller seine Gedankengänge vor. Warum sollte man nicht eine Anzahl von Ölgesellschaften in einen Trust einbringen? Auf diese Weise könnten die Eigentümer die Preise festsetzen, gute Geschäfte machen und es vermeiden, sich gegenseitig Konkurrenz zu machen – und alles würde gesetzlich erlaubt sein.

Rockefeller ging sofort ans Werk, mit seinen 40 größten Konkurrenten einen Trust im Stile Dodds zu organisieren. Er lud sie zur Beteiligung ein, obwohl sie kaum eine andere Wahl hatten. Jeder Gesellschaft, die die Einladung zurückwies, drohte er damit, sie aus dem Geschäft zu drängen, indem er Öl zu derart niedrigen Preisen verkaufte, dass sie nicht mit ihm in Wettbewerb treten konnte.

Seine Taktiken waren nicht besonders höflich oder menschenfreundlich, aber wirksam. Zusammen mit seinen 40 Geschäftsgenossen, von denen einige doch ziemlich widerstrebend waren, formte er den Standard Oil Trust. Über Nacht wurde dieser Trust der größte und mächtigste Ölerzeuger der Welt. Er kontrollierte die meisten amerikanischen Ölbohrungen und 90 Prozent der Raffinerien. Rockefeller und seine engsten Mitarbeiter waren nun Öl-Diktatoren, die die Preise ganz nach ihrem

Gutdünken anhoben. Die Kunden hatten keine andere Wahl, als Rockefellers hohe Preise zu bezahlen – sonst bekamen sie kein Öl.

Die Diktatoren ließen ihre neu erworbenen geschäftlichen „Muskeln" auch gegenüber den Eisenbahngesellschaften spielen, indem sie diese zwangen, ihre Frachtsätze für den Transport von Öl zu senken. Die Bahngesellschaften hatten ebenfalls keine andere Wahl, als nachzugeben. Jede Eisenbahngesellschaft, die sich weigerte, Öl zu einem niedrigeren Frachtsatz zu transportieren, konnte Rockefeller ruinieren. Wenn sie nämlich sein Öl nicht beförderten, hatten sie überhaupt kein Öl zu befördern, denn mehr als 90 Prozent der gesamten Ölerzeugung des Landes wurden vom Trust raffiniert.

Standard Oil dehnte sein Monopol auf alle Tätigkeiten dieses Geschäftszweigs aus. Angefangen bei den Pumpen auf den Ölfeldern bis zu den Raffinerien für die Endprodukte war alles in Rockefellers Hand. Als die Eigentümer von Gesellschaften anderer Wirtschaftszweige von seinem Erfolg erfuhren, begannen sie ebenfalls, Trusts zu bilden. Es entstanden ein Zucker-Trust, ein Whiskey-Trust, ein Trust für Öl aus Baumwollsaat, ein Blei-Trust und ein Tabak-Trust, der von James Duke und seinen Konkurrenten gebildet wurde. Sie vereinigten ihre wirtschaftlichen Kräfte, um die American Tobacco Company zu schaffen.

Es gab einen Schinken-Trust (Swift Brothers), einen Früchte-Trust (United Fruit) und einen Trust für Gebäck (Nabisco). Gesellschaften, die keinen Trust bildeten, konnten sich in einer anderen Art zusammenschließen, durch Fusion. Mehrere Gesellschaften konnten sich dabei zu einem Konglomerat vereinigen. Aus solchen Zusammenschlüssen entstanden: International Harvester (landwirtschaftliche Maschinen), DuPont (Chemie), Anaconda Copper (Kupferbergwerke und Kupferhütten), Diamond Match (Streichhölzer) und American Smelting and Refining (heute ASARCO). Die Eisenbahngesellschaften schwenkten ebenfalls ein. Mehrere Linien vereinigten sich oder wurden von anderen übernommen. Dutzende von Eisenbahnlinien wurden in wenigen großen Konzernen zusammengefasst: Vanderbilt Railroads, Pennsylvania Roads,

Hill Roads, Harriman Lines, Gould Roads und das Rock Island System. Sobald Eisenbahngesellschaften in finanzielle Schwierigkeiten gerieten, was öfter vorkam, war der Bankier J.P. Morgan zur Stelle, um sie zu reorganisieren.

Morgan in seinem Maßanzug mit Weste und Zylinderhut auf dem Kopf, ein außerordentlich beeindruckender und einflussreicher Mann an der Wall Street, nahm 1901 acht kleinere Stahlfirmen und verschmolz sie zum Stahlgiganten U.S. Steel. Er war das bisher größte Konglomerat und die erste amerikanische Gesellschaft mit einem Buchwert von einer Milliarde Dollar.

Zwischen 1895 und 1904 ging ein Drittel aller Aktiengesellschaften in Trusts und Zusammenschlüssen auf. In den meisten wichtigen Industriezweigen erhöhten Trusts und Konglomerate die Preise ganz nach ihrem Belieben. In allen Handelsbereichen waren ihr Einfluss und ihre Macht spürbar.

Die amerikanische Bevölkerung sah, was da geschah: In einer Branche nach der anderen verschwanden die Konkurrenten, die Eigentümer der Trusts strichen Millionen ein und bauten sich „Sommerhäuschen" an der Küste von Newport, Rhode Island, fast so groß wie manche Adelsschlösser in Europa. Die Stimmung wandte sich daher nun gegen die Trusts.

Die Menschen sahen ein, dass die Riesenfirmen die kleineren Unternehmen noch mehr in die Zange nehmen würden, sie vor die Wahl stellen würden, sich Trusts anzuschließen oder aus dem betreffenden Wirtschaftsbereich verdrängt zu werden. Falls diese Entwicklung sich ungehindert fortsetzen konnte, würden die Preise für alle Güter unmäßig ansteigen und die Geldbeutel leer werden. Wenn einige wenige Insider, verborgene Machthaber, sowohl die Löhne als auch die Preise regeln und festsetzen konnten, würde der freie Kapitalismus untergehen.

Der geschilderte Zeitabschnitt der amerikanischen Geschichte war sehr kritisch und gefährlich, aber er wird nur selten erwähnt und diskutiert. Auf der einen Seite war hier ein 125 Jahre altes Staatswesen, das nach einem gewaltigen Aufschwung gerade wieder in ein neues Jahrzehnt eintrat, und auf der anderen Seite ging die so hart errungene wirtschaftliche Freiheit an eine Handvoll Trusts verloren.

Überall wurden auch Skandale aufgedeckt: Der Schriftsteller Upton Sinclair schilderte in seinem Buch „Der Dschungel" die teilweise schlimmen Verhältnisse in den fabrikartigen Schlachthäusern von Chicago, von denen teilweise auch minderwertiges Fleisch geliefert wurde – diese Art von Berichterstattung wurde manchmal als Sensationsjournalismus bezeichnet, hatte aber dennoch oft einen wahren Kern. Die Arbeitnehmer traten Gewerkschaften bei, um für bessere Löhne zu kämpfen und die Lohnkürzungen, die die Trusts verhängt hatten, rückgängig zu machen. Wo die Trusts den Arbeitsmarkt beherrschten, war der einzelne Arbeiter wehrlos. Er konnte nicht kündigen und sich irgendwo anders einen Arbeitsplatz suchen – es gab kein „irgendwo anders".

Die Gewerkschaften, die Presse, die Gerichte und einige mutige Politiker arbeiteten zusammen, um den Trusts einen Strich durch die Rechnung zu machen und das Land aus den Klauen einiger Habgieriger zu retten. Wenn es diesen Kräften nicht gelungen wäre, die Trusts aufzubrechen, dann hätte es dazu kommen können, dass der Durchschnittsbürger in den Vereinigten Staaten in die gleiche Lage gekommen wäre wie die russischen Bauern und Arbeiter zu Anfang des 20. Jahrhunderts. Es hätte eine Revolution wie in Russland ausbrechen können – welch eine Tragödie wäre das gewesen!

Zum Glück für alle, mit Ausnahme der Trustherren, kämpften die Gerichte und die Regierung heftig gegen die Trusts. Im Jahr 1890 verabschiedete der Kongress den Sherman Antitrust Act. Mehrere der großen Übeltäter mogelten sich jedoch an jenem Gesetz wieder vorbei, indem sie sich zu „Holdinggesellschaften" umwandelten und ihren Firmensitz in den Staat New Jersey verlegten. New Jersey hatte ein eigenes Gesetz erlassen, das es Menschen mit der Absicht, einen Trust zu organisieren, leicht machte, sich als „Holdinggesellschaft" eintragen zu lassen und die Bestimmungen der Bundesgesetze zu umgehen. U.S. Steel war so eine Holdinggesellschaft.

Im Jahre 1904 holte der oberste amerikanische Bundesgerichtshof zu einem weiteren Schlag aus:

Er erklärte einen der größten Eisenbahn-Trusts für ungesetzlich. Damals war Teddy Roosevelt Präsident der Vereinigten Staaten. Er erweckte das Sherman-Gesetz wieder zum Leben, indem er auf dessen Grundlage gegen 44 der mächtigsten Trusts Anklage erhob. Er war ein Naturfreund und Jäger und trug aufgrund des von ihm geführten erfolgreichen Sturmangriffs auf den San-Juan-Hügel auf Kuba im Spanisch-Amerikanischen Krieg von 1899 den Spitznamen „Rough Rider“. Sein Sieg im Krieg gegen die Trusts war aber viel wichtiger als sein Sieg gegen die Spanier. Er wurde der „Trustbrecher“ der Vereinigten Staaten. Im Jahr 1914 verabschiedete der Kongress ein zweites Antitrust-Gesetz, den Clayton Act.

Im Jahr 1911 wurde Standard Oil als erstes Unternehmen zerschlagen. Weitere der größten Trusts der USA wurden in den folgenden Jahren zerschlagen und in den wichtigsten Wirtschaftszweigen der freie Wettbewerb wiederhergestellt. Seit jener Zeit ist der Staat wachsam bei Unternehmen, die zu groß und zu mächtig werden und drohen, einen bestimmten Industriezweig ganz allein zu beherrschen. Wenn solche Verhältnisse eintreten, kann die Bundesregierung eine Antitrust-Klage einreichen. Falls die Regierung dann den Rechtsstreit gewinnt, können die Gerichte die unterlegene Firma dazu zwingen, sich in mehrere kleinere Gesellschaften aufzuteilen, die voneinander unabhängig sind. Auf diesem Wege wird der freie Wettbewerb wiederhergestellt.

Ein solcher Fall lag beispielsweise einmal bei der Firma ALCOA (Aluminum Corporation of America) vor, die die amerikanische Aluminiumindustrie beherrschte, bis sie gezwungen wurde, sich in mehrere Einzelunternehmen aufzuteilen. Derselbe Vorgang fand bei AT&T statt, die die einzige Telefongesellschaft von Bedeutung in den Vereinigten Staaten war. In einer berühmten Gerichtsentscheidung zwang der

Richter Harold Green vor wenigen Jahren AT&T, sich in acht Teile aufzuspalten, wobei Ma Bell, die Muttergesellschaft, das Telefongeschäft über Fernverbindungen behielt und die sieben Baby Bells die örtliche Telefonversorgung zugeteilt bekamen. Seit jener Grundsatzentscheidung haben sich in den Vereinigten Staaten Dutzende weiterer Telefongesellschaften gebildet, die mit Ma Bell und den Baby Bells im Wettbewerb stehen. Aus diesem Grund sinken auch die Gebühren für Telefongespräche fast täglich. Dies ist sehr vorteilhaft für Ferngespräche unter Verliebten und hält viele Paare miteinander in ständiger Verbindung, sodass deren Partnerschaft nicht in Bruchstücke zerfällt, wie dies bei AT&T geschah.

Der Fall AT&T ist ein gutes Beispiel für die Nachteile von Monopolen und für die Tatsache, dass Wettbewerb im besten Interesse von jedermann ist. Vor dem Aufbrechen von AT&T beschäftigte jener Trust allein eine Million Menschen – jeder hundertste Amerikaner arbeitete bei Ma Bell. Heute beschäftigen Ma Bell und die sechs Baby Bells zusammen nur 600.000 Arbeitskräfte, während sich die Zahl der Telefongespräche mehr als verdreifacht hat.

Der Wettbewerb zwang die Telefongesellschaften, die Kosten zu senken und effizienter zu arbeiten. Sie müssen in den Vereinigten Staaten immer noch bestimmte Vorschriften erfüllen, zum Beispiel jedem Antragsteller im jeweiligen Gebiet einen Anschluss einzurichten, sonst würden Menschen, die dort leben, wo Fuchs und Hase sich Gute Nacht sagen, nie bedient werden, weil die Verlegung einer Leitung zu ihnen zu teuer ist. Wir können dem Wettbewerb aber dankbar dafür sein, dass mehr Gespräche mit weniger Personal abgewickelt werden können und wir als Ergebnis eine niedrigere Telefonrechnung haben als früher.

Sicher haben Sie schon von Microsoft, der größten Softwarefirma der Welt, gehört. Vor wenigen Monaten gab Microsoft den Plan bekannt, Intuit, eine andere große Softwarefirma, aufzukaufen. Der Staat erhob Einwände gegen diesen Plan, weil man vermutete, dass die Kombination Microsoft-Intuit ein Softwaremonopol bilden würde. Nachdem

Microsoft von der Missbilligung des Vorhabens durch die Regierung gehört hatte, nahm es von dem Versuch, Intuit zu übernehmen, wieder Abstand. Niemand legt sich gern mit den Trustbrechern in Washington an.

Das einzige Monopol, das im Einvernehmen mit der Regierung fortbestehen durfte, ist die Baseball-Liga. Weil diese Sportart einer der beliebtesten Zeitvertreibe in den Vereinigten Staaten ist, räumte ihr der Kongress eine Freistellung von den Antitrust-Gesetzen ein. Die Spieler haben sich über diesen Umstand schon oft sehr beklagt. Nach dem Baseball-Streik vor kurzer Zeit drohte der Kongress damit, die Ausnahmeerlaubnis für Baseball aufzuheben. Im Augenblick besteht sie noch fort, aber man weiß nicht, wie lange noch.

Der berühmte Aktienindex von Herrn Dow

Im Jahr 1884 erfand der Journalist Charles Henry Dow eine Methode, die den an Aktienkursen interessierten Menschen das Erkennen der allgemeinen Kurstendenz, steigend oder fallend, ermöglichte. Er stellte zunächst eine Liste von elf wichtigen Aktien zusammen. Am Ende jeder Börsensitzung ermittelte er die Schlusskurse jener elf Aktien, zählte sie zusammen und teilte das Ergebnis durch elf. Das Ergebnis war ein Durchschnittskurs, den er im Nachrichtenblatt *Customer's Afternoon Letter* veröffentlichte.

Anfänglich wurde Dows Durchschnitt der Aktienkurse nur als Kuriosität, als Randerscheinung, betrachtet, aber mit der Zeit wurde Dow zu einer berühmten Person der Wirtschaftsgeschichte. Sein Durchschnittskurs hieß bald der Dow Jones Average (weil Dow einen Geschäftspartner namens Edward Jones hinzuzog) und er ist seit mehr als einem Jahrhundert einer der wichtigsten Aktienindizes. Selbst wenn heute, 112 Jahre später, irgendwo auf der Welt jemand beispielsweise am Telefon die Frage „Was macht die Börse?“ oder „Wie hat der Markt geschlossen?“

stellt, meint er damit den amerikanischen Aktienmarkt und spricht vom Dow Jones Industrial Average. Wenn die Antwort lautet, er sei 30 Punkte gestiegen oder 50 Punkte gefallen, dann beziehen sich diese Angaben auf die nach Charles Dow ermittelte Durchschnittszahl.

Unter den elf Gesellschaften, die Charles Dow für seine ursprüngliche Liste ausgewählt hatte, waren neun Eisenbahngesellschaften. Die Eisenbahnen wurden damals nämlich als Wunder der Technik angesehen, fast wie vor wenigen Jahren die Raumfahrt und die Landung auf dem Mond, und die Menschen glaubten, dass die Eisenbahnen ewig das Wirtschaftsleben beherrschen würden. Zwölf Jahre später stellte Dow eine neue Liste zusammen, den Dow Jones Industrial Average, der auch die rauchenden und manchmal stark riechenden Industrien umfasste (Raffinerien für Öl und Gas, Kohlebergwerke, Hüttenwerke und so weiter), deren Unternehmen die Rohstoffe in Kraftstoffe, Stahlerzeugnisse oder Autoreifen verwandelten, von denen die ganze Wirtschaft abhing. Die ersten Industrieunternehmen, die Charles Dow damals auswählte, waren marktbeherrschende Riesenfirmen, die Microsofts und Wal-Marts jener Tage, aber die meisten davon sind inzwischen verschwunden, ohne eine Spur zu hinterlassen.

Wer hat heutzutage jemals etwas von American Cotton Oil, Chicago Gas, Laclede Gas, National Lead, Tennessee Coal & Iron oder U.S. Rubber gelesen oder gehört? Alle diese Firmen waren jedoch in Dows ursprünglicher Liste von Industriefirmen aufgeführt. General Electric ist das einzige Unternehmen, das seit jener Zeit bis heute noch im Dow Jones Industrial Average enthalten ist.

Hieraus ergibt sich eine wichtige Lektion für Anleger. Im Wirtschaftsleben ist es genauso wie bei den Fußballmannschaften oder den Tennisspielern: Sieger und Gewinner bleiben nicht notwendigerweise immer an der Spitze. Es ist im Geschäftsleben und im Sport sehr schwer, die Spitzenstellung zu erringen, aber es ist noch schwerer, sie zu halten. Die Firma General Electric ist ein seltenes Beispiel für ein erfolgreiches Unternehmen, das derzeit immer noch erfolgreich ist.

Wenn man den allerersten Dow Jones Industrial Average mit der heutigen, erweiterten Liste von 30 Unternehmen vergleicht, kann man auch erkennen, wie sehr sich Amerika seither verändert hat. In unseren Tagen enthält die Liste McDonald's – ist ein Hamburger aber nun industriell? Nicht sehr, ausgenommen, man glaubt, einen gusseisernen Magen zu benötigen, um einen zu verdauen, aber McDonald's ist eine derart wichtige Gesellschaft, dass sie in den Dow aufgenommen wurde. Als Dow seine ersten Industriefirmen auswählte, gab es noch keine Kette von Restaurants, die ihm auch nur entfernt in den Sinn gekommen wäre. Im heutigen Dow Jones nimmt auch Coca-Cola einen Platz ein, denn diese Gesellschaft ist tatsächlich weltumspannend und mächtig. Sie hat einen langen Aufstieg hinter sich seit den 1920er-Jahren, als sie so unbedeutend war, dass die meisten Anleger sie gar nicht beachteten. Auch Disney ist im Dow Jones enthalten; das Unternehmen wurde aber erst im Jahre 1940 zur Aktiengesellschaft. Als Charles Dow seine erste Liste aufstellte, hatte Walt Disney noch nicht einmal die erste Mickymaus gezeichnet.

Der moderne Dow ist der Beweis dafür, dass Amerika nicht mehr der rauchende und lärmende Industriegigant ist, der von der Leistung der Kohlebergwerke, Hochöfen und Stahlwerke lebt. In den Stadtbildern und an der Wall Street sind die Fabriken in den Hintergrund getreten; Restaurantketten, Kaufhäuser, die Unterhaltungsindustrie und in den letzten Jahren die Computerhersteller und Softwareunternehmen drängten in den Vordergrund.

Die Wohnstädte der Industriegiganten

In den Vereinigten Staaten nahm die Zahl der in der Landwirtschaft beschäftigten Personen rasch ab. Nach 1920 lebten die meisten Menschen in den Städten, denn dort betrieben die meisten Unternehmen ihre Geschäfte, und deshalb fanden sich dort die meisten Arbeitsplätze. Einige

Gesellschaften erbauten sogar eigene Städte, damit den Arbeitnehmern gute Wohnungen geboten würden. U.S. Steel erbaute die Stadt Gary im Bundesstaat Indiana, und die Schokoladenfirma Hershey entwarf die Stadt Hershey in Pennsylvania von den Grundmauern an. Hershey ist auch heute noch ein schöner Ort zum Leben, aber mehrere andere unternehmenseigene Städte erlitten einen bösen Untergang. Die Stadt Pullman, Illinois, am Rande von Chicago, ist ein drastisches Beispiel dafür.

Um in Pullman leben zu dürfen, musste man bei der Pullman Company, die Personen- und Schlafwagen für die Eisenbahnen herstellte, beschäftigt sein. Nahezu 9.000 Arbeitnehmer von Pullman und ihre Familien wohnten in identischen Häusern, die um einen Park und einen See angeordnet waren. Lange bevor das Wort „Umweltschutz" in den allgemeinen Sprachgebrauch übernommen wurde, war die Stadt Pullman ein Musterbeispiel für Stadtplanung unter Berücksichtigung der Landschaft und der Umwelt. Der See diente als Rückkühlbecken für das Dampfkraftwerk der Fabrik. Die Abwässer der Toiletten der Stadt wurden als Düngemittel genutzt.

Die Schulen waren gut, die landschaftliche Lage war schön, die Menschen waren gut versorgt, dementsprechend war Pullman eine glückliche Stadt, bis das Geschäft mit den Eisenbahnwaggons zurückging und das Unternehmen keine Gewinne mehr machte. Die Firma Pullman tat, was jeder tut, der keinen Gewinn mehr erzielt. Sie begann, die Kosten zu senken, einschließlich der Löhne und der Vergünstigungen für die Beschäftigten. Die Arbeiter wurden wütend und begannen einen Streik. Der Streik und die Verbitterung der Menschen gegen das Unternehmen zerstörten die Stadt. Am Ende verkaufte die Gesellschaft die Häuser und die übrigen Gebäude, und schließlich wurde das ganze Unternehmen geschlossen. Pullman ging bankrott.

Es birgt eine gewisse Gefahr, wenn Firmen Wohnungen, Schulen, medizinische Versorgung und andere lebensnotwendige Einrichtungen für ihre Arbeitnehmer bereitstellen. Solange das Geschäft gut geht, sind diese sozialen Leistungen sicher. Was passiert aber, wenn die

Auftragseingänge schrumpfen? Das Unternehmen hat dann die Wahl zwischen zwei Vorgehensweisen: Es kann Arbeitskräfte entlassen und die sozialen Leistungen beschneiden, um die roten Zahlen in der Bilanz zum Verschwinden zu bringen, oder es kann immer weiter noch nicht verdientes Geld für die genannten Vergünstigungen ausgeben, sich mit diesen Ausgaben aus dem Geschäftsleben verabschieden und bankrottgehen.

Der Kapitalismus funktioniert am besten, wenn eine von Verlusten betroffene Gesellschaft die Möglichkeit hat, zu versuchen, das Blatt zu wenden. Wenn diese Anstrengung nichts bewirkt, kann sie ihre Schwierigkeiten durch die Auflösung der Firma beenden. Auf diese Art können unwirtschaftliche Firmen sterben und die Arbeitnehmer können zu anderen Unternehmen gehen, die wirtschaftlich gesünder sind. Wenn eine Firma aber eine Zweitrolle als Arzt, Lehrer und Versorger ihrer Beschäftigten hat, kann es vorkommen, dass sie im Geschäft bleiben muss, nur damit ihre Beschäftigten weiter alle ihre Vergünstigungen erhalten.

Hierin liegt einer der Gründe für den Zusammenbruch des Kommunismus in den letzten Jahren und für die Schwierigkeiten, mit denen die Sozialisten in der ganzen Welt zu kämpfen haben. Die kommunistischen Firmen waren in Wirklichkeit gar keine der Wirtschaft entsprechenden und angepassten Unternehmen. Sie existierten, weil die obersten Kommunisten, die man auch als zentrale Planer bezeichnen kann, entschieden hatten, dass sie existieren sollten. Die sowjetischen zentralen Planer fanden beispielsweise die Idee, Stahlwerke zu bauen, sehr gut, und zu einem bestimmten Zeitpunkt war die sowjetische Stahlerzeugung wirklich ziemlich gut. Im ganzen Land gab es Stahlwerke.

Gleichzeitig gab es aber nur wenige Fabriken, die Schuhe und Kleidung für die Bevölkerung herstellten. Diese Verhältnisse ergaben einen Mangel in der Versorgung mit diesen Gütern und lange Schlangen vor den Schuhgeschäften und den Läden für Bekleidung. In der Sowjetunion bestand ein riesiger potenzieller Markt für Verbrauchsgüter. Die Menschen hätten gern mehr zu essen und mehr Kleidung gehabt, aber den Planern war dies gleichgültig. Sie bauten weitere Stahlwerke. Vielleicht dachten sie, Millionen Sowjetbürger sollten stählerne Hosen tragen.

In einem kommunistischen Wirtschaftssystem werden alle Güter, Hilfsquellen und Rohstoffe – alles, was hergestellt, gekauft oder verkauft wird – von einer kleinen Managergruppe geplant und verplant. Falls in einem kapitalistischen Land zu viele Stahlwerke vorhanden sind, besteht ein Überangebot an Stahl, der Preis für Stahl sinkt, die Stahlwerke verlieren Geld, die Menschen kaufen keine Aktien von Stahlwerken mehr und die Banken leihen den Stahlwerken kein Geld mehr. Die Stahlwerke werden dadurch gezwungen, ihre Produktion zu drosseln, und wenn ihnen kein Geld für eine Erweiterung geliehen wird, dann expandieren sie nicht mehr.

Folgerichtig wird das Geld, das nicht in Stahlwerken angelegt wird, irgendwo anders angelegt: den Bau von Schuhfabriken, Jeansfabriken, Einkaufszentren, von Wasserrutschen in Schwimmbädern oder den Wohnungsbau – überall in denjenigen Geschäftszweigen, die noch nicht gesättigt sind und für deren Erzeugnisse noch Nachfrage besteht. Die unsichtbare Hand, die bereits Adam Smith erwähnte, ist immer noch am Werk.

Karl Marx

Die wichtigsten kommunistischen Wirtschaftstheorien entsprangen dem Kopf von Karl Marx, einem Philosophen, der im Jahr 1818 in Trier in Deutschland geboren wurde. Die meisten seiner Gedanken entwickelte er aber in London, wo seine Frau und seine Kinder in einer kalten Wohnung saßen und nicht viel zu essen hatten. Obwohl Wirtschaftswissenschaft sein Hauptarbeitsgebiet war, war er im Organisieren seiner persönlichen Finanzen eine Niete.

Marx versuchte, den Kapitalismus in einer einzigen Formel zusammenzufassen, ähnlich wie Isaac Newton dies mit der Schwerkraft tat. Sein Buch „Das Kapital“ wurde in der ganzen Welt gewissermaßen die

Bibel aller Kommunisten. Abgesehen von der Bibel kann man der Ansicht sein, dass es das einflussreichste Buch war, das jemals geschrieben wurde. Es riss Lenin und andere mächtige Leute in Russland dazu hin, einen kommunistischen Staat zu gründen, nachdem sie in der 1917 ausgebrochenen russischen Revolution gesiegt hatten.

Nach Ansicht von Marx war der Kapitalismus dem Untergang geweiht, denn in dem Maße, in dem die Wirtschaft wachsen würde und immer mehr Menschen an Maschinen gekettet wären, würde der Wert ihrer Arbeitsleistung sinken. Die Arbeiter in der Welt würden eine immer größere Zahl von Stunden pro Tag für immer weniger Stundenlohn arbeiten müssen, bis sie schließlich wütend würden, die Fabriken niederbrennen und in die kommunistische Partei eintreten würden.

Es trifft zu, dass in der Zeit, in der Marx sein Buch schrieb, die Arbeit in Fabriken kein Vergnügen war. Die Fabriken waren dunkel, voller Lärm, schmutzig und gefährlich. Sogar Frauen und Kinder mussten 12 bis 18 Stunden pro Tag arbeiten und die Maschinen bedienen und verdienten dabei sehr wenig. Manche wurden gegen ihren Willen in die Fabriken getrieben, und viele wurden darin krank. Der Rauch aus den Fabrikschornsteinen verschmutzte die Luft in den Städten und verdunkelte den Himmel.

Marx sah dies alles und hasste das, was er sah (obwohl es seiner Familie auch nicht besser ging als der Familie eines Durchschnittsarbeiters). Er war entschlossen, zu beweisen, dass das Elend in den Fabriken nicht für immer andauern würde. Seine Theorien zielten aber in eine völlig falsche Richtung. Statt dass die Menschen seither immer schwerer und länger für immer weniger Lohn arbeiten mussten, verkürzte sich die Arbeitszeit und die Löhne stiegen, denn die Fabriken stellten immer modernere Maschinen auf, mit denen der Arbeiter in der gleichen Zeit mehr Güter als früher herstellen konnte.

In dem Maße, in dem die Maschinen leistungsfähiger wurden, stieg der Wert der Arbeitszeit der Beschäftigten; er sank nicht, und die Fabriken konnten es sich leisten, die Löhne zu erhöhen. Die Löhne wurden nicht immer ohne vorherigen Kampf erhöht, aber oft genug wurden sie erhöht, und statt dass die Arbeiterklasse entsprechend den Ansichten von Marx dem Untergang geweiht war, wurden seither die Arbeitsplätze sauberer und heller, und die Arbeiter brachten mehr Bargeld mit nach Hause. So kam der Wohlstand zu den industrialisierten Ländern – England, den Vereinigten Staaten und Westeuropa –, während der Rest der Welt immer noch festsaß und dort einige reiche Grundherren alles besaßen.

So viel zu Marx und seinen wunderbaren Formeln. Der Kommunismus war dem Untergang geweiht, denn in den kommunistischen Ländern sank der Lebensstandard immer mehr, während er in den kapitalistischen Ländern stetig stieg. Es waren die Arbeiter in der Sowjetunion und in Osteuropa, die in den letzten Jahren ihr Wirtschaftssystem, das kommunistische, zugunsten unseres Systems stürzten.

Vor dem Riesen-Börsenkrach 1929

Unmittelbar vor dem berühmten Börsenkrach im Jahr 1929 war die Wall Street in New York eine quirlige, sehr belebte Straße, besonders durch Büro-Arbeitskräfte, denn der größte Teil der Buchführung und der Abrechnung wurde mit primitiven Geräten, zum Beispiel mit mechanischen Addier- und Schreibmaschinen abgewickelt. Diese Büroarbeiten waren sehr zeitraubend, und die Börsenmaklerfirmen benötigten große Lagerhäuser, um die ganzen Aufzeichnungen zu lagern.

Der Kurswert aller Aktien der Firmen, die an der New York Stock Exchange (NYSE) notiert waren, betrug damals 87 Milliarden Dollar, ein Tropfen auf den heißen Stein, verglichen mit den 5,4 Billionen Dollar, die die Aktien der derzeit an der NYSE notierten Firmen wert sind. Die Marktkapitalisierung von Exxon allein beträgt schon 87 Milliarden Dollar; die Firma hat außerdem mehr Aktionäre als irgendeine andere Aktiengesellschaft.

Im Jahr 1929 hatte AT&T die meisten Aktionäre. Das Unternehmen war die größte Gesellschaft der Welt, aber die amerikanischen Eisenbahnen waren immer noch der größte Industriezweig, gefolgt von den Ölunternehmen und den Stahlwerken. Wer damals eine wertbeständige, sichere Aktie, die nie Sorgen bereiten würde, kaufen wollte, wählte Aktien der amerikanischen Eisenbahnen. Sie zahlten stetig eine ansehnliche Dividende, eine Rolle, die später die Stromversorgungskonzerne übernahmen.

Genauso wie AT&T hielten sich die Eisenbahnen ziemlich gut während des Börsenkrachs, aber bei der Erholung der Kurse hinkten sie hinterher. Sehr wenige Wirtschaftsfachleute und noch weniger Wahrsager hätten vorhersehen können, dass die amerikanischen Eisenbahnen ihre führende Rolle verlieren und in den Schatten des öffentlichen Lebens sinken würden und dass ihre Aktien in den folgenden Jahrzehnten mickrige Anlagen darstellen würden. Ob eine bestimmte Gruppe von Aktien gut oder schlecht ist, hängt ganz von den Zeitumständen ab.

Die Autoindustrie, die so viel zum Niedergang der amerikanischen Eisenbahnen beitrug, zog hingegen die Aufmerksamkeit der Anleger auf sich. Die Entwicklung jener Industrie war typisch für einen neuen Wirtschaftszweig. Zu Anfang, um die Jahrhundertwende, war die Herstellung von Autos handwerklich und eine Angelegenheit von Familienbetrieben, die die Fahrzeuge wie Kutschen in Werkstätten überall verstreut in den Vereinigten Staaten zusammenbauten. Solche Autobauer gab es in Neuengland, den Mittelatlantikstaaten und im Mittleren Westen der Vereinigten Staaten.

Dann kam Henry Ford daher, der seine Autos am Fließband als Massenprodukt herstellte, wie es der schon erwähnte Duke bei den Zigaretten und Heinz bei den Essiggurken bereits eingeführt hatte. Er produzierte ein Markenauto von hoher Qualität und langer Lebensdauer zu einem niedrigen Preis, und die Menschen kauften es sehr gern. Sie kauften alle Model-T-Autos, die Ford produzieren konnte, aber sie konnten keine Aktien der Firma kaufen, denn Ford war ein privates

Unternehmen mit Henry Ford, seiner Familie und seinen Freunden als Besitzer – und sonst niemand. Eine andere Autofirma, General Motors (GM), war dagegen eine Aktiengesellschaft, und im Jahr 1929 besaßen die Menschen gern deren Aktien. Die Aktie war sogar so beliebt, dass das Unternehmen die dritthöchste Zahl an Aktionären aufwies, hinter AT&T und U.S. Steel. Während Ford jahrzehntelang das gleiche Auto, und nur in Schwarz, baute, stellte GM eine bunte Palette von Modellen her, um den Kunden eine Auswahl zu bieten. GM überholte Ford sogar wirtschaftlich, aber dann erkannte Ford die Zeichen der Zeit und brachte neue Modelle heraus. Chrysler, Hudson und Nash waren weitere Automarken jener Zeit, jedoch von geringerer Bedeutung.

Inzwischen waren auch überall in den amerikanischen Städten Läden von großen Warenhausketten zu sehen. Die Filialen von Woolworth aus Pennsylvania waren am bekanntesten. Diese Ladenkette war im 19. Jahrhundert als erste gegründet worden. Ähnliche Ladenketten, zum Beispiel McCrory, Kress und Kresge, folgten. Auch die bereits erwähnte Firma A&P betrieb eine Kette von Supermärkten, die sich über die ganzen Vereinigten Staaten erstreckte. In Kansas City, Missouri, wurde 1922 das erste Einkaufszentrum der Vereinigten Staaten erbaut.

Viele heute weitverbreitete Ketten von Drugstores, Warenhäusern und Lebensmittelgeschäften mit klingenden, allgemein bekannten Namen waren im Jahr 1929 kleine Firmen, unbedeutend im Vergleich mit Industriegiganten wie U.S. Steel oder so mächtigen Eisenbahngesellschaften wie der New York Central. Im Jahr 1929 waren United Fruit, National Dairy Products und Borden die führenden Lebensmittelfirmen. General Mills und Pillsbury Flour Mills waren Neulinge im Bereich von Getreideerzeugnissen und Backwaren. Der gesamte Kurswert der Aktien von Coca-Cola betrug 134 Millionen Dollar, derjenige der Kaugummifirma Wrigley 136 Millionen Dollar, der Kurswert der Rasierklingenfirma Gillette 226 Millionen Dollar und der Kurswert der Seifenfirma Procter & Gamble 345 Millionen Dollar. Um diese Beträge in das richtige Verhältnis zur Gegenwart zu bringen, ist zu erwähnen, dass

Coca-Cola im Jahr 1994 einen täglichen Gewinn von nahezu sieben Millionen Dollar erzielte.

Im Einzelhandel war Sears & Roebuck vorherrschend, dicht gefolgt vom Rivalen Montgomery Ward, den manche Kunden Monkey Ward nannten. Woolworth hatte ein Netz von „Fünf und Zehn Cent"-Läden, in denen jedes Teil nur einen Dime (10 Cent) oder weniger kostete.

An den Rändern der Großstädte waren Vororte entstanden. In diesen Vororten gab es aber keine Einkaufszentren, denn es gab noch keine Straßen und Autobahnen, die diese Vororte miteinander verbunden hätten. In Boston, Massachusetts, konnte man beispielsweise mit der Straßenbahn oder mit der Eisenbahn von der Innenstadt in die Vororte Brookline und Natick fahren, aber es gab keine Querverbindung zwischen Brookline und Natick. Wenn daher ein Einkaufszentrum in Brookline eingerichtet worden wäre, hätte es nur auf die Bewohner von Brookline als Kunden zählen können. Das Straßennetz war noch nicht umfassend ausgebaut, und nur wenige Menschen besaßen ein Auto.

Die Menschen kauften in den Städten in den Kaufhäusern der Innenstadt ein, auf dem Lande oder in Kleinstädten in den örtlichen, von einer Familie geführten Läden, wo die Preise verhältnismäßig hoch und die Auswahl beschränkt war. Die Bewohner entlegener Farmen bestellten ihren Bedarf aus dem Katalog von Sears & Roebuck oder Montgomery Ward.

Heute gibt es an jeder Ecke einen Laden und an jeder zweiten Autobahnausfahrt ein Einkaufszentrum.

Man kann sich fast gar nicht mehr vorstellen, dass es in den Vereinigten Staaten einem einzigen Einzelhandelsunternehmen gelang, die Herzen der Kunden so sehr zu gewinnen, wie es bei Sears der Fall war. Das dicke Buch von Sears & Roebuck war für die Kunden viel mehr als ein simpler Versandkatalog. Es löste bei seiner Ankunft Aufregung aus und befreite für einige Zeit von der Langeweile. Für Millionen seiner treuen Kunden war Sears nichts weniger als ein Geschenk des Himmels in Bezug auf das Einkaufen. Vor rund 50 Jahren rief Eugene Talmadge, der Gouverneur des Staates Georgia, bei einer Wahlrede zur Wiederwahl vor Farmern einmal aus: „Eure einzigen Freunde sind Jesus Christus, Sears & Roebuck und Gene Talmadge!“

Immer wieder tauchen rasch aufstrebende Unternehmen aus dem Nichts auf und werden die Milliardenfirmen der Zukunft. Dies geschieht auch jetzt, es geschah im letzten Jahrzehnt dieses Jahrhunderts, genauso wie es nach 1920 und in jedem folgenden Jahrzehnt geschah. Im Jahr 1929 fanden die Hersteller von Büromaschinen und Büroeinrichtungen noch in normalen Häusern Platz. Die fünf bedeutendsten Gesellschaften auf jenem Gebiet waren Addressograph-Multigraph, Burroughs Adding Machine, International Business Machines, National Cash Register und Remington Rand. Der Gesamtwert jeder dieser Firmen schwankte zwischen 9 und 65 Millionen Dollar. Vier dieser fünf Firmen (Addressograph-Multigraph war die Ausnahme) wuchsen seither zu Riesenunternehmen heran.

Viele Anleger verloren ihr ganzes Vermögen im Crash von 1929, aber die meisten Brokerfirmen, die ihnen die Aktien verkauft hatten, überlebten die Katastrophe. Einige weniger bekannte Brokerhäuser gingen bankrott, aber die Mehrzahl blieb im Geschäft. Damals, vor dem Crash, konnten die Kunden Aktien mit nur zehn Prozent Anzahlung kaufen, was auch der Grund dafür war, dass der Crash ihre ganzen Mittel verschlang. Als die Kurse fielen, waren diese Leute viel, viel mehr schuldig, als sie überhaupt am Anfang angelegt hatten. Die Brokerhäuser mussten diese Schulden eintreiben und taten dies mit aller Macht. Auch Maklerfirmen an der Wall Street hatten Aktien mit geborgtem Geld gekauft, aber sie fanden bei den Banken ein geneigtes Ohr und erhielten weitere Fristen eingeräumt, um ihre Rechnungen zu bezahlen. Die Privatanleger hatten in dieser Beziehung weniger Glück.

Die Angst vor dem Crash

Kein anderes Ereignis in der ganzen amerikanischen Geschichte erfüllte die Menschen länger mit Sorge und Angst als der Crash von 1929. Menschen, die im Jahre 1929 noch nicht einmal geboren waren, wurden bei der Erwähnung jener Vorgänge ängstlich, und sogar die Kinder von Menschen, die 1929 noch nicht geboren waren, geraten in Furcht, wenn über jene Ereignisse gesprochen wird.

Die Vereinigten Staaten überlebten den Revolutionskrieg gegen die Engländer, den Bürgerkrieg von 1861 bis 1865, den Ersten und Zweiten Weltkrieg, den Koreakrieg, den Krieg in Vietnam und viele andere tödliche Konflikte. Die Amerikaner überlebten das Riesenfeuer von Chicago im letzten Jahrhundert, das Erdbeben mit Großbrand in San Francisco, das Erdbeben in Los Angeles, etliche weniger starke Erdbeben und Dutzende von größeren und kleineren Hurrikans. Sie überlebten Typhusepidemien, Tuberkuloseepidemien, eine epidemische Ausbreitung der spinalen Kinderlähmung, Dürreperioden, Überschwemmungen, Aufruhr, Streiks und das Massaker am Valentinstag. Den Crash von 1929 haben sie aber immer noch nicht überwunden.

Diese Geisteshaltung ist die schlimmste bekannte Zwangsvorstellung, und sie hielt Millionen Menschen davon ab, Aktien zu kaufen und einen Gewinn zu erzielen, den sie gut hätten gebrauchen können. In manchem Gedächtnis haust im Hintergrund immer noch die Vorstellung, dass die Aktienkurse auf einen neuen Crash zusteuern, der die Ersparnisse aller Menschen auslöschen wird, und dass die Blödmänner, die ihr Geld für Aktien ausgeben, dann eingehüllt in eine alte Wolldecke die Straßen durchstreifen, in Obdachlosenheimen schlafen, kalte Bohnen aus Konservendosen essen und aus einem Bauchladen oder einem Korb Bleistifte oder Äpfel verkaufen. In den 1930er-Jahren sagten die Leute: „Onkel Hans ist unterwegs, um Äpfel und Bleistifte zu verkaufen.“ In jenen Tagen war dieser Geschäftszweig ziemlich verbreitet.

Selbstverständlich kann wieder ein Crash passieren. Im Herbst des Jahres 1987 gab es weltweit einen großen Crash, einen kleinen in den Jahren 1981/1982 und einen größeren davor in den Jahren 1973/1974. Die Kurse erholten sich aber wieder, wie sie dies immer irgendwann wieder tun. Wenn man ein optimistisches Wesen hat, kann man einen Crash als seltene Gelegenheit ansehen, Aktien billig zu kaufen.

Das Hauptproblem bei den Crashs ist die Beantwortung der Frage, wie lange Zeit die Kurse wohl für ihre Erholung benötigen werden. Im Jahr 1972 überstieg der Dow Jones Industrial Average den Wert von tausend Punkten, und an einem bestimmten Tag, zehn Jahre später, fiel er vorübergehend unter 800. Diese Verhältnisse stellten die Geduld der Anleger auf eine harte Probe, aber nicht so hart wie nach dem Crash von 1929. Damals brauchten die Kurse nämlich 25 Jahre, um ihren ursprünglichen Stand wieder zu erreichen. Aus diesem Grunde wurden die Menschen des Wartens müde und schworen sich, nie wieder in ihrem Leben eine Aktie zu kaufen.

Diese sehr langsame Erholung der Aktienkurse kann jedoch nicht dem Crash zur Last gelegt werden. Sie hing nämlich mit der Großen Depression zusammen. Diese war nicht groß, ausgenommen die großen Schwierigkeiten und Härten, die mit ihr verbunden waren, aber man schreibt sie dennoch mit großen Anfangsbuchstaben.

Während dieser Depression, die ungefähr zehn Jahre andauerte, war das Geld knapp und die Arbeitsplätze noch knapper. Läden mussten geschlossen werden und ihre Angestellten verloren damit ihren Arbeitsplatz und ihr Einkommen, sodass sie nichts mehr kaufen konnten und deshalb weitere Geschäfte aus Mangel an Kunden schließen mussten und weitere Beschäftigte arbeitslos wurden. Die Wirtschaft verfiel in einen Lähmungszustand. Die Unternehmen machten keine Gewinne, und als dies eintrat, fielen die Kurse und blieben unten.

Die meisten Geschichtskenner werden Ihnen sagen, dass die Große Depression nicht vom Crash 1929 verursacht wurde, obwohl ihm oft die Schuld an der Depression zugeschoben wurde. Nur ein sehr kleiner

Prozentsatz aller Amerikaner besaß Aktien, dementsprechend verlor die überwiegende Mehrheit keinen Cent und keinen Pfennig durch den Zusammenbruch der Kurse. Die Depression entstand aus einer weltweiten Verlangsamung der Wirtschaft (Stichwort „Weltwirtschaftskrise“), verbunden mit einer falschen Bemessung der Geldmenge durch die amerikanische Regierung und die Regierungen in anderen Ländern sowie durch die Erhöhung der Zinssätze zum falschen Zeitpunkt. Statt mehr Geld in Umlauf zu bringen, um die Wirtschaft anzukurbeln, handelte die amerikanische Regierung genau umgekehrt, indem sie Bargeld aus dem Umlauf zog. Die Wirtschaft kam mit schrillem Quietschen und Knirschen zum Stillstand.

Zum Glück für spätere Zeiten lernte die Regierung aus diesem Fehler. Wenn sich heutzutage die Konjunktur abschwächt, erhöhen die amerikanische Regierung und die Regierungen der freien Welt rasch die verfügbare Geldmenge und senken die Zinsen, sodass mehr Geld verfügbar ist und es weniger kostspielig wird, ein Darlehen aufzunehmen. Billigere Darlehen ermutigen die Menschen, Häuser zu bauen oder zu kaufen und sonstige teure Anschaffungen zu tätigen, und sie regen die Unternehmen dazu an, zu expandieren. Ein fühlbarer Anstieg der Bauaufträge und ein Aufblühen der Geschäftstätigkeit kann die Wirtschaft aufwecken. Es kann vorkommen, dass die Zinsen nacheinander in mehreren Schritten gesenkt werden müssen, bevor die Wirtschaft wieder zum Leben erwacht, aber die Vereinigten Staaten haben seit dem Ende des Zweiten Weltkrieges schon neun Rezessionen erlebt, und in allen neun Fällen belebte sich die Wirtschaft wieder.

Vor 1930 waren Depressionen und Panikzustände in der amerikanischen Wirtschaft häufige Ereignisse, aber seit der Großen Depression trat keine einzige weitere schwere Depression ein. In den letzten 50 Jahren war daher die Wahrscheinlichkeit für das Eintreten einer Depression sehr gering, sie war sogar in neun Fällen null. Niemand kann ganz sicher sein, dass zu seinen Lebzeiten niemals eine Depression eintreten wird, aber im letzten halben Jahrhundert hätte jemand, der darauf gewettet hätte, haushoch verloren.

Kann es sein, dass wir eine bleibende Heilung für die wirtschaftliche Depression gefunden haben, so wie in der Medizin die Kinderlähmung und die Pocken besiegt wurden? Es gibt mehrere Gründe, die dafürsprechen: Erstens ist in den Vereinigten Staaten die Regierung durch das Federal Reserve System jederzeit in der Lage und bereit, die Zinsen zu senken und Geld zurück in die Wirtschaft zu pumpen, sobald sie Anzeichen von Schwäche zeigt. In Deutschland hat die Bundesbank ähnliche Aufgaben, und sie genießt in der ganzen Welt hohes Ansehen.

Zweitens gibt es Millionen von Menschen, die regelmäßig Zahlungen aus der Rentenversicherung oder aus Pensionskassen nahezu unabhängig von der Wirtschaftslage erhalten. Addieren Sie die 18 Millionen Menschen, die die Behörden in den Vereinigten Staaten beschäftigen, vom Stab im Weißen Haus angefangen bis hinunter zu den Angestellten in den Gemeinden, und Sie erhalten eine Armee von konsumfähigen Menschen. Solange diese riesige Gruppe Geld ausgibt, kann der Gang der Wirtschaft zwar langsamer werden, aber nicht zu einem vollständigen Stillstand kommen, wie es in den 1930er-Jahren der Fall war.

Drittens sind die meisten Banken und Sparkassen in den Vereinigten Staaten Mitglied der staatlichen Einlagensicherung; wenn diese also bankrottgehen würden, behielten die Menschen doch den Großteil ihrer Ersparnisse. In den 1930er-Jahren, als in den Vereinigten Staaten Hunderte von kleinen Banken zusammenbrachen, verloren die Anleger alles. Dies allein genügte, um den Staat in einen katatonischen Zustand zu versetzen.

Die große Umwälzung, die allen weiteren Änderungen zugrunde liegt, besteht im Aufstieg der amerikanischen Regierung in die Rolle eines Superstars. Heutzutage hat sie die führende Rolle auf dem Gebiet der Wirtschaft, während sie in den 1930er-Jahren nur eine unterstützende Funktion hatte und im 19. Jahrhundert nur am Rande ein wenig mitreden konnte. Falls Sie einmal jemanden über die Riesenmacht der Regierung, die anscheinend in alle Zweige unseres Lebens eingreift, schimpfen hören, dann denken Sie auch daran, dass dieselbe Riesenmacht auch die Flugüberwachung zuverlässig wahrnimmt, sodass Sie sicher in den Urlaub kommen und auch wieder aus ihm zurückkehren, und uns durch ihre Ausgabentätigkeit vor einem Absturz in eine zweite große Depression schützt.

Falls Ihnen die soeben genannten Argumente hinsichtlich der Unwahrscheinlichkeit eines neuen Rückfalls der Weltwirtschaft in eine Depression einleuchten, können Sie in Zukunft etwas entspannter bleiben in Bezug auf gelegentliche Kursrückgänge am Aktienmarkt. Solange die Wirtschaft noch lebendig ist und kämpft, können die Unternehmen etwas verdienen. Der Kurs der Aktien von Firmen, die Gewinne machen, wird nicht auf null fallen. Die Mehrzahl der Firmen wird bis zum nächsten Aufschwung der Wirtschaft überleben, wenn die Kurse dann wieder steigen.

Die Geschichte muss sich nicht wiederholen, dies gilt sowohl in der Politik als auch in der Wirtschaft. Wenn Ihnen jemand einreden will, dass sich alles einmal wiederholt, dann entgegnen Sie ihm, dass wir nun schon mehr als ein halbes Jahrhundert lang keine Depression mehr hatten. Menschen, die Aktien aus Furcht vor einer Tragödie, wie sie 1929 hereinbrach, meiden, versäumen alle Vorzüge des Aktienbesitzes, und das ist eine weitaus größere Tragödie.

Schauergeschichten über den Crash von 1929

Über den Crash von 1929 wurden nun schon über mehrere Generationen hinweg viele Schauermärchen, dumme Witze und höhnische Halbwahrheiten überliefert. Sie haben vielleicht selbst schon Gerüchte aus der damaligen Zeit über die vielen verzweifelten Anleger gehört, die Selbstmord begangen haben, indem Sie in New York aus den Fenstern der Wolkenkratzer gesprungen sind. Aber nach den Angaben des Buches „1929, The Year of the Great Crash" von William Klingman stieg die Selbstmordhäufigkeit in den Wochen nach dem Zusammenbruch der

Kurse an der Wall Street in Wirklichkeit gar nicht an. Nur wenige Menschen sprangen aus hoch gelegenen Fenstern, und dies nicht notwendigerweise, weil sie mit Aktien Geld verloren hatten.

Der Vizepräsident der Earl Radio Corporation sprang aus dem 11. Stockwerk des Hotels Shelton an der Lexington Avenue in New York in den Tod, aber das geschah Anfang Oktober 1929, zwei Wochen vor dem Crash. Am 24. Oktober, wenige Tage nach dem Crash, sammelte sich eine Anzahl von Schaulustigen vor einer Stahlkonstruktion für einen Wolkenkratzer, wo ganz oben ein Mann auf einem vorspringenden Stahlträger saß. Sie glaubten, es sei ein verzweifelter Anleger kurz vor dem Todessprung. Es stellte sich aber heraus, dass es nur ein schwindelfreier Hochbauarbeiter war, der sein Mittagsbrot aß.

Der britische Staatsmann Winston Churchill hatte in New York im Hotel Savoy Plaza ein Zimmer genommen, direkt unterhalb des Zimmers, von dem aus sich ein Mann aus dem 15. Stockwerk in die Tiefe und damit in den Tod stürzte. Dieser Todesfall wurde dem Crash zugeschrieben, obwohl es gar keine Anzeichen dafür gab, dass er irgendwie mit dem Kursverfall zusammenhing. Die meisten Geschäftsleute, die in jenem Zeitraum Selbstmord begingen, erschossen sich, steckten ihren Kopf in einen Backofen, aus dem giftiges Stadtgas strömte, oder wählten andere Verfahren, statt ohne Bungee-Seil aus dem Fenster zu springen. James Riordan von der 109 County Trust Company Bank jagte sich eine Kugel durch den Kopf; Harry Crew Crosby, ein verheirateter Mann, starb im Verlauf einer Opiumorgie mit seiner Freundin (dies wurde als Wall-Street-Skandal gemeldet, weil Crosby der Sohn eines Wertpapierhändlers des Bankhauses J.P. Morgan war. Crosby war aber Schriftsteller und hatte nichts mit der Bank zu tun); die Frau eines auf Long Island wohnenden Wertpapierhändlers schoss sich selbst ins Herz (niemand weiß, warum sie nicht stattdessen ihren Mann erschoss); ein Direktor einer Firma für elektrische Hausgeräte vergiftete sich selbst mit Leuchtgas in seinem Badezimmer; ein Finanzfachmann in Philadelphia erschoss sich im Gebäude seines Sportvereins; ein Investor aus Providence im

Bundesstaat Rhode Island fiel tot um, während er dem Ticker-Papierband zusah, wie es laufend mit den neuesten Kursen bedruckt aus dem Gerät zum Vorschein kam; ein Investor in Milwaukee richtete eine Pistole auf sich selbst und ließ einen Zettel zurück, auf dem geschrieben stand: „Meinen Körper vermache ich der Wissenschaft, meine Seele Andrew W. Mellon (dem berühmten Multimillionär aus Pittsburgh), und meinen Gläubigern gilt meine Sympathie."

Wie kamen wir denn nun auf die Idee, dass die Opfer des Crashs sich von den Simsen der Wolkenkratzer gestürzt hätten? Die meisten dieser Parolen scheinen von dem damaligen berühmten Humoristen Will Rogers ausgegeben worden zu sein. Bald nach dem Crash sagte Rogers: „In New York hat sich die Lage dahingehend entwickelt, dass der Mann an der Rezeption neu ankommende Gäste fragt: ‚Wollen Sie einen Raum zum Schlafen oder um aus dem Fenster zu springen?' Man muss Schlange stehen, um ein Fenster zum Hinausspringen zu ergattern."

Rogers ging es aber nur darum, die Leute zum Lachen zu bringen und seine Gage zu kassieren. Er konnte sich diese Witze leisten, denn er war dem Rat eines anderen berühmten Investors an der Wall Street, Bernard Baruch, gefolgt. Baruch war schlau genug, schon vor dem Crash völlig aus Aktien auszusteigen, und Rogers hatte das ebenso getan. Andere Unterhaltungskünstler, etwa Eddie Cantor und Groucho Marx, waren nicht so glücklich dran.

Die echten Opfer des Crashs waren diejenigen Menschen, die Aktien mit gepumptem Geld, „auf Margin", gekauft hatten. Damals konnte man Aktien schon mit nur zehn Prozent Anzahlung kaufen. Wenn jemand beispielsweise 10.000 Dollar Bargeld hatte, konnte er damit 90.000 Dollar borgen und Aktien für 100.000 Dollar kaufen. Wenn der Crash den Kurs der Aktien dann auf die Hälfte sinken ließ, hatte ein solcher Investor Aktien im Wert von 50.000 Dollar, aber gleichzeitig 90.000 Dollar Schulden, die er nicht zurückzahlen konnte.

Fortschritte und Änderungen während der Depression

So schlimm die Große Depression auch war, sie war nicht für alle gleich deprimierend. Gewiss, das Geld war knapp und Millionen von Menschen verloren ihren Arbeitsplatz. Im Großen und Ganzen waren die wirtschaftlichen Bedingungen und die Lebensumstände der Leute daher ziemlich schlecht. Für bestimmte Unternehmen und deren Arbeitnehmer und Aktionäre gingen die Geschäfte jedoch gut.

Ein gutes Beispiel dafür war A&P, die schon früher in diesem Buch erwähnte große Kette von Lebensmittelgeschäften. Während überall Läden und Betriebe geschlossen wurden, entwickelte sich A&P entgegen dem Trend und eröffnete neue Läden. Die Umsätze und auch die Gewinne wuchsen. So schlimm die Lage auch wurde, die Menschen mussten dennoch Lebensmittel einkaufen. Von 1928 bis 1933 fiel das Volkseinkommen auf die Hälfte, aber was die Menschen noch hatten, gaben sie für Lebensmittel aus.

Bestimmte Geschäftszweige können Depressionen und Rezessionen, während deren das Geld knapp ist, überstehen. Man nennt sie Verbraucher-Wachstumsunternehmen. Sie verkaufen billige Waren wie Bier, Softdrinks, Snacks und dergleichen oder dringend notwendige Dinge wie beispielsweise Arzneimittel, die die Menschen zum Leben brauchen. Firmen, die Kaugummi wie beispielsweise Wrigley's oder Karamellen herstellen, können selbst während einer Depression Wachstum verzeichnen, denn, wie Wrigley selbst einmal bemerkte: „Je missmutiger und unglücklicher die Menschen sind, desto mehr kauen sie."

Es braucht uns daher nicht zu verwundern, dass im Jahr 1932 die Wirtschaftszeitschrift *BusinessWeek* berichtete, dass A&P wirtschaftlich in gutem Zustand sei. Im Geschäftsleben lauert aber immer irgendwo eine Gefahr. Das Problem besteht darin, dass man nie weiß, worin die Gefahr besteht. Hier stoßen wir auf eine der wichtigsten Fehleinschätzungen, die den Investoren unterläuft. Sie konzentrieren sich auf das, was nach ihrer Meinung augenblicklich die größte Bedrohung ist, worüber alle sprechen (den weltweiten Anstieg der Temperatur, mögliche Atomexplosionen, den Bürgerkrieg in Jugoslawien, Handelsprobleme mit Japan), während sie gleichzeitig die kleinen Dinge übersehen, die ein Unternehmen, in dem sie Geld angelegt haben, vorwärtsbringen oder verderben können.

A&P hatte keine Probleme mit der Bewältigung der Depression. Die Bedrohung durch die Konkurrenzfirma Piggly Wiggly bereitete der Gesellschaft jedoch Kummer. Ein Kaufmann in Memphis, Tennessee, hatte den ersten Piggly-Wiggly-Selbstbedienungsladen eröffnet. Statt dass er den Verkäufer hinter der Theke bitten musste, ihm diese oder jene Packung von Lebensmitteln aus den Regalen zu holen oder ihm mit einer Handschaufel Mehl oder Grieß aus einer großen Schublade in eine Tüte zu füllen, konnte der Kunde in diesem neuartigen Laden die Gänge zwischen den Regalen freizügig durchwandern, selbst nehmen, was er wünschte, und dann alles zur Registrierkasse beim Ausgang bringen. Diese Einrichtungsweise stellte eine völlig neue Idee dar. Selbstbedienung bedeutete, dass die Läden weniger Ladenpersonal benötigten und die Kunden mit einem größeren Angebot verschiedener Waren unmittelbar in Kontakt gebracht werden konnten.

Hieraus ergab sich eine dramatische Herausforderung für A&P. Wenn das Management der Gesellschaft mit dem bisherigen Geschäftsgang zufrieden gewesen wäre und die Herausforderung durch Piggly Wiggly nicht beachtet hätte, wäre A&P genauso ausgestorben wie die Dinosaurier. Das ist oft der Schicksalsweg von Gesellschaften: Sie können Depressionen bewältigen, sie überleben Kriege, das Ozonloch betrifft sie nicht unmittelbar, aber die Konkurrenz macht ihnen den Garaus.

Ein Unternehmen muss sich rasch auf veränderte Umstände im Geschäftsleben einstellen können, sonst wird es nicht überleben. A&P erkannte die Zeichen der Zeit und handelte entsprechend. Die Firma schloss Tausende ihrer kleinen bisherigen Läden und eröffnete selbst einige Supermärkte mit Selbstbedienung.

Im Jahre 1935 gab es in den ganzen Vereinigten Staaten insgesamt nur 96 Supermärkte, und zwar nur in 24 Städten. Die ursprünglich von Piggly Wiggly stammende Idee zündete aber überall, und durch die Umstellung der langfristigen Planung von kleinen Läden zu großen Geschäften versetzte sich A&P in die Lage, an der raschen Ausbreitung der Selbstbedienungsläden teilzunehmen, die nach dem Ende des Zweiten Weltkriegs stattfand.

Das Wiedererstarken der Vereinigten Staaten

So schrecklich der Zweite Weltkrieg auch für die Zivilisation und die Menschheit war, so brachte er doch die Wirtschaft der Vereinigten Staaten wieder auf die Beine. Bald nachdem die amerikanischen Soldaten heimgekehrt waren, dehnten sich die Vorstädte in der Umgebung der Großstädte aus. Überall kauften die Leute Autos, Häuser, Kühlschränke, Waschmaschinen, elektrische Staubsauger und andere arbeitssparende Geräte. So wie die Maschinen im 19. Jahrhundert die Arbeit auf den Farmen erleichterten, machten sie nun das Leben im Heim angenehmer und entlasteten die Hausfrau.

Bei jeder neuen Entdeckung, jedem zeitsparenden Haushaltsgerät, jeder Neuheit und jedem Erzeugnis, das Mühe und Ärger ersparte, lehnten sich Traditionalisten im Ohrensessel zurück, spotteten verächtlich und beklagten das Verschwinden des einfachen Lebens, wo die Mahlzeiten zu Hause gekocht wurden, die Motels noch Familienbetriebe waren und das Leben mehr naturverbunden verlief, aber sie schwammen gegen einen großen Strom von Fortschritten, denn die Menschen erkannten eine gute Sache, wenn sie sie sahen. Die Hausfrauen zogen den Staubsauger dem Kehrbesen und der Kehrichtschaufel vor, kauften sich lieber eine Waschmaschine statt eines gewellten Waschbretts und servierten öfter ein Fertiggericht, statt am heißen Herd zu schuften. Bei Reisen mit dem Auto hielten die Familien nach den Motels einer Motelkette und nach den Lokalen einer Restaurantkette Ausschau, denn dort wussten sie genau, was sie bekommen würden. Die Kinder jubelten, wenn sie ein Motel von Howard Johnson oder Holiday Inn oder die goldenen Bögen eines Restaurants von McDonald's in der Ferne erkennen konnten.

Die Nachkriegszeit belebte die Tätigkeit der Aktiengesellschaften, Hunderte wurden jedes Jahr neu gegründet, aber die große Mehrheit der Amerikaner machte einen großen Bogen um Aktien. Die Menschen erinnerten sich an den Crash von 1929 und waren fest entschlossen, nicht die Ersparnisse eines Lebens auf dem Aktienmarkt zu riskieren, doch dies gerade zu einer Zeit, in der die Aktien bedeutender Firmen zu Schlussverkaufspreisen zu haben waren. Die tapfere Minderheit, die Aktien kaufte, wurde gut dafür belohnt.

Anlegerschutz

Wenn Sie Aktien, Anleihen oder Investmentfonds kaufen, nehmen Sie damit bereits genug Risiko auf sich, ohne dass Sie sich noch zusätzlich dem Risiko, durch falsche Angaben irregeführt oder betrogen zu werden, aussetzen wollen. Es ist nicht mehr als recht und billig, dass Kapitalanleger vor Betrügereien, Übertreibungen und schlechter Qualität geschützt werden, genauso wie die Kunden in einem Einzelhandelsgeschäft.

Wenn Sie eine Jacke kaufen, wollen Sie wissen oder wenigstens feststellen können, ob das Stück, das Sie gerade in der Hand halten, auch wirklich die Art von Jacke ist, von der der Verkäufer redet, ob sie wirklich aus dem Material hergestellt ist, das auf dem Etikett steht, und ob der geforderte Preis angemessen ist. Aus diesem Grund hat die Regierung in den Vereinigten Staaten Gesetze über Wahrheit in der Werbung erlassen. Wenn Sie eine Aktie kaufen, müssen Sie sich vorher erkundigen können, ob die betreffende Firma wirklich so gut floriert oder so knapp vor dem Untergang steht, wie sie es derzeit angibt, dass die Angaben über ihre finanzielle Lage richtig und zuverlässig sind und Sie eben grundsätzlich auch bekommen, wofür Sie Ihr gutes Geld ausgeben. Aus diesen Gründen wurden von der US-Regierung strenge Vorschriften für Wertpapiermakler, Wertpapierhändler, Investmentfonds, berufsmäßige Vermögensverwalter, Firmendirektoren und für die Firmen selbst aufgestellt.

In den Jahren vor der Großen Depression gab es viele dieser Schutzvorschriften noch nicht. Die Unternehmen mussten keine ausführlichen Berichte über ihre Geschäftslage veröffentlichen, und da sie nichts mitteilten, konnten sie ihre Probleme auch vor den Anlegern verbergen. Die sogenannten Insider – Personen, die früher als andere Kenntnis über positive oder negative Entwicklungen in einem Unternehmen hatten – konnten Aktien kaufen oder verkaufen, bevor die entsprechenden Angaben veröffentlicht wurden, und bei diesem Insidergeschäft große Gewinne machen. Theoretisch wurde Insiderhandel zwar missbilligt, viele Insider machten es aber trotzdem.

Vor dem Crash von 1929 war es für einige der „Robber Barons" und deren Spießgesellen üblich, den Kurs einer Aktie zu ihrem eigenen Vorteil nach oben zu treiben und ihn dann wieder abstürzen zu lassen. Sie beherrschten die Kunst, den Wertpapiermarkt zu manipulieren. Sie versetzten die Menschen in Furcht und veranlassten sie damit, ihre Aktien zu einem niedrigen Kurs zu verkaufen. Später verlockten sie dann die Allgemeinheit wieder, sich bei unmäßig hohen Kursen auf dieselben Aktien zu stürzen.

Nur wenige Aktienkäufer machten sich die Mühe, etwas über die Firmen, von denen Sie Aktien kauften oder besaßen, herauszufinden, denn es wurde ihnen klar, dass die Schwankungen beliebiger Aktien wenig oder gar nichts mit der grundsätzlichen Lage der Unternehmen zu tun hatten. Stattdessen versuchten die Investoren zu erraten, in welche Richtung das „schlaue Geld" wettete – für einen Außenstehenden eine unlösbare Aufgabe. In jenen Tagen war der Kauf von Aktien gleichzusetzen mit der Teilnahme an einem Pokerspiel mit Profis, wobei die Profis in ihre Karten sehen konnten und alle anderen mit verbundenen

Augen spielen mussten. Über den Eingängen der Maklerbüros hätte ein Schild mit der Aufschrift hängen müssen: „Investieren Sie auf Ihr eigenes Risiko!“

Nach dem Crash im Jahr 1929, als das Kind in den Brunnen gefallen war, fanden im Kongress Anhörungen über die verschiedenen Schwindelmanöver an der Wall Street statt, und die Regierung schritt ein, um diese Auswüchse abzustellen. Es wurde eine eigene Bundesbehörde, die „Securities and Exchange Commission“ (SEC), geschaffen, um entsprechende Bundesgesetze auszuarbeiten und die Übertreter dieser Gesetze zu bestrafen. Die SEC hat seither so hervorragende Arbeit geleistet, dass sie in der ganzen Welt bewundert wird, denn in vielen Ländern werden Wertpapiergeschäfte und die Börsen nicht so streng überwacht wie in den Vereinigten Staaten, wobei die Kleinanleger immer die Hauptleidtragenden sind.

Die Situation an der Wall Street ist weit davon entfernt, perfekt zu sein, und man hört immer wieder einmal über Fälle von Insiderhandel. In den meisten Fällen werden aber heutzutage die Gesetzesübertreter erwischt und bestraft. Den Beschäftigten einer Gesellschaft, vom Generaldirektor bis hinunter zu den Sortierern in der Poststelle, ist es gesetzlich nicht erlaubt, Aktien zu kaufen oder zu verkaufen, falls sie irgendetwas erfahren haben, das auf den Kurs der Aktien jener Firma einen Einfluss haben könnte. Auch Verwandte, Freunde, Bankangestellte, Rechtsanwälte, selbst Menschen, die eine Insiderinformation durch die Trennwände in der Damen- oder Herrentoilette gehört haben sollten, dürfen aus dieser Kenntnis keinen Nutzen ziehen. Die SEC ist in dieser Beziehung sehr streng.

Nehmen wir einmal an, Sie wären einer der Vorstände der Firma Boeing und Sie hätten gerade erfahren, dass die Volksrepublik China 500 neue Jumbojets bestellt hat. Instinktiv wäre Ihr erster Gedanke, nach dem Telefon zu greifen und Ihrem Broker den Auftrag zum Kauf von 5.000 Boeing-Aktien zu erteilen, aber Sie dürfen das nicht tun. Sie können nicht einmal Ihre Ehefrau, Ihren Ehemann, Ihre Freundin oder Ihren

Freund, Ihre Kinder, Ihre Enkelkinder, Tanten, Onkeln, Vettern oder Mitspieler im Tennisklub anrufen, um ihnen zu sagen, sie sollen Boeing kaufen, denn das wäre Insiderhandel und Sie würden jene Leute in ein schweres Vergehen gegen ein Bundesgesetz verwickeln.

Wie werden in solchen Fällen die Gesetzesübertreter erwischt? Die Börsen und die SEC haben ihre eigenen Polizeikräfte und aufmerksame Beobachter, die die Bewegungen im Umsatz einer bestimmten Aktie überwachen. Falls eine ungewöhnliche Hektik im Kauf oder Verkauf einer bestimmten Aktie eintritt, schrillen (im übertragenen Sinne) die Alarmglocken und die Beobachter springen auf, um herauszufinden, wer dahintersteht. Sobald sie entdecken, dass die Käufer oder Verkäufer großer Mengen Aktien irgendwie in einem Zusammenhang mit der betreffenden Gesellschaft stehen oder mit Personen verwandt oder verschwägert sind, die derartige Beziehungen haben, bohren sie nach und versuchen, genügend Beweise zu sammeln, um eine Klage gegen diese Menschen erheben zu können.

Die SEC überprüft auch alle Berichte, Bekanntmachungen und sonstigen Veröffentlichungen, die Gesellschaften, Maklerfirmen, Investmentfonds und so weiter herausgeben. Alle drei Monate muss eine Aktiengesellschaft einen kurzen Bericht über ihre Geschäftslage veröffentlichen und jedes Jahr einmal einen ausführlicheren Jahresbericht. In allen diesen Mitteilungen hat sie die Wahrheit und nichts als die Wahrheit anzugeben. Bei Zuwiderhandlungen kann die betreffende Aktiengesellschaft mit einer Strafe belegt und die Verwaltungsräte können vor Gericht zitiert werden.

Die Führungskräfte und Verwaltungsräte müssen der SEC auch jedes Mal Mitteilung machen, wenn sie Aktien ihrer Firma kaufen oder verkaufen, und diese Angaben stehen der Öffentlichkeit frei zur Verfügung. Es ist ganz nützlich, zu erfahren, wie diese Insider mit ihren eigenen Aktien umgehen, denn sie nehmen ja tagtäglich an der Geschäftstätigkeit der Firma teil. Falls mehrere von ihnen plötzlich ihre Aktien verkaufen, beurteilen sie anscheinend die zukünftige Geschäftslage nicht als sehr rosig. Falls sie aber ihr Bankkonto erleichtern, um weitere Aktien zu kaufen, gefällt ihnen anscheinend, wie der Laden derzeit läuft.

In den Vereinigten Staaten werden auch die Börsen selbst von der SEC überwacht – und außerdem noch von ihren eigenen Kontrollabteilungen. Man könnte die Börsenaufsicht auch als Aktienpolizei bezeichnen. Ihre Mitarbeiter beobachten das Parkett und die Computerbildschirme und halten Ausschau nach verdächtigen Aktivitäten.

Der typische amerikanische Aktionär

Alle paar Jahre stellt die NYSE Nachforschungen darüber an, wer Aktien besitzt und wer nicht. Seit 1950 ist ein stetiger Anstieg der Zahl der Käufer von Aktien festzustellen. Das ist eine positive Entwicklung, denn je mehr Aktionäre es gibt, desto breiter wird der Wohlstand gestreut.

Noch 20 Jahre nach der Großen Depression fürchtete sich die überwiegende Mehrheit der Amerikaner vor Aktien und legte ihr Geld bei den Banken ein, wo sie es sicher glaubten. Sie haben vielleicht selbst schon den Ausspruch gehört: „I'd rather be safe than sorry" („Vorsicht ist besser als Nachsicht"). Bei dieser Form der Geldanlage war das Geld „sicher" und die Menschen hatten das Nachsehen, denn sie versäumten die gewaltige Aktienhausse der 1950er-Jahre. Im Jahr 1952 gab es in den Vereinigten Staaten nur 6,5 Millionen Aktionäre, nur 4,2 Prozent der Gesamtbevölkerung. Außerdem waren 80 Prozent der Aktien in Streubesitz in den Händen von nur 1,6 Prozent der Gesamtbevölkerung. Alle Gewinne und Kurssteigerungen kamen nur einer kleinen Gruppe von Menschen zugute, die sich nicht vor dem Besitz von Aktien fürchteten und erkannt hatten, dass die Vorteile die möglichen Risiken weit übertrafen.

Im Jahr 1962 (die 1960er-Jahre waren ein weiteres gutes Jahrzehnt für Aktien) hatte sich die Zahl der Aktionäre fast verdreifacht. 17 Millionen Amerikaner besaßen nun Aktien, das waren knapp zehn Prozent der Gesamtbevölkerung. Je mehr die Kurse stiegen, desto mehr Leute sprangen auf den Zug auf, und im Jahr 1970 gab es 30 Millionen Aktionäre in den Vereinigten Staaten, 15 Prozent der Gesamtbevölkerung.

Die Börse war nun nicht mehr das wohlgehütete Geheimnis zur Geldanlage wie in den 1950er-Jahren. Die Rekordzahl von Aktionären war langfristig gesehen eine gute Sache, aber die übereifrigen Käufer hatten die Kurse in gefährliche Höhen hinaufgetrieben. Im Jahr 1970 waren die meisten amerikanischen Aktien deshalb drastisch überbewertet. Unter jedem Gesichtspunkt zahlten die Menschen bei Weitem zu viel für den Anteil, den sie erwarben. Sie verloren ihren gesunden Menschenverstand und kauften eifrig alles, was an den Börsen angeboten wurde.

Diese Art von Hysterie tritt in jedem Jahrhundert einige Male ein, und jedes Mal „korrigiert" der Markt die Lage. Die Kurse fallen auf maßvollere Werte, und die Menschen, die ihre Aktien zum Höchstpreis kauften, sind verblüfft und deprimiert. Sie können es nicht glauben, so schnell so viel Geld verloren zu haben. Natürlich haben sie in Wirklichkeit noch gar nichts verloren, sofern sie jetzt nicht ihre Aktien verkaufen, aber manche Investoren tun gerade das. Sie verschleudern ihren ganzen Aktienbestand in Panik. Eine Aktie, die sie für 100 Dollar zu einer Zeit kauften, in der sie überbewertet war, stoßen sie nun einige Wochen später für 60 oder 70 Dollar wieder ab, ein Schnäppchenkurs. Ihr Verlust ist der Gewinn des nächsten Käufers, denn die neuen Käufer werden die Gewinne machen, die die Verkäufer selbst hätten ernten können, wenn sie an ihrer Geldanlage festgehalten und mit Geduld das Vorbeigehen der Korrektur abgewartet hätten.

Während der brutalen Kurskorrektur der frühen 1970er-Jahre gab es so viele Verkäufer, dass fünf Millionen Aktienbesitzer, volle drei Prozent der gesamten Bevölkerung der Vereinigten Staaten, in Massen den Wertpapiermarkt verließen. Fünf Jahre verstrichen, bis sich wieder genügend Menschen für Aktien interessierten, diese kauften und damit die Zahl der Aktionäre in den Vereinigten Staaten wieder auf 30 Millionen anstieg.

Mitte der 1980er-Jahre war die Zahl der Aktionäre auf 47 Millionen, den höchsten Stand aller Zeiten, gestiegen, und die Zahl der Menschen, die Geld in Investmentfonds investierten, hatte sich vervierfacht. Der durchschnittliche Anleger wollte sich nicht mehr selbst geeignete Aktien heraussuchen. Diese Arbeit überließ man nun den berufsmäßigen Fondsmanagern der fast 4.000 Investmentfonds, die es damals in den Vereinigten Staaten gab.

Im Jahr 1990 war der typische amerikanische Aktionär ein 45 Jahre alter Mann oder eine 44 Jahre alte Frau. Der Mann hatte ein Jahreseinkommen von 46.400 Dollar, die Frau von 39.400 Dollar. Er hielt für 13.500 Dollar Aktien, während sie für 7.200 Dollar Aktien besaß. In der letzten Zeit nimmt die Zahl der jugendlichen Aktienbesitzer sprunghaft zu, denn 3,7 Millionen Aktionäre, sieben Prozent aller Aktionäre in den Vereinigten Staaten, sind derzeit jünger als 21 Jahre. Das ist eine sehr positive Entwicklung.

Im Jahr 1995 erreichte der Marktwert aller an der NYSE notierten Aktien einen Stand von fünf Billionen Dollar, ein gewaltiger Anstieg seit den 1,2 Billionen Dollar, die diese Aktien 1980 wert waren. Während die großen und kleinen Investoren arbeiteten, spielten, schliefen und ihr Leben lebten, hatte sie das Geld, das sie in Aktien angelegt hatten, in anderthalb Jahrzehnten um etwa vier Billionen Dollar reicher gemacht. Sehen Sie, wie Sie Geld für sich arbeiten lassen können?

KAPITEL 2

DIE GRUNDLAGEN DER GELDANLAGE

Worauf warten Sie? Investieren Sie jetzt!

Viele Menschen warten, bis sie 30, 40 oder 50 Jahre alt sind, bevor sie anfangen, zu sparen. Irgendwann dämmert es ihnen, dass sie nicht jünger werden und dass sie bald zusätzliches Geld für den Ruhestand brauchen werden, damit sie sich ein Häuschen in einer schönen Gegend oder eine Reise um die Welt leisten können. Wenn sie aber nun erst im mittleren Alter erkennen, dass sie ihr Geld günstig anlegen sollten, dann haben sie bereits wertvolle Jahre verloren, in denen Aktien zu ihren Gunsten hätten arbeiten können. Ihr Vermögen hätte schon früher wachsen können.

Stattdessen geben die Menschen ihr Geld aus, als ob es kein Morgen gäbe. Viele Ausgaben sind unvermeidlich. Der Unterhalt der Kinder kostet Geld, die Krankenversicherung bezahlt nicht alles, was an Krankheitsfällen vorkommt, die Ausbildung der Kinder ist kostspielig, Kosten für Versicherungen fallen an, am Haus sind immer wieder einmal Reparaturen fällig ... Sie, lieber Leser, können diese Aufzählung noch weiter fortsetzen.

Falls nichts übrig bleibt, kann man nicht viel machen. Oft genug bleibt aber etwas übrig, und dieses Geld wird wieder nicht angelegt. Es wird für ein Abendessen in einem vornehmen Restaurant oder für die Anzahlung auf den teuersten Wagen in den Ausstellungsräumen eines Autohändlers ausgegeben.

Bevor sie sich versehen, stehen diese Menschen vor ihrem Lebensabend, mit nicht mehr in Aussicht als den Zahlungen aus der Rentenversicherung und vielleicht noch einer Firmenpension. Sie müssen sich nun vielleicht an ein dünnes Finanzpolster anpassen, ausgerechnet in einem Zeitraum des Lebens, den sie eigentlich genießen wollten.

Einer der besten Wege, dieses Schicksal zu vermeiden, besteht darin, so früh wie nur möglich mit dem Sparen zu beginnen, solange Sie noch bei Ihren Eltern wohnen. Werden Ihre Lebenshaltungskosten jemals wieder so niedrig sein? Sie müssen keine Kinder ernähren – Sie werden vermutlich sogar von Ihren Eltern ernährt. Wenn Sie bei den Eltern keine Miete für Ihr Zimmer bezahlen müssen, ist dies noch besser. Wenn Sie schon einen Arbeitsplatz haben, können Sie dann nämlich diesen Betrag in Geldanlagen stecken, die sich in der Zukunft bezahlt machen werden. Je mehr Sie heute auf die hohe Kante legen, während Sie noch die Beine unter Vaters Tisch strecken, desto besser werden Sie dran sein, wenn Sie wegziehen und Ihre Lebenshaltungskosten rapide ansteigen.

Ob es nun 10 Dollar oder 100 Dollar oder 500 Dollar im Monat sind, sparen Sie, was auch immer Sie können, auf eine regelmäßige Weise.

Nach den Ermittlungen amerikanischer Marktforscher kehrt eine wachsende Zahl von 20-jährigen und 30-jährigen Amerikanern ins Elternhaus zurück, wo ihnen kostenlos ein Dach über dem Kopf und die Benutzung des Fernsehers, Heimtrainers und sonstiger Annehmlichkeiten gewährt wird. Diese Entwicklung scheint anzudeuten, dass Amerika eine neue Generation von jungen Menschen hervorgebracht hat, die lieber ein wenig schmarotzen, statt den Mut aufzubringen, in die Welt hinauszugehen, um selbst ihr Glück zu versuchen.

Diese Entwicklung hat jedoch auch eine gute Seite, von der aber bisher lediglich in der Tageszeitung *The Wall Street Journal* unter der Überschrift „Generation X beginnt für das Pensionsalter zu sparen“ berichtet wurde.

Der Kern jenes Berichts besagt, dass die etwas schmarotzenden 20- und 30-Jährigen, die angeblich die verlorene Generation, die Generation X, darstellen, in aller Stille begonnen haben, ihre Überschüsse zu sparen. Anscheinend befinden sich in dieser Bevölkerungsgruppe mehr Sparer als unter ihren Eltern, den „Baby-Boomern" (Angehörige der geburtenstarken Jahrgänge in den Vereinigten Staaten kurz nach dem Zweiten Weltkrieg), die ihr Geld lieber heute ausgeben, als es für morgen zu sparen. Die Generation X hat erkannt, dass sie sich in Bezug auf ihre Altersversorgung nicht auf die Sozialversicherung verlassen kann. Sie hat mitangesehen, wie die Eltern damit kämpften, ihre Kreditkartenschulden abzuzahlen, und sie will diesen Fehler nicht selbst wiederholen. Die jungen Leute streben finanzielle Unabhängigkeit an und arbeiten daran, während sie noch zu Hause sind und die Eltern für sie sorgen.

Dies ist eine sehr positive Entwicklung. Es bleibt nur zu hoffen, dass auch Teenager in die Fußstapfen dieser 20- und 30-Jährigen treten, statt den üblichen Fehler des Kaufs eines teuren Autos zu begehen. Viele Jugendliche können es kaum erwarten, einen eigenen Wagen zu besitzen. Sobald sie ihren ersten festen Arbeitsplatz errungen haben, begeben sie sich in die Sklaverei der Ratenzahlung für ein Auto.

Es ist cool, mit einem strahlend neuen Camaro herumzukurven statt mit einem gebrauchten Ford Escort, aber dieses coole Vergnügen ist langfristig gesehen sehr kostspielig. Was ist der Preis eines coolen Lebens? Vergleichen Sie einmal die zwei folgenden Fälle: Franz Großkopf und Susi Pfiffig.

Franz bekommt einen Arbeitsplatz als Verkäufer bei Wal-Mart.

Er wohnt weiter bei seinen Eltern und spart jeden Pfennig, um die Anzahlung von 2.000 Dollar für einen 20.000 Dollar teuren Camaro zusammenzubringen. Den Rest von 18.000 Dollar finanziert er über einen Autokredit. Seine Eltern müssen zwar dafür bürgen, aber er bezahlt die Raten. Es handelt sich um ein Darlehen über fünf Jahre zu 11,67 Prozent, also überweist er der Finanzierungsfirma jeden Monat 400 Dollar.

Als er zum ersten Mal die 400 Dollar bezahlen muss, hat er ein etwas beklommenes Gefühl, aber er vergisst es wieder, wenn er in seinem

Camaro herumfährt und seine Freunde ihm sagen, wie cool er in seinem Wagen aussieht.

Einige Monate später sind ein paar Kratzer an der Tür und Flecken auf dem Innenteppich und kaum jemand sagt mehr „oooh“ und „aaah“, wenn Franz den Wagen parkt. Um die Raten aufzubringen, das Benzin zu bezahlen und das Mädchen, das neben ihm sitzt, mit einem Hamburger bewirten zu können, übernimmt er manchmal eine zusätzliche Nachtschicht. So bleibt ihm weniger Zeit für sein Auto und für Discos.

Nach fünf Jahren ist er den Camaro, der schon lange nicht mehr cool ist, leid. Endlich hat er das Darlehen bezahlt, was ihn 6.000 Dollar extra an Zinsen gekostet hat. Großkopf hat also insgesamt 26.000 Dollar in dieses Auto investiert – Steuern, Gebühren, Versicherungen, Benzin, Öl und Wartung noch gar nicht mitgerechnet.

Der Camaro hat inzwischen einige Beulen und der Motor ist etwas lauter geworden. Wenn er ihn verkaufen würde, könnte er vielleicht 5.000 Dollar dafür bekommen. Was er nun von seiner Investition von insgesamt 26.000 Dollar übrig hat, ist bloß ein Auto im Wert von 5.000 Dollar, das ihm selbst nicht einmal mehr gefällt.

Susi Pfiffig wohnt auch noch bei ihren Eltern und hat einen Arbeitsplatz im selben Laden wie Franz Großkopf, aber sie hat sich keinen coolen Wagen gekauft. Sie nahm die 2.000 Dollar, die sie gespart hatte, und kaufte dafür einen gebrauchten Ford Escort. Da sie bar bezahlte, musste sie in den folgenden fünf Jahren keine monatlichen Zahlungen entrichten. Statt monatlich 400 Dollar an eine Bank zu überweisen, investierte sie diesen Betrag monatlich in einen Aktienfonds.

Nach fünf Jahren, als Großkopf gerade seine letzte Rate zahlte, hatte sich der Wert ihrer Fondsanteile verdoppelt. Angesichts dieser Verdopplung und des ständigen Stroms von monatlich 400 Dollar hat Susi nun ein Vermögen von nahezu 30.000 Dollar. Sie hat auch den Escort immer noch, der sie zur Arbeit bringt und wieder nach Hause, und sie macht sich nie Kopfzerbrechen über Beulen und eine Roststelle, denn sie betrachtete das Auto nie als Geldanlage, sondern lediglich als Transportmittel.

Susi hat nun genug Geld, um eine Anzahlung auf eine Eigentumswohnung zu machen und bei ihren Eltern auszuziehen, während Franz immer noch bei seinen Eltern herumhängt. Er wollte sie einmal ins Kino einladen, aber sie empfindet derzeit mehr für den Immobilienmakler, der ihr einige Wohnungen gezeigt hat.

Wie lässt man Geld für sich arbeiten?

Geld ist ein großartiger Freund, wenn man es zum Arbeiten losschickt. Es bringt Ihnen zusätzliches Geld in die Tasche, ohne dass Sie dafür einen Finger rühren müssen. Nehmen wir einmal an, Sie würden ersparte 500 Dollar nehmen und in eine Anleihe investieren, die fünf Prozent Zinsen abwirft. Nach einem Jahr haben Sie einen Zinsertrag von 25 Dollar und Sie brauchten dafür nicht Wagen zu waschen oder Rasen zu mähen.

Die 25 Dollar erscheinen Ihnen vielleicht gering, aber rechnen Sie einmal nach, was geschieht, wenn Sie 500 Dollar zehn Jahre lang in jedem Jahr einzahlen und die fünf Prozent Zinsen noch Zinseszinsen einbringen. Nach der zehnten Einzahlung besitzen Sie dann insgesamt 6.603,39 Dollar, wovon Sie selbst 5.000 Dollar einbezahlt und 1.603,39 Dollar durch Ihr Geld hinzuverdient haben.

Wenn Sie jährlich 500 Dollar in Aktien (oder einem Aktienfonds) anlegen, kann das Geld sogar noch mehr für Sie tun, während Sie irgendwo Ihr Leben führen. Langfristig gesehen verdoppelt sich Ihr in Aktien angelegtes Geld in etwa sieben bis acht Jahren. Viele kluge Anleger haben gelernt, dies zu ihrem Vorteil zu nutzen. Sie sehen ein, dass Kapital (Geld) ebenso wichtig für ihre Zukunft ist wie ihre Berufstätigkeit (Arbeit).

Warren Buffett, der im Augenblick zweitreichste Mann Amerikas, kam zu seinem Reichtum, indem er zuerst Geld sparte und dieses dann in Aktien anlegte. Er begann wie viele andere Kinder: mit dem Austragen von Zeitungen. Er sparte möglichst jeden Dollar und erkannte schon in früher Jugend den künftigen Wert des Geldes. Für ihn war ein Fernseher, den er für 400 Dollar im Schaufenster eines Ladens sah, nicht einfach ein Gegenstand, den man kaufen konnte. Er dachte immer daran, was die 400 Dollar in 20 Jahren wert sein würden. Diese Denkweise hielt ihn davon ab, seinen Lohn an Dinge zu verschwenden, die er in Wirklichkeit gar nicht brauchte.

Falls Sie früh genug mit dem Sparen und Investieren beginnen, werden Sie einen Punkt erreichen, von dem an das Geld Sie ernährt. Die Lage ist dann genauso, als ob Sie einen reichen Onkel hätten, der Ihnen für Ihr ganzes restliches Leben immer so viel Geld schicken würde, wie Sie benötigen, bei dem Sie sich aber nie bedanken müssten. Auf so etwas hoffen die meisten Menschen: die Aussicht auf finanzielle Unabhängigkeit, in der sie frei sind, zu gehen, wohin sie wollen, und zu tun, was sie wollen, während ihr Geld zu Hause bleibt und arbeitet. Dieser Zustand wird aber nie eintreten, wenn Sie sich nicht die Gewohnheit, zu sparen und zu investieren, aneignen und jeden Monat etwas auf die Seite legen, und dies schon in der Jugend.

Die Note 1 verdienen Sie, wenn Sie sparen und einen Teil Ihres monatlichen Verdienstes investieren. Die Note 3 erhalten Sie, wenn Sie Ihr ganzes Geld immer ausgeben. Die Note 6 verdienen Sie, wenn Sie im Laden statt mit Geld mit einer Kreditkarte bezahlen. Wenn Sie das tun, bezahlen Sie Ihrerseits Zinsen an jemand anderen, an eine Gesellschaft. Statt dass Ihr Geld für Sie Geld verdient, macht nun das Geld der Gesellschaft Geld mit Ihnen.

Alle Firmen, die Kreditkarten ausgeben, sehen es sehr gern, wenn Sie etwas mit dieser Karte kaufen, statt gleich die ganze Rechnung zu bezahlen. Die Firmen verwenden dann ihr Geld, um Ihre Rechnung zu bezahlen. Sie gewähren Ihnen ein Darlehen, auch wenn Sie dies zuerst nicht so ansehen. Sie belasten Ihnen einen hohen Zinssatz für die noch ausstehende Summe. Es kann sein, dass Sie über 18 Prozent Zinsen bezahlen müssen, was jenen Firmen einen höheren Ertrag bringt, als sie ihn jemals mit Aktien erzielen könnten. Man kann auch sagen: Für die kreditkartenausgebende Firma sind Sie eine bessere Geldanlage als eine Aktie.

Wenn Sie einen Fernseher für 400 Dollar mit einer Kreditkarte kaufen, die 18 Prozent Zinsen fordert, dann zahlen Sie jedes Jahr 78 Dollar für das gewährte Darlehen. Falls Sie dann noch nur die Mindestrate bezahlen und das Darlehen sich dahinschleppen lassen, kann es leicht eintreten, dass Sie am Ende 800 Dollar für ein 400-Dollar-Gerät bezahlen.

Millionen Benutzer von Kreditkarten in den Vereinigten Staaten haben dies noch nie ausgerechnet, sonst gäbe es nicht 340 Milliarden Dollar Schulden in den Vereinigten Staaten, die die Kreditkartenbenutzer den Banken noch schulden. Es wurde geschätzt, dass sich im Jahr 1995 die gesamten Zinszahlungen für Schulden auf Kreditkartenkonten in den Vereinigten Staaten auf 45 Milliarden Dollar beliefen. Jedes Jahr blättern die Menschen diese 45 Milliarden Dollar an Zinszahlungen hin, um Sachen sofort kaufen zu können, obwohl sie kein Bargeld besitzen.

Man nennt diese Geisteshaltung auch „Verlangen nach sofortiger Befriedigung eines Wunsches“, und die Käufer zahlen dafür einen hohen Preis. Sie lesen die Anzeigen in den Wochenendausgaben der Zeitungen oder in den Werbedrucksachen und suchen anschließend verschiedene Läden auf, um den günstigsten Preis für einen Fernseher herauszufinden und sich einige wenige Dollar zu ersparen. Beim Kaufabschluss belasten sie ihr Kreditkartenkonto mit diesem Betrag, was sie mehrere Hundert zusätzliche Dollar kosten kann. Sie führen diesen Kauf bereitwillig aus, ohne jemals darüber nachzudenken.

In früheren Zeiten, vor etwa 45 Jahren, bevor Diners Club mit der ersten Kreditkarte herauskam, die in mehreren verschiedenen Geschäften und Hotels benutzt werden konnte, warteten die Menschen, bis sie das Bargeld in der Hand hatten, bevor sie in einen Laden gingen, um etwas zu kaufen. Sie sparten für ihren Fernseher, ihren Kühlschrank oder Elektroherd, ihre Urlaubsreisen und so weiter. Es konnte sein, dass sechs, zwölf oder noch mehr Monate vergingen, bis sie das Geld zusammenhatten, um den Kauf zu tätigen, aber sie mussten nie irgendwelche Zinsen bezahlen.

Ob Sie es glauben oder nicht, das Einkaufen auf diese primitive Art, ohne „sofortige Befriedigung eines Wunsches", machte oft Spaß. Während sie für einen Fernseher sparten, konnten alle zusammen im Wohnzimmer sitzen und darüber sprechen, wie schön es wäre, wenn man schon einen haben würde. Es bereitete schon Freude, machte Spaß, sich den Fernseher oder die Waschmaschine oder die neue Wintergarderobe nur vorzustellen.

Die Menschen waren sehr stolz, wenn sie hart und fleißig arbeiteten und gewisse Opfer brachten, um dann etwas gleich vollständig bezahlen zu können. Es machte sie nervös, Schulden bei der Bank zu haben. Wenn sie die Hypothek auf ihr Haus abbezahlt hatten, veranstalteten sie eine Party und luden alle Nachbarn zum Feiern dieses Ereignisses ein. Erst in den 1960er-Jahren nahmen die Amerikaner die Gewohnheit an, Kreditkarten zu verwenden, und erst in den 1980er-Jahren war es so weit, dass durchschnittliche Familien bis zum Limit mit Hypotheken für das Haus, Teilzahlungskrediten für das Auto, Darlehen auf den schon bezahlten Teil des Hauses und noch nicht bezahlten Verpflichtungen aus ihren Kreditkarten verschuldet waren.

Das entspricht der Note 6, die viele Haushalte derzeit haben. Statt dass ihr Geld mit Aktien oder bei den Banken Geld für sie verdient, verdient das Geld der Banken weiteres Geld an ihnen. Jedes Jahr blättern sie Hunderte, wenn nicht Tausende von Dollar für Zinszahlungen hin. Es ist sinnvoll, Zinsen auf ein Haus oder eine Eigentumswohnung zu bezahlen, die im Allgemeinen im Wert steigen, aber nicht auf Autos, Haushaltsgeräte, Kleider oder Fernseher, die immer mehr im Wert sinken, während man sie benutzt.

Schulden zu machen ist umgekehrtes Sparen. Je mehr die Schuld anwächst, desto schlechter wird Ihre Lage. Wir sehen dies in den Haushalten in ganz Amerika, wo die Menschen sich mühen und anstrengen, um die Zahlungen aufzubringen, und sogar unmittelbar bei der Bundesregierung, die im Augenblick hoffnungslos mit nahezu fünf Billionen Dollar verschuldet ist. Von jedem Dollar eingenommener Steuern müssen derzeit 15 Cent allein zur Zahlung der Zinsen für diese nationale Schuld, die jeden Tag noch weiterwächst, verwendet werden. Diese Schuld ist auf diese Höhe gewachsen, weil die Regierung mehr Geld ausgibt, als sie einnimmt. Sie borgt daher den Rest von Einzelpersonen, von Pensionsfonds, Banken, ausländischen Regierungen – von jedem, der ihr ein Darlehen einräumt. Wir hören und lesen derzeit viel von einem ausgeglichenen Staatshaushalt und von einer Rückführung der Schuld, des Defizits, aber jedes Jahr stapeln wir 100 Milliarden, 200 Milliarden, 300 Milliarden Dollar an neuen Schulden auf die alten Schulden obendrauf.

Stellen wir uns einmal vor, dass Sie, lieber Leser, im letzten Jahr für 1.000 Dollar Dinge gekauft und dafür Ihre Kreditkarte belastet hätten. In diesem Jahr würden Sie nun noch einmal für 900 Dollar irgendwelche Sachen kaufen und sie wiederum auf dieselbe Kreditkarte belasten. Überall in der Welt – ausgenommen in Washington – würde jeder sagen, dass Sie jetzt gerade Ihren Schuldenstand um 900 Dollar erhöht hätten, während dieser im vergangenen Jahr nur 1.000 Dollar betragen habe. In Washington beurteilen die Bürokraten die Lage jedoch anders. Sie erklären, dass Sie Ihre Schulden um 100 Dollar verringert hätten, weil Sie Ihr Kreditkonto nur mit 900 Dollar neu belastet hätten, während Sie im vergangenen Jahr eine Belastung von 1.000 Dollar durchgeführt hätten.

Nach dieser Methode gratuliert sich die US-Regierung selbst für eine angebliche Senkung des Defizits, während das Defizit in Wirklichkeit weiterwächst. Sie erklärt, dass sie in diesem Jahr die Schuld um 200 Milliarden Dollar erhöht, und nennt dies eine „Reduktion", weil sie im vergangenen Jahr sagen wir einmal 250 Milliarden Dollar auf die bestehende Schuld häufte. In Wirklichkeit liegt überhaupt keine Defizitsenkung vor. Unsere Kinder und deren Kinder werden eines Tages weitere 200 Milliarden Dollar zuzüglich Zinsen zu bezahlen haben. Die Schuld wird weiterwachsen, bis die Regierung aufhört, die Kreditkarte zu benutzen, und nur noch ausgibt, was sie an Steuern einnimmt. Im Augenblick bekommt die Regierung die Note 6 minus und gibt ein eindringliches Beispiel dafür ab, wie wir, der Rest, uns nicht verhalten sollten.

Amerika war einmal ein Land von Sparern. Die Menschen aller Einkommensstufen legten so viel Geld, wie sie konnten, zurück, meistens auf Sparkonten bei der örtlichen Bank. Sie verdienten Geld mit diesem Geld, weil es durch die Zinsen wuchs. Schließlich konnten sie es dann verwenden, für eine Anzahlung auf ein Haus oder um irgendwelche Dinge anzuschaffen, oder sie konnten es bei Notfällen in der Familie in Anspruch nehmen. In der Zwischenzeit konnte die Bank die Spargelder der Bürger, gesichert durch Hypotheken, an Hauskäufer ausleihen oder an Bauunternehmen, die Häuser bauten, oder an Betriebe und Firmen aller Art.

Ein Land mit einem hohen Sparanteil kann die Straßen, Telefonverbindungen, Fabriken und all die neuesten Einrichtungen bezahlen und kaufen, die die Unternehmen in den Stand setzen, bessere und billigere Erzeugnisse für den Weltmarkt herzustellen. Japan war durch den Zweiten Weltkrieg fast völlig ruiniert, aber es gelang dem Land, sich wieder zu erholen und eine große Wirtschaftsmacht zu werden. Vor Jahrzehnten begannen die Japaner, Spielzeug aus Plastik und kleine Geschenkartikel herzustellen, und die Herkunftsbezeichnung „Made in Japan“ wurde belächelt und als Zeichen für minderwertige Qualität angesehen. Bald stand aber vor jedem dritten amerikanischen Haus ein japanisches Auto, in jedem zweiten amerikanischen Wohnzimmer ein japanischer Fernseher, und „Made in Japan“ bedeutet nun bei vielen Kameras und elektronischen Geräten modernste Technik und hohe Qualität.

Japan konnte die Industrie modernisieren und die Städte wiederaufbauen, weil die Sparleistung hoch war. Die Vereinigten Staaten müssen in dieser Beziehung viel aufholen, denn ihre Bürger sparen nicht mehr so wie früher. Während in den Vereinigten Staaten pro Jahr vier Prozent des Einkommens gespart werden, sparen die Bürger von Japan, Deutschland, China, Indien, Taiwan und vieler anderer Länder 10 Prozent,

20 Prozent und noch mehr. Die Vereinigten Staaten sind Weltmeister in der Benutzung von Kreditkarten und im Pumpen von Geld für Dinge, die sie gerade jetzt, in diesem Augenblick, sofort haben wollen, die sie sich aber nicht leisten können.

Sparen Sie, so viel Sie können! Sie helfen damit sowohl sich selbst als auch Ihrem Land.

Vorteile und Nachteile der fünf grundsätzlichen Anlagemöglichkeiten

Es gibt fünf grundlegende Möglichkeiten, Geld zu investieren: Sparbücher, Kauf von seltenen Sammlerstücken, Kauf eines Hauses oder einer Eigentumswohnung, Kauf von Anleihen und Kauf von Aktien. Wir wollen sie alle nacheinander besprechen.

1. Sparbücher, Geldmarktfonds, Staatanleihen, Festgeld

Alle oben genannten Anlagemöglichkeiten sind als kurzfristige Anlagen bekannt. Sie haben zunächst einige Vorzüge:

Sie bescheren Ihnen Zinsen; Sie können Ihr Geld in verhältnismäßig kurzer Zeit wieder flüssigmachen; die Sparkassen sind durch einen „Hilfsfonds“, einen sogenannten „Feuerwehrfonds“, abgesichert, sodass Sie garantiert Ihr Geld wieder zurückerhalten; bei den Staatsanleihen bürgt die Regierung, die ja immer wieder Steuern einnimmt, für die Rückzahlung. (Geldmarktfonds bieten zwar keine Garantie, aber die Aussichten, dadurch Geld zu verlieren, sind praktisch gleich null.)

Kurzfristige Geldanlagen haben einen großen Nachteil: Sie zahlen nur einen niedrigen Zins. Manchmal ist der Zinssatz, den man bei einem Geldmarktfonds oder bei einem Sparbuch bekommt, sogar niedriger als die Preissteigerung durch Inflation. Wenn man es unter diesem Gesichtspunkt ansieht, kann ein Sparkonto ein Verlustbringer sein.

Inflation ist ein schönes Fremdwort für die Tatsache, dass die Preise ansteigen. Wenn der Benzinpreis von 1,10 auf 1,40 Dollar je Gallone steigt oder der Preis einer Kinokarte von 4,00 auf 5,00 Dollar, dann ist das Inflation. Man kann bei einer Inflation auch sagen, dass die Kaufkraft des Geldes sinkt.

In der letzten Zeit blieb die Inflationsrate in den Vereinigten Staaten und auch in Deutschland unter drei Prozent, was bedeutet, dass man an jedem Dollar drei Cent pro Jahr verliert. Dies addiert sich ziemlich rasch auf, und bei der derzeitigen Inflationsrate werden in zehn Jahren an jedem Dollar 30 Cent fehlen.

Das erste Ziel beim Sparen und Geldanlegen besteht darin, der Inflation voraus zu bleiben. Ihr Geld liegt in einer Tretmühle, die immer rückwärts läuft. In den letzten Jahren mussten Sie jährlich drei Prozent mit Ihren Geldanlagen einnehmen, um überhaupt ihren Besitzstand zu wahren, kein Geld zu verlieren.

Wie die Tabelle auf Seite 131 zeigt, bezahlen Geldmarktfonds und Sparkonten oft nicht genug Zinsen, um die Verluste durch Inflation auszugleichen. Wenn Sie dann noch die Steuern berücksichtigen, die Sie auf Ihre Zinseinkünfte zahlen müssen, dann sind Geldmarktfonds und Sparkonten in zehn der in der Tabelle dargestellten 20 Jahre Verlierer gewesen.

Geld, das auf Sparkonten angelegt wird, ist kurzfristig gesehen sicher, aber langfristig wird man damit Geld verlieren, weil man mit der Inflation und den Steuern nicht Schritt halten kann.

Sparkonten sind daher sehr gut, um Geld kurzfristig zu parken, damit es nicht gestohlen werden kann oder bei einem Feuer zerstört wird. Man kann es auch kurzfristig wieder zurückerhalten, um Rechnungen zu bezahlen. Man kann auf ihnen auch Geld ansammeln, bis die Summe groß genug ist, um sie in einer anderen Form anzulegen. Über längere Zeiträume bringen Sparkonten aber keinen Nutzen.

Die Tretmühle der Inflation

Jahr	Zinssätze bei Geldmarktfonds in %	Zinssätze bei Sparbüchern in %	Inflation in %
1975	6,40	5,25	9,10
1976	5,30	5,25	5,80
1977	5,00	4,90	6,50
1978	7,20	4,90	7,70
1979	11,10	5,10	11,30
1980	12,70	5,20	13,50
1981	16,80	5,20	10,40
1982	12,20	5,20	6,20
1983	8,60	5,50	3,20
1984	10,00	5,50	4,30
1985	7,70	5,50	3,60
1986	6,30	5,50	1,90
1987	6,10	5,30	3,70
1988	7,10	5,50	4,10
1989	8,90	6,10	4,80
1990	7,80	5,80	5,40
1991	5,70	4,30	4,20
1992	3,40	2,90	3,00
1993	2,70	2,50	2,80
1994	3,80	2,60	3,00

Quelle: IBC's Money Fund Report. Ein Service von IBC/Donoghue, Inc. U.S. Bureau of Labour Statistics; Federal Reserve.

2. Wertvolle Sammlerstücke

Man kann alle möglichen Dinge sammeln: Oldtimer, Briefmarken, alte Münzen, altes Spielzeug, Gemälde, Porzellan und so weiter. Wenn Sie Ihr Geld in solche Dinge investieren, hoffen Sie, dass Sie diese in der Zukunft mit einem Gewinn wieder verkaufen können.

Hierfür gibt es zwei Gründe:

- Die Dinge werden beliebter, wenn sie älter werden, und die Menschen sind dann bereit, dafür höhere Preise zu zahlen.
- Die Inflation frisst langsam die Kaufkraft des Bargelds auf, wodurch alle Preise, auch die von Sammlerartikeln, steigen.

Das Problem bei der Geldanlage in diesen Dingen besteht darin, dass sie verloren gehen, gestohlen, verbogen, befleckt, zerrissen, durch Feuer, Wasser oder Wind beschädigt oder, im Fall von antiken Möbeln, von Holzwürmern befallen werden können. Man kann manche dieser Sachen gegen diese Risiken versichern, aber das ist ein teurer Spaß. Im Allgemeinen verlieren Sachen durch Gebrauch und Abnutzung an Wert, obwohl sie andererseits mit zunehmendem Alter oft auch wertvoller werden. Die Sammler hoffen daher beständig, dass das zunehmende Alter der Gegenstände ihren Preis schneller nach oben treibt, als die Verschlechterung ihres Zustandes diesen erniedrigt.

Die Sammelleidenschaft ist ein sehr spezialisiertes Vergnügen und Geschäft. Erfolgreiche Sammler sind nicht nur auf ihrem Sammelgebiet, sondern auch in Bezug auf den entsprechenden Markt und bei den Preisen Fachleute. Man muss in diesem Bereich viel lernen. Einiges können Sie aus Büchern erfahren, und den Rest lernen Sie bisweilen auf schmerzliche Weise, durch positive und negative Erfahrungen.

Hier ist noch ein wichtiger Hinweis für alle Sammler, besonders jugendliche, angebracht: Der Kauf eines neuen Autos ist keine Investition. In einer Werbedurchsage im Fernsehen wurde vor Kurzem das Wort „Investition" im Zusammenhang mit der Werbung für neue Autos verwendet. Lassen Sie sich nicht einlullen, falls bei Ihnen dieser Werbespot einmal über den Bildschirm huschen sollte. Oldtimer sind eine Investition, falls sie in besonderen Garagen ganz sorgfältig untergebracht und nur ganz selten gefahren werden. Neue Autos, die im täglichen Gebrauch stehen, verlieren jedoch ihren Wert noch schneller als das Geld durch die Inflation. Nichts, oder höchstens ein großes Motorboot, verringert schneller Ihr Bankkonto als ein Auto. Wiederholen Sie nicht den Fehler von Franz Großkopf.

3. Häuser oder Eigentumswohnungen

In den meisten Fällen ist der Erwerb eines Hauses oder einer Eigentumswohnung der Kauf mit dem höchsten Gewinn, den die Menschen jemals machen. Ein Haus hat zwei große Vorteile gegenüber anderen Anlageformen. Sie können darin wohnen, während Sie auf den Wertzuwachs warten, und Sie kaufen es mit geborgtem Geld. Lassen Sie uns das einmal nachrechnen. Häuser steigen gewöhnlich meist um denselben Prozentsatz im Wert wie die Inflation. In dieser Hinsicht bleiben Sie finanziell also auf dem gleichen Stand. Sie bezahlen das Haus aber nicht auf einen Schlag. Üblicherweise entrichten Sie 20 Prozent Anzahlung und eine Bank leiht Ihnen die restlichen 80 Prozent als Hypothekendarlehen. Sie zahlen Zinsen auf diese Hypothek, bis sie abbezahlt ist. Die Laufzeit der Hypothek kann 15 Jahre oder auch bis zu 30 Jahren betragen, je nachdem, was Sie mit der Bank vereinbaren.

Inzwischen wohnen Sie aber in Ihrem Haus oder in Ihrer Eigentumswohnung, und wenn die Preise für Häuser oder Eigentumswohnungen vorübergehend einmal etwas fallen, werden Sie nicht von tödlicher Angst erfüllt, wie dies bei manchen Aktienbesitzern im Falle eines Crashs oder einer Korrektur vorkommen kann, denn Ihr Haus oder Ihre Eigentumswohnung kann sich nicht in nichts auflösen. Solange Sie darin wohnen, steigt das Haus im Wert, aber Sie brauchen auf diese Wertsteigerungen keine Steuern zu bezahlen.

Falls Sie ein Haus für 100.000 Dollar kaufen, das jedes Jahr um drei Prozent im Wert steigt, dann wird es nach dem ersten Jahr 3.000 Dollar mehr wert sein, als Sie dafür bezahlt haben. Im ersten Augenblick werden Sie vielleicht denken, dass dies eine dreiprozentige Verzinsung, ähnlich wie bei einem Sparbuch, ist. Beachten Sie aber das Geheimnis, das ein Haus zu einer so guten Investition macht: Von den 100.000

Dollar, die zum Kauf des Hauses benötigt werden, kommen nur 20.000 Dollar aus Ihrer Tasche. Am Ende des Jahres erhalten Sie daher einen Gewinn von 3.000 Dollar auf eine Geldanlage von 20.000 Dollar. Statt eines Ertrags von drei Prozent haben Sie einen von 15 Prozent.

Während der Laufzeit der Hypothek müssen Sie natürlich Zinsen auf die Hypothek bezahlen, aber das können Sie teilweise bei der Steuererklärung berücksichtigen. In dem Maße, in dem Sie die Hypothek tilgen, erhöhen Sie automatisch und zwangsläufig Ihre Geldanlage in dem Haus. Das ist eine Sparform, ein ständiger Vermögensaufbau, den die Leute oft übersehen.

Wenn Sie eine Hypothek mit 15 Jahren Laufzeit aufgenommen hatten und diese 15 Jahre vorbei sind, ist die Hypothek getilgt und das Haus, das Sie für 100.000 Dollar gekauft hatten, dank des jährlichen Preiswachstums von drei Prozent jetzt 155.797 Dollar wert.

Wir wollen nun die Geschichte von Franz Großkopf und Susi Pfiffig wieder aufgreifen und ein wenig weiterspinnen. Beide wurden inzwischen befördert und sind nun Abteilungsleiter bei Wal-Mart, mit identischem Gehalt. Susi wohnt in ihrer Eigentumswohnung, während Großkopfs Eltern ihn aus ihrem Haus gewiesen haben. Er hätte gern ein Haus oder eine Eigentumswohnung gekauft, aber da er keine Anzahlung leisten konnte, hatte er keine andere Wahl, als eine Wohnung zu mieten.

Großkopfs monatliche Mietzahlung ist etwas niedriger als die Tilgungszahlung Susi Pfiffigs für ihre Hypothek. Sie muss auch noch etwas Feuerversicherung und einen kleinen Versicherungsbetrag für Wasser- und Sturmschäden bezahlen, dazu einen Beitrag zur Umgebungspflege (Rasenschnitt, Schneeräumung und so weiter), und gelegentlich fallen Reparaturen an. Anfangs hat Großkopf daher etwas mehr Geld in der Tasche. Theoretisch könnte er diesen Überschuss nehmen und in Aktien investieren, um für die Zukunft ein Vermögen aufzubauen. Er gibt es jedoch für eine Hi-Fi-Stereoanlage, eine Taucherausrüstung, für Tennisunterricht und Ähnliches aus.

Eine Person, die für eine Eigentumswohnung nichts spart, wird sehr wahrscheinlich auch kein Geld in Aktien anlegen.

Es kommt zwar vor, dass Familien sich Einschränkungen auferlegen, um einmal ein eigenes Haus kaufen zu können, aber wer hat schon von jemandem gehört, der sich einschränkt, um Anteile an einem Aktienfonds kaufen zu können?

Da sie eine Eigentumswohnung besitzt, ist Susi bereits daran gewohnt, zu sparen und zu investieren. Solange sie die Hypothek abzahlt, ist sie gezwungen, in diese Wohnung zu investieren, und da sie bereits früher in Investmentfonds investierte, um die Anzahlung für die Wohnung aufzubringen, besteht eine gute Aussicht, dass sie nach dem Ende der Zahlungen für die Hypothek auch in Zukunft in Investmentfonds investieren wird, sobald sie wieder etwas Geld übrig hat.

In 15 Jahren, wenn ihre Hypothek abbezahlt ist, wird Susi in einem wertvollen Vermögensanteil, ihrer vollkommen schuldenfreien Eigentumswohnung, wohnen und ihre größte monatliche finanzielle Verpflichtung wird verschwunden sein. Franz Großkopf dagegen kann für alle seine Mietzahlungen keinen Gegenwert vorweisen. Seine Miete wird aber inzwischen wesentlich höher sein als zum Zeitpunkt seines Einzugs in die Wohnung. Sie wird auch viel höher sein als die abschließende Tilgungszahlung Susis.

4. Anleihen und ähnliche Wertpapiere

Vielleicht haben Sie schon einmal in der Zeitung oder im Schaufenster einer Bank von Anleihen gelesen oder Sie kennen jemanden, der Anleihen besitzt. Vielleicht haben Sie sich schon gefragt, was Anleihen sind.

Ein Stück Papier, das Anleihe heißt, ist nichts anderes als ein vornehmer Schuldschein. Die Anleihe ist vielleicht auf besseres Papier gedruckt und hat einige Verzierungen am Rand, aber ihr Zweck unterscheidet sich nicht von einer Schuldverpflichtung, die Sie in einem Gasthaus auf einen Bierfilz schreiben, wenn Ihnen ein Freund Ihr Bier bezahlt, weil Sie Ihren Geldbeutel vergessen haben und Sie ihm schriftlich versprechen, ihm das ausgelegte Geld nächstens wieder zurückzugeben.

Eine Anleihe ist ein Dokument dafür, dass Sie Ihr Geld jemand anderem geliehen haben. Auf ihr ist der Betrag aufgedruckt, den Sie verliehen haben, und der Termin, an dem er Ihnen wieder zurückgezahlt werden muss. Außerdem ist noch der Zinssatz angegeben, den der Schuldner Ihnen während der Laufzeit der Anleihe bezahlen muss.

Selbst wenn Sie sagen, dass Sie eine Anleihe „kaufen", so kaufen Sie in Wirklichkeit doch überhaupt nichts. Sie reichen lediglich ein Darlehen aus. Der Verkäufer der Anleihe, man spricht auch vom Emittenten der Anleihe, borgt einen bestimmten Betrag von Ihnen, und das Stück Papier, das Anleihe genannt wird, dient als Beweis dafür, dass das Geschäft abgeschlossen wurde.

Der größte Begeber von Anleihen in der Welt ist die US-Regierung, die manchmal auch „Uncle Sam" genannt wird. Jedes Mal, wenn die US-Regierung zusätzliches Bargeld braucht (was derzeit ständig der Fall ist), druckt sie eine neue Ladung von Anleihepapieren. So kam die Staatsschuld von fünf Billionen Dollar zustande – die US-Regierung schuldet sie allen jenen Menschen und Stellen, die Staatsanleihen gekauft haben. Einzelpersonen und Firmen im In- und Ausland, sogar Regierungen anderer Länder, haben Uncle Sam diese fünf Billionen Dollar geliehen. Sie bewahren die Schuldscheine, die Anleihepapiere, als Beweis in ihren Tresoren auf.

Zu verschiedenen Zeitpunkten in der Zukunft muss das Geld allen diesen Leuten wieder zurückgezahlt werden; das ist der Grund für die augenblickliche Defizitkrise. In der Zwischenzeit muss die Regierung Zinsen für diese geliehenen fünf Billionen Dollar bezahlen – während Uncle Sam versucht, mit diesen Verpflichtungen Schritt zu halten, geht er nahezu bankrott. Das ist die missliche Lage, in die die Vereinigten Staaten hineingeschlittert sind. Die US-Regierung schuldet so vielen so viel Geld, dass mehr als 15 Prozent aller eingenommenen Steuern für die Zahlung der Zinsen verwendet werden müssen.

Trotz des ständigen Bedarfs an Geld ist die US-Regierung nicht der einzige Verkäufer von Anleihen. Auch andere Staaten und Länderregierungen verkaufen Anleihen, genauso wie Krankenhäuser, Flughäfen, Schulen, Sportstadien, öffentliche Einrichtungen aller Art und Tausende von Industrieunternehmen. Anleihen stehen in Hülle und Fülle zur Verfügung. Man kann sie in den Vereinigten Staaten bei jeder Maklerfirma beziehen, genauso einfach, wie man ein Sparkonto eröffnet oder eine Aktie kauft.

Je länger die Laufzeit einer Anleihe ist, desto größer ist das Risiko, dass die Inflation einen Teil des Wertes Ihres Geldes aufzehrt, bevor Sie es zurückbekommen. Aus diesem Grund werfen langfristige Anleihen einen höheren Zins ab als kurzfristige. Die Anleger wollen dafür belohnt werden, dass sie ein größeres Risiko eingehen.

Wenn alle sonstigen Bedingungen gleich sind, bringt eine Anleihe mit 30 Jahren Laufzeit immer einen höheren Zinssatz als eine Anleihe mit zehn Jahren Laufzeit, die wiederum mehr als eine Anleihe mit fünf Jahren Laufzeit einbringt. Die Käufer von Anleihen müssen darüber entscheiden, wie weit in die Zukunft hinein sie sich binden wollen und ob der höhere Zinsertrag, den sie beispielsweise auf eine 30-jährige Anleihe erhalten, das Risiko wert ist, ihr Geld für einen so langen Zeitraum festzulegen. Entscheidungen dieser Art sind oft nicht leicht.

Im Augenblick halten die Anleger in den Vereinigten Staaten für mehr als acht Billionen Dollar Anleihen (Bonds) der verschiedensten Arten und Emittenten; Anleihen sind somit beliebter als Aktien. Gleichzeitig besitzen die amerikanischen Anleger aber auch noch für mehr als sieben Billionen Dollar Aktien, die an den Hauptbörsen des Landes notiert sind. Hierbei sind die weiteren Aktien, die an örtlichen Börsen oder im Internet gehandelt werden, noch gar nicht berücksichtigt. Immer wieder werden die Vor- und Nachteile beider Anlageformen diskutiert. Für beide gibt es Plus- und Minuspunkte: Aktien sind risikoreicher als Anleihen, bieten aber die Aussicht auf wesentlich höhere Gewinne. Um die Wahrheit dieser Aussage zu erläutern, wollen wir einmal zwei Wahlmöglichkeiten untersuchen: den Kauf von Aktien und den Kauf einer Anleihe jeweils von McDonald's.

Wenn Sie Aktien von McDonald's kaufen, sind Sie einer der Eigentümer der Gesellschaft – mit allen Rechten und Vorteilen. McDonald's macht sich auch etwas Arbeit mit Ihnen: Die Gesellschaft schickt Ihnen jedes Vierteljahr einen Quartalsabschluss, einmal im Jahr einen etwas ausführlicheren Jahresbericht und lädt Sie zur jährlichen Hauptversammlung ein. Sie zahlt Ihnen auch einen Bonus in Form einer Dividende. Falls die Geschäfte in ihren 16.000 Verkaufsstellen sehr gut gehen, wird die Dividende vielleicht erhöht, Sie bekommen also einen noch größeren Bonus. Aber abgesehen von der Dividende wird der Kurs der Aktien steigen, wenn McDonald's noch eine weitere Zillion Big Macs pro Jahr mehr verkauft. Wenn Sie wollen, können Sie dann die Aktien zu einem höheren Preis verkaufen, als Sie dafür bezahlten, und so Geld verdienen.

Es gibt aber keine Garantie dafür, dass McDonald's weiterhin so erfolgreich sein wird, dass Ihnen eine Dividende ausbezahlt wird und dass der Kurs der Aktien von McDonald's steigen wird. Falls der Kurs auf einen niedrigeren Stand fällt, als Sie für die Aktien beim Kauf bezahlten, vergütet Ihnen McDonald's den Verlust nicht aus der Firmenkasse. Die Gesellschaft hat Ihnen nichts versprochen, und sie muss Ihnen nichts zurückzahlen. Für die Eigentümer der Aktien gibt es kein Sicherheitsnetz gegen Kursabstürze. Sie müssen ganz allein entscheiden, was Sie tun wollen, und das Risiko selbst tragen.

Falls Sie eine Anleihe von McDonald's kaufen, oder überhaupt irgendeine Anleihe auf der Welt, sieht die Sache ganz anders aus. In diesem Fall sind Sie kein Miteigentümer der Gesellschaft. Sie sind ein Geldverleiher, der es McDonald's gestattet, Ihr Geld für einen bestimmten Zeitraum zu nutzen.

Sie erhalten während dieses Zeitraums jährlich den auf der Anleihe angegebenen Zins und nach dem Ablauf dieser Zeit Ihr Geld wieder zurück. Auch wenn die Umsätze und die Gewinne von McDonald's während des Nutzungszeitraums laufend steigen, erhalten Sie dennoch immer denselben vereinbarten Zins. Erfolgreiche Firmen erhöhen oft erneut die Dividende, um ihre Aktionäre für ihre Einsatzbereitschaft zu belohnen, aber keine Firma erhöht die Zinsen, die auf einer Anleihe aufgedruckt sind, um die Besitzer der Anleihe zu belohnen.

Es ist das Schlimmste für die Besitzer von Anleihen, möglicherweise zusehen zu müssen, wie der Aktienkurs der betreffenden Firma steigt und steigt und sich vervielfacht, ohne dass die Anleihebesitzer irgendeinen Anteil an diesem Anstieg haben. Die Firma McDonald's ist hierfür ein sehr gutes Beispiel. Seit 1960 ist die Aktie splitbereinigt (die Firma hat öfter mehrere neue Aktien für alte ausgegeben, wenn der Kurs sehr hoch gestiegen war, um die Aktie für die Allgemeinheit erschwinglich zu halten) von 22,50 Dollar auf 13.570 Dollar gestiegen. Die Aktionäre haben ihr Geld um das 603-Fache vermehrt. Aus 100 Dollar für den ursprünglichen Kauf wurden 60.300 Dollar oder aus 1.000 Dollar wurden 603.000 Dollar. Die Käufer von Anleihen der Firma hatten nicht so viel Glück. Abgesehen von immer denselben Zinsen erhielten sie bei Fälligkeit der Anleihe nur genau ihr eingesetztes Geld wieder zurück, ohne einen Cent mehr.

Wenn Sie also für 10.000 Dollar eine Anleihe mit einer Laufzeit von zehn Jahren kaufen, erhalten Sie regelmäßig Ihre Zinsen und am Ende der Laufzeit Ihr Geld zurück, mehr nicht. Aufgrund der praktisch immer mehr oder weniger vorliegenden Inflation erhalten Sie sogar weniger an Kaufkraft zurück. Nehmen wir einmal an, dass Ihre Anleihe einen Zins von acht Prozent bezahlt und die Inflationsrate jährlich vier Prozent beträgt. Sie heimsen über die zehn Jahre hinweg dann zwar 8.000 Dollar an Zinsen ein, aber Sie büßen davon wieder fast 1.300 Dollar durch die Inflation ein, sodass der Zinsertrag nur 8.000 Dollar – 1.300 Dollar = 6.700 Dollar beträgt. Die Kaufkraft des von Ihnen eingesetzten Geldes sank während der zehn Jahre durch die vier Prozent Inflation von 10.000 Dollar auf 6.648 Dollar. Ihre Geldanlage hat also nach zehn Jahren einen Wert von rund 13.350 Dollar, was einem jährlichen Wachstum von etwa drei Prozent entspricht; und wenn Sie auf die Zinsen noch Steuern bezahlen müssen, ist das Wachstum nahezu gleich null.

Eine Anleihe hat aber auch eine gute Seite. Wenn Sie schon keinen Gewinn durch Kurssteigerung erwarten können, dann brauchen Sie nämlich andererseits auch keinen Verlust durch Kursstürze zu befürchten. Wenn Sie eine Anleihe kaufen, wissen Sie schon von vornherein, wie viel Sie an Zinseinnahmen erhalten werden, und Sie werden nachts nicht wach liegen und sich um die Richtung der Aktienkurse sorgen. Ihre Geldanlage ist abgesichert, zumindest sehr viel besser, als es bei Aktien der Fall ist.

Sie können aber mit einer Anleihe auch bei drei Gelegenheiten Geld verlieren. Die erste Gefahr tritt ein, wenn Sie Ihre Anleihe schon vor dem Ablauftermin, an dem der Emittent der Anleihe Ihnen den vollen Betrag zurückzahlen muss, verkaufen. Eine Anleihe können Sie jederzeit auf dem Markt für Anleihen verkaufen, wo die Preise ähnlich wie bei Aktien ebenfalls täglich steigen und fallen. Wenn Sie dies vorzeitig tun beziehungsweise tun müssen, kann es passieren, dass Sie weniger zurückerhalten, als Sie ursprünglich bezahlt haben.

Die zweite Gefahr liegt vor, wenn der Emittent der Anleihe bankrottgeht und Ihnen Ihr Geld nicht zurückzahlen kann. Die Aussichten für diese Gefahr hängen davon ab, wer die Emittenten Ihrer Anleihe sind. Die US-Regierung beispielsweise geht nie bankrott, sie kann immer wieder neues Geld drucken. Solche Staatsanleihen werden daher immer zurückgezahlt, sie haben eine gusseiserne Garantie.

Andere Ausgeber von Anleihen, beispielsweise Industrieunternehmen, sind nicht so sicher. Wenn sie bankrottgehen, können die Eigentümer von Anleihen dieses Unternehmens viel Geld verlieren. Oft erhalten sie zumindest einen Teil des angelegten Geldes zurück, manchmal aber auch überhaupt nichts.

Wenn ein Ausgeber einer Anleihe die erforderlichen Zahlungen nicht leisten kann, sagt man, dass diese Anleihe „notleidend" ist. Um den Kauf solcher Anleihen zu vermeiden, überprüfen kluge Käufer die finanzielle Lage der Ausgeber, bevor sie einen Kauf in Betracht ziehen. Manche Anleihen sind versichert, was ein anderer Weg zur Sicherstellung der Zahlungen ist. Es gibt auch Bewertungsfirmen für Anleihen, die Sicherheitseinstufungen ausgeben, damit die Käufer von Anleihen vorher das Risiko beurteilen können, sogenannte Ratingagenturen. Ein starkes Unternehmen wie McDonald's erhält eine hohe Sicherheitseinstufung, denn die Aussichten dafür, dass eine Anleihe von McDonald's notleidend wird, sind nahezu null. Ein schwaches Unternehmen, das Probleme mit dem Bezahlen seiner Rechnungen hat, bekommt eine niedrige Einstufung. Sie haben schon einmal etwas von „Junkbonds" (Schrottanleihen) gehört? Das sind Anleihen mit dem niedrigsten Bonitätsrating. Wenn Sie Junkbonds kaufen, gehen Sie ein größeres Risiko ein, Ihr Geld nicht zurückzuerhalten. Junkbonds werfen deshalb wesentlich höhere Zinsen ab als normale Anleihen – die Investoren werden dafür, dass sie ein höheres Risiko in Kauf nehmen, belohnt.

Mit Ausnahme von Junkbonds, die extrem „junky" sind, werden Anleihen aber nur verhältnismäßig selten notleidend.

Die dritte Gefahr für Anleihen, dazu noch die größte, ist die Inflation. Wir haben bereits gesehen, wie die Inflation den Ertrag einer Geldanlage mindern kann. Mit Aktien kann man über sehr lange Zeitabschnitte hinweg mit der Inflation Schritt halten und dazu noch einen nennenswerten Gewinn machen. Mit Anleihen geht das nicht.

5. Aktien

Neben einem eigenen Haus sind Aktien vermutlich die beste Anlage, die Sie jemals tätigen werden. Sie müssen Aktien nicht täglich füttern, wie dies der Fall ist, wenn Sie in Pferde oder preisgekrönte Katzen investieren. Sie haben auch keine Pannen wie mit Autos und es regnet auch nicht in sie hinein, wie dies bei Häusern gelegentlich vorkommt. Man muss sie auch nicht von hohem Gras und Gebüsch sauber halten, wie dies bei Grundstücken der Fall ist. Sie können eine Briefmarkensammlung durch Feuer, Diebstahl oder eine Überschwemmung verlieren. Nicht aber Ihre Aktien. Normalerweise liegen Aktien in einem Depot und Sie sehen sie nie; falls Sie sich diese Papiere aber zusenden lassen und sie später bei einem Umzug verlieren, schickt Ihnen die betreffende Firma nach einigen Formalitäten und Gebühren wieder neue Stücke.

Jährliche Erträge ausgewählter Investments in Prozent

	1945–1994	1984–1994	1989–1994
S&P 500*	11,9	14,4	8,7
Small Caps	14,4	10,0	11,8
US-Schatzwechsel	4,7	5,8	4,7
Inflation	4,4	3,6	3,5
US-Schatzanleihen	5,0	11,9	8,3
mittelfristige Schatzanleihen	5,6	9,4	7,5
Industrieanleihen	5,3	11,6	8,4
Wohnhäuser	k. A.	4,3	2,9
Gold (seit 1977)	6,4	0,7	0,1
Silber (seit 1950)	4,6	(4,2)	(0,8)
japanische Aktien (Tokioter Börse seit 1973)	14,6	16,6	(4,2)
Auslandsanleihen (J.P. Morgan Global Govt. Bond)	k. A.	k. A.	9,1
Emerging-Market-Aktien (Morgan Stanley Emerging Market Fund)	k. A.	k. A.	22,7

** Der Standard & Poor's 500 ist ein bekannter Index von 500 Aktien, der oft als Barometer für den gesamten Aktienmarkt benutzt wird.*

Quelle: Haver, Ibbotson Annual Yearbook, Datastream, The Economist.
Entworfen von: Equity Research Infocenter-JL

Kurz gesagt, wenn Sie eine Anleihe kaufen, dann geben Sie ein Darlehen, aber wenn Sie eine Aktie kaufen, dann kaufen Sie ein Stück eines Unternehmens. Falls die Firma aufblüht, nehmen Sie an diesem Aufblühen teil. Falls das Unternehmen eine Dividende bezahlt, können Sie dieses Geld zusätzlich einstreichen. Hunderte von erfolgreichen Unternehmen erhöhen jedes Jahr ihre Dividende. Das ist der Bonus für den Erwerb von Aktien, der die Anlage umso wertvoller macht. Niemand erhöht bei Anleihen den Zinssatz während der Laufzeit.

Aus der Tabelle auf dieser Seite können Sie erkennen, dass, solange es sich nur zurückverfolgen lässt, Aktien die anderen Anlageformen übertroffen haben. Vielleicht beweisen die Aktien dies nicht innerhalb einer Woche oder eines Jahres, aber sie haben sich immer mit höherem Ertrag für die Menschen, die sie besitzen, durchgesetzt.

Mehr als 50 Millionen Amerikaner, also jeder Fünfte, haben inzwischen Spaß daran gewonnen, Aktien zu besitzen und damit ihr Vermögen wachsen zu lassen. Sie sind nicht alle schwerreiche Leute, die Rolls-Royces und Ferraris fahren. Die meisten dieser Aktionäre sind Normalbürger mit festen Arbeitsplätzen: Lehrer, Omnibusfahrer, Ärzte, Zimmerleute, Studenten, Freunde und Verwandte, die Nachbarn in der angrenzenden Wohnung oder im nächsten Häuserblock.

Sie müssen kein Millionär, nicht einmal ein „Tausendär" sein, um mit dem Investieren in Aktien anzufangen. Selbst wenn Sie gar kein Geld zum Investieren haben, weil Sie gerade arbeitslos sind oder zu jung, um ein Konto eröffnen zu können, oder nichts übrig haben, nachdem Sie alle ihre Rechnungen bezahlt haben, so können Sie doch wenigstens auf einem Blatt Papier die Namen von Unternehmen und die Kurse ihrer Aktien notieren. Dies kann ein hervorragendes Training ohne jedes Risiko darstellen.

Die Fluggesellschaften, die Piloten ausbilden, setzen diese zuerst in Flugsimulatoren. Hier können die Flugschüler „fliegen" und aus ihren Fehlern lernen, ohne jedes Mal eine Bruchlandung oder einen katastrophalen Absturz zu verursachen. In ähnlicher Weise können Sie selbst sich mit Papier und Bleistift Ihren eigenen Investment-Simulator schaffen und aus Ihren Fehlern lernen, ohne wirkliches Geld zu verlieren. Viele Anleger, für die vielleicht diese Art des Übens der ersten Investitionsschritte von Nutzen gewesen wäre, sind stattdessen auf manchmal schmerzhafte Weise klüger geworden: durch Erfahrung.

Freunde oder Familienangehörige oder Verwandte haben Ihnen, lieber Leser, vielleicht eindringlich geraten, die Finger von Aktien zu lassen. Sie haben Ihnen möglicherweise warnend gesagt, dass Sie beim Kauf von Aktien Ihr Geld wegwerfen würden, denn die Börsen seien nur eine andere Art von Spielbank oder Spielhölle. Sie können vielleicht sogar auf eigene schmerzliche Verluste verweisen, um ihre Behauptungen zu beweisen. Die Liste auf Seite 142 entkräftet aber ihr Argument. Falls Aktien nur eine Art von Lotterie sind, warum haben sie dann über Jahrzehnte hinweg so gute Leistungen erbracht?

Wenn manche Menschen dauernd mit Aktien Geld verlieren, ist dies nicht die Schuld der Aktien. Die Kurse der Aktien steigen ganz allgemein im Verlauf der Zeit. In 99 von 100 Fällen, in denen Aktienkäufer ewige Verlierer sind, liegt die Schuld darin, dass die betreffenden Anleger keinen Plan haben. Sie kaufen zu hohen Kursen, dann werden sie ungeduldig und wollen nicht mehr warten, oder sie geraten in Panik und verkaufen zu niedrigeren Kursen während der unvermeidlichen Zeitabschnitte, in denen die Kurse einen Abschwung nehmen. Ihr Handeln scheint dem Motto zu folgen: „Kaufe teuer und verkaufe billig."

Sie, lieber Leser, müssen dem nicht nacheifern. Stattdessen brauchen Sie einen Plan. Der Rest dieses Buches soll Ihnen Aktien und die Unternehmen, die diese ausgeben, erläutern und nahebringen. Diese Erläuterungen sind einführendes Material, und wir hoffen, dass sie bei Ihnen das Fundament für lebenslanges und erfolgreiches Investieren legen.

Langfristige Geldanlage

Sie müssen kein genialer Mathematiker sein, um erfolgreich in Aktien investieren zu können. Sie brauchen auch keine kaufmännische Lehre oder ein wirtschaftswissenschaftliches Studium durchlaufen zu haben, wenn es auch nützlich ist, wenigstens eine wenig Ahnung von Buchführung zu haben. Wenn Sie lesen und schreiben und dazu noch wie ein Fünftklässler rechnen können, reichen Ihre Kenntnisse vollständig aus. Was Sie dann noch brauchen, ist ein Plan.

Die Beschäftigung mit der Börse ist ein Gebiet, auf dem Sie als junger Mensch einen gewaltigen Vorteil gegenüber den älteren Herrschaften haben. Ihre Eltern oder Großeltern wissen vielleicht mehr über Aktien als Sie – sehr wahrscheinlich haben sie dieses Wissen hart und schmerzhaft erworben, durch Fehler, die sie begingen. Gewiss, sie haben mehr Geld frei fürs Investieren, aber Sie, als junger Mensch, haben das wertvollste Vermögen aller Zeiten – Zeit.

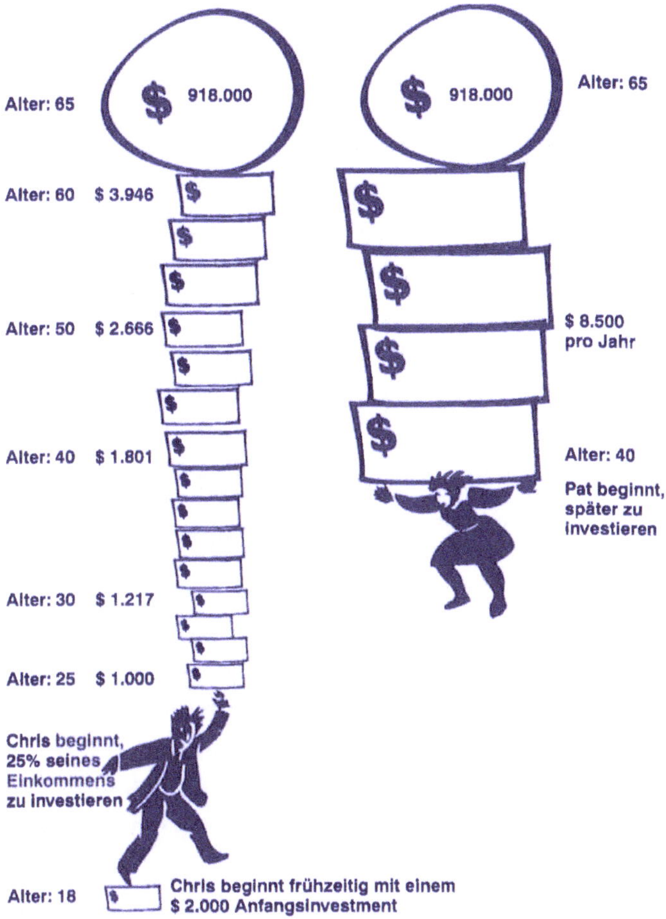

Die Grafik zeigt Ihnen, wie die Zeit für Ihre finanzielle Lage Wunder wirken kann. Je früher Sie mit dem Investieren beginnen, desto besser ist es. Ein kleiner Betrag, der frühzeitig angelegt wird, ist langfristig viel mehr wert als eine höhere Summe, die erst viel später investiert wird.

Sie kennen sicher das Sprichwort: „Zeit ist Geld." Es sollte aber abgeändert werden in: „Zeit schafft Geld." Zeit und Geld sind eine gewinnbringende Kombination. Lassen Sie Zeit und Geld für sich arbeiten, während Sie sich zurücklehnen und die Ergebnisse abwarten.

Wenn Sie sich dafür entschieden haben, Geld in Aktien anzulegen und Anleihen nicht zu beachten, haben sie eine der häufigsten Ursachen für Verwirrung und Unruhe ausgeschaltet und außerdem eine kluge Entscheidung getroffen.

Dies sagen wir unter der Annahme, dass Sie ein langfristiger Investor sind, der entschlossen ist, an Aktien festzuhalten, komme, was da wolle. Leute, die ihr Geld in einem Jahr, in zwei Jahren oder in fünf Jahren gleich wieder zurückhaben wollen, sollten von vornherein nicht in Aktien investieren. Es ist nämlich ganz einfach unmöglich zu sagen, was die Kurse der Aktien von einem Jahr zum nächsten tun werden. Wenn die Aktienkurse wieder einmal eine „Korrektur" durchlaufen und die Kurse fallen, kann es vorkommen, dass die Leute, die ihr Geld zurückhaben wollen, mit wesentlich weniger Geld nach Hause gehen müssen, als Sie zuerst angelegt hatten.

20 Jahre oder länger sind der richtige zeitliche Rahmen für Investitionen in Aktien. Diese Zeitspanne ist lange genug für eine Erholung der Kurse auch nach den schlimmsten Korrekturen und Abschwüngen, und sie ist auch lange genug für die Ansammlung von Gewinn. In der Vergangenheit haben amerikanische Aktien pro Jahr einen Gesamtertrag von elf Prozent erbracht. Niemand kann die Zukunft vorhersagen, aber eine Investition von 10.000 Dollar wird bei einem Jahresertrag von elf Prozent in 20 Jahren auf fast magische Weise auf 80.623 Dollar vermehrt.

Um sich diese elf Prozent zu sichern, müssen Sie sich zur Bindung an Ihre Aktien entschließen, in guten und in schlechten Tagen – wir verwenden hier die Worte aus dem Ehegelöbnis, da es sich ebenfalls um eine Art Heirat handelt, nämlich zwischen Ihrem Geld und Ihren Investitionen. Vielleicht sind Sie zufälligerweise ein Genie bei der Suche nach kaufenswerten Aktien, aber wenn Sie nicht die Geduld und den Mut aufbringen, an Ihren Aktien festzuhalten, besteht eine höhere Wahrscheinlichkeit dafür, dass Sie sich nur zu einem kümmerlichen Anleger mit mäßigem Erfolg entwickeln werden. Nicht immer scheidet der schlaue Verstand die erfolgreichen Investoren von den erfolglosen, sondern die Disziplin.

„Halten Sie an Ihren Aktien fest, ganz egal was kommt, ignorieren Sie alle ‚guten Ratschläge', die Ihnen davon abraten, und handeln Sie wie ein stumpfsinniger Maulesel." Das war der Rat, den vor 50 Jahren ein Wertpapiermakler namens Fred Schwed in seinem klassischen Buch „Und wo sind die Yachten der Kunden?" gab, und er gilt auch heute noch.

Die Menschen suchen immer begierig nach der geheimen Formel, mit der man an der Wall Street Gewinne erzielt, während die Lösung dieses Problems jedermann vor Augen liegt: Kaufen Sie Aktien von soliden Unternehmen, die lebenstüchtig genug sind, um Gewinne zu erzielen, und trennen Sie sich von diesen Aktien nur aus einem wirklich guten Grund. Das Fallen der Kurse ist kein guter Grund!

Es ist leicht, sich vor den Spiegel zu stellen und sich zu schwören, langfristig zu investieren, und sich zu versichern, dass man seine Aktien halten und ihnen treu bleiben werde.

Sie können jede beliebige Gruppe von Menschen fragen, wer von ihnen langfristig investiert, und alle werden die Hand heben. In der Gegenwart ist es schwer, jemand zu finden, der nicht von sich behauptet, ein langfristig investierender Anleger zu sein. Die Ernsthaftigkeit und Wahrheit dieser Behauptung wird aber auf eine harte Probe gestellt, wenn die Kurse fallen.

In späteren Abschnitten dieses Buches wird noch näher auf die sogenannten Crashs, Korrekturen und Bärenmärkte eingegangen. Niemand kann vorhersagen, wann ein Bärenmarkt eintreten wird (obwohl an der Wall Street kein Mangel an Menschen besteht, die behaupten, leistungsfähige Wahrsager auf diesem Gebiet zu sein). Wenn aber dann tatsächlich eine Baisse ausbricht und bei neun von zehn Aktien die Kurse gemeinsam fallen, ergreift ganz natürlich viele Investoren die Angst.

Sie hören im Fernsehen, wie der Nachrichtensprecher von „Katastrophe“ und „gewaltigen Kurseinbrüchen“ spricht, wenn er die augenblickliche Lage an den Börsen beschreibt. Es ergreift sie die Furcht, dass die Aktienkurse auf null fallen und ihre Investitionen sich in nichts auflösen werden. Sie entscheiden sich, zu retten, was noch zu retten ist, indem sie ihre Aktien zum Verkauf stellen, selbst mit Verlust. Sie sagen sich, dass es besser sei, wenigstens einen Teil für sich zu retten, als alles zu verlieren.

In solchen Augenblicken werden sehr viele Leute zu kurzfristig investierenden Anlegern, obwohl sie vorher von sich behauptet hatten, langfristig in Aktien anzulegen. Ihr Verstand wird von den Emotionen überwältigt, und sie denken nicht mehr an den Hauptgrund, aus dem sie überhaupt Aktien gekauft haben – um Anteil zu haben an guten Unternehmen. Weil die Kurse tief fallen, ergreift sie Panik. Statt zu warten, bis sich die Kurse wieder auf den vorherigen Stand oder höher erholen, verkaufen sie ihre Aktien zu Spottpreisen. Niemand zwingt sie dazu, aber sie melden sich freiwillig zum Geldverlieren.

Ohne dass sie sich darüber klar werden, machen sie den Fehler, das Verhalten der Kurse erraten zu wollen. Wenn man ihnen sagen würde, dass sie „Kursrater“ sind, würden sie dies abstreiten, aber jeder, der Aktien nur verkauft, weil die Kurse hoch oder tief sind, ist ganz gewiss ein Kursrater.

Ein Kursrater versucht, das kurzfristige Zickzack der Aktienkurse im Voraus zu erraten, um sich dann wieder mit einem schnell gemachten Gewinn zurückzuziehen. Nur wenige Leute machen einen Gewinn bei diesem Vorgehen, und noch niemand hat ein narrensicheres Anwendungsverfahren für diese Versuche, rasch etwas Geld zu machen, gefunden. Wer nur kurzfristig handelt, versucht, die richtigen Zeitpunkte für den Kauf und Verkauf von Aktien zu erraten. Wenn überhaupt jemand herausgefunden hätte, wie man immer die Kurse richtig vorhersagen kann, dann würde sein (oder ihr) Name schon längst in der Liste der reichsten Leute der Welt aufgeführt sein, noch vor Warren Buffett und Bill Gates.

Wenn Sie versuchen sollten, die kommenden Kurse zu erraten, werden Sie unweigerlich oft Aktien gerade dann verkaufen, wenn sie den tiefsten Kursstand erreicht haben und nun gerade wieder im Kurs steigen, und sie kaufen, wenn die Kurse schon einige Zeit gestiegen sind und nach Ihrem Kauf wieder fallen. Die Menschen glauben, dies stoße ihnen zu, weil sie kein Glück haben. Dies stößt ihnen in Wirklichkeit aber nur zu, weil sie das Unmögliche versuchen. Niemand kann schlauer als der Markt sein.

Die Menschen meinen auch, es sei gefährlich, während Crash-Zeiträumen und Kurskorrekturen Aktien zu besitzen. Der Besitz von Aktien ist in solchen Situationen aber nur gefährlich, wenn man diese Aktien verkauft. Die Leute vergessen die andere Gefahr – Aktien nicht gekauft zu haben, bevor die Kurse zu Höhenflügen starten.

Es ist sehr beeindruckend, dass schon wenige Tage ausreichen können, um Ihren Investmentplan erfolgreich oder erfolglos werden zu lassen. Hier ein typisches Beispiel: Während eines fünfjährigen Abschnitts steigender Kurse in den 1980er-Jahren stiegen die Aktienkurse im Durchschnitt um 26,3 Prozent pro Jahr. Disziplinierte Investoren, die an ihrem Plan des Vermögensaufbaus festhielten, erzielten eine Verdopplung ihres Geldes und noch etwas mehr. Aber der größte Teil dieser Kurssteigerungen ereignete sich an nur 40 der 1.276 Tage, an denen die Börsen in diesen fünf Jahren geöffnet waren. Wenn Sie an diesen 40 Schlüsseltagen keine Aktien besaßen, weil Sie die nächste Kurskorrektur nach unten erst vorbeigehen lassen wollten, verringerte sich in dem betreffenden Jahr Ihr jährlicher Ertrag von 26,3 Prozent auf 4,3 Prozent. Wenn Sie Ihr Geld während des betreffenden Jahres als Festgeld angelegt hätten, hätten Sie mehr als 4,3 Prozent Einkommen erzielt, und dies bei geringerem Risiko als beim Besitz von Aktien.

Um das Beste aus Aktien herauszuholen, besonders wenn Sie noch jung sind und die Zeit auf Ihrer Seite steht, gehen Sie am zweckmäßigsten so vor, dass Sie Geld anlegen, das Sie in der Zukunft nicht mehr brauchen werden, und es in Aktien investieren, an denen Sie dann auf

Biegen und Brechen festhalten. Während der Zeiträume mit tief stehenden Kursen wird Sie manchmal etwas Besorgnis beschleichen, aber wenn Sie keine Aktien verkaufen, erleiden Sie keinen tatsächlichen Verlust. Indem Sie immer voll investiert sind, werden Sie den ganzen Gewinn jener magischen und nicht vorhersagbaren Tage einheimsen, an denen Aktien den größten Teil ihrer Kurssteigerungen erzielen.

Investmentfonds

An dieser Stelle können wir die bisherigen Erkenntnisse in zwei Schlussfolgerungen zusammenfassen: (1) Wenn es Ihnen irgend möglich ist, sollten Sie in Aktien investieren. (2) Solange die entsprechenden Firmen gute Geschäftsverläufe aufweisen, sollten Sie an diesen Aktien festhalten. Als Nächstes müssen Sie entscheiden, ob Sie sich Ihre Aktien selbst für den Kauf heraussuchen oder diese Arbeit lieber jemand anderem überlassen wollen.

Es spricht manches für den zweiten, leichteren Weg, besonders wenn Sie große Zahlenmengen langweilig finden und es Ihnen egal ist, was mit den Gewinnen der Firma Kodak vor sich geht oder ob Nike bessere Schuhe herstellt als Reebok.

Für diese Gemüter wurden die Investmentfonds erfunden – für Leute, die zwar Aktien besitzen wollen, aber keine Lust oder keine Zeit haben, sich mit den Einzelheiten dieser Aktien zu befassen. Bei einem Investmentfonds brauchen Sie nur Geld einzuzahlen, dann werden Sie Besitzer einer entsprechenden Zahl von Anteilen an diesem Fonds. Ihr Geld wird mit dem Geld vieler anderer Leute zusammengelegt (Sie lernen diese anderen Leute zwar nie kennen, aber Sie wissen, dass es sie gibt) und der gesamte Geldbetrag wird dann einem Fachmann, dem Manager des Fonds, übergeben.

Auf jeden Fall hoffen Sie, dass in Ihrem Fonds ein Experte die Sache leitet, denn Sie erwarten von ihr oder ihm, dass er sich überlegt, welche

Aktien gekauft werden sollen und wann diese Aktien gekauft oder verkauft werden sollen.

Abgesehen von dem Service, den Ihnen ein Investmentfonds erbringt, indem er Ihnen die Entscheidungen für die einzelnen Käufe und Verkäufe abnimmt und Ihnen den Kopf freihält, bietet er noch einen weiteren wichtigen Vorteil: Er investiert gleichzeitig in viele Unternehmen. Sobald Sie Fondsanteile zeichnen, werden Sie automatisch Miteigentümer von zahlreichen, manchmal von Hunderten verschiedenen Unternehmen, von denen der Fonds bereits Aktien gekauft hat. Gleichgültig ob Sie 50 Dollar oder 50 Millionen Dollar zeichnen, Sie haben immer Anteil an einem Stückchen jeder Aktie dieses Fonds. Bei diesem bunten Strauß von Aktien ist das Risiko viel kleiner, als wenn Sie nur Aktien einer einzigen Firma erwerben, was vielleicht alles wäre, was Sie sich als Neuling auf dem Gebiet der Aktien im Augenblick leisten könnten.

Bei einem typischen Investmentfonds können Sie schon mit 50 oder 100 Dollar einsteigen und jedes Mal, wenn Sie wieder freies Geld haben, können Sie weitere Fondsanteile erwerben. Wie oft Sie dies tun und welche Beträge Sie anlegen, liegt ganz in Ihrer Hand. Auch hier können Sie wiederum lästige Entscheidungen vermeiden, indem Sie einfach per Dauerauftrag monatlich, vierteljährlich oder halbjährlich einen festen Betrag überweisen lassen. Die Größe des Zeitabstandes ist nicht wichtig, solange Sie diese Abbuchungen eines gleichbleibenden Betrags als dauernde Routine einrichten und daran festhalten.

Erkennen Sie den großen Vorteil dieses Verfahrens? Ihre Sorgen über die Richtung der Aktienkurse, ob sie steigen oder fallen, sind automatisch ausgeschaltet, schon wieder wurde Ihnen eine Last abgenommen. Bei einer Korrektur der Kurse oder in einem Bärenmarkt werden die Anteile Ihres Fonds billiger, Ihr Überweisungsauftrag kauft daher mehr Anteile zu einem niedrigeren Kurs. In einem Bullenmarkt kaufen Sie weitere Anteile zu einem höheren Kurs. Über einen längeren Zeitraum hinweg werden sich die Kosten ausgleichen und Ihre Gewinne auftürmen.

Als zusätzliche Leistung bieten Ihnen manche Fonds einen Bonus in Form einer Dividende. Sie wird Ihnen in regelmäßigen Abständen ausbezahlt, jährlich, halbjährlich, vierteljährlich oder vielleicht sogar monatlich. Sie können sich selbst für das Investieren in einen Investmentfonds belohnen, indem Sie dieses Geld für irgendetwas ausgeben – Kinokarten, CDs, eine Sonnenbrille oder sonst etwas.

Sie können dieses Geld aber noch nützlicher verwenden, indem Sie es zum Erwerb weiterer Anteile des Investmentfonds nutzen.

Diese Verwendung der Dividenden nennt man „Reinvestitions-Option". Falls Sie sich für diesen Verwendungszweck entschieden haben, werden Ihre Dividenden automatisch wieder im Fonds angelegt und Ihr Vermögen wird noch rascher wachsen.

Den augenblicklichen Preis der Anteile Ihres Fonds können Sie in entsprechenden Wirtschaftszeitungen nachsehen, genauso wie Sie es bei Aktien tun würden. Die Preise steigen und fallen jeden Tag ein wenig, mehr oder weniger parallel zu den Kursen der im Fonds enthaltenen Aktien. Aus diesem Grund werden Sie nach einem Fonds suchen, dessen Manager genügend Glück oder Verstand haben, um die richtigen Aktien für ihren Fonds zu kaufen.

Der Ausstieg aus einem Fonds ist einfach. Sie können Ihr Geld jederzeit wieder zurückfordern – alles oder nur einen Teil davon – und der Fonds schickt Ihnen dann einen entsprechenden Scheck oder überweist Ihnen den gewünschten Betrag auf ein von Ihnen angegebenes Konto. Falls aber kein außerordentlicher Notfall vorliegt und Sie plötzlich Bargeld benötigen, sollte der Ausstieg aus einem Fonds für Sie die unwahrscheinlichste, die entfernteste Entscheidung sein. Ihr Ziel ist es, die Anteile zu einem viel höheren Preis zu verkaufen, als Sie selbst dafür bezahlt haben, und je länger Sie Ihr Geld in dem Fonds belassen, desto höher ist Ihr möglicher Gewinn.

Neben dem Anteil an den Gewinnen, die der Fonds erzielt, müssen Sie aber auch einen Teil der Kosten des Fondsmanagements und der sonstigen Unkosten des Fonds übernehmen. Diese Gebühren und Kosten werden aus dem Vermögen des Fonds bezahlt. Sie kosten den Investor je nach Art des Fonds jährlich zwischen 0,5 und 2,0 Prozent seines Einsatzes. Wenn Sie Anteile eines Fonds erwerben, fangen Sie also jedes Jahr mit Belastungen zwischen 0,5 und 2,0 Prozent an. Beim Kauf oder Verkauf von Aktien sind außerdem bei den beteiligten Maklerfirmen Gebühren fällig. Von den Managern erwartet man daher, dass sie klug sind und die richtigen Aktien auswählen, damit der Fonds trotz der Kosten im Wert steigt.

Diese berufsmäßigen „Aktienauswähler" haben einen Vorteil gegenüber den Millionen von Amateuren, die selbst die Auswahl betreiben. Bei den Amateuren ist diese Beschäftigung ein Hobby, für die Manager ist dies jedoch ein Vollzeitjob. Sie studieren Wirtschaftswissenschaften an Spezialinstituten und Universitäten, wo sie die Entzifferung von Unternehmensberichten lernen. Es stehen ihnen Spezialbibliotheken, leistungsfähige Computer und ein Stab von Helfern zur Unterstützung zur Verfügung. Falls irgendein Unternehmen eine wichtige Nachricht veröffentlicht, liegt ihnen diese sofort vor.

Berufsmäßige Fondsmanager haben aber auch Schwachstellen und Grenzen, die es durchaus möglich machen, mit etwas Erfolg gegen sie zu konkurrieren. Sie, lieber Leser, und wir als Verfasser dieses Buches könnten nie einen wirklichen Billardprofi bei einem Billardmatch besiegen, und wir könnten auch eine Gehirnoperation nicht annähernd so gut ausführen wie ein Facharzt für Gehirnoperationen. Wir haben aber durchaus eine Chance, die Profis an der Wall Street zu übertreffen.

Diese Profis sind nämlich Teil einer Herde von Fondsmanagern, die die Neigung haben, miteinander auf derselben Weide zu grasen. Sie fühlen sich bestätigt, wenn sie dieselben Aktien kaufen wie die anderen Manager, und sie vermeiden es, in Gelände abzuwandern, mit dem sie nicht unbedingt vertraut sind. Sie erkennen daher manchmal nicht die aufregenden Aussichten und reichen Fundstellen, die abseits der ausgetretenen Pfade liegen können.

Sie übersehen vor allem manchmal die neueren, unerfahrenen Gesellschaften, die oft strahlende Sterne im Wirtschaftsleben werden und deren Aktien die höchsten Gewinne erzielen.

Die Geschichte der Investmentfonds

Der älteste verzeichnete Investmentfonds wurde im Jahre 1822 von König Wilhelm I. der Niederlande gegründet. Diese Idee gelangte auch nach Schottland, wo die sparsamen Schotten sogleich davon begeistert waren. Die Schotten wurden als genügsame Leute angesehen, die eine Abneigung gegen leichtsinnige Käufe hatten. Es gelang ihnen daher, große Geldsummen anzuhäufen, die in die neu gegründeten Fonds eingelegt werden konnten.

Später hörten auch die Bewohner der Vereinigten Staaten von diesen Investmentfonds, aber die Idee fasste dort erst am Ende des 19. Jahrhunderts Fuß. Damals nannte man die Investmentfonds „Stock Trusts“, und der im Jahre 1889 gegründete New York Stock Trust ist der erste, der in den Unterlagen genannt wird. Die Stock Trusts entwickelten sich zu „Investment Companies“, die in den Jahren nach 1920 recht beliebt waren.

Der erste Investmentfonds, der sich selbst so nannte, war der Shaw-Loomis-Sayles-Fonds. Er betrat die Bühne im November 1929, wenige Wochen nach dem großen Crash der Aktienkurse. Die Gründer hatten einen ungünstigen Zeitpunkt für ihre Gründung gewählt, denn der Niedergang der Aktienkurse setzte sich nach dem ursprünglichen großen Crash noch weiter fort, bis er endlich im Jahr 1932 den Tiefpunkt erreichte. Im Jahr 1936, nachdem sich der Staub wieder gelegt hatte, waren die Hälfte der Fonds in den Vereinigten Staaten (die immer noch „Investment Companies“ genannt wurden) bereits wieder verschwunden.

Die Anleger lernten eine wichtige Lektion: Wenn die Kurse der Aktien fallen, fallen gleichzeitig auch die Preise der Investmentfondsanteile. Diese Grundregel gilt natürlich auch heute noch. Auch der allerbeste Fondsmanager an der Wall Street oder in irgendeinem Land der Welt kann Sie nicht vor den Folgen eines Crashs bewahren, ob dies nun der Crash von 1929, 1972–1973 oder 1987 war oder irgendein zukünftiger Crash im Jahr 2000, 2010 oder 2020 sein wird. Ob Sie selbst

Ihre Aktienauswahl treffen oder ein berufsmäßig damit beschäftigter Manager, ist gleichgültig, es gibt einfach keine von einem Crash nicht verwundbaren Wertpapierdepots.

Elf Jahre nach dem Crash von 1929 verabschiedete der US-Kongress ein Schlüsselelement der Gesetzgebung: den „Investment Company Act" des Jahres 1940. Dieses Gesetz, das immer noch gültig ist, machte Schluss mit Geheimnissen und Heimlichkeiten bei Investmentfonds. Es fordert, dass jeder Fonds sich selbst in allen Einzelheiten beschreibt, damit die Investoren genau erkennen können, was sie bekommen und wie viel sie dafür bezahlen müssen.

Jeder in den Vereinigten Staaten registrierte Investmentfonds (im Jahr 1995 betrug ihre Zahl über 6.000) muss seine grundlegenden Vorhaben und Ziele erläutern und angeben, wie riskant diese sind. Er muss erläutern, wie das Geld angelegt wird. Er muss die Bestände seines Portfolios angeben, er muss die Unternehmen, auf die die größten Anteile entfallen, mit Namen nennen und auch angeben, um wie viele Aktien es sich dabei von jedem dieser Unternehmen handelt.

Er muss die Gebühren für das Management angeben und zusätzlich auch jedwede anderen Gebühren, die vielleicht von der Managementgesellschaft erhoben werden. Er muss über seine Gewinne und Verluste in den zurückliegenden Jahren berichten, damit jedermann genau sehen kann, wie gut oder schlecht der Fonds in der Vergangenheit abgeschnitten hat.

Zusätzlich zu allen diesen Vorschriften, die den Fonds zwingen, die Wahrheit und nichts als die Wahrheit anzugeben, muss ein Fonds beim Anlegen seiner Mittel auch strengen Regeln folgen. Er darf nicht mehr als fünf Prozent der Gelder seiner Kunden für die Aktien eines einzelnen Unternehmens riskieren. Diese Anordnung hindert die Fonds daran, zu viel auf eine einzige Karte zu setzen.

Inzwischen betreibt auch die Börsenaufsicht Securities and Exchange Commission (SEC) eine ständige strenge Aufsicht, sodass die Fonds, die sonst vielleicht in Versuchung geraten könnten, die Regeln etwas zu beugen oder zu brechen, aus Furcht vor dem Erwischtwerden von solchen Übertretungen abgehalten werden. Im Allgemeinen führt die Fondsindustrie eine gute Selbstüberwachung durch und unterhält gute Beziehungen zu den strengen „Wachhunden" der SEC.

Mit Einverständnis der SEC haben in den Vereinigten Staaten die verschiedenen Fondskonzerne vor Kurzem ein begrüßenswertes Programm begonnen. Sie werden versuchen, die langwierigen und schwer verständlichen Texte in ihren Broschüren klarer und kürzer zu fassen und die in spitzfindigem Juristenton abgefassten rechtlichen Feinheiten und Definitionen, die sich oft über viele Seiten erstrecken und die kaum jemand liest, zu straffen. Viele dieser in juristischer Fachsprache abgefassten Angaben sind in den Prospekten enthalten, weil dies von der Regierung so gefordert wird. Im Endeffekt wird damit aber Zeit verschwendet, der Anleger verwirrt und unnötig Geld ausgegeben. Die Rechnung für das Drucken all dieser Seiten muss nämlich mit dem Geld der betreffenden Fonds, also dem Geld der Anleger, bezahlt werden.

Diese neue Bestrebung zielt darauf ab, einfachere und kürzere Erläuterungen zu schaffen, die auch Menschen verstehen, die kein juristisches Universitätsstudium durchlaufen haben. Wenn das Projekt Erfolg hat, wird es zum Vorteil der Gesellschaften, die Fonds anbieten, und auch zum Nutzen der Anteilinhaber sein, die Geld in Investmentfonds anlegen.

Nach einem langen Zeitabschnitt, in dem sie gemieden wurden, stiegen die Investmentfonds in den Vereinigten Staaten ab 1960 wieder in der Gunst der Öffentlichkeit. Die Anteile wurden im ganzen Land von Lehrern, Ladeninhabern, Büroangestellten und so weiter, die einen Nebenverdienst suchten, in der jeweiligen Nachbarschaft am Abend oder an den Wochenenden verkauft. Das Ergebnis war ungünstig, denn Millionen von Anlegern kauften Investmentfondsanteile gerade rechtzeitig zur Baisse 1969–1973, der schlimmsten seit dem Crash im Jahr 1929.

In diesem Zeitraum von mehreren Jahren, in dem die Aktienkurse sanken, fielen die Kurse der Anteile mancher Investmentfonds um 75 Prozent, ein neuer Beweis dafür, dass es auch für Anteile von

Investmentfonds keine Kurssicherheit gibt. Viele verzweifelte Investoren waren entsetzt über ihre Verluste, stürzten gewissermaßen zum Ausgang, indem sie ihre Anteile zu viel niedrigeren Kursen verkauften, als sie selbst dafür bezahlt hatten, legten das Geld dann in Sparkonten an und schworen sich, in Zukunft das Telefon sofort aufzuhängen, wenn wieder ein Verkäufer von Investmentfondsanteilen anläuten würde.

Nahezu während des ganzen nachfolgenden Jahrzehnts konnte man fast niemanden dazu bringen, Geld in Investmentfonds anzulegen. Fonds von hoher Qualität wurden gemieden, als ob sie stinken würden. Kluge Fondsmanager erkannten viele hervorragende Aktien, die zu Schlussverkaufskursen erhältlich waren, aber ohne Kunden, die Anteile kauften, hatten sie kein Geld verfügbar, um diese Aktien auch zu erwerben.

Als in den 1980er-Jahren die Aktien in den Vereinigten Staaten wieder beliebter wurden, nahm auch das Gebiet der Investmentfonds wieder einen Aufschwung. Es blüht seither, mit derzeit 5.655 verschiedenen Fonds (deren Zahl weiter steigt), wovon allein in den letzten beiden Jahren mehr als 1.300 neu aufgelegt wurden. Fast jeder zweite Tag bringt neue Fonds hervor: Fonds für Anleihen, Fonds für den Geldmarkt und Aktienfonds, zusätzlich zu den mehr als 2.100 Aktienfonds, die schon bestehen. Falls diese hektische Geburtenrate der Fonds noch länger anhält, haben wir bald mehr Aktienfonds als Aktien.

Tipps für den Fondskauf

Zur Erläuterung aller verschiedenen Aktienfonds, die derzeit in den Vereinigten Staaten angeboten werden, wäre allein schon ein dickes Buch erforderlich: Es gibt Allround-Fonds, Fonds für einen spezifischen Industriezweig, Fonds für mehrere Industriezweige, für kleine Firmen, für große Firmen, reine Fonds, gemischte Fonds, Fonds für ausländische Aktien, für einheimische Aktien, für sozial verantwortungsbewusste Unternehmen, für sozial verantwortungslose Unternehmen, für Wachstum, für Wertwachstum, für Einkommenswachstum und Fonds für Wert- und Einkommenswachstum. Die ganze Sache wurde inzwischen so kompliziert, dass es sogar schon Dachfonds gibt, die sich darauf spezialisieren, Anteile an anderen Fonds zu kaufen.

Sie könnten Tag und Nacht wach bleiben, um sich Ihren Fonds herauszusuchen, und Sie hätten noch nicht die Hälfte der Druckschriften und Literatur durchgelesen, die darüber geschrieben wurden. Wenn alle Handbücher, Leitfäden, Ratgeber und Presseveröffentlichungen über Investmentfonds auf Sie herabfallen würden, würde eine Rettungsmannschaft mehrere Stunden benötigen, um Sie aus diesem Berg von Papier wieder ans Tageslicht zu bringen. Es wird sogar so viel Anstrengung darauf verwendet, in irgendeinem gegebenen Jahr den richtigen Investmentfonds herauszufinden, dass die Menschen davon verrückt werden könnten. Die Menschen wären glücklicher, entspannter, freundlicher zu Hunden und Kindern und würden keine Psychiater mehr brauchen, wenn sie die Suche nach dem absolut perfekten Investmentfonds aufgeben würden.

Mit dem Risiko, weiter zu der ungesunden Fixierung auf den absolut perfekten Investmentfonds beizutragen, wollen wir dennoch die folgenden Tipps und Ratschläge erwähnen:

1. Sie können Anteile an Investmentfonds direkt von den Gesellschaften, die diese Fonds managen, kaufen, zum Beispiel Dreyfus, Fidelity, Scudder und Templeton. Sie können diese Anteile aber auch über ein Brokerhaus oder Banken erwerben. Es kann aber vorkommen, dass man Ihnen dort einen bestimmten Fonds, den Sie ausdrücklich wünschen, nicht verkaufen kann.

2. Wenn sie auch noch so freundlich zu Ihnen sind, so müssen Broker und Bankangestellte jeden Tag auch ihre Brötchen verdienen. Sie bekommen manchmal eine höhere Provision, wenn sie die eigenen Fonds des Brokerhauses oder der Bank verkaufen. Wenn der Sachbearbeiter Ihnen empfehlen wird, einen der Fonds des betreffenden Hauses zu kaufen, kann dies in seinem besten Interesse sein, aber nicht notwendigerweise

auch in Ihrem. Wann auch immer ein Broker oder Bankangestellter Ihnen irgendetwas vorschlägt, sollten Sie es sich zur Regel machen, nachzufragen, was dabei für den Broker oder Angestellten abfällt. Fragen Sie ihn oder sie nach umfassender Information über alles, was erhältlich ist. Sie können dann vielleicht auf einen Fonds stoßen, der dem empfohlenen ähnlich ist, aber bisher einen wesentlich erfolgreicheren Verlauf hinter sich hat.

3. Wenn Sie langfristig investieren wollen (was empfehlenswert ist), sollten Sie alle Anleihefonds und Mischfonds (die sowohl Anleihen als auch Aktien enthalten) meiden und sich nur auf Aktienfonds konzentrieren. In acht von neun Jahrzehnten dieses Jahrhunderts haben Aktien die Anleihen im Ertrag (Kurssteigerung + eventuelle Dividenden) geschlagen (in den Jahren nach 1980 hatten Aktien allerdings nur einen geringen Vorsprung). In den ersten Jahren nach 1990 lagen die Aktien wieder weit vorn. Wenn Sie nicht ausschließlich in Aktien anlegen, versäumen Sie langfristig gesehen einigen Gewinn.

4. Das Herausfinden des richtigen Investmentfonds ist nicht leichter als das Finden des für Sie richtigen Automechanikers. Bei einem Fonds bieten Ihnen jedoch die Ergebnisse der Vergangenheit einen gewissen Anhalt. Außer der Befragung von zwei Dutzend Kunden gibt es kein einfaches Verfahren, herauszufinden, ob ein Automechaniker gut, schlecht oder mittelmäßig ist. Sie können aber sehr leicht herausfinden, welche dieser drei Beurteilungen auf einen Fonds zutrifft. Es dreht sich hier alles um den jährlichen Ertrag. Ein Investmentfonds, der im Verlauf des letzten Jahrzehnts einen Jahresertrag von 18 Prozent erwirtschaftete, ist besser als ein ähnlicher Fonds mit ähnlichen Zielen, der nur 14 Prozent pro Jahr erbrachte. Bevor Sie aber in einen Investmentfonds aufgrund der sehr guten Ergebnisse in der Vergangenheit investieren, sollten Sie nachfragen, ob er immer noch von demselben Manager, der diese glänzenden Erträge erwirtschaftete, geleitet wird.

5. Langfristig gesehen war es ertragreicher, in kleinere Unternehmen zu investieren statt in große. Diejenigen kleinen Unternehmen der

Gegenwart, die erfolgreich sind und es bleiben, werden die Microsofts, Wal-Marts und Home Depots der Zukunft. Es ist daher nicht verwunderlich, dass die Fonds, die in kleine Unternehmen (die sogenannten „Small Caps“) investieren, mit einem ansehnlichen Vorsprung vor den „Large Cap“-Fonds lagen. („Cap“ ist eine Abkürzung für „Marktkapitalisierung“, die Gesamtzahl der ausgegebenen Aktien multipliziert mit dem augenblicklichen Kurs der betreffenden Aktie.) Man braucht nur Aktien von etwa zwei Unternehmen wie der amerikanischen Firma Wal-Mart im Aktienpaket eines Fonds zu haben, um die Konkurrenten weit hinter sich zu lassen. Jene Aktie stieg im Verlauf von 20 Jahren auf mehr als das 250-Fache des Anfangskurses. Da die Kurse von Small-Cap-Aktien allgemein größeren Schwankungen unterworfen sind, werden Sie mit einem Small-Cap-Fonds mehr extreme Hoch- und Tiefstände des Anteilspreises erleben. Wenn Sie aber, übertragen gesprochen, einen starken Magen haben und das Aufwärtsfahren wie auch das Abwärtsrasen auf der Achterbahn der Preise Ihrer Nebenwertefonds ertragen können, werden Sie wahrscheinlich mit einem solchen Fonds bessere Ergebnisse erzielen als sonst.

6. Warum wollen Sie aufs Geratewohl in einen „Grünschnabel“-Fonds investieren, wenn Sie Ihr Geld auch in einen altbewährten Fonds, der schon etliche Jahre hinter sich gebracht und insgesamt sehr gute Ergebnisse erwirtschaftet hat, anlegen können? In den amerikanischen Wochenzeitungen *Barron's* und *Forbes* kann man nachsehen, welche Fonds über viele Jahre hinweg an der Spitze lagen. *Barron's* veröffentlicht jedes Jahr zweimal eine vollständige Aufstellung der amerikanischen Investmentfonds. Die Daten und Einzelheiten stammen dabei von Lipper Analytical, einer hochrangigen Research-Firma, die von dem bekannten Fondsbeobachter Michael Lipper geleitet wird. Das *Wall Street Journal* bringt viermal im Jahr eine ähnliche Aufstellung heraus.

Wenn Sie mehr Einzelheiten über einen bestimmten Fonds wissen wollen, können Sie diese von Morningstar erhalten, einer Firma, die Tausende von Fonds verfolgt und darüber monatlich einen Bericht herausgibt. Morningstar stuft alle diese Fonds entsprechend der von ihnen gebotenen Sicherheit ein, beurteilt ihre Leistung und gibt an, wer der Manager ist und welche Aktien in dem betreffenden Fonds enthalten sind. Das Unternehmen ist augenblicklich die beste Informationsquelle, die auf einen Blick die entsprechenden Daten liefert.

7. Es lohnt sich nicht, zwischen verschiedenen Fonds hin und her zu hüpfen. Manche Anleger machen sich ein Hobby aus dem Hin- und Herwechseln von einem Fonds in den anderen und hoffen dabei, jedes Mal beim neuesten Superfonds aufspringen zu können. Diese Versuche bereiten mehr Ärger, als sie es wert sind. Studien haben erwiesen, dass die als beste eingestuften Fonds eines gegebenen Jahres nur selten die Glückssträhne im nächsten Jahr fortsetzen. Der Versuch, einen Gewinner zu erhaschen, ist ziemlich dumm, denn man wird später meistens feststellen, dass man verloren hat. Man ist viel besser dran, wenn man einen Fonds mit sehr guten Ergebnissen in der Vergangenheit auswählt und dabeibleibt.

8. Zusätzlich zur Belastung der Kundenkonten mit den jährlichen Kosten verlangen manche Fonds beim Erwerb von Anteilen einen Ausgabeaufschlag. Im Augenblick beträgt der Aufschlag zwischen drei und vier Prozent des angelegten Betrags. Dies bedeutet, dass Sie bei jeder Geldanlage in einem solchen Investmentfonds gleich zu Anfang drei bis vier Prozent verlieren.

Es gibt aber im Vergleich dazu fast genauso viele Fonds, die keinen Aufschlag verlangen, die sogenannten „No-Load"-Fonds. Wie sich herausstellt, leisten die No-Loads im Durchschnitt das Gleiche wie die Fonds mit Aufschlag. Hier liegt also ein Beispiel dafür vor, dass man bei Zahlung einer Eintrittsgebühr nicht unbedingt Eintritt in ein vornehmeres „Lokal" erhält.

Je länger Ihr Geld in einem Fonds liegt, desto unwesentlicher wird es, ob Sie einen Aufschlag bezahlen mussten oder nicht. Wenn nach 10 oder 15 Jahren Ihr Fonds gute Ergebnisse vorweisen kann, ist es ganz gleichgültig, ob Sie am Anfang einen Aufschlag bezahlen mussten oder nicht.

Die jährlichen Kosten, mit denen die Kunden eines Fonds belastet werden, verdienen mehr Beachtung als der Aufschlag, denn sie fallen jedes Jahr an. Fonds, die ihre Kosten auf ein Minimum herabdrücken (weniger als ein Prozent), weisen im Vergleich zu Fonds mit einer höheren Kostenquote (zwei Prozent oder mehr) einen eingebauten Vorteil auf.

Manager eines Fonds mit hohen Kosten sind einem Nachteil ausgesetzt. Sie müssen jedes Jahr zusätzlich 0,5 bis 2,0 Prozent mehr erwirtschaften als der Manager eines Fonds mit niedriger Kostenquote, allein schon um mit ihm gleichzuziehen.

9. Die große Mehrheit der Investmentfonds beschäftigt Manager, deren Ziel das Übertreffen sogenannter Referenzindizes ist. Dafür bezahlen Sie die Manager – für das Auswählen von Aktien, die bessere Erträge bringen als der Aktiendurchschnitt. Es gelingt den Fondsmanagern aber oft nicht einmal, mit dem Index Schritt zu halten. In manchen Jahren erwirtschaften mehr als die Hälfte aller Fonds ein schlechteres Ergebnis als der Index. Eine der Ursachen für dieses Nichterreichen des Durchschnitts liegt in der Belastung der Anleger mit den Kosten und Gebühren.

Einige Investoren haben es aufgegeben, einen Fonds zu finden, dessen Ergebnis den Aktiendurchschnitt übersteigt, denn diese Aufgabe ist nicht leicht zu lösen. Sie wählen stattdessen einen Fonds, dessen Stand in jedem Fall immer dem Index entspricht. Ein solcher Fonds heißt Indexfonds. Er braucht keinen Manager. Er wird durch automatische Rechneraufträge betrieben. Er kauft einfach Aktien von jeder Firma in einem bestimmten Aktienindex in entsprechenden Anteilen und hält sie im Depot.

Hierbei gibt es keine Probleme, es sind keine Fachleute zu bezahlen, praktisch keine Managementgebühren, keine Aufschläge beim Kauf oder Verkauf verschiedener Aktien, und es müssen keine Entscheidungen getroffen werden. Ein Indexfonds auf den S&P 500 kauft beispielsweise eine bestimmte Anzahl aller 500 Aktien, die im Aktienindex Standard

& Poor's 500 enthalten sind. Der Standard & Poor's 500 ist ein sehr bekannter Aktienindex. Wenn Sie also in einen solchen Fonds investieren, erhalten Sie immer ein durchschnittliches Ergebnis, das bei einem Vergleich mit dem Ertrag vieler Investmentfonds oft besser ist als das von Fonds, die von einem Manager geleitet werden.

Wenn Sie sich aber dafür entscheiden in einen Small-Cap-Fonds zu investieren, um an einem möglichen raschen Wachstum von Firmen teilzunehmen, die jetzt noch klein sind, können Sie Anteile eines Fonds kaufen, der einem Index für niedrig kapitalisierte Unternehmen folgt, wie beispielsweise dem Russell 2000. In einem solchen Fall wird Ihr Geld auf die 2.000 Aktien verteilt, die im Russell 2000 enthalten sind.

Eine andere Möglichkeit besteht darin, einen Teil Ihres Geldes in einen S&P-500-Indexfonds zu investieren, um am Wachstum der größeren Unternehmen zu partizipieren, und den anderen Teil in einem Small-Cap-Fonds anzulegen, um am Wachstum der kleineren Gesellschaften beteiligt zu sein. Bei einer solchen Aufteilung Ihres Geldes brauchen Sie nie mehr einen Artikel über die zweckmäßige Auswahl eines erfolgreichen Fonds zu lesen, und Sie werden ein besseres Ergebnis erzielen als manche Leute, die alles sehr sorgfältig studieren und dann ihr Geld in Fonds anlegen, die nicht einmal mit dem Wachstum der Aktienindizes mithalten können.

Wie man seine Aktien selbst aussucht

Falls Sie Zeit und Lust haben, können Sie sich auch in ein lebenslanges Abenteuer stürzen und selbst Ihre Aktien auswählen. Dieses Vorhaben wird Sie viel mehr Zeit kosten als die Geldanlage in einem Investmentfonds, aber Sie können auch eine große Befriedigung bei diesem Auswählen und der Verfolgung der Ergebnisse erleben. Langfristig gesehen ist es möglich, dass Sie besser abschneiden als die meisten Investmentfonds.

Nicht alle Ihre Aktien werden steigen – kein Anleger in der ganzen Weltgeschichte hat jemals immer 100 Prozent Erfolg gehabt. Warren Buffett hatte einige faule Äpfel in seiner Aktiensammlung und Peter Lynch, einer der Autoren dieses Buches, könnte mehrere Notizbücher mit den Geschichten füllen, die er mit Aktien erlebt hat. Sie brauchen aber in jedem Jahrzehnt nur einige wenige sehr erfolgreiche Gesellschaften zu finden, das genügt. Falls Ihre Sammlung zehn verschiedene Aktien umfasst und drei davon sehr erfolgreich sind, werden sie den einen oder die zwei Missgriffe und die anderen sechs oder sieben, die eben gerade so dahinschleichen, bei Weitem gutmachen.

Wenn Sie in Ihrem ganzen Leben einige Verdreifacher erwischen – Aktien, deren Kurs auf das Dreifache dessen gestiegen ist, was Sie dafür bezahlt haben –, wird es Ihnen nie mehr an Kleingeld fehlen, ganz gleich, wie viele Verlierer Sie unterwegs auflesen. Wenn Sie einmal mit dem Verfahren vertraut sind, wie man die Entwicklung von Unternehmen verfolgt, können Sie weiteres Geld in Aktien erfolgreicher Firmen stecken und damit das Gewicht der Unternehmen mit schwacher Leistung in Ihrem Aktiendepot verringern.

Sie werden Ihr Geld mit einer Aktie nicht sehr oft verdreifachen, aber Sie brauchen während Ihres ganzen Lebens nur wenige Verdreifachungen, um schon ein ansehnliches Vermögen aufzubauen. Eine kurze Berechnung zeigt Ihnen dies:

Wenn Sie mit 10.000 Dollar beginnen und es Ihnen gelingt, dieses Geld nur fünfmal zu verdreifachen, besitzen Sie am Ende 2,4 Millionen Dollar. Wenn Sie es sogar zehnmal verdreifachen, haben Sie 590 Millionen Dollar, und wenn Sie es 13-mal verdreifachen, sind Sie die reichste Person Amerikas.

Übrigens hindert Sie niemand daran, Geld in Investmentfonds anzulegen und dazu auch noch selbst einige Aktien auszuwählen und zu kaufen. Viele Anleger setzen mit dieser Methode gewissermaßen auf zwei Pferde. Viele Ratschläge hinsichtlich der Geldanlage in Investmentfonds, die schon auf den vorhergehenden Seiten dieses Buches erwähnt wurden – die günstige Ausgangsposition, wenn man schon in jungen Jahren mit dem Investieren beginnt, die Zweckmäßigkeit eines Plans, das Festhalten an diesem Plan und die Nichtbeachtung von Crashs und Korrekturen –, treffen auch für das Aktiendepot zu, das Sie selbst wie einen Blumenstrauß zusammenstellen. Hierbei stoßen Sie gleich auf zwei Probleme: Wie finde ich heraus, welche Aktien ich wählen soll? Woher kann ich das Kapital nehmen, um diese Aktien zu kaufen? Weil es gefährlich ist, Geld in Aktien anzulegen, bevor Sie wissen, nach welchen Gesichtspunkten Sie Ihre Wahl treffen sollen, sollten Sie zuerst einige „Trockenübungen" machen, bevor Sie Ihr Geld riskieren.

Sie wären überrascht, wenn Sie wüssten, wie viele Leute Geld verlieren, indem Sie es in Aktien investieren, ohne irgendeine Ahnung davon zu haben. Das kommt immer wieder vor. Eine Person geht einige Jahrzehnte durchs Berufsleben, ohne Erfahrungen in der Geldanlage zu sammeln, dann erhält sie plötzlich eine große Abfindungssumme oder eine Kapitallebensversicherung wird ausbezahlt, und sie setzt alles auf Aktien, quasi blind, wenn sie nicht einmal den Unterschied zwischen einer Dividende und einer Division kennt.

Man sollte erst etwas Training vorschalten, ähnlich wie beim Erwerb des Führerscheins. Die Menschen werden ja auch nicht auf die Straßen und Autobahnen losgelassen, ohne dass sie vorher einige Stunden Unterricht erhalten, die Verkehrsregeln lernen und das Autofahren unter der Leitung eines Fahrlehrers üben.

Wenn Sie niemanden haben, der Sie hinsichtlich der Geldanlage unterweist, können Sie sich wenigstens selbst etwas Unterricht erteilen. Sie können dazu verschiedene Vorgehensweisen auf dem Papier ausprobieren, damit Sie ein Gefühl dafür bekommen, wie sich unterschiedliche Arten von Aktien verhalten. In dieser Situation ist eine jugendliche Person wieder im Vorteil. Als junger Mensch können Sie sich zumindest für einige Zeit den Luxus erlauben, nur auf dem Papier mit Investitionen zu experimentieren, weil noch etliche Jahrzehnte Lebenszeit vor Ihnen liegen. Wenn Sie dann später Geld frei haben, um es anzulegen, sind Sie durchtrainiert und können die in der Theorie erworbenen Kenntnisse bei echten Investitionen anwenden.

Sie haben sicher schon von Fantasie-Baseball gehört, wo man sich ein fiktives Team aus den Spielerlisten der ersten Liga zusammenstellt, um dann zu sehen, wie sich die durchschnittliche Trefferquote, die Anzahl der Homeruns und weitere Einzelheiten im Vergleich mit den tatsächlichen Teams oder gegen andere Fantasie-Teams verhalten. In ähnlicher Weise können Sie den Umgang mit Aktien aufgrund eines Fantasie-Depotbestands üben. Für diese Trockenübungen nehmen Sie irgendeinen theoretischen Kontostand an – beispielsweise 100.000 Dollar oder eine Million Dollar, falls Sie eine großzügige Natur sind – und verwenden diese Summe, um Aktien Ihrer Lieblingsunternehmen zu kaufen. Falls Disney, Nike, Microsoft, Ben & Jerry und Pepsi bei Ihnen am beliebtesten sind, können Sie 100.000 Dollar in fünf Teile aufsplitten und in jede dieser Firmen 20.000 Dollar investieren.

Wenn wir den 21. April 1995 als Startdatum gewählt hätten, sähe die Liste unserer Übungsinvestitionen wie folgt aus:

	Aktienkurs in US-Dollar am 21. April 1995	**Anzahl der Aktien, die Sie für 20.000 US-Dollar erhalten**
Disney	54 ¾	365
Nike	73 ⅛	274
Pepsi	41 ¼	485
Ben & Jerry's	12 ⅝	1.584
Microsoft	75	267

Nachdem Sie Ihre Aktien ausgewählt und die Kurse aufgeschrieben haben, können Sie in den nachfolgenden Tagen und Wochen Ihre Gewinne und Verluste verfolgen, gerade so, als ob Sie wirklich Geld eingesetzt hätten. Sie können Ihre Ergebnisse mit denen, die Ihre Eltern mit ihren echten Investments erzielen (falls es welche gibt), vergleichen oder mit den Ergebnissen verschiedener Investmentfonds oder mit den

Ergebnissen anderer Fantasie-Depots, die Ihre Freunde zusammengestellt haben.

Schulen in den ganzen Vereinigten Staaten haben diese Übungen mit dem Spiel „The Stock Market Game" in die Klassenzimmer gebracht. Dieses Spiel wird von der Securities Industry Foundation for Economic Education (Stiftung der Wertpapierindustrie für die Ausbildung im Wirtschaftswesen) finanziell gefördert und an die Schulen verteilt. Während des Schuljahrs 1994/95 haben mehr als 600.000 Schüler an diesem Spiel teilgenommen. Die Schüler bilden Gruppen, und jede Gruppe muss entscheiden, welche Aktien sie mit ihrem fiktiven Kapital kaufen will. Das Spiel dauert etwa zehn Wochen. Die Ergebnisse werden in einer Tabelle zusammengestellt, und diejenige Gruppe, deren Aktien während der Spielzeit am meisten im Kurs gestiegen sind, gewinnt das Spiel. Die Siegergruppe jeder Schule steht im Wettbewerb mit den Siegergruppen anderer Schulen innerhalb der betreffenden Stadt, des Landkreises, des regionalen Schulbereichs oder der einzelnen Bundesstaaten.

Das Spielen des Stock Market Games kann Spaß machen und auch erzieherisch wirken, solange die Schüler in die Grundlagen des Investierens eingeführt werden und die Ergebnisse nicht allzu ernst nehmen. Das Problem mit dieser Art von Training besteht darin, dass über einen Zeitraum von 13 Wochen, 26 Wochen oder sogar über ein Jahr hinweg die Bewegung der Aktienkurse, ihr Steigen und Fallen, zum größten Teil Glückssache ist. Diese Probezeiträume sind zu kurz, um den Teilnehmern einen echten Test zu bieten. Eine Aktie kann über 13 Wochen hinweg ein Verlierer, aber über drei oder fünf Jahre hinweg ein großer Gewinner sein. Sie kann jedoch auch in 13 Wochen sehr stark im Kurs steigen, aber anschließend immer schwach bleiben.

Aktien, die sich langfristig gesehen gut verhalten, gehören zu Aktiengesellschaften, die langfristig gesehen gut sind. Der Schlüssel zur erfolgreichen Geldanlage besteht im Auffinden erfolgreicher Unternehmen. Um den größten Nutzen aus Ihren Trockenübungen zu ziehen, müssen Sie jedoch mehr tun, als nur die Kurse der Aktien zu verfolgen.

Sie müssen versuchen, so viel wie möglich über die von Ihnen ausgewählten Gesellschaften herauszufinden und zu ergründen, was sie zum Laufen bringt und was sie im Lauf anhält.

Damit kommen wir zu den fünf grundlegenden Verfahren, die die Menschen benutzen, um eine bestimmte Aktie auszuwählen, wobei wir mit dem dümmsten beginnen und mit dem schlauesten enden.

1. Wurfpfeile

Das ist die niedrigste Form der Aktienauswahl. Sie heften für dieses Spiel beispielsweise eine Zeitungsseite, auf der Aktienkurse abgedruckt sind, mit Reißzwecken auf eine Sperrholztafel an der Wand. Dann werfen Sie mit einem Wurfpfeil nach der Liste, und wo auch immer der Wurfpfeil stecken bleibt, diese Aktie kaufen Sie. Man kann aber auch die Augen schließen und den Zeigefinger einer Hand quasi als Wurfpfeil benutzen. Vielleicht werden Sie Glück haben und eine Aktie treffen, die stark im Kurs steigen wird – vielleicht aber auch nicht. Das Beste, was man über die Wurfpfeilmethode sagen kann, ist, dass sie nicht viel Mühe macht. Wenn Sie jedoch dazu neigen, Ihre Aktienauswahl dem Zufall zu überlassen, tun Sie sich selbst einen Gefallen, indem Sie Ihr Geld in Investmentfonds anlegen.

2. Heiße Tipps

Das ist die zweitschlechteste Form der Aktienauswahl, wobei Ihnen irgendjemand zum Kauf einer Aktie rät, die „todsicher" im Kurs steigen wird. Der Rat kann von Ihrem besten Freund kommen, von Ihrem Englischlehrer, von Ihrem Onkel Harry, vom Installateur, der Ihre Wasserleitung repariert, vom Automechaniker oder vom Gärtner. Vielleicht schnappen Sie den Tipp auch auf, wenn Sie im Omnibus der Unterhaltung von zwei Fahrgästen zuhören. Aus irgendwelchen Gründen werden die Leute von einem Tipp, den sie nur beiläufig mitgehört haben, mehr angeregt, als wenn dieser Tipp unmittelbar auf sie gemünzt gewesen wäre. Es ist möglich, dass Onkel Harry direkt an einer bestimmten Gesellschaft beteiligt ist und weiß, wovon er redet. Ein solcher Tipp kann nützlich sein – zumindest ein Hinweis, der einer Nachprüfung wert ist. Die gefährliche Art von heißen Tipps sind aber diejenigen, die nur auf heißer Luft beruhen. Ein typisches Beispiel kann lauten: „Home Shopping Network. Wer schlau ist, legt sein Geld in deren Aktien an. Kaufen Sie gleich, bevor es zu spät ist. Es sieht so aus, als ob der Kurs wie eine Rakete steigen wird." Leute, die nicht einmal einen 50-Dollar-Toaster kaufen würden, ohne in mehreren Läden nach dem besten Angebot zu fragen, setzen manchmal Tausende von Dollar auf einen heißen Tipp wie Home Shopping Network. Sie handeln so, weil sie es nicht ertragen können, einen Profit zu „verlieren", wenn sie den Tipp nicht beachten und die Aktie sich anschließend im Kurs vervierfacht. In Wahrheit haben sie aber keinen einzigen Penny verloren, wenn sie Home Shopping Network nicht kaufen und der Kurs sich anschließend vervierfacht.

An Aktien, die man überhaupt nicht besitzt, kann man kein Geld verlieren. Man verliert nur Geld, wenn man Home Shopping Network kauft, der Kurs der Aktien anschließend fällt und man sie für weniger wieder verkauft, als man vorher bezahlt hat.

3. Sachkundige Tipps

Diese erhalten Sie von Fachleuten, die im Fernsehen auftreten oder in Zeitungen und Zeitschriften zitiert werden. Fondsmanager, Anlageberater und andere Wall-Street-Gurus produzieren einen ständigen Strom von sachkundigen Tipps. Sie sind nicht der Einzige, der diese erfährt. Millionen von Fernsehzuschauern und Lesern hören und lesen dasselbe wie Sie.

Wenn Sie aber das Nichtbeachten eines Tipps nicht übers Herz bringen, dann können Sie wenigstens den Hinweis eines Fachmanns annehmen und Onkel Harrys heißen Tipp beiseiteschieben. Es besteht eine gewisse Aussicht, dass der Fachmann genügend Nachforschungen angestellt hat, um sich eine sachkundige Meinung zu bilden, während Onkel Harry nicht weiß, wovon er redet, mit Ausnahme von: „Es sieht aus, als ob das Ding ein Kursfeuerwerk veranstalten wird."

Das Problem bei den Tipps von Fachleuten besteht darin, dass Sie nichts davon hören, wenn der Fachmann seine Meinung ändert – außer er tritt wieder im Fernsehen auf, um die Zuschauer zu informieren, und Sie sehen dies zufälligerweise gerade an. Andernfalls kann es vorkommen, dass Sie an einer Aktie festhalten, von der Sie glauben, dass der Fachmann sie als gut einschätzt, obwohl dieser seine gute Beurteilung schon längst geändert hat.

4. Die Kaufempfehlungen des Brokers

„Full Service"-Brokerfirmen sind nie knapp an Empfehlungen, welche Aktien Sie kaufen sollten. Diese Empfehlungen kommen oft nicht von den Leuten der betreffenden Brokerfirma selbst. Sie kommen von Analysten, die im Hintergrund im Hauptbüro der Mutterfirma arbeiten, meistens in New York. Sie handeln wie intensiv trainierte Sherlock-Holmes-Typen, deren Aufgabe es ist, in den Angelegenheiten von Gesellschaften herumzuschnüffeln. Sie geben aufgrund der von ihnen aufgestöberten Informationen Kauf- und Verkaufssignale aus. Die Brokerfirma sammelt die Kaufsignale ihrer Analysten und druckt sie in einer Kauf-Liste ab, die an alle Broker versandt wird – auch an Ihren Broker, falls Sie einen haben. Gewöhnlich ist die Kaufliste in einzelne Kategorien unterteilt: Aktien für konservative Anleger, Aktien für aggressive Anleger, Aktien mit Dividendenzahlungen und so weiter.

Es ist möglich, sich ein hervorragendes Aktiendepot aufzubauen, indem man mit einem Broker zusammenarbeitet und Aktien aus der Kaufliste wählt. Auf diese Weise können Sie sich auf die Nachforschungsabteilungen der Brokerfirma stützen und immer noch selbst auswählen, welche Aktien Ihnen aus der Kaufliste am besten gefallen. Dieses Vorgehen hat einen ganz besonderen Vorteil gegenüber der Befolgung von „sachkundigen Tipps". Falls die Brokerfirma nämlich ihren Standpunkt ändert und eine Ihrer Aktien von der Kaufliste in die Verkaufsliste überführt, wird der Broker Sie auf diese Tatsache hinweisen. Falls der Broker dies nicht tut, dann setzen Sie den Broker auf ihre Verkaufsliste.

5. Eigene Nachforschungen

Dies ist die höchste Form der Aktienauswahl. Sie wählen die Aktie, weil Ihnen das Unternehmen gefällt, und das Unternehmen gefällt Ihnen, weil Sie es in allen Einzelheiten studiert haben. Vielleicht haben Sie dies schon mit den fünf Firmen in Ihrem Fantasie-Aktiendepot gemacht, wie in dem bereits angegebenen Beispiel mit Disney, Nike, Ben & Jerry's, Pepsi und Microsoft. Je mehr Sie über das Investieren in Unternehmen lernen, desto weniger brauchen Sie sich auf die Meinungen anderer Leute zu verlassen und desto besser können Sie die Tipps anderer Leute bewerten. Sie können selbst entscheiden, welche Aktien Sie kaufen wollen und zu welchem Zeitpunkt.

Sie benötigen zwei Arten von Informationen: Die eine Art erhalten Sie, indem Sie Ihre Augen offen halten, und die andere ergibt sich durch die Überprüfung der Unternehmenszahlen. Die Informationen der ersten Art erhalten Sie jedes Mal, wenn Sie ein Restaurant von McDonald's oder irgendeinen anderen Laden, der von einer Aktiengesellschaft betrieben wird, betreten. Wenn Sie sogar in einem solchen Unternehmen arbeiten, ist dies umso besser. Sie können dann selbst erkennen, ob der Betrieb ordentlich oder schlampig ist, zu viel oder zu wenig Personal hat, gut organisiert oder chaotisch ist. Sie können die Arbeitsmoral Ihrer Mitangestellten prüfen, und Sie bekommen ein Gefühl dafür, ob das Management das Geld freizügig oder nur nach sorgfältiger Prüfung ausgibt. Wenn Sie sich unter den Kunden befinden, können Sie deren Anzahl beurteilen. Warten immer einige Kunden an den Registrierkassen oder sieht das Geschäft menschenleer aus? Sind die Kunden mit den

Waren zufrieden oder beschweren sich viele? Diese kleinen Einzelheiten können Ihnen eine Menge über die Qualität der Muttergesellschaft erzählen. Haben Sie schon jemals einen schmutzigen Body Shop oder ein menschenleeres McDonald's-Restaurant gesehen? Die Angestellten in diesen Läden oder Restaurants hätten schon vor langer Zeit erkennen können, ob und wie erfolgreich diese Betriebe werden würden und ihr freies Geld entsprechend investieren können.

Ein Laden muss aber nicht zusammenbrechen, um Kunden zu verlieren. Er verliert bereits Kunden, wenn ein anderes Geschäft eröffnet, das bessere Waren und einen besseren Kundendienst zu denselben Preisen oder sogar billiger anbietet. Die Angestellten eines Unternehmens gehören zu den Ersten, die es merken, wenn ein Mitbewerber die Kunden abzieht. Niemand kann sie dann daran hindern, ihr Geld bei der Konkurrenz zu investieren. Selbst wenn Sie keinen Arbeitsplatz bei einer Aktiengesellschaft haben, können Sie beurteilen, was aus der Sicht des Kunden bei dieser Firma vorgeht. Jedes Mal, wenn Sie in einem Laden einkaufen, einen Hamburger essen oder eine neue Sonnenbrille kaufen, gewinnen Sie wertvolle Eindrücke. Wenn Sie die angebotenen Warenbestände überprüfen, können Sie feststellen, was sich gut verkauft und was nicht. Wenn Sie Ihre Freunde und Freundinnen beobachten, finden Sie heraus, welche Computer sie kaufen, welche Getränke sie bevorzugen, welche Filme sie sich ansehen oder ob Reeboks in oder out sind. All diese Einzelheiten sind wertvolle Schlüsselinformationen, die Ihnen den Weg zu den richtigen Aktien zeigen können.

Sie wären überrascht, wie viele Erwachsene solche Anzeichen übersehen. Millionen von Menschen arbeiten in Industriezweigen, in denen sie täglich mit potenziellen Investitionen in Berührung kommen, und dennoch ziehen sie nie einen Nutzen aus ihrem Platz in der ersten Reihe. Ärzte wissen, welche Pharmafirmen die besten Heilmittel herstellen, aber sie kaufen selten die Aktien dieser Unternehmen. Bankiers wissen, welche Banken am solidesten sind, die niedrigsten Betriebskosten aufweisen und die einträglichsten und sichersten Darlehen ausreichen, aber sie kaufen nicht notwendigerweise die Aktien dieser Banken. Filialleiter und Manager von Einkaufszentren haben Zugang zu den monatlichen Verkaufszahlen und wissen daher, welche Einzelhandelsketten die meisten Waren verkaufen. Wie viele Manager von Einkaufszentren haben aber persönliche Gewinne gemacht, indem sie in Aktien spezieller Einzelhandelsketten investierten?

Sobald Sie die Welt mit den Augen einer Person betrachten, die Aktien auswählen will und für die alles für eine Investition infrage kommt, bemerken Sie auch die Firmen, die mit den Unternehmen, die anfänglich Ihre Aufmerksamkeit erregten, in Geschäftsbeziehungen stehen. Falls Sie in einem Krankenhaus arbeiten, kommen Sie mit Firmen in Kontakt, die Nahtmaterial herstellen, sterile Kleidung, Spritzen, Betten und Bettpfannen, Röntgeneinrichtungen und EKG-Geräte; mit Unternehmen, die dem Krankenhaus bei der Kosteneinsparung helfen; mit Krankenversicherungen und Firmen für Datenverarbeitung, die die Rechnungen ausstellen und versenden. Lebensmittelgeschäfte bieten einen weiteren reichen Zugang zu verschiedenen Gesellschaften; in jeder Regalreihe finden sich Dutzende davon.

Sie werden es auch bemerken, wenn ein Konkurrenzunternehmen bessere Leistungen erbringt als die Firma, die Sie angestellt hat. Als in den Vereinigten Staaten die Menschen fast Schlange standen, um die neuen Chrysler-Minivans zu kaufen, konnten nicht nur die Verkäufer der Chrysler-Händler erkennen, dass Chrysler auf dem Weg zu Rekordgewinnen war. Auch die Verkäufer der Buick-Händler, die in ihren fast menschenleeren Ausstellungsräumen herumsaßen, mussten dies erkennen können, als sie feststellten, dass eine Menge früherer Buick-Kunden zu Chrysler übergewechselt haben mussten.

Das bringt uns zum Gebiet der Überprüfung von Zahlen.

Wenn eine Firma ein populäres Erzeugnis herstellt, bedeutet das noch nicht, dass Sie automatisch und unbesehen deren Aktien erwerben sollten. Sie müssen noch viel mehr herausfinden, bevor Sie investieren. Es ist auch wichtig, zu wissen, ob eine Firma ihr Bargeld klug ausgibt oder es verplempert. Sie sollten sich danach erkundigen, wie viel sie den Banken schuldet. Man muss überprüfen, ob die Verkaufszahlen steigen und wie schnell. Wie viel verdiente das Unternehmen in den zurückliegenden Jahren und wie viel erwartet es, in den nächsten Jahren zu verdienen? Ist der augenblickliche Kurs der Aktie angemessen, recht niedrig oder übermäßig hoch?

Finden Sie heraus, ob die Firma eine Dividende bezahlt, wie hoch diese ist und wie oft sie im Verlauf der letzten Jahre jeweils erhöht wurde. Die früheren und derzeitigen Gewinne, die Verkaufszahlen, die Schuldenlast, die früheren und jetzigen Dividenden und der Kurs der Aktie: Das sind einige der grundlegenden Kennzahlen, die jemand verfolgen muss, der in Aktien investieren will.

Manche Menschen studieren Finanzwesen und Betriebswirtschaft an Universitäten, um zu lernen, wie diese Zahlen gelesen und gedeutet werden. In einem einführenden Buch wird dieser Bereich daher nicht erschöpfend behandelt werden können. Das Beste, was wir tun können, besteht darin, Ihnen einen grundlegenden Einblick in die Elemente der Finanzen zu vermitteln, damit Sie erkennen können, wie die einzelnen Zahlen zueinander in Beziehung stehen. Sie finden diese Angaben im Anhang 2: „Wie Sie die Zahlen richtig lesen – wie man eine Bilanz entschlüsselt“ (ab Seite 319).

Kein Investor kann auch nur im Entferntesten daran denken, alle der mehr als 13.000 derzeit an den größeren US-Börsen gehandelten Aktiengesellschaften laufend verfolgen zu können. Aus diesem Grund sind die Amateurinvestoren genauso wie die professionellen Aktienhändler dazu gezwungen, die Zahl der Möglichkeiten, die sie wahrnehmen wollen, etwas einzuschränken, indem sie sich auf die Aktien der einen oder anderen Gruppe konzentrieren. Manche Investoren kaufen beispielsweise stets nur Aktien von Firmen, die die Gewohnheit haben, ihre Dividenden immer wieder einmal anzuheben. Andere Anleger suchen nach Firmen, deren Gewinne jährlich jeweils mindestens um 20 Prozent wachsen.

Sie können sich auch auf einen speziellen Industriezweig verlegen, beispielsweise Stromversorgungsunternehmen oder Restaurantketten oder Banken. Man kann sich auf kleine Unternehmen spezialisieren oder auf große, auf neue oder alte. Manche Investoren verlegen sich auf Firmen, die im Augenblick Schwierigkeiten haben und nun ein Comeback versuchen (man nennt derartige Firmen „Turnarounds"). Es gibt Hunderte von verschiedenen Wegen, diese Aufgabe anzugehen.

Das Investieren ist keine exakte Wissenschaft, und auch wenn Sie im Augenblick noch so gründlich die von den Unternehmen in den letzten Jahresberichten veröffentlichten Zahlen überprüfen und noch so viel über die Geschäftstätigkeit eines Unternehmens in der Vergangenheit herausfinden, können Sie doch bezüglich des zukünftigen Geschäftsgangs nie 100 Prozent sicher sein. Was sich morgen ereignen wird, kann man immer nur schätzen. Als Investor müssen Sie aber möglichst wohlbegründete Schätzungen anstellen, keine blinden. Ihre Aufgabe besteht darin, Aktien auszuwählen, nicht zu viel für diese zu bezahlen und immer auf die guten oder schlechten Nachrichten zu achten, die die Firmen Ihres Aktiendepots veröffentlichen oder betreffen. Sie können Ihr Wissen dann anwenden, um die Risiken auf ein Minimum zu begrenzen.

Der Besitz von Aktien

Sie können sich den ganzen Tag lang, vom frühen Morgen bis in die späte Nacht hinein, mit Börsenspielen beschäftigen, aber es gibt keinen Ersatz für den Nervenkitzel, Aktien wirklich zu besitzen. Manche Menschen erinnern sich so gut an ihre ersten Aktien wie an den ersten Kuss. Ganz gleich, wie viele Aktien von Dutzenden von Unternehmen Sie vielleicht in der Zukunft einmal besitzen werden, irgendeine Aktie muss die erste sein.

Wenn Sie an diesem Punkt irgendetwas zurückhält, dann ist es sicher das Geld. Junge Leute haben viel Lebenszeit zum Investieren vor sich, aber nicht immer das Bargeld dafür. Es kann nicht einfach irgendein Geldbetrag gefahrlos in Aktien angelegt werden, sondern es muss ein Betrag sein, bei dem Sie es sich leisten können, viele Jahre zu leben, ohne ihn angreifen zu müssen – Jahre, in denen dieses Geld wächst und sich vervielfacht. Wenn Sie als junger Mensch nebenher eine Teilzeitarbeitsstelle haben und es sich leisten können, von jeder Lohnzahlung etwas zu investieren, ist die Sache umso besser. Andernfalls können Sie vielleicht gegenüber Familienmitgliedern und Verwandten einige sanfte Hinweise auf Ihre Absichten und die Zweckmäßigkeit eines Geldgeschenks in die Unterhaltung einflechten.

In dieser Beziehung können Eltern, Großeltern, Tanten und Onkel eine führende Rolle einnehmen. Für junge Leute sind die Verwandten die großartigste Quelle für Investitionskapital. Wenn Sie von den Verwandten gefragt werden, was Sie sich als Geburtstagsgeschenk, als Weihnachtsgeschenk oder als Belohnung für ein bestandenes Examen wünschen, antworten Sie ihnen: Aktien. Erklären Sie ihnen, dass Sie bei der Wahl zwischen einem Paar Nike-Schuhen oder einer Nike-Aktie lieber die Aktie hätten.

Dieser überraschende Wunsch wird garantiert die meisten Erwachsenen sehr stark beeindrucken. Sie werden über Ihre Voraussicht und Reife erstaunt sein und Sie werden einen Platz ganz weit oben in der Beliebtheitsskala des Familienclans erobern. Falls Ihre Verwandten selbst schon Aktien besitzen, können sie Ihnen beim Start helfen, indem sie ganz einfach eine oder mehrere Aktien an Sie übertragen. Hierfür müssen nur einige Papiere ausgefüllt werden; sie müssen bei einer solchen Übertragung keine Gebühr oder Provision bezahlen. In den Vereinigten Staaten werden jedes Jahr Tausende von Jugendlichen durch ältere Leute, die ihnen die ersten Aktien schenken, in diese Art des Investierens eingeführt. Von den Großeltern plätschert ein stetiges Bächlein von Aktien herunter auf ihre Enkel.

Viele Großeltern in den Vereinigten Staaten haben sich angewöhnt, Savings Bonds (kleine Stückelungen von US-Staatsanleihen) zu verschenken anstelle von Aktien. Falls Sie Großeltern dieses Typs haben, liegt es in Ihrem besten Interesse, ihnen einmal die Tabelle auf Seite 142 vorzulegen. Sie können daraus erkennen, wie viel günstiger es für Sie als Enkel ist, wenn die Großeltern die Savings Bonds meiden und Ihnen stattdessen bei jeder passenden Gelegenheit Aktien von guten Unternehmen schenken.

Während von Eltern oder Großeltern kleine Stückzahlen von Aktien ohne Probleme routinemäßig an Kinder oder Enkel übertragen werden, war es für junge Menschen schwierig, selbst Aktien – und dies in kleinen Stückzahlen – zu kaufen. Bis vor Kurzem wurde jungen Investoren sogar davon abgeraten, die eine Aktie oder die wenigen Aktien zu kaufen, die ihr Investitionsprogramm einleiten würden. Für ein solches Vorhaben bestanden nämlich zwei Hemmnisse: (1) Die meisten Aktienkäufe und Verkäufe werden von Brokern durchgeführt und man kann erst mit 21 Jahren ein eigenes Wertpapierdepot eröffnen und (2) verlangen die meisten Broker für jede Ausführung eine Mindestgebühr, die sich zwischen 25 und 40 Dollar bewegt. Falls Sie also eine einzige Aktie von Pepsi zum Kurs von 47 Dollar kaufen und dabei dem Broker eine Gebühr von 40 Dollar entrichten müssen, ist die Gebühr schon fast so hoch wie die eigentliche Aktie. Ein Investor, der auf Erfolg hofft, kann es sich nicht leisten, 87 Dollar für eine Aktie im Wert von 47 Dollar zu bezahlen.

Derzeit wird aber an der Verbesserung dieser ungünstigen Verhältnisse gearbeitet. Manche Unternehmen haben nämlich damit begonnen, kleine Stückzahlen ihrer eigenen Aktien unmittelbar, unter Umgehung der Broker, an die Öffentlichkeit zu verkaufen. Falls beispielsweise McDonald's Ihnen einen Hamburger verkaufen darf, warum sollte es dann der Restaurantkette nicht auch erlaubt sein, Ihnen die eigenen Aktien zu verkaufen?

80 Unternehmen sind bereits einem sogenannten „Direct Investment Program" beigetreten, bei dem Einzelpersonen bereits einige wenige Aktien kaufen können und dabei fühlbar niedrigere Gebühren bezahlen müssen, als sie die billigsten Discount-Broker einräumen – und in

manchen Fällen sogar überhaupt nichts. Dieses neue Programm ist die beste Sache, die die Wall Street für junge Leute unternommen hat, seit die New York Stock Exchange im Jahr 1960 die Beatles zu einem Konzert auf dem Börsenparkett einlud. Nach den Angaben von Jim Volpe, einem Vorstand der First Chicago Trust Company und Vorkämpfer der Bestrebungen für direktes Investieren, haben bereits mindestens 850 weitere Gesellschaften ihre Bereitschaft geäußert, sich den 80 Firmen anzuschließen, die die Aktien direkt an die Öffentlichkeit verkaufen, und die Liste wird immer länger. Die rechtlichen Hinderungsgründe sind inzwischen ausgeräumt.

Wahrscheinlich werden Sie über das „Direct Investment Program" keine einzelne Aktie kaufen können, denn die meisten Gesellschaften, die teilnehmen, verlangen einen Mindesteinsatz von 250 bis 1.000 Dollar pro Kauforder. Je nach Unternehmen, dessen Miteigentümer Sie werden wollen, müssen Sie daher zuerst etwas Geld zusammensparen, bis Sie die erforderlichen 250 Dollar, oder was immer verlangt wird, aufbringen können. Dies ist aber nur ein geringer Nachteil angesichts des Vorteils, eine wesentlich niedrigere Gebühr als sonst bei den Brokern üblich bezahlen zu müssen.

Der größte Vorteil besteht jedoch darin, dass Sie nach der ersten, ursprünglichen Durchführung eines Aktienkaufs den direkten Kauf von weiteren Aktien der Firma fortsetzen können, wann immer Sie wollen, und das, ohne einen Penny Gebühr bezahlen zu müssen. Weiterhin legt die Firma, falls eine Dividende verteilt wird, den auf Sie entfallenden Dividendenbetrag durch den „Dividend Reinvestment Plan" automatisch in weiteren Aktien des Unternehmens an. In den meisten Fällen stehen Sie dabei nur mit dem Transferagenten der betreffenden Firma in Verbindung, ohne Beteiligung eines Aktienbrokers.

Achten Sie auf weitere Nachrichten über dieses aufregende neue Programm, das dazu beitragen wird, Aktien in die Hände von Millionen Investoren zu bringen, die bisher vom Wertpapiermarkt ausgeschlossen waren.

Falls Ihnen aber die Idee, immer nur eine einzige Aktie zu kaufen, immer noch im Kopf herumspukt, gibt es auch ein Programm, das Ihnen dies ermöglicht. Allerdings muss Ihre Familie zuerst einer Vereinigung, der „National Association of Investors Corporation“ (NAIC), beitreten. Die NAIC ist die Fördergesellschaft für Hunderte von Investmentklubs in den ganzen Vereinigten Staaten.

Nach dem Stand vom Januar 1996 kostet in einem Investmentklub die Mitgliedschaft 35 Dollar im Jahr. Einzelne Mitglieder oder ein Haushalt mit mehreren Personen bezahlen 14 Dollar im Jahr. Hierfür wird dann auch monatlich eine Zeitschrift mit dem Namen *Better Investing* geliefert. Sie enthält alle möglichen nützlichen Angaben, die Ihnen helfen können, mehr Erfolg beim Auffinden geeigneter Aktien zu erzielen. Der überwiegende Teil dieser Hinweise ist auf erfahrene Investoren abgestimmt, aber manche sind auch für Anfänger geeignet und Sie können viel aus ihnen lernen. Zusätzlich zu der Monatszeitschrift wird Ihnen die Möglichkeit eingeräumt, bis zu jeweils zehn Aktien von 151 verschiedenen Gesellschaften zu kaufen, wobei nur eine Abwicklungsgebühr von sieben Dollar pro Order bezahlt werden muss.

Dieses „Kauf Dir eine Aktie“-Programm ist an sich auf Kinder zugeschnitten, obwohl hier wieder das Problem der Volljährigkeit auftritt. Je nach den Gesetzen der einzelnen US-Staaten muss man entweder 18 oder 21 Jahre alt sein, um einen solchen Kauf selbst abschließen zu können. Bei jüngeren Teilnehmern muss ein Elternteil oder der Vormund das Geschäft für das Kind durchführen – es braucht aber sowieso einen der beiden für die Beantragung der Mitgliedschaft im Klub.

Das Programm funktioniert so: Die NAIC schickt Ihnen eine Liste mit den Namen aller 151 Gesellschaften, von denen Sie Aktien kaufen können. Sie wählen aus, welche Sie erwerben wollen, und sehen jeweils den Kurs der betreffenden Aktie nach. Dann schicken Sie Ihre Einkaufsliste zusammen mit einem Scheck über die Summe aus dem gegenwärtigen Kurs der Aktie, die Sie kaufen wollen, zuzüglich der jeweils sieben Dollar Ausführungsgebühr je Aktiengesellschaft zuzüglich eines

Extrabetrags von zehn Dollar für „Fluktuation". Falls Sie beispielsweise eine Aktie von McDonald's kaufen wollen und deren Kurs im Augenblick 40 Dollar beträgt, senden Sie einen Scheck über 57 Dollar.

Wofür die zusätzlichen zehn Dollar? Wenn der Kurs von McDonald's in der Zeit zwischen dem Datum der Absendung Ihres Briefes bis zur Ausführung des Auftrags über 40 Dollar steigen sollte, wird das aus der Reserve von zehn Dollar bezahlt. Ihre zehn Dollar gehen Ihnen auf jeden Fall nicht verloren. Was nach dem Kauf der ersten Aktie noch übrig ist, wird zum Kauf eines Bruchteils einer weiteren Aktie verwendet. Sie werden also eine Aktie und ein Sechzehntel einer Aktie erhalten oder eine Aktie und ein Achtel oder so ähnlich. An diesem Punkt steigt nun die NAIC aus der Geschäftsbeziehung aus und Sie stehen unmittelbar in Verbindung mit einem Vertreter (dem Transferagenten) von McDonald's oder von welcher Gesellschaft auch immer Sie eine Aktie gekauft haben. Alle Gesellschaften, die in der Liste der NAIC aufgeführt sind, haben Programme zur Wiederanlage der Dividenden. Jedes Mal, wenn die Firma eine Dividende ausbezahlt, erhalten Sie daher weitere Bruchteile von Aktien jener Firma. Sie können auch jederzeit weitere Aktien zu Ihrer ursprünglichen hinzukaufen und müssen dabei nur eine geringe nominelle Gebühr bezahlen, wenn überhaupt eine Gebühr berechnet wird.

Falls Sie Ihre Aktien verkaufen wollen, können Sie diese einem Aktienbroker bringen oder schicken (hiervon wird Sie vermutlich wiederum die verhältnismäßig hohe Provision, die ein Broker verlangt, abschrecken) oder Sie schreiben an den (oder die) Transferagenten und äußern Ihren Wunsch nach Verkauf. Dort wird der Auftrag dann zum nächstliegenden Zeitpunkt, der für das Kaufen und Verkaufen festgelegt wurde, zum jeweiligen Tageskurs erledigt. Sie werden erst nach dem Abschluss des Verkaufs erfahren, zu welchem Kurs Ihre Aktien exakt verkauft wurden.

Sobald Sie sich die geringe Mühe gemacht haben, Mitglied der NAIC zu werden, kann Sie nichts mehr davon abhalten, auch einem ihrer angeschlossenen Investmentklubs beizutreten. Es gibt überall in den Vereinigten Staaten NAIC-Mitgliedsklubs, in Großstädten, Kleinstädten, Dörfern und Schulen. Selbst einige Gefängnisse haben solche Klubs.

Wenn Sie Mitglied in einem Investmentklub sind, ist das so ähnlich, als ob Sie im Team beim „Stock Market Game" spielen. Der Unterschied besteht darin, dass Sie als Klubmitglied echtes Geld investieren. Die meisten dieser Klubs treffen sich einmal im Monat im Haus eines der Mitglieder. Dort werden von der Gruppe dann die neuesten Ideen über die richtige Auswahl der Aktien besprochen. Über den Kauf und Verkauf wird abgestimmt und die Mehrheit entscheidet.

Jedes Mitglied ist einverstanden, jeden Monat einen bestimmten, festen Betrag zu investieren. Das können 50 Dollar sein, 100 Dollar – was eben die Mehrheit entscheidet. Es zeigt sich, dass die meisten Menschen mit ihren Investitionen innerhalb eines Klubs besser abschneiden, als wenn sie allein handeln. Dies rührt daher, dass in das Klubleben eine gewisse Disziplin eingebaut ist. Die Mitglieder können nicht in einer Panik Aktien verschleudern, weil die kühleren Rechner im Klub dagegenstimmen werden. Sie können auch keine Aktien kaufen, ohne die Gruppe davon überzeugt zu haben, dass die betreffenden Aktien kaufenswert sind. Dieser Umstand zwingt sie dazu, ihre Hausaufgaben zu machen. Falls jemand berichtet: „Ich empfehle Disney, weil ich das als heißen Tipp gehört habe, als ich in der Cafeteria auf meine Bestellung wartete", wird er wohl eher ausgelacht.

Wie schon früher erwähnt, müssen Sie mindestens 18 Jahre alt sein, um stimmberechtigtes Mitglied in einem Investmentklub werden zu können. Doch selbst wenn Sie noch keine 18 Jahre alt sind, können Sie an den Besprechungen teilnehmen, Aktien empfehlen und während einer Diskussion Ihre Meinung beitragen. Falls ein volljähriges Klubmitglied bereit ist, Ihr Vertrauensmann zu sein, können Sie Ihr eigenes Geld über ein Treuhandkonto investieren.

Aktien und Börse

Nehmen wir einmal an, es würde Sie jemand nach den fünf Institutionen fragen, ohne die das Land keine ein bis zwei Monate lang überleben könnte. Was würden Sie antworten? Das Militär? Die Polizei? Der Kongress? Die Gerichte? Die Stromversorgungsgesellschaften? Die öffentliche Wasserversorgung? Die Krankenhäuser? Schließen Sie einmal die Augen und treffen Sie Ihre Wahl, ohne im nächsten Absatz nachzusehen.

War der Aktien- oder Anleihemarkt auf Ihrer Liste? Bei den meisten Menschen vermutlich nicht. Die Menschen denken nicht sofort an die Wall Street, wenn sie über die wesentlichen Dienste nachdenken, die uns Nahrung, Gas, Unterkunft und einen Wählton zur Verfügung stellen sowie Einbrecher von der Haustür fernhalten. Es ist aber eine Tatsache, dass die Finanzmärkte sehr wichtig sind für das Wohlergehen der ganzen Bevölkerung, nicht nur für die Eigentümer von Aktien und Anleihen. Das Weiße Haus in den Vereinigten Staaten oder die verschiedenen Regierungssitze in Europa könnten einen Monat lang geschlossen sein, und das Leben würde dennoch weitergehen, ohne den Markt für Aktien und Anleihen würde jedoch das gesamte Wirtschaftssystem ausfallen.

Unternehmen oder Personen, die Aktien verkaufen müssten, um Geld für ein Vorhaben aufzubringen, hätten Pech, denn ohne einen Markt gäbe es keine Käufer. Die amerikanische Regierung, die schon mit fünf Billionen Dollar in der Kreide steht, hätte keine Möglichkeit, Anleihen zu verkaufen, um die Ausgaben zu bestreiten, wie sie es normalerweise tut. Es böten sich ihr nur zwei Auswege, beide schlecht: Sie könnte etliche Tonnen neues Bargeld drucken, damit den Wert des Dollar herabsetzen und die Preise haushoch steigen lassen, oder sie könnte aufhören, Rechnungen zu bezahlen, sodass Millionen von Amerikanern ohne Einkommen wären. Firmen und Banken würden bankrottgehen. Scharen von Menschen würden zu den nächsten Bankschaltern rennen, um ihr Geld abzuheben, nur um zu entdecken, dass alles Geld verschwunden ist. Läden und Fabriken müssten schließen und Millionen Amerikaner hätten keine Arbeit mehr. Sie könnten beobachten, wie diese Arbeitslosen durch die Straßen wandern und in den Mülltonnen nach halb aufgegessenen Pizzas suchen würden. Die Zivilisation in der uns vertrauten Form würde ein rasches Ende finden und alles nur, weil die Finanzmärkte geschlossen sind. Diese Märkte sind also wesentlich wichtiger, als sie eingeschätzt werden. Wir könnten ohne sie nicht lange überleben.

Die Rolle des Brokers

Wir wollen einmal annehmen, dass Sie die Mittel zur Verfügung hätten, um eine genügende Menge Aktien kaufen zu können, dann ist es sinnvoll, dies über den normalen Weg abzuwickeln – über einen Broker. Falls Sie ernsthaft beabsichtigen, zu investieren, werden Sie schließlich diesen Punkt erreichen. Der Broker ist Ihr Eingangstor zu den Aktienmärkten, von denen heutzutage das Schicksal der Welt abhängt.

Da Sie nicht einfach in ein Börsengebäude hineinwandern und selbst Aktien kaufen oder verkaufen können, müssen Sie die Dienste eines Brokers und eines Brokerhauses in Anspruch nehmen. Sie haben vielleicht schon Namen einiger solcher Unternehmen gehört oder gelesen: Merrill Lynch, Smith Barney, Dean Witter, Paine Webber, Charles Schwab und so weiter. Charles Schwab lebt noch, Dean Witter ist bereits verstorben, die restlichen Namen sind aus mehreren zusammengesetzt. Es gab einmal einen Herrn Merrill und einen Herrn Lynch, einen Herrn Smith und einen Herrn Barney, einen Herrn Paine und einen Herrn Webber und so fort.

Brokerhäuser wie die soeben genannten versuchen den Eindruck zu erwecken, dass sie weit in die Vergangenheit zurückreichen und sehr stabil sind, während sie sich in Wirklichkeit immer wieder einmal trennen oder vereinigen und den Namen dementsprechend ändern. Dieser Geschäftszweig ist ziemlich wechselhaft, mit vielen Vernunftheiraten und Scheidungen im Laufe der Jahre.

Alle großen Brokerhäuser befassen sich mit Aktien, Anleihen und Investmentfonds, und alle müssen die gleichen Regeln, die vom Staat festgelegt wurden, einhalten. Abgesehen von der Bindung an diese Regeln bestehen jedoch recht große Unterschiede. Die sogenannten „Full-Service-Broker" wie Merrill Lynch oder Smith Barney verlangen höhere Provisionen als die „Discount-Broker" wie etwa Schwab.

Dann gibt es noch die „Deep-Discount-Broker", die die niedrigsten Provisionen berechnen, aber eingeschränkte Dienste bieten.

Die höheren Provisionen, die Sie einem Full-Service-Broker bezahlen, berechtigen Sie zur Beratung durch jenen Broker. Discount-Broker geben dagegen keine Ratschläge. Sie kaufen und verkaufen lediglich, und dies nach Ihren Anweisungen.

Hier müssen Sie nun wiederum eine Entscheidung fällen.

Gleichzeitig mit der Auswahl Ihrer ersten Aktie müssen Sie sich auch einen Broker wählen. Diese Wahl können Sie am besten treffen, indem Sie mit einigen dieser Leute sprechen – besonders mit solchen, die Ihnen von Freunden oder Verwandten empfohlen wurden. Wenn Ihnen der erste nicht gefällt, ist das nicht schlimm; es gibt viele andere. Einige haben viel Erfahrung und wissen eine Menge über das Investieren in Aktien, während andere gerade erst einen kurzen Ausbildungslehrgang hinter sich haben und recht wenig wissen. Ein gutes Verhältnis zu einem Broker ist sehr vorteilhaft, wenn man mit Freude investieren will.

Nach der Wahl eines Brokerhauses und eines Brokers ist die Eröffnung eines Depots der nächste Schritt. Hier stoßen wir auf die nächste Hürde: Falls Sie noch nicht 21 Jahre alt sind, können Sie kein eigenes Depot besitzen. In den meisten Staaten der Vereinigten Staaten entspricht das Alter, um investieren zu können, dem Alter, mit dem Sie alkoholische Getränke zu sich nehmen dürfen. Sie können mit 16 Jahren einen Führerschein bekommen, ein Auto fahren und auch in die Armee eintreten, aber Sie dürfen keine Geschäftsbeziehungen mit einem Broker unterhalten, wenn Sie noch nicht volljährig sind.

Sie können dieses Volljährigkeitsproblem umgehen, wenn Sie ein Konto über einen Elternteil oder eine Vertrauensperson einrichten, die als Treuhänder fungiert. Das ist ungefähr wie ein Führerschein mit Einschränkungen, als ob Sie Auto fahren dürfen, jedoch ein Erwachsener neben Ihnen sitzen muss, um Sie zu ermutigen oder einen Schrei auszustoßen, wenn Sie die Fahrspur verlassen.

Angenommen, Sie haben ein Konto über einen Treuhänder eröffnet, die notwendigen Papiere unterzeichnet, dem Broker das Geld übergeben, das Sie investieren wollen, und ihm gesagt, Sie seien an Disney interessiert. Ein guter Full-Service-Broker wird dann an einem Spezialcomputer, den jeder Broker hat, Disney eingeben und Ihnen die neuesten Angaben über diese Firma mitteilen.

Er oder sie wird Ihnen auch Berichte über Disney aushändigen, die von einem Analysten des betreffenden Brokerhauses erstellt wurden, der ständig die geschäftliche Lage von Disney verfolgt. Wenn sie ihre Arbeit gewissenhaft und fleißig erledigen, können Analysten recht wertvolle Informationsquellen darstellen.

Es ist durchaus möglich, dass der Analyst im Augenblick Disney nicht sehr mag oder der Meinung ist, dass der Kurs gerade sehr hoch steht oder niedrige Besucherzahlen in den Vergnügungsparks die Gewinne der Gesellschaft drücken werden. Es ist auch möglich, dass Ihr Broker Ihnen Disney auszureden versucht und Sie zu einer anderen Aktie steuern will, die dem Brokerhaus besser gefällt.

Falls Sie aber Ihre Hausaufgaben gemacht haben und weiterhin der Ansicht sind, dass Disney ein guter Kauf ist, können Sie auf Ihrer Wahl beharren und darauf bestehen, dass sie ausgeführt wird. Schließlich ist es Ihr Geld, das investiert wird.

Der nächste Punkt, den Sie entscheiden müssen, ist der Kurs, den Sie bereit sind, für Disney zu bezahlen. Sie können eine Aktie per Market-Order kaufen, was bedeutet, dass Ihnen der Kurs verrechnet wird, der im Moment der Ankunft Ihres Kaufauftrages an der Wall Street gerade handelsüblich ist. Sie können aber auch eine Limit-Order aufgeben, einen bestimmten Kurs festsetzen und hoffen, dass jemand diesem Limit zustimmt. Das ist eben das Risiko, das Sie mit Limit-Orders eingehen müssen: Sie warten darauf, bei einem bestimmten Kurs zu kaufen (oder zu verkaufen), was eintreten kann oder auch nicht.

Nehmen wir einmal an, Ihr Broker hätte über seinen Computer nachgefragt und Ihnen dann mitgeteilt, dass Disney gerade zu 50 Dollar pro Aktie gehandelt wird. Sie entscheiden sich dafür, Ihr Kaufangebot „at the market" einzugeben. Der Broker schickt Ihren Auftrag dann über seinen Computer zur New York Stock Exchange.

Die New York Stock Exchange (NYSE) ist die älteste und angesehenste Börse der Welt. Sie liegt knapp neben der Wall Street, hat die Hausnummer 82 in der Broad Street und besitzt ein eindrucksvolles Gebäude mit griechischen Säulen zur Straßenfront hin, das an ein Gerichtsgebäude oder großes Postamt erinnert. Es gibt noch andere Börsen in den Vereinigten Staaten, aber Disney ist an der NYSE notiert, was bedeutet, dass dort immer Aktien von Disney zum Verkauf angeboten werden.

Wenn Sie einmal nach New York kommen und nichts Besseres zu tun haben, sollten Sie auf jeden Fall der NYSE einen Besuch abstatten. Die Besucherführung beginnt in einem Raum voller Fotos und Schaukästen, wo Sie auf Knöpfe drücken können und die Geschichte vom Anfang des Aktienmarkts im Jahr 1790 unter einem Baum erfahren. Sie werden hören, wie die Spekulanten unter den ersten Siedlern und die Pferdehändler unter diesem Baum im Freien standen und Pferde, Weizen, Zucker und noch vieles mehr in einer lauten, pausenlosen Auktion kauften und verkauften. Nachdem der Revolutionskrieg von den Amerikanern gewonnen wurde, bekamen diese Händler die Gelegenheit, die von der Regierung zur Finanzierung des Krieges ausgegebenen Schuldscheine zu versteigern. Dieses sogenannte „Scrip" war das erste Finanzpapier, das jemals auf einem Markt in den Vereinigten Staaten verkauft wurde.

Schon lange vorher wurde entlang der Wall Street eine Stadtmauer errichtet, um Angreifer abzuhalten. Von dieser Mauer erhielt die Wall

Street ihren Namen. Die Händler unter dem Baum waren verwegene Burschen, aber nach einiger Zeit wurden sie es leid, immer draußen im Regen und im Schnee zu stehen. Deshalb zogen sie in Räume in den örtlichen Kaffeehäusern um, wo sie wenigstens ein Dach über dem Kopf hatten.

Als sich das Geschäft belebte, mieteten sie Räume in nahe gelegenen Kellern und Dachböden, bis sie langfristig Räume mieten und dort bleiben konnten. Im Jahre 1864 errichteten sie das Gebäude, in dem seither die NYSE untergebracht ist. Es ist nicht weiter von der Stelle entfernt, wo einst der ursprüngliche Baum stand, als man eine Frisbeescheibe werfen kann.

Nachdem Sie an den Fotos und Schaukästen vorbeigegangen sind und einer kurzen Einführung durch einen Führer zugehört haben, können Sie zur Besuchergalerie gehen, was der interessanteste Teil ist. Sie können durch ein riesiges Schaufenster hinunterschauen und sehen das 30 Meter tiefer liegende Börsenparkett, auf dem sich der ganze Handel abspielt, aus der Vogelperspektive. Der Handelssaal sieht aus, als ob er so lang wie ein Football-Feld wäre, und er vermittelt denselben lärmenden und hektischen Eindruck wie ein Football-Stadion während eines Spiels.

Die Spieler in der NYSE tragen Freizeitschuhe mit rutschsicheren Gummisohlen und farbige Laborkittel, die ihre Uniform darstellen. Hunderte von ihnen hasten herum, winken mit den Armen und schreien, um auf sich aufmerksam zu machen, und diejenigen, die nicht hasten, stehen an bestimmten Stellen des Parketts, die man „Posts“ nennt, und stecken die Köpfe zusammen. Bei jedem Post hängt über den Köpfen ein großer Bildschirm an einem Wirrwarr von Querträgern und Rohren, die fast wie freiliegende Wasser- und Abwasserleitungen aussehen. In der Umgebung dieser Monitore unterhalb der freiliegenden Rohre werden die Aktien von mehr als 2.500 Unternehmen gehandelt, während Sie von oben zusehen.

Von Ihrem hoch gelegenen Sitzplatz können Sie den Post für Disney (und etliche andere Aktien) sehen. Wenn Sie nun mit dem Aufzug nach unten fahren würden und es Ihnen gelingen würde, an den Sicherheitswachen vorbeizuschleichen, dann wären Sie sogleich auf dem Börsenparkett, um persönlich eine Aktie von Disney zu kaufen. So geht es aber nicht. Ihr Auftrag muss von Ihrem Brokerhaus hereinkommen, zu den Händlern in den Laborkitteln. Die führen die eigentlichen Käufe und Verkäufe aus, manchmal für sich selbst, meistens aber für Kunden, wie Sie einer sind, die aus der ganzen Welt über einen Broker ihre Aufträge an die NYSE gesandt haben.

Die grundlegende Routine an den einzelnen Posts hat sich seit Jahrzehnten nicht geändert. Man kann sich das Verfahren wie eine ständige Versteigerung ohne Pause vorstellen, wobei immer die gleiche Ware zum Kauf angeboten wird. In unserem Falle sind die Aktien von Disney die Ware.

Nehmen wir einmal an, dass ein Händler am Post für Disney „1.000 für 49 ⅞ Dollar“ ausruft. Diese laut gerufenen Angaben bedeuten, dass einer seiner Kunden 1.000 Aktien von Disney zum Kurs von 49 ⅞ Dollar je Aktie verkaufen will. Falls ein anderer Händler an diesem Post gerade einen Kunden hat, der 1.000 Aktien von Disney zu 49 ⅞ Dollar pro Stück kaufen will, schließen diese beiden Händler das Geschäft ab. So glatt geht die Sache aber nicht immer ab. Es kann vorkommen, dass im Augenblick niemand bereit ist, zum geforderten Kurs zu kaufen. Der Händler, der Disney verkauft, muss daher nun den Kurs erniedrigen, etwa auf 49 ¾ oder sogar auf 49 ½ Dollar, bis er endlich einen entsprechenden Käufer findet.

Es kann andererseits auch vorkommen, dass Käufer bei 49 ⅞ Dollar vorhanden sind, aber niemand zu diesem Kurs verkaufen will. In diesem Falle müssen die Käufer ihre Gebote auf 50 oder 50 ½ Dollar erhöhen, bis damit ein Verkäufer angelockt wird.

In dieser Weise laufen die Geschäfte ab, von 9:30 Uhr, wenn der Markt öffnet, bis um 16:00 Uhr, wenn er wieder schließt. Während dieser ganzen Zeit ändern sich die Kurse von einer Minute zur anderen aufwärts und abwärts im Verlauf dieser stundenlangen „Versteigerung“. Eine

Person, die „Specialist“ genannt wird (in unserem Beispiel ist es der Specialist für Disney), steht inmitten des ganzen Wirbels bei dem Post, an dem Disney gehandelt wird. Er hört auf die Angebote und Forderungen, registriert die entsprechenden Signale, bringt die Käufer und Verkäufer zusammen und notiert jedes Geschäft.

Derzeit werden jeden Tag mehr als eine Million Aktien von Disney an der NYSE gekauft und verkauft, dazu noch mehr als 338 Millionen anderer Aktien der anderen 2.600 an der NYSE notierten Gesellschaften. Sie wundern sich vielleicht, wie es überhaupt möglich sein kann, dass der einzelne Disney-Specialist, der am betreffenden Post steht, dieses Geschäftsvolumen überhaupt bewältigen kann. Die Antwort ist: Er kann es gar nicht.

Obwohl die meisten Investoren es nicht wahrnehmen, so kommen doch 85 Prozent aller Orders über Computer an den Posts der Spezialisten an. Sowohl in den Börsen als auch außerhalb führen Computer noch eine Vielzahl weiterer Transaktionen aus. Die Handelsabteilungen der Brokerhäuser an der Wall Street schließen unmittelbar mit anderen Handelsabteilungen Geschäfte ab. Wenn Sie in der NYSE von der Besuchergalerie auf das Börsenparkett hinunterschauen, dann beobachten Sie ein farbenprächtiges Schauspiel, das immer schneller veraltet.

Wo vernetzte Computer verfügbar sind, benötigt man nicht Hunderte von Boten und Händlern, die beim Umherrennen die Gummisohlen ihrer Schuhe abnutzen und sich heiser schreien. Alle Angebote für den Kauf und Verkauf von Aktien können auf Bildschirmen dargestellt werden, und bei vielen ist dies heute schon der Fall.

Die NYSE hat ein spezielles Kopplungssystem für kleine Umsätze, wie es bei Ihnen der Fall ist. Ihr Kaufauftrag für Disney wird gleich in den NYSE-Computer eingegeben, wo er automatisch mit einem Verkaufsauftrag zusammengeführt wird, der von einer anderen Person hereinkommt.

Der Kauf und Verkauf von Aktien spielt sich in völliger Anonymität ab. Im Gegensatz zu einem Kaufabschluss auf einem Flohmarkt sehen

Sie beim Kauf oder Verkauf von Aktien nie die andere Person. Vielleicht ist dies auch gut so, weil Sie sich unter diesen Bedingungen nicht hinsetzen müssen, um dem Verkäufer von Disney-Aktien zuzuhören, aus welchem Grund er sie loswerden will, ähnlich wie mit einem Nachbarn, der Ihnen sein gebrauchtes Auto verkauft.

Die andere Partei kann viele Gründe haben, die Aktien zu verkaufen, die Sie gerade kaufen. Vielleicht will der Verkäufer sein Haus neu anstreichen oder eine Ferienreise unternehmen. Vielleicht gefallen ihm die Filme, die Disney in der letzten Zeit produziert hat, nicht und er ist deshalb weniger optimistisch für die Zukunft der Gesellschaft als Sie. Vielleicht ist er aber auch auf eine Aktie gestoßen, die er lieber besitzen will als die Disney-Aktie. Aber welche Gründe er auch immer haben mag, Ihnen können sie gleichgültig sein. Falls Sie Ihre Hausaufgaben gemacht haben, wissen Sie, warum Sie kaufen.

Nachdem der Computer Sie mit einem Verkäufer zusammengebracht hat und das Geschäft abgeschlossen ist, wird die Nachricht von diesem Umsatz an das elektronische „Tickertape" weitergegeben, das Sie auf den Bildschirmen sehen können, wenn Sie einen Finanz-TV-Sender einschalten. Haben Sie jenen ständigen Strom von Zahlen und Zeichen schon einmal näher betrachtet? Jede Einzelgruppe ist die Wiedergabe eines Umsatzes, eines Kaufs von Aktien zusammen mit einem Verkauf. Beispielsweise bedeutet „DIS 50, $ 50" dass gerade 50 Aktien von Disney zum Kurs von 50 Dollar pro Stück von einer Person verkauft und von einer anderen Person gekauft wurden. Wenn Sie selbst 50 Aktien zum Kurs von 50 Dollar gekauft hätten, würde die ganze Welt jetzt davon erfahren, denn die entsprechende kleine Meldung „DIS 50, $ 50" würde in Brokerhäusern und Investmentgesellschaften von Boston in den Vereinigten Staaten bis Peking in China über Fernsehbildschirme und elektronische Anzeigemonitore laufen.

Andy Warhol, der berühmte Designer der Suppendose von Campbell's Soup (eine weitere große Aktiengesellschaft), sagte einmal, dass angesichts all der Medien um uns herum jeder Mensch 15 Minuten lang berühmt werden kann. Warhol übertrieb ein wenig bei seinen Scherzen, aber jeder Umsatz in Aktien von 50 Stück oder mehr erhält jedes Mal fünf Sekunden Weltberühmtheit.

Andere Orte, an denen Aktien gehandelt werden

Vor hundert Jahren gab es neben den beiden großen, der NYSE und der American Stock Exchange, in den Vereinigten Staaten noch viele weitere Börsen. Milwaukee hatte eine Börse – und auch San Francisco, Philadelphia, Des Moines und Dallas. Ein Aktienenthusiast konnte ganze Ferien damit verbringen, durch das Land zu reisen und die Action an den verschiedenen Börsen anzuschauen, so wie ein Baseballfan Spiele in verschiedenen Stadien besucht. Die kleineren Börsen verloren aber nach und nach an Bedeutung, die meisten sind inzwischen verschwunden.

Die beiden großen Börsen in den Vereinigten Staaten sind heute die NYSE und die NASDAQ. NASDAQ ist eine Abkürzung für „National Association of Securities Dealers Automated Quotations System" (deutsch etwa: automatisiertes Kursangabesystem der nationalen Vereinigung der Aktienhändler). Zahlreiche Menschen könnten Sie mit dieser Kenntnis verblüffen, denn sogar viele berufsmäßig im Aktienhandel tätige Menschen an der Wall Street wissen nicht, was diese sechs Buchstaben bedeuten. Man muss fast zweimal Atem holen, um den vollen Namen auszusprechen, was der Grund dafür ist, dass man ihn nie hört.

Früher verkauften Gesellschaften, die zu klein waren, um an den regulären Börsen notiert zu werden, ihre Aktien in Aktienläden in der Nachbarschaft, in denen die Käufe und Verkäufe über den Ladentisch hinweg (englisch: over the counter) abgewickelt wurden. Es kam aber vor, dass ein Käufer im Norden, in Detroit, Michigan, 10 bis 20 Prozent mehr für eine bestimmte Aktie zahlen musste als ein anderer Käufer im tiefen Süden, in San Antonio, Texas, denn es gab kein Tickertape, von dem die Menschen die neuesten Kurse ablesen konnten. Der Freiverkehrshandel war das Paradies der Glücksspieler und der wilden Spekulanten. Der durchschnittliche Investor war klug genug, ihn zu meiden.

Die Manager des Over-the-Counter-Markts gehörten mit zu den Ersten, die erkannten, dass Computer den Aktienhandel revolutionieren könnten. Sie stellten fest, dass sie keinen riesigen Saal für ihre Tätigkeit benötigten wie denjenigen in der NYSE. Sie brauchten kein prächtiges Gebäude oder Hunderte von Angestellten in Laborkitteln, die wie Ameisen herumrennen und mit den Händen winken. Alles, was sie brauchten, waren einige Computer-Terminals und genug Leute, die vor den Monitoren und Tastaturen sitzen und auf den Bildschirmen die Geschäfte abschließen. Wie durch Zauberhand hatte die NASDAQ ihr eigenes, elektronisches Börsenparkett. Technisch gesehen ist es keine Börse, es ist ein Netz von Computern.

Wenn Sie Aktien eines Unternehmens kaufen wollen, die an der NASDAQ gehandelt werden, beispielsweise Microsoft, so übermittelt Ihr Broker Ihren Auftrag in das NASDAQ-Computersystem, wo er dann zusammen mit allen weiteren Aufträgen für Kauf und Verkauf von Microsoft-Aktien auf dem Bildschirm angezeigt wird. Der entsprechende Marketmaker der NASDAQ sitzt an einem Computer-Terminal in einem Büro, das irgendwo in den Vereinigten Staaten liegen kann, und bringt die passenden Angebote für Kauf und Verkauf zusammen.

Während ein Specialist an der NYSE den ganzen Tag lang an seinem Post stehen muss und vielleicht Krämpfe in den Beinen bekommt, kann der Marketmaker der NASDAQ von einem bequemen Bürostuhl mit orthopädisch optimierter Rückenlehne aus arbeiten. Während der Specialist an der NYSE die Rolle eines „Heiratsvermittlers“ spielt, platziert sich der Marketmaker der NASDAQ selbst in der Mitte jedes Aktienhandels. Er kauft die Aktien vom Verkäufer, dreht sich herum und verkauft dieselben Aktien sofort dem Käufer zu einem etwas höheren Kurs. Der Kursunterschied ist sein Profit, der in der Fachsprache „Spread“ genannt wird.

In den 25 Jahren seit ihrem Anfang wuchs die NASDAQ sehr rasch. Heute ist sie der größte Rivale der NYSE und die Börse mit dem zweitgrößten Umsatz. Viele kleine und unbekannte Unternehmen, die in den Jahren nach 1970 und 1980 an der NASDAQ starteten – Microsoft, Apple Computer, MCI, Intel und so weiter –, wuchsen inzwischen zu Industriegiganten heran, die Tausende von Mitarbeitern haben, einen Umsatz von Milliarden Dollar aufweisen und weltberühmt sind. Ihre Aktien werden immer noch an der NASDAQ gehandelt.

Die Zeitungsseiten mit den Aktienkursen

Falls Sie Aktien von Disney gekauft haben, werden Sie am nächsten Tag gleich nach der Zeitung greifen und den Wirtschaftsteil aufschlagen, um den letzten Kurs von Disney nachzusehen. Das machen die Aktionäre jeden Morgen. Es ist ihre erste wichtige Tätigkeit, gleich nachdem sie geduscht, die Zähne geputzt, sich angezogen und eine Tasse Kaffee eingegossen haben.

Man kann Investoren leicht erkennen, indem man ihnen zusieht, wo sie die Zeitung öffnen. Sie fangen nicht auf den Sportseiten an, nicht beim Leitartikel, der täglichen Glosse oder beim Fortsetzungsroman. Sie schlagen mit geübtem Griff den Wirtschaftsteil auf, fahren bei der Liste der Aktien langsam mit dem Zeigefinger von oben nach unten und suchen nach den Schlusskursen der Aktien ihres Wertpapierdepots.

Je nachdem, was sie dort vorfinden, kann ihre Stimmung innerhalb von Sekunden umschlagen. Vielleicht haben Sie dies schon selbst in Ihrer Familie beobachtet.

Sie sitzen am Frühstückstisch und Ihr Vater überfliegt die Aktienkurse (meistens sind dies die Väter, wenn auch immer mehr Frauen ebenfalls Interesse an diesem Gebiet zeigen). Falls er eine saure Miene aufsetzt und Sie zum hundertsten Mal ermahnt, das Licht im Badezimmer nicht immer brennen zu lassen, weil das Stromverschwendung sei, was eine Verschwendung von Geld darstellt, dann können Sie ziemlich sicher sein, dass er einen Kursrückgang seiner Aktien festgestellt hat. Falls er jedoch das Lied „What a wonderful world ..." summt und Ihnen eine Erhöhung des Taschengelds anbietet, sind seine Aktien im Kurs gestiegen.

Während die Börsen geöffnet sind und Aktien schnell die Besitzer wechseln, steigen und fallen die Kurse von einer Minute zur anderen. Kurz bevor jedoch beispielsweise an der NYSE um 16 Uhr die Schlussglocke läutet, wird für jede Aktie, jeweils einige Sekunden früher oder später, der letzte Handel abgeschlossen. Der diesem letzten Abschluss zugrunde liegende Kurs, der sogenannte Schlusskurs, wird am nächsten Morgen in den Zeitungen angegeben. Nach ihm schauen die Investoren, wenn sie den Wirtschaftsteil der Zeitung entfalten und die Seiten voller Zahlen durchsuchen, die in Zeilen angeordnet sind wie in der nachstehenden Tabelle.

365-Day High-Low	**Stock**	**Div**	**Yld %**	**P/E**	**Sales**	**High**	**Low**	**Last**	**Chg**
62 7/8 37 3/4	Disney	.36	.625	23	11.090	57 3/4	56 3/4	57 5/8	+1/4

Auf diesem schmalen Streifen sind sehr viele Angaben zusammengefasst:

Der Name der Aktie (des Unternehmens) erscheint in der zweiten Spalte unter „Stock". In der ersten Spalte, „365-Day High-Low", finden Sie zwei Zahlen: 62 7/8 und 37 3/4. Diese stellen Dollar dar. Während der letzten 365 Tage war also 62 7/8 Dollar der höchste Kurs, den irgendjemand für eine Aktie von Disney bezahlte, und 37 3/4 Dollar der tiefste. Es gibt also einen weiten Bereich der Preise, die die Menschen bereit sind, für ein und dieselbe Aktie zu bezahlen.

Tatsächlich bewegt sich jedes Jahr der Kurs für die durchschnittliche Aktie an der NYSE etwa 57 Prozent über und unter dem Basiskurs. Es ist noch unglaublicher, dass jede dritte an der NYSE gehandelte Aktie jedes Jahr bis zu 100 Prozent über und unter den Basiskurs steigt oder fällt und dass etwa 50 Prozent aller Aktien an der NYSE mehr als 100 Prozent steigen oder fallen. Eine angenommene Aktie mag das Jahr mit einem Kurs von zwölf Dollar beginnen, während einer Periode der Kursaufschwünge auf 16 Dollar steigen und während eines pessimistischen Zeitabschnitts auf acht Dollar fallen. Das ist eine Kursschwankung von 100 Prozent, von acht Dollar bis auf 16 Dollar. Manche Investoren bezahlen also einen ganzen Batzen weniger als andere für die Aktien derselben Firma in demselben Jahr.

Sie bemerken auch, dass die Kurse in ganzen Zahlen und Brüchen angegeben sind, nicht mit Dezimalstellen rechts vom Komma; 37,75 wird daher zu 37 ¾. Dieses etwas altmodische Zahlensystem stammt von den Spaniern, die ihre Geldeinheit in Achtel aufteilten – aus diesem Grund krächzen die Papageien in Filmen über Piraten immer über „Pieces of Eight“ (Achtelstücke).

An der Wall Street wurde das System der Rechnung mit Achteln beibehalten. Deshalb hört man nicht, dass die Soundso-Aktie „heute zehn Cent gestiegen ist“, sondern dass sie „einen Achtelpunkt“ höher notiert, oder statt „gestiegen um 25 Cent“ hören Sie: „einen Viertelpunkt“. Ein „Punkt“ ist Wall-Street-Chinesisch für „Dollar“.

In den vier Spalten ganz rechts, „High“, „Low“, „Last“ und „Chg“ (Change = Änderung) erhalten Sie einen kurzen Überblick über das, was sich gestern mit der betreffenden Aktie ereignete. Im vorliegenden Fall ereignete sich nicht viel. Der höchste Kurs, zu dem jemand Disney während dieser Börsensitzung kaufte, war 57 ¾ Dollar und der niedrigste 56 ¾ Dollar. Der letzte Handel wurde bei 57 ⅝ Dollar abgeschlossen. Dieser Kurs ist der Schlusskurs, den alle in der Zeitung lesen.

Er lag 0,25 Dollar höher als am Vortag, weshalb ¼ in der Spalte „Chg“ angegeben ist.

Unmittelbar rechts von dem Wort „Stock“ steht „Div“ was eine Abkürzung für „Dividend“ ist. Dividenden sind eine Art Belohnung, die das Unternehmen dafür an die Leute auszahlt, dass sie die Aktien des

Unternehmens kauften. Manche Unternehmen zahlen hohe Dividenden aus, manche niedrige und manche gar keine. Sie werden später noch mehr über Dividenden erfahren.

In unserer Tabelle ist unter „Div“ die Zahl 0,36 angegeben, was „36 Cent“ bedeutet. Das ist die gegenwärtige jährliche Dividende von Disney – für jede Aktie, die Sie besitzen, erhalten Sie in diesem Jahr 36 Cent ausbezahlt.

In der nächsten Spalte rechts davon, unter der Überschrift „Yld %“ (Rendite in %) finden Sie noch weitere Angaben über die Dividende, sodass Sie diese mit dem Ertrag eines Sparkontos oder einer Anleihe vergleichen können. Hier wurde die jährliche Auszahlung von 36 durch den Schlusskurs des Tages, 57 5/8 Dollar, geteilt. Das Ergebnis ist 0,625 Prozent – der prozentuale Ertrag, den Sie für Ihr Geld erhalten, wenn Sie es zum augenblicklichen Kurs in Disney investieren.

Diese 0,625 Prozent sind im Vergleich zu einem Sparbuch, das derzeit etwa mit 2,5 bis 3,0 Prozent verzinst wird, sehr wenig. Disney ist keine Aktie, die man wegen der Dividende kauft.

Rechts von „Yld %“ steht die Angabe „P/E“. Diese Buchstaben sind eine Abkürzung für „price/earnings ratio“ (Kurs-Gewinn-Verhältnis = KGV). Man ermittelt dieses Verhältnis, indem man den augenblicklichen Kurs der Aktie durch den Jahresgewinn des Unternehmens pro Aktie teilt. Sie brauchen dies nicht selbst auszurechnen, denn es wird jeden Tag in der Zeitung angegeben.

Wenn sich die Leute überlegen, ob sie eine bestimmte Aktie kaufen sollten oder nicht, dann hilft ihnen das KGV dabei, festzustellen, ob sie billig oder teuer ist. Je nach Art des betreffenden Industriezweigs findet man verschiedene KGVs – und wieder verschiedene von einem Unternehmen zum anderen. Der einfachste Weg zur Nutzung dieser Angabe ist der Vergleich des augenblicklichen KGVs eines Unternehmens mit dem historischen Normalwert.

Beim derzeitigen amerikanischen Wertpapiermarkt ist das augenblickliche KGV ungefähr 16. Das KGV von 23 bei Disney lässt diese Aktie im

Vergleich mit der Durchschnittsaktie eigentlich etwas teuer erscheinen. In den letzten 15 Jahren durchstreifte das KGV von Disney aber den Bereich von 12 bis 40. Der Wert von 23 ist daher historisch gesehen nicht ungewöhnlich. Er liegt höher als bei normalen Aktien, weil andererseits Disney auch außerordentlich leistungsfähig ist.

Schließlich finden Sie in der Tabelle die Angabe „Sales“: Das ist die Zahl von Aktien dieses Unternehmens, die von den Leuten an diesem Tag verkauft und gekauft wurden, der Umsatz oder das Handelsvolumen. In den Vereinigten Staaten werden die Aktien in Paketen von je 100 Stück gehandelt, deshalb müssen Sie diese Zahl, hier 11.090, immer mit 100 multiplizieren. Also wechselten über 1,1 Millionen Aktien von Disney ihre Besitzer. Es ist nicht unbedingt nötig, dies zu wissen, aber Sie erkennen daran, dass der Aktienmarkt ein sehr lebhafter Markt ist. Wenn Sie die Tagesumsätze der drei großen amerikanischen Börsen (NYSE, American Stock Exchange und NASDAQ) zusammenzählen, kommen Sie durchschnittlich auf einen täglichen Umsatz von einer halben Milliarde Aktien.

Durch die Personal Computer in den Haushalten und die elektronischen Medien müssen die Menschen nicht mehr auf die Zeitung des nächsten Tages warten, um die Kurse ihrer Aktien zu erfahren. Tagsüber können sie sie am Fernseher erfahren oder mittels ihres Computers abfragen oder bestimmte Telefonnummern anrufen. Es gibt sogar einen Handy-Empfänger, der seine Signale von einem Satelliten erhält. Man kann jenen Empfänger überallhin mitnehmen – auf eine Wildwasserfahrt, eine Seereise oder zum Bergsteigen.

Dieser ganze technische Schnickschnack hat einen Nachteil: Durch die täglichen Schwankungen der Kurse können Sie seelisch zu sehr aus dem Gleichgewicht kommen. Wenn Ihre Stimmung im Gleichtakt mit den Aktienkursen steigt oder fällt, dann kann dies zu einer sehr großen seelischen Belastung werden, wovon Sie keinerlei Nutzen haben. Wenn Sie langfristig investieren, ist es unnötig, sich darüber Sorgen zu machen, ob der Kurs von Disney heute, morgen oder in einem Monat steigt, fällt oder gleich bleibt.

Vergünstigungen für Aktionäre

Aktien sind sehr demokratisch. Sie haben keine Vorurteile. Es ist ihnen gleichgültig, wem sie gehören. Schwarze oder weiße Hautfarbe, Mann oder Frau, Ausländer oder Einheimischer, Heiliger oder Sünder, es spielt keine Rolle. Der Besitz von Aktien wird nicht von einem Mitgliederausschuss überprüft, wie dies in vornehmen Klubs üblich ist. Ein Unternehmen kann Sie nicht daran hindern, Aktien zu kaufen und damit Miteigentümer des Unternehmens, das Sie sich ausgesucht haben, zu werden; und wenn Sie erst einmal Aktionär geworden sind, kann man Sie nie mehr hinauswerfen.

Selbst wenn Sie nur eine einzige Aktie von Disney besitzen, haben Sie doch dieselben Grundrechte und Vorrechte wie ein Besitzer von einer Million Aktien. Sie werden jedes Jahr zur Jahreshauptversammlung der Gesellschaft ins ursprüngliche Disneyland in Anaheim in Kalifornien eingeladen, können dort neben professionellen Aktienhändlern der Wall Street sitzen und zuhören, wie die obersten Spitzenkräfte von Disney ihre Strategie, ihre Pläne für die Zukunft, erläutern. Sie erhalten Kaffee und Kuchen umsonst und können Ihre Stimme über wichtige Entscheidungen, wie beispielsweise die Besetzung des Verwaltungsrats, abgeben.

Die Verwaltungsratsmitglieder sind nicht Angestellte von Disney und sie müssen sich auch nicht vor den Betriebsdirektoren verantworten. Sie treffen stattdessen strategische, weitreichende Entscheidungen und überwachen das, was die Betriebsdirektoren tun. Letzten Endes ist das Unternehmen für die Aktionäre da, und die Aufsichtsratsmitglieder haben die Interessen der Aktionäre zu vertreten.

Einige Beispiele für Vergünstigungen, Geschenke und Vorteile, die Aktionäre mancher Gesellschaften als Bonus für den Besitz der Aktien erhalten

Gesellschaft	Vergünstigungen
Ralston Purina	Rabatt bei der Übernachtung und beim Skiverleih im Berghotel der Gesellschaft in Colorado
Wrigley's	Jeder Aktionär erhält jedes Jahr kostenlos 20 Packungen Kaugummi
Disney	30 % Rabatt in den Vergnügungsparks und bei den Waren der Gesellschaft, falls man dem GoldCard-Programm beitritt
Tandy	10 % Rabatt in den RadioShack-Läden (Elektronik) während der Weihnachtsfeiertage
3M	Kostenloses Geschenkpaket mit Klebeband und „Post-it"-Haftklebe-Notizzettel.
Colgate-Palmolive	15 Dollar an Rabattgutscheinen
Supercuts	3-Dollar-Rabattgutschein fürs Haareschneiden
Marriott	10 Dollar Rabatt an Wochenenden in einigen Marriott-Hotels

Quelle: „Free Lunch on Wall Street", von Charles Carlson, McGraw-Hill, 1993

Bei ihren Wahlen benutzen Aktiengesellschaften das System „Eine Aktie – eine Stimme". Wenn Sie daher nur eine einzige Aktie von Disney besitzen, zählt Ihre Einzelstimme nicht sehr viel im Vergleich zu den Millionen von Stimmen, die von Personen abgegeben werden, die Millionen Aktien besitzen. Dennoch nimmt die Gesellschaft (und überhaupt die meisten Gesellschaften) Ihre Einzelstimme durchaus ernst. Sie versteht, dass die meisten Aktionäre nicht ihren Lebensstil oder Tagesablauf unterbrechen und zur Jahresversammlung von Disney reisen können, wo wichtige Fragen entschieden werden. Sie verschickt daher Stimmzettel. Falls Sie vergessen sollten, diesen Stimmzettel auszufüllen, schickt Ihnen die Gesellschaft eine schriftliche Erinnerung daran.

Immer wenn Sie zu der Erkenntnis kommen, dass das Management der Gesellschaft Ihnen nicht gefällt, können Sie die nachdrücklichste Stimme dagegen abgeben, indem Sie Ihre Aktie(n) jener Gesellschaft verkaufen.

Viermal im Jahr erhalten Sie einen Zwischenbericht, der Ihnen schildert, wie es der Gesellschaft geht, wie gut sich ihre Produkte verkaufen und wie hoch die Gewinne (oder die Verluste) im verflossenen Zeitabschnitt waren. Einmal im Jahr schickt Ihnen die Gesellschaft einen Jahresbericht, in dem die Ereignisse und Ergebnisse des abgelaufenen Geschäftsjahrs in allen Einzelheiten enthalten sind. Diese Jahresberichte werden oft auf besonders gutem Papier gedruckt, haben etliche Seiten mit prächtigen Fotos und man kann sie leicht mit einem vornehmen Magazin verwechseln.

Auf den ersten Seiten findet sich eine persönliche Stellungnahme vom Chef der Firma, die die wichtigsten Ereignisse des Jahres streift. Der Kern des Jahresberichts liegt jedoch in den Zahlen. Sie füllen mehrere Seiten, und wenn Sie nicht die Kenntnisse und Ausbildung haben, diese richtig zu deuten, werden sie Ihnen sowohl verwirrend als auch langweilig vorkommen. Ein guter Kurs in Buchführung kann Ihnen in diesem Fall weiterhelfen. Sobald Sie einmal die notwendigen Fachkenntnisse besitzen, können diese langweiligen Zahlen sehr aufregend werden. Was könnte interessanter sein, als die Entzifferung einer verschlüsselten Nachricht zu erlernen, die Sie lebenslang zu einem wohlhabenden Investor machen kann?

Die Unternehmen müssen all diese Berichte versenden. Sie können nicht als Ausrede angeben, dass sie vergaßen, einen Bericht zu schreiben, oder dass der Hund die Unterlagen gefressen hat. Sie können die Jahresversammlung nicht absagen oder eine Entschuldigung für die Nicht-Einberufung der Tagung zusammenfaseln. Sie können die Tatsachen nicht verschleiern oder verbergen, wenn sie auch noch so unangenehm sind. Sie müssen die ganze Geschichte erzählen, die guten und die schlechten Nachrichten, damit jeder Aktionär ganz genau weiß, was vor sich geht. So schreiben es die Gesetze vor.

Falls eine Schlamperei an einem Fließband auftrat oder sich die Produkte nicht verkaufen lassen und die Gesellschaft daher laufend Geld verliert oder der Generaldirektor mit den Barbeständen der Firma durchgebrannt ist oder jemand eine außerordentlich schlimme Klage gegen die Gesellschaft eingereicht hat: Die Gesellschaft muss dies alles darlegen.

In der Politik ist es sowohl bei den gewählten Personen als auch bei den zur Wahl stehenden Kandidaten ziemlich üblich, die Wahrheit etwas zurechtzubiegen, um ihre Ansicht wirksamer darzustellen. Wenn ein Politiker die Tatsachen verzerrt, nennt man das Politik. Wenn aber ein Unternehmen die Tatsachen verdreht, ist das ein Skandal an der Wall Street.

Unternehmen, die ihre Aktionäre absichtlich in die Irre führen (das kommt selten vor), können schwer bestraft werden, und einzelne Personen können dafür mit Geldstrafen oder Gefängnis belegt werden. Selbst wenn es unabsichtlich vorkommt (was etwas häufiger auftritt), wird eine Gesellschaft, die ihre Aktionäre für dumm verkauft, auf dem Aktienmarkt bestraft. Sobald sie nämlich herausfinden, dass ein Unternehmen ihnen nicht die volle Wahrheit gesagt hat, werden viele Großaktionäre sofort ihre Bestände an Aktien der betreffenden Firma verkaufen. Dieser Massenverkauf von bestimmten Aktien lässt den Kurs abstürzen. Es ist nicht ungewöhnlich, dass der Kurs von Aktien innerhalb eines einzigen Tages auf die Hälfte fällt, nachdem die Meldung über einen Skandal an die Öffentlichkeit dringt.

Wenn eine Aktie über Nacht die Hälfte ihres Wertes verliert, trifft dies alle Investoren, einschließlich der Insider in der Firma vom Generaldirektor an abwärts, die sehr wahrscheinlich große Pakete der betreffenden Aktien halten, wie ein Blitzschlag. Aus diesem Grunde ist es in ihrem unmittelbaren Interesse, dass die Firma sich an die Tatsachen hält und nicht übertreibt. Sie wissen, dass die Wahrheit früher oder später doch ans Tageslicht kommen wird, denn die Gesellschaften werden von Hunderten, wenn nicht von Tausenden von Aktionären überwacht. Ein

Baseballspieler kann nicht mit seinem Durchschnitt von .320 prahlen, wenn alle Fans, die jeden Tag die Tabellenstände in der Zeitung nachprüfen, wissen, dass er nur .220 erzielt. An der Wall Street ist es ebenso. Eine Gesellschaft kann nicht mit rekordbrechenden Gewinnen prahlen, wenn es diese Gewinne in Wirklichkeit gar nicht gibt – zu viele Investoren überwachen alle Angelegenheiten jener Gesellschaft ganz genau.

Das schmutzige Wort „Profit"

Alle Unternehmen betreiben ihre Tätigkeit aus einem einzigen fundamentalen Grund. Es spielt dabei keine Rolle, ob sie in Privatbesitz sind oder eine Aktiengesellschaft darstellen, ob sie das Eigentum eines einzigen Aktionärs sind oder einer Million Aktionären, das Ziel ist immer dasselbe: Sie wollen einen Profit erzielen.

Profit ist das Geld, das noch übrig ist, nachdem alle Rechnungen bezahlt wurden. Er kann unter den Eigentümern jedes Unternehmens aufgeteilt werden, ob dies nun General Electric, PepsiCo oder die Autowäsche ist, die Pfadfinder manchmal am Wochenende betreiben, um Gelder für ein Sommerlager oder einen karitativen Zweck zu verdienen. Sie würden nicht draußen in der heißen Sonnenglut mit einem Eimer und einem eingeseiften Schwamm stehen, wenn sie nicht erwarten würden, einen Profit zu erzielen. Vielleicht waschen sie gern Autos, weil sie sich dabei manchmal selbst mit kaltem Wasser abspritzen und sich so abkühlen können, aber das bedeutet nicht, dass sie es umsonst tun.

Das Gleiche gilt für die Leute, die Aktien eines Unternehmens besitzen. Sie tun dies nicht für den Spaß, zur Jahreshauptversammlung eingeladen zu werden und dort eine Tasse Kaffee und ein Stück Gebäck zu bekommen, oder für ein Exemplar des Jahresberichts der Firma, das ihnen der Briefträger in den Briefkasten steckt. Sie tun dies, weil sie erwarten, dass das Unternehmen, von dem sie Aktien besitzen, einen Profit machen und früher oder später etwas davon an sie verteilen wird.

In manchen Kreisen schwebt immer noch die abwegige Vorstellung herum, dass Menschen, die etwas um eines Profits willen tun, habgierig oder betrügerisch seien, dass sie die restliche Gesellschaft beschwindeln wollen, weil jedes Mal, wenn jemand einen Haufen Geld rafft, dies auf Kosten aller anderen gehe.

Vor einer Generation gab es mehr Menschen als heute, die diese Ansicht hatten, aber sie nistet immer noch in den Hinterköpfen etlicher Leute. „Des einen Gewinn ist des anderen Ruin“ war einer der Grundgedanken des Kommunismus, und diese Ansicht war auch Mode bei Sozialisten auf Universitäten und Colleges, die keine Gelegenheit versäumten, die Kapitalisten anzuklagen, sich selbst immer an die erste Stelle und alle anderen an die letzte Stelle zu rücken und durch die gebeugten, schmerzenden Rücken der kleinen Lohnempfänger reich zu werden.

Adam Smiths Buch „Wohlstand der Nationen“, das 200 Jahre nach seinem Erscheinen immer noch populär ist, wurde schon früher in diesem Buch erwähnt. Vielleicht besorgen Sie es sich einmal und werfen einen oder mehrere Blicke hinein. Solange wir hier den Kapitalismus haben und den Profit als Beweggrund, so lange ist die „unsichtbare Hand“ von Adam Smith gegenwärtig, um das Geld dorthin zu leiten, wo es den größten Nutzen bringt.

Die Personal Computer sind ein Beispiel für die Tätigkeit der unsichtbaren Hand in den letzten Jahren. Als die PCs erfunden wurden und die Menschen Gefallen an ihnen fanden, wurden eine Menge von Firmen gegründet und die Investoren standen fast Schlange, um Milliarden in verschiedenen Währungen in die Computerindustrie zu stecken. Das Ergebnis waren bessere und schnellere Computer, die billiger hergestellt werden konnten, und der erbitterte Wettbewerb hielt die Kosten niedrig. Der Wettbewerb ließ auch zahlreiche Firmen scheitern, aber diejenigen, die überlebten, stellten die besten Erzeugnisse zu den niedrigsten Kosten her.

Nicht nur im Tierreich haben wir den Kampf ums Dasein und das Überleben der am besten geeigneten. Profit machende Unternehmen mit gutem Management werden auf dem Aktienmarkt belohnt, denn wenn eine Firma floriert, steigt der Kurs ihrer Aktien. Das macht die Investoren froh, einschließlich der Manager und Beschäftigten jenes Unternehmens, die vielleicht ebenfalls dessen Aktien besitzen.

In einer Firma mit schlechtem Management sind die Ergebnisse wenig befriedigend und der Kurs der Aktien fällt. So wird das schlechte Management bestraft. Ein sinkender Kurs der Aktie macht die Investoren wütend. Wenn sie genügend aufgebracht sind, üben sie vielleicht Druck auf das Management der Firma aus, die schlechten Manager loszuwerden und geeignete Schritte zu unternehmen, um die Firma wieder profitabel zu machen.

Insgesamt sieht man also, dass eine sehr profitable Gesellschaft mehr Kapital für Investitionen anziehen kann als ein weniger gewinnträchtiges Unternehmen. Mit dem zusätzlichen Geld, das es erhält, wird das sehr profitable Unternehmen genährt und gestärkt, und es hat dann die Hilfsmittel, um zu expandieren und zu wachsen. Die weniger profitable Gesellschaft hat Schwierigkeiten, Kapital anzuziehen. Sie kann aus Mangel an finanzieller Nahrung welken und absterben. Die Besten überleben und die Schwächsten scheiden aus dem Geschäftsleben aus, sodass kein Geld an sie verschwendet wird. Wenn die Schwächsten nicht mehr im Wege stehen, fließt das Geld jenen zu, die von ihm besseren Gebrauch machen können.

Alle Beschäftigten in allen Betrieben sollten nach Profit streben, denn wenn die Firma, für die sie arbeiten, keinen Profit macht, werden sie bald arbeitslos sein. Profit ist ein Zeichen dafür, Erfolg gehabt zu haben. Profit bedeutet, dass jemand etwas von Wert erzeugt hat, das andere Leute kaufen wollen. Die Menschen, die den Profit machen, sind dazu motiviert, ihren Erfolg in größerem Maßstab zu wiederholen, was mehr Arbeitsplätze und mehr Profit für andere bedeutet.

Wenn die Behauptung, die Kapitalisten und Investoren seien selbstsüchtig und habgierig und würden nur an die Füllung ihrer eigenen Konten denken, irgendwelchen Wahrheitsgehalt hätte, warum ist dann das wohlhabendste Land der Erde, die Vereinigten Staaten, zugleich das spendenfreudigste? Man findet die Amerikaner an der obersten Stelle in der Spendenliste, und Einzelpersonen tragen das meiste dazu bei. Im Jahre 1994 zogen beispielsweise die Einwohner der Vereinigten Staaten 105 Milliarden Dollar aus ihren Taschen, um den Obdachlosen und Kranken, den Arbeitslosen und alten Menschen, den Krankenhäusern und Kirchen, den Museen und Schulen, Veteranen und vielen anderen Empfängern zu helfen.

Der Kapitalismus ist kein Nullsummenspiel. Mit Ausnahme einiger Schurken werden die Reichen nicht reicher, indem sie andere Menschen arm machen. Wenn die Reichen reicher werden, werden auch die Armen reicher. Wenn es tatsächlich wahr wäre, dass die Reichen auf Kosten der Armen reich werden würden, müssten wir Amerikaner, da wir das reichste Land der Erde sind, heute die verzweifeltste Klasse armer Leute in der ganzen Welt haben. Stattdessen fand genau das Gegenteil statt.

Es gibt umfangreiche Armut in den Vereinigten Staaten, aber sie reicht bei Weitem nicht an die Armut heran, die man in Teilen Indiens, in Lateinamerika, in Afrika, Asien oder in Osteuropa findet, wo der Kapitalismus derzeit seine allerersten Wurzeln schlägt. Wenn Unternehmen erfolgreich sind und profitabler werden, bedeutet dies mehr Arbeitsplätze und weniger Armut, das Gegenteil von dem, was die Regierung uns immer erzählt hat.

Die Wachstumsfabrik

Jeder, der Aktien eines Unternehmens besitzt, möchte, dass es wächst. Das bedeutet nicht, dass ihm die Hosen zu eng geworden sind und es in ein größeres Gebäude umziehen muss, obwohl ein Umzug in größere Gebäude meistens ein Zeichen von Wachstum ist. Der Umzug drückt aus, dass die Profite wachsen. Die Firma wird dieses Jahr mehr Geld verdienen als im vergangenen Jahr, geradeso wie sie im Vorjahr mehr Geld machte als im Jahr zuvor. Wenn Investoren von „Wachstum" sprechen, reden sie nicht über die Größe der Gebäude oder die Anzahl der Beschäftigten. Sie sprechen von „Profitabilität", das heißt, über Gewinne.

Wenn Sie drei Autos jeweils für sechs Dollar waschen und vorher zwei Dollar für eine Plastikflasche mit Flüssigseife und einen Dollar für einen neuen Schwamm ausgegeben haben, haben Sie 15 Dollar verdient – die 18 Dollar, die Sie für die Arbeit bekamen, abzüglich der drei Dollar für Arbeitsmaterial.

Wenn Sie fünf weitere Autos mit derselben Flasche voll Seife und demselben Schwamm waschen, nehmen Sie weitere 30 Dollar ein, ohne neue Ausgaben für Materialien tätigen zu müssen. Ihr Gewinn hat sich verdreifacht. Sie haben daher nun mehr Geld in der Tasche, das Sie verwenden können, um sich CDs, Kinokarten, neue Kleider oder weitere Aktien zu kaufen. Ein Unternehmen, das seinen Gewinn innerhalb von zwölf Monaten verdoppelt, kann an der Wall Street einen wahren Freudentaumel auslösen, denn ein so rasches Wachstum ist sehr selten. Große, gut eingeführte Firmen sind schon glücklich, wenn ihre Gewinne um 10 oder 15 Prozent pro Jahr steigen, und jüngere Unternehmen, die manchmal energischer sind, können ihre Gewinne vielleicht sogar um 25 bis 30 Prozent pro Jahr steigern, aber die Hauptsache ist eben, dass es überhaupt Gewinne gibt. Die Aktionäre sehen nach, wie hoch die Gewinne sind, und diese wiederum lassen die Kurse steigen.

Folgen Sie einmal dem Verlauf des nachstehenden Beispiels. Sie haben einen Freund, der eine Musikgruppe aufbaut. Er braucht Geld, um Musik-Equipment zu kaufen. Aus diesem Grund macht er Ihnen das folgende Angebot: Wenn Sie 1.000 Dollar für den Hochleistungsverstärker hinlegen, dann räumt er Ihnen zehn Prozent Eigentum an der Band ein. Sie beide, er und Sie, unterzeichnen ein Blatt Papier, das diese Vereinbarung enthält.

Bevor die Wummer-Band ihren ersten Wummer tut, sieht es aus, als ob Sie in ein schlechtes Geschäft eingestiegen wären. Es kostete Sie 1.000

Dollar, einen Eigentumsanteil von zehn Prozent an einer Band zu bekommen, deren einziger Besitz der von Ihnen bezahlte Verstärker ist. Zu diesem Zeitpunkt haben Sie entsprechend dem Vertrag einen zehnprozentigen Besitzanteil an Ihrem eigenen Verstärker. Nehmen wir aber nun einmal an, diese Rockgruppe wird von einem örtlichen Klub unter Vertrag genommen, für 200 Dollar pro Woche am Freitagabend die Tanzmusik zu liefern. Nun hat die Band einen Wert, der über den Verstärker hinausgeht. Sie macht Gewinne. Ihr 10-Prozent-Anteil an der Band bringt Ihnen nun jede Woche 20 Dollar ein.

Wenn dann die Band bei den Jugendlichen gut ankommt und ihre Gage auf 400 Dollar pro Woche erhöht wird, verdoppeln sich die Gewinne über Nacht, und Sie erhalten nun plötzlich 40 Dollar pro Woche.

Ihr Blatt Papier mit der Vereinbarung ist nun nicht mehr wertlos. Sie könnten es vielleicht sogar verkaufen, wenn Sie dazu Lust hätten. Sie glauben jedoch an diese Rockband und halten an Ihrer „Aktie", Ihrem Papierstück, das Ihr Miteigentum verbürgt, fest. Es könnte doch eintreten, dass die Band eines Tages eine CD herausbringt und die nächste Pearl Jam oder Hootie and the Blowfish wird. Falls das eintreten sollte, werden Sie von den Gewinnen jede Woche Tausende von Dollar erhalten. Ihr Anteil von zehn Prozent an den Gewinnen der Gruppe wird viel mehr wert sein, als Sie sich damals, als Sie den Verstärker bezahlten, träumen ließen.

Menschen, die Aktien von Disney, Reebok oder irgendeiner anderen Aktiengesellschaft kaufen, tun dies aus demselben Grund, aus dem Sie in eine Rockgruppe investierten. Sie rechnen damit, dass Disney, Reebok oder irgendein anderes Unternehmen höhere Gewinne erzielen wird und dass ein Teil jener Gewinne ihnen in Form höherer Aktienkurse zugutekommen wird.

Diese ganz einfache Schlussfolgerung, nämlich dass der Kurs einer Aktie direkt mit der Kraft des betreffenden Unternehmens, Gewinne zu erzielen, zusammenhängt, wird oft übersehen – sogar von sonst ziemlich gewitzten Investoren. Die Beobachter des Tickers beginnen mit der Zeit zu glauben, dass die Kurse der Aktien ein Eigenleben führen. Sie verfolgen die Anstiege und Rückgänge der Kurse wie ein Naturliebhaber vielleicht mit seinen Augen dem Flug einer flatternden Wildente folgt. Sie studieren den Verlauf der Kurse über Wochen und Monate hinweg und markieren auf dem Papier jeden Zick und jeden Zack. Während sie versuchen zu ergründen, was „der Markt" tut, sollten sie lieber die Gewinne der Gesellschaften überprüfen, die sie in ihrem Depot halten.

Falls die Gewinne ständig ansteigen, muss auch der Kurs ansteigen. Vielleicht tut er das nicht sofort, aber schließlich wird er nach oben streben. Und falls die Gewinne immer kleiner werden, ist es nicht schwer, abzuschätzen, dass auch der Kurs der betreffenden Aktie fallen wird. Niedrigere Gewinne machen eine Firma weniger wertvoll, genauso wie eine Rockband weniger wertvoll wird, wenn sie ihre Zuhörerschaft einbüßt und keine Schallplatten und CDs mehr verkauft.

Das ist der Ausgangspunkt für den erfolgreichen Aktiensucher: Finde Unternehmungen, die Aussichten dafür bieten, dass sie ihre Gewinne über viele weitere Jahre hinweg steigern können. Es ist kein Zufall, dass langfristig gesehen die Aktienkurse pro Jahr etwa um acht Prozent steigen. Das tritt ein, weil die Unternehmen im Durchschnitt pro Jahr ihre Gewinne um acht Prozent steigern und etwa drei Prozent als Dividende bezahlen.

Auf der Grundlage dieser Annahmen bestehen gute Chancen zu Ihren Gunsten, wenn Sie in eine Gruppe typischer Aktien investieren. Einige werden bessere Ergebnisse bringen als andere, aber im Allgemeinen werden die Gewinne der Aktien in dieser Gruppe jährlich um acht Prozent höher liegen und Ihnen dazu eine Dividende von etwa drei Prozent bescheren, sodass Sie einen jährlichen Wertzuwachs von rund elf Prozent erhalten.

Für sich allein sagt der Kurs einer Aktie überhaupt nichts darüber, ob die Aktie ein guter Kauf ist oder nicht. Sie können hören, wie manche Leute ausrufen: „Ich lasse die Finger von IBM, denn bei 100 Dollar ist die Aktie zu teuer." Es kann sein, dass jene Leute keine 100 Dollar frei haben, um sie für eine Aktie von IBM auszugeben, aber die Tatsache, dass eine Aktie augenblicklich 100 Dollar kostet, hat nichts damit zu tun, ob IBM teuer ist. Ein Lamborghini für 150.000 Dollar übersteigt die Kaufkraft der meisten Leute, aber für die Präzision und Leistung eines Lamborghinis kann der Preis angemessen sein. Genauso kann eine 100-Dollar-Aktie von IBM ein günstiger Gelegenheitskauf sein oder nicht. Es hängt alles von den Gewinnen von IBM ab, wie nachstehend erläutert wird.

Falls IBM in diesem Jahr einen Gewinn von zehn Dollar pro Aktie meldet, zahlen Sie den zehnfachen derzeitigen Jahresgewinn, wenn Sie für eine Aktie 100 Dollar bezahlen. Das entspricht einem KGV von 10, was unter den heutigen Marktverhältnissen billig ist.

Falls jedoch IBM nur einen Dollar Gewinn pro Aktie hat, zahlen Sie das Hundertfache des Jahresgewinns, wenn Sie diese Aktie für 100 Dollar kaufen. Das entspricht einem KGV von 100, was ein viel zu hoher Kaufpreis für eine Aktie von IBM ist.

Das KGV ist ein komplizierter Begriff, der weitere Vertiefung verlangt, wenn Sie ernst damit machen wollen, selbst die Aktien für Ihre Käufe herauszusuchen. Während wir aber schon bei diesem Punkt sind, sollen nachstehend noch einige weitere wissenswerte Einzelheiten über das KGV vorgestellt werden.

Wenn Sie eine große Gruppe von Aktien nehmen, ihre Kurse addieren und die Summe durch die Summe aller Gewinne der betreffenden Firmen dividieren, erhalten Sie ein Durchschnitts-KGV. An der Wall Street wird dies mit den 30 Aktien des Dow Jones Industrial Average, den 500 Aktien des S&P 500 und mit anderen ähnlichen Indizes durchgeführt. Das Ergebnis nennt man das „Market Multiple“ oder „das Vielfache, zu dem der Markt sich verkauft“.

Das Market Multiple ist ein nützliches Berechnungsergebnis und sollte im Auge behalten werden, denn dieses Verhältnis gibt an, wie viel im Augenblick die Investoren für die Gewinne zu zahlen bereit sind. Das Market Multiple steigt und fällt, aber es neigt dazu, innerhalb der

Grenzen von 10 und 20 zu bleiben. In der Mitte des Jahres 1995 wies der Aktienmarkt ein durchschnittliches KGV von 16 auf, was bedeutet, dass die Aktien nicht billig waren, aber auch nicht übermäßig teuer.

Im Allgemeinen zahlen die Investoren umso mehr für die Gewinne, je schneller eine Gesellschaft die Gewinne steigern kann. Aus diesem Grund haben vorwärtsdrängende junge Gesellschaften KGVs von 20 oder mehr. Die Menschen erwarten große Dinge von jenen Gesellschaften und sind bereit, höhere Kurse zu bezahlen, um in den Besitz jener Aktien zu kommen. Ältere, gut eingeführte Gesellschaften haben KGVs von etwa 10 bis 15. Ihre Aktien sind, bezogen auf die Gewinne, billiger, weil man von eingeführten und bekannten Gesellschaften erwartet, dass sie weiter auf der breiten Straße des Lebens dahintrotten werden, ohne ein Feuerwerk von neuen Produkten und Vorhaben abzuschießen.

Einige Unternehmen erhöhen stetig ihre Gewinne – das sind die Wachstumsfirmen. Andere Unternehmen wiederum weisen unregelmäßige Gewinne auf – einmal tragen sie die Lumpen eines Bettlers und einmal Prunkgewänder. Sie bilden die zyklischen Industrien – die Autohersteller, Stahlerzeuger, die Schwerindustrie, die alle drei nur beim Vorliegen eines ganz besonderen wirtschaftlichen Klimas gedeihen. Ihre KGVs sind niedriger als die KGVs von ständig wachsenden Firmen, denn ihre Unternehmensleistung ist stark schwankend. Was sie von einem Jahr bis zum nächsten verdienen werden, hängt jeweils vom Zustand der Wirtschaft ab, der recht schwierig vorherzusagen ist, wie Sie in Kapitel 4 sehen werden.

Die Tatsache, dass eine Gesellschaft eine Menge Geld einnimmt, bedeutet nicht notwendigerweise, dass die Aktionäre etwas davon abbekommen werden. Die nächste große Frage lautet nämlich: „Was wird die Gesellschaft mit diesem Geld anfangen?"

Im Grunde genommen hat ein Unternehmen vier Verwendungszwecke zur Auswahl. Es kann das Geld in den Geschäftskreislauf zurückführen, also in sich selbst investieren. Es verwendet das Geld, um neue Ladengeschäfte zu eröffnen oder neue Fabriken zu bauen, sodass die

Gewinne noch schneller wachsen als zuvor. Langfristig gesehen ist dies äußerst günstig für die Aktionäre. Eine rasch wachsende Firma kann einen Dollar nehmen und damit einen Gewinn von 20 Dollar erzielen. Das ist viel mehr, als Sie und ich bekommen könnten, wenn wir diesen Dollar auf die Bank tragen würden.

Das Unternehmen kann das Geld aber auch für Firmenflugzeuge, teakholzgetäfelte Büros, marmorverkleidete Direktionstoiletten, Direktorengehälter in doppelter Höhe wie sonst üblich oder für den Aufkauf anderer Firmen zu überhöhten Preisen verschwenden. Solche unnötigen Käufe sind schlecht für die Aktionäre und können ein ansonsten gutes Investment ruinieren.

Oder eine Gesellschaft kann ihre eigenen Aktien zurückkaufen und sie aus dem Markt nehmen. Warum sollte eine Gesellschaft so etwas tun? Wenn weniger Aktien auf dem Markt sind, werden die verbleibenden Aktien umso wertvoller. Rückkäufe von Aktien können sehr günstig für die Aktionäre sein, besonders wenn die Gesellschaft ihre eigenen Aktien zu einem tiefen Kurs zurückkauft.

Schließlich kann das Unternehmen eine Dividende ausschütten. Die Mehrheit der Gesellschaften tut dies. Dividenden sind keine vollkommen positive Sache. Eine Gesellschaft, die eine Dividende ausschüttet, vergibt die Chance, dieses Geld in sich selbst zu investieren. Dennoch sind Dividenden sehr segensreich für die Aktionäre. Eine Dividende ist das Mittel des betreffenden Unternehmens, Sie als Aktionär dafür zu belohnen, dass Sie Aktien der Gesellschaft besitzen. Die Dividende wird Ihnen in den Vereinigten Staaten meist in der Form eines Schecks direkt zugesandt – sie ist die einzige der vier Optionen, bei der die Profite des Unternehmens direkt in Ihre Tasche fließen. Falls Sie Einkünfte benötigen, während Sie die Aktien halten, kann dies durch Dividenden geschehen. Sie können die Dividenden aber auch für den Kauf weiterer Aktien verwenden.

Dividenden haben auch einen psychologischen Nutzen. Während eines Bärenmarkts oder während einer Korrektur der Kurse kassieren Sie immer noch die Dividenden, ganz gleich, was der Kurs der Aktien macht. Dies gibt ihnen einen zusätzlichen Grund, Ihre Aktien nicht in Panik zu verkaufen. Millionen von Investoren kaufen dividendenzahlende Aktien und sonst nichts. Wenn Sie an dieser Form des Investierens interessiert sind, ist es vielleicht zweckmäßig, wenn Sie mit der Researchfirma Moody's Investor Service an der Wall Street in Verbindung treten. Moody's stellt unter anderem eine Liste von Gesellschaften zusammen, die über viele Jahre hinweg ständig ihre Dividenden erhöht haben. Ein Unternehmen tut dies schon seit 50 Jahren und mehr als 300 Unternehmen tun es seit zehn Jahren.

Diese Liste ist in dem von Moody's herausgegebenen „Handbook of Dividend Achievers“ (Handbuch von Firmen, die Dividenden zahlen) enthalten. Sie finden in jenem Handbuch gleichzeitig eine vollständige statistische Aufstellung über jede der Gesellschaften, die diese Gewohnheit, regelmäßig die Dividenden anzuheben, haben. Um die neueste Ausgabe dieses Buches zu bestellen, können Sie Moody's unter der folgenden Nummer anrufen: 001-212-55 30 300. Oder schreiben Sie eine Postkarte an Moody's Investor Service, 99 Church Street, NEW YORK, NY 10007 (USA).

Wie man einen Twelve-Bagger erwischt

Als Twelve-Bagger bezeichnet man eine Aktie, die ihren ursprünglichen Wert verzwölffacht. Falls Sie in eine Aktie investieren wollen, müssen Sie die vergangene und die gegenwärtige Geschichte der Geschäftstätigkeit des betreffenden Unternehmens kennen. Dies ist der Punkt, an dem Investoren in Schwierigkeiten geraten. Sie kaufen eine Aktie, ohne den Hintergrund zu kennen, und verfolgen den Kurs dieser Aktie, weil sie nur diese Einzelheit verstehen. Wenn der Kurs steigt, glauben sie, jenes Unternehmen sei in großer Form; wenn aber der Kurs stagniert oder fällt, wird ihnen die Sache langweilig oder sie verlieren das Vertrauen und verkaufen die Aktien jenes Unternehmens.

Die Verwechslung des Kurses mit der Geschäftstätigkeit – der „Geschichte“ hinter der Firma – ist der größte Fehler, den ein Investor machen kann. Dieser Fehler veranlasst die Investoren, bei Crashs und Kurskorrekturen auszusteigen, gerade wenn die Kurse auf dem Tiefststand sind. Sie glauben nämlich, es bedeute, dass die Unternehmen, deren Aktien sie besitzen, in einem schlechten Zustand sind. Dieser Fehler bewirkt, dass sie die Chance versäumen, weitere Aktien dieser Unternehmen hinzuzukaufen, wenn die Kurse zwar auf einem niedrigen Stand sind, die betreffenden Gesellschaften sich aber immer noch in einem fabelhaften Zustand befinden.

Die Geschichte zeigt Ihnen, was sich innerhalb der betreffenden Gesellschaft abspielt, um in der Zukunft Gewinne zu erzielen – oder Verluste zu erleiden, falls es sich um eine schmerzliche Geschichte handelt. Einige Geschichten sind etwas komplizierter und verwickelter als andere. Firmen, die viele verschiedene Unternehmenszweige besitzen, sind schwieriger zu bewerten als solche, die nur ein einziges Erzeugnis herstellen. Selbst eine einfache Geschichte kann schließlich dennoch nicht eindeutig oder schlüssig sein.

Es gibt aber Gelegenheiten, bei denen sich ein ganz klares Bild zeigt und der durchschnittliche Investor eine so vorteilhafte Stellung einnimmt, dass er ohne Weiteres erkennen kann, wie aufregend dieses Bild ist. Wir wollen in diesem Zusammenhang zwei Beispiele aus verschiedenen Zeitabschnitten betrachten: Nike im Jahr 1987 und Johnson & Johnson im Jahr 1994.

Nike hat ein einfaches Geschäftsfeld. Die Firma stellt Freizeitschuhe her. Genauso wie Fast-Food-Restaurants und spezialisierte Einzelhandelsketten gehört Nike zu den Unternehmenstypen, deren Geschäftsgang jeder verfolgen kann (siehe Chart auf S. 216). Man muss sich nun drei grundsätzliche Fragen stellen: Erstens, verkauft Nike in diesem Jahr mehr Schuhe als im vergangenen? Zweitens, erzielt Nike mit den Schuhen, die es verkauft, einen angemessenen Gewinn? Und drittens, wird Nike im nächsten Jahr und in den darauffolgenden Jahren jeweils mehr Schuhe verkaufen als im Jahr zuvor? Im Jahr 1987 erhielten die

Investoren einige deutliche Antworten, die in den Vierteljahresberichten und im Jahresbericht, die allen Aktionären übersandt wurden, enthalten waren.

Seit Nike im Jahre 1980 eine Aktiengesellschaft wurde, deren Aktien öffentlich erhältlich sind, hüpfte der Kurs der Aktie munter in den Kurstabellen auf und ab: Er sprang von fünf Dollar im Jahr 1984 auf zehn Dollar im Jahr 1986, fiel wieder auf fünf Dollar und erholte sich erneut auf zehn Dollar im Jahr 1987. Angesichts des Hintergrunds dieser Geschichte hätten die Aussichten für Freizeitschuhe nicht glänzender sein können. Jeder trug sie: Kleinkinder, Teenager, sogar Erwachsene, die seit ihrer Kindheit keine Turnschuhe mehr getragen hatten. Es gab jeweils eigene Turnschuhmodelle für Tennis, Jogging, Basketball und so weiter. Offensichtlich wuchs die Nachfrage nach Freizeitschuhen, und Nike war einer der Hauptlieferanten dieser Schuhe.

Die Firma war jedoch in eine schwierige Phase geraten, in der alles nach unten ging: die Verkaufszahlen, die Gewinne und der für die Zukunft vorhersehbare Absatz. Die Aktionäre fanden dies heraus, als sie den ersten Vierteljahresbericht des Jahres 1987 erhielten. (Wie dies in den Vereinigten Staaten häufig üblich ist, beginnt das Geschäftsjahr 1987 von Nike im Juni, das erste Vierteljahr der Geschäftstätigkeit endet also im August 1986). Falls Sie Aktien von Nike besaßen, erhielten Sie jenen Vierteljahresbericht etwa in den ersten Tagen des Monats Oktober 1986. Die Verkaufszahlen lagen 22 Prozent niedriger, die Gewinne waren 38 Prozent niedriger und die zukünftigen Bestellungen fielen um 39 Prozent. Es war keine gute Zeit, um weitere Nike-Aktien zu kaufen.

Der zweite Vierteljahresbericht wurde am 6. Januar 1987 versandt. Die Ergebnisse waren genauso schlecht wie die des ersten Vierteljahres, und das dritte Vierteljahr war nicht viel besser. Dann aber, sieh mal an, war im vierten Vierteljahresbericht, der Ende Juli 1987 zusammen mit dem Jahresbericht bei den Aktionären ankam, eine positive Anmerkung zu finden. Die Verkaufszahlen gingen noch abwärts, aber nur um drei Prozent, die Gewinne sanken immer noch, aber die zukünftigen

Bestellungen waren gestiegen. Das bedeutete, dass die Läden in der ganzen Welt mehr Nike-Freizeitschuhe kauften. Sie hätten das nicht getan, wenn sie nicht der Meinung gewesen wären, mehr Nike-Schuhe verkaufen zu können.

Beim Durchlesen jenes Jahresberichts hätten Sie auch bemerkt, dass trotz mehrerer Quartale zurückgehender Gewinne Nike immer noch einen schönen Profit erzielte. Der Grund dafür liegt darin, dass die Herstellung von Freizeitschuhen ein Geschäftszweig mit niedrigen Kosten ist – anders als die Stahlproduktion, bei der man riesige Anlagen bauen und unterhalten muss. Für die Produktion von Freizeitschuhen benötigt man nur einen großen Raum und eine Anzahl von Nähmaschinen und verhältnismäßig billige Materialien. Nike hatte eine Menge Bargeldreserven und war finanziell in einer ausgezeichneten Lage.

Als Sie den ersten Vierteljahresbericht für 1988 aufschlugen, der Ende September 1987 ankam, konnten Sie kaum Ihren Augen trauen. Die Verkaufszahlen lagen zehn Prozent höher, die Gewinne 68 Prozent und die zukünftigen Bestellungen 61 Prozent.

Dies war ein Zeichen dafür, dass Nike ins Rollen gekommen war. Tatsächlich dauerte dieses Rollen fünf weitere Jahre an: 20 aufeinanderfolgende Quartale mit jeweils höheren Umsätzen und Gewinnen.

Im September 1987 wussten Sie noch nichts von diesen 20 aufwärts führenden Vierteljahren. Sie waren schon glücklich, dass sich das Unternehmen wieder gefangen hatte, aber Sie stürzten nicht zum Telefon, um weitere Aktien zu kaufen. Sie hatten Bedenken wegen des Kurses, der von 7,00 Dollar steil auf 12,50 Dollar gestiegen war.

Sie warteten daher die weitere Entwicklung ab, und dieses Mal hatten Sie Glück. Im Crash vom Oktober 1987 purzelten die Kurse nach unten. Investoren, die den Aktienkurs mit der Geschichte des Unternehmens verwechseln, verkauften alle Aktien, die sie besaßen, einschließlich ihrer Nike-Aktien. Sie hörten, wie die Sprecher bei den Abendnachrichten einen neuen, weltweiten finanziellen Zusammenbruch vorhersagten.

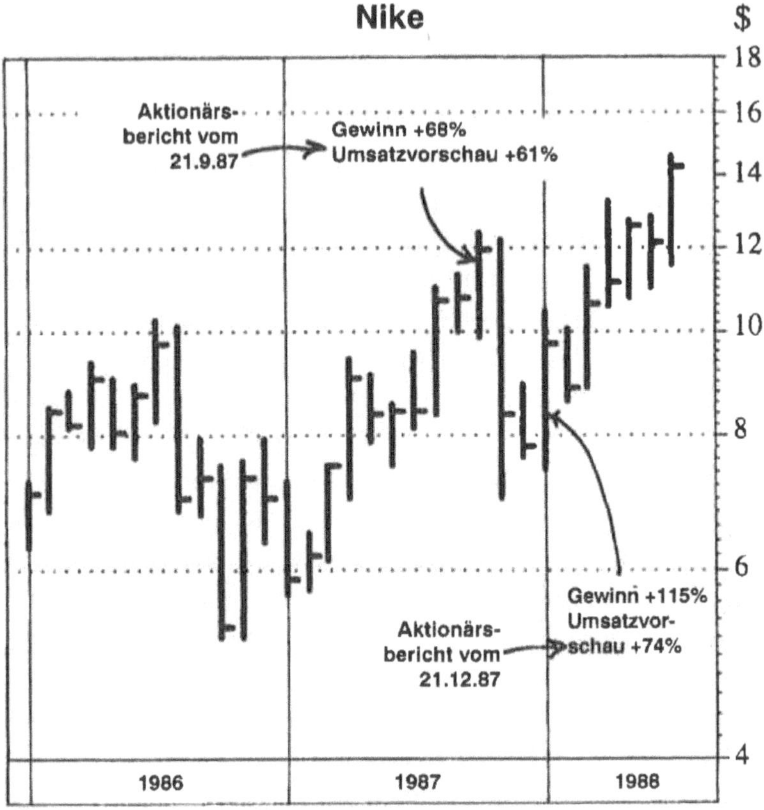

* 1990: Nike steht bei $ 40
1992: Höchstkurs bei $ 90

Im Zentrum dieses Wirbels behielten Sie einen kühlen Kopf, denn es wurde Ihnen klar, dass die Geschichte von Nike besser wurde. Der Crash gab Ihnen eine Gelegenheit, noch mehr Aktien von Nike zu Schlussverkaufspreisen zu kaufen. Am Ende des Crashs war der Kurs auf sieben Dollar gefallen und blieb auf diesem Niveau sieben Tage lang. Sie hatten also viel Zeit, um Ihren Broker anzurufen. Nach jenen sieben Tagen begann der Kurs einen fünf Jahre dauernden Anstieg bis auf 90 Dollar, während gleichzeitig die Geschichte immer besser wurde. Am Ende des

Jahres 1992 waren die Aktien von Nike zwölfmal so viel wert, wie Sie im Jahr 1987 dafür bezahlten: Da haben Sie Ihren Twelve-Bagger.

Selbst wenn Sie es versäumten, nach dem Crash Nike für sieben Dollar zu kaufen, hätten Sie die Aktie noch drei Monate, sechs Monate oder sogar ein Jahr später kaufen können, als die Vierteljahresberichte, die Sie durch die Post erhielten, weiterhin gute Zahlen meldeten. Statt das Zwölffache Ihres Einsatzes zu erzielen, hätten Sie dann das Zehnfache, Achtfache oder das Sechsfache gewonnen.

Johnson & Johnson

Die Firma Johnson & Johnson bietet ein Beispiel aus jüngerer Zeit für eine offen und klar verständliche Geschichte, der jeder beliebige Investor folgen konnte. Peter Lynch war dran, aber es war keine ausgeprägte Genialität erforderlich, um seine Schlüsse zu ziehen. Falls der Jahresbericht für 1993 in Ihre Hände gelangt wäre, hätten Sie dieselbe Schlussfolgerung gezogen wie er: Investiere in diese Gesellschaft!

Der Jahresbericht für 1993 wurde am 10. März 1994 veröffentlicht. Das Erste, was Ihnen auf der Innenseite des vorderen Umschlags ins Auge fiel, war das Schicksal des Kurses über die letzten zwei Jahre hinweg. Er war von etwa 57 Dollar aus stetig gesunken. Als der Jahresbericht bei den Aktionären einging, betrug er 39 ⅝ Dollar.

Wenn der Kurs der Aktien einer derart bedeutenden Firma bei allgemein steigenden Kursen ein derart kümmerliches Bild bot, musste jeder vermuten, dass irgendetwas nicht in Ordnung sein konnte. Sie durchsuchten den Jahresbericht nach der schlimmen Nachricht, aber welche Seite Sie auch aufschlugen, überall wurde Gutes berichtet, von dem vieles auf Seite 42 tabellarisch aufgelistet war. Während einer Folge von zehn Jahren waren die Gewinne ständig gestiegen und hatten sich in jenem Zeitraum vervierfacht. Die Verkaufszahlen hatten in gleichem Maße stetig zugenommen.

Die Gesellschaft teilte auch mit, dass sie in jedem der letzten zehn Jahre die Dividende erhöht habe, sie versäumte jedoch, eine noch unglaublichere Tatsache zu erwähnen: Sie hatte nicht nur während der letzten zehn Jahre, sondern sogar seit 32 Jahren ununterbrochen jedes Jahr die Dividende erhöht. Vielleicht wollte Johnson & Johnson einen bescheidenen Eindruck machen.

Aus den Angaben auf Seite 42 erfuhren Sie auch, dass die Gesellschaft in den letzten Jahren immer produktiver wurde. Im Jahr 1983 produzierte und verkaufte Johnson & Johnson mit 77.400 Beschäftigten Güter im Wert von sechs Milliarden Dollar, während die Firma 1993, zehn Jahre später, mit 81.600 Beschäftigten Güter im Wert von 14 Milliarden Dollar herstellte und verkaufte. Das war mehr als das Doppelte an Produktion und Verkauf mit nur 4.200 zusätzlichen Beschäftigten. Von 1989 bis 1993 stiegen die Verkaufserlöse von 9,7 Milliarden auf 14 Milliarden Dollar, während die Zahl der Beschäftigten abnahm.

Diese Zahlen teilten Ihnen mit, dass Johnson & Johnson einer hohen Effizienz zustrebte und erfolgreich die Kosten senkte. Die Beschäftigten der Firma nutzten ihre Zeit wirkungsvoller aus. Sie schufen mehr Wert für die Gesellschaft, für die Aktionäre (obwohl sich das nicht in den Kursen der Aktie widerspiegelte) und für sich selbst. Viele der Arbeitnehmer besaßen nämlich Aktien der Firma. Selbst wenn sie keine Aktien des Unternehmens besaßen, erhielten sie Lohn- und Gehaltserhöhungen, wenn die Verkaufszahlen und die Gewinne stiegen.

Auf den Seiten 25 und 42 konnten Sie feststellen, dass Johnson & Johnson eigene Aktien zurückgekauft hatte: drei Millionen Aktien im Jahr 1993, insgesamt zehn Millionen innerhalb des letzten Jahrzehnts. Es gab für diese Maßnahme Milliarden von Dollar aus. Wenn eine Firma auf diese Weise ihre Aktien aus dem Markt nimmt, haben die Aktionäre sehr wahrscheinlich einen Nutzen davon. Weniger Aktien in der Öffentlichkeit bedeuten mehr Gewinn pro Aktie, was dann einen Kursanstieg auslöst. Wenn man den Kurs von Johnson & Johnson betrachtete, fiel es schwer, daran zu glauben, dass ein Aktienrückkauf stattgefunden hatte.

Die Bilanz auf Seite 29 des Jahresberichts von Johnson & Johnson zeigte, dass Johnson & Johnson über mehr als 900 Millionen Dollar Bargeld und verkäufliche Aktien verfügte und dass die Gesellschaft einen Gesamtwert von 5,5 Milliarden Dollar hatte. Sie hatte 1,5 Milliarden Dollar langfristige Schulden, was angesichts des hohen Gesamtwerts des Unternehmens einen mäßigen Betrag darstellte. Mit so viel finanzieller Schlagkraft brauchte man nicht zu befürchten, dass Johnson & Johnson untergehen würde.

Nach allen diesen Daten fragten Sie sich, wo die Schwachstelle lag. Könnte es zutreffen, dass Johnson & Johnson sich nicht auf die Zukunft vorbereitet hatte? Die Außenseite des vorderen Umschlags deutete auf das Gegenteil hin. In großen Lettern wurde dort angegeben: „Wachstum durch neue Erzeugnisse." Der Text nannte dann die Einzelheiten: 34 Prozent der Verkäufe im Jahre 1993 betrafen Erzeugnisse, die erst innerhalb der letzten fünf Jahre auf dem Markt eingeführt worden waren.

Auf Seite 42 konnte man entdecken, dass Johnson & Johnson im Jahr 1993 mehr als eine Milliarde Dollar für Forschung und Entwicklung aufgewendet hatte – acht Prozent der Verkaufseinnahmen. Innerhalb von zehn Jahren hatte sich das Budget für Forschung und Entwicklung mehr als verdoppelt. Offensichtlich führte die Firma aus, was die Überschrift angab: „Wir lassen neue Produkte wachsen." Die Gesellschaft war nicht in süßem Schlummer ertappt worden.

Um diese Zahlen in einem größeren Zusammenhang zu verstehen, verglichen Sie den Preis der Aktie mit den Gewinnen. Man erwartete, dass die Firma pro Aktie im Jahr 1994 3,10 Dollar und im Jahr 1995 3,60 Dollar Gewinn machen würde, was einem KGV von 12 beziehungsweise 11 entspräche. Zukünftige Gewinne sind immer schwer vorherzusagen, aber in den vorhergehenden Jahren waren die Ergebnisse immer sehr gut abschätzbar gewesen. Falls diese Schätzungen also zutreffen sollten, war die Aktie billig.

Zu einem Zeitpunkt, an dem sich die durchschnittliche Aktie für das 16-Fache der für 1995 geschätzten Gewinne verkaufte, verkaufte sich

Johnson & Johnson für das Elffache der für 1995 geschätzten Gewinne. Dazu war Johnson & Johnson viel besser als das durchschnittliche Unternehmen. Es war eine prächtige Gesellschaft, machte alles richtig: Verkaufszahlen aufwärts, Gewinne aufwärts, Aussichten glänzend. Dennoch war der Kurs der Aktie schon bis auf 39 ⅝ Dollar zurückgegangen und in den Wochen nach dem Eingang des Jahresberichts bei den Aktionären fiel er noch weiter bis fast auf 36 Dollar.

Wenn es auch noch so unglaublich war, so kamen Sie doch zu der unausweichlichen Schlussfolgerung: Bei Johnson & Johnson liegt kein Grund für den Kursrückgang vor. Das Unternehmen war nicht das Problem, sondern der „Healthcare Scare", die Angst vor den Umwälzungen bei den Krankenversicherungen und in der Gesundheitsfürsorge. Im Jahr 1993 debattierte der amerikanische Kongress verschiedene Reformvorschläge für die Gesundheitsfürsorge, einschließlich der Vorlagen der Regierung Präsident Clintons. Die Investoren waren besorgt darüber, dass sich Belastungen der an der Gesundheitsfürsorge beteiligten Firmen ergeben würden, falls die Clinton-Vorschläge entsprechende Gesetze auslösen würden. Deshalb stießen sie die Aktien von Johnson & Johnson zusammen mit ihren anderen Aktien von Firmen im Bereich des Gesundheitswesens ab. Der gesamte Industriezweig litt während dieses Zeitraums.

Ein gewisser Teil dieser Befürchtungen wäre berechtigt gewesen, wenn die Clintons ihre Ansichten durchgesetzt hätten, aber selbst dann wäre Johnson & Johnson weniger nachteilig betroffen worden als eine typische im Gesundheitswesen tätige Firma. Auf Seite 41 des Jahresberichts wurde angegeben, dass mehr als 50 Prozent der Gewinne von Johnson & Johnson im internationalen Bereich der Gesellschaft erwirtschaftet wurden – die Clinton-Vorschläge hätten diesen nicht beeinflussen können. Auf Seite 26 konnte man ferner lesen, dass 20 Prozent der Gewinne der Gesellschaft aus dem Verkauf von Shampoo, Verbandspflaster und ähnlichen Verbrauchsgütern stammten. Diese hatten nichts mit pharmazeutischen Erzeugnissen zu tun, die das Ziel der Reform der Clintons waren.

Ganz gleich, wie man den Jahresbericht auch drehte und wendete, Johnson & Johnson war nur in begrenztem Ausmaß den drohenden Bedingungen ausgesetzt, über die sich die Leute Sorgen machten.

Nicht mehr als 20 Minuten waren erforderlich, um jenen Jahresbericht durchzulesen und zu erkennen, dass Johnson & Johnson zu einem Kurs von 39 ⅝ Dollar ein Schlager, eines der Sonderangebote des Jahrzehnts, war. Die Entwicklung des Kurses von Johnson & Johnson ist keine komplizierte Geschichte. Sie mussten kein hauptberuflich auf diesem Gebiet tätiger Berufsinvestor oder Absolvent der Harvard Business School sein, um das herauszufinden, was soeben erläutert wurde.

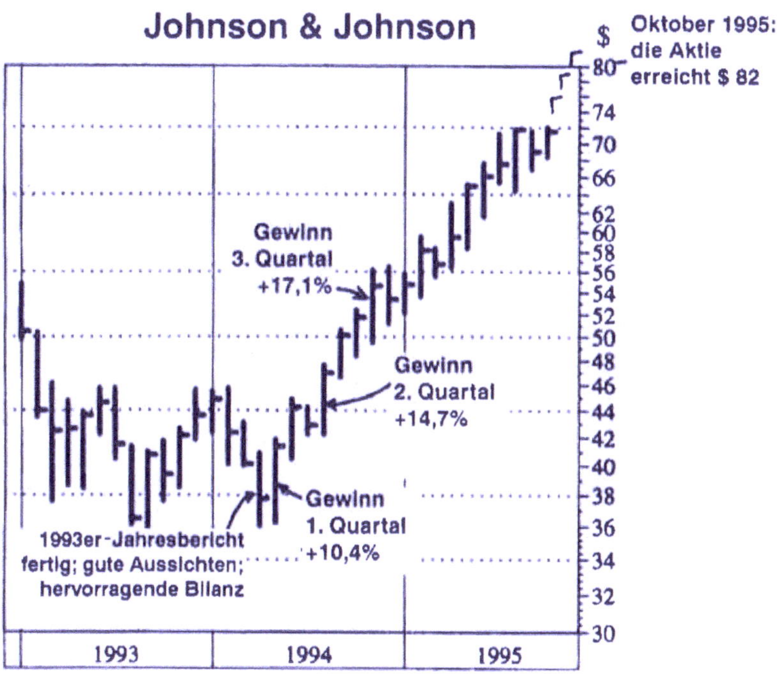

Es war eine einfache Story. Der Kurs war unten, während sich die grundlegenden wirtschaftlichen Einzelheiten der Firma auf dem Weg der Besserung befanden. Genauso wie bei Nike war beim Kauf der Aktien keine Hast oder Eile geboten. Peter Lynch empfahl Johnson & Johnson in einem Artikel in der Zeitung *USA Today* gegen Ende des Jahres 1993, als die Aktie einen Kurs von 44 7/8 Dollar aufwies. Im Frühjahr 1994 empfahl er zusammen mit Louis Rukeyser in der Sendung „Wall Street Week" die Aktie erneut. Nun war die Aktie bei einem Kurs von 37 Dollar sogar noch um sieben Dollar billiger als bei der ersten Empfehlung.

Die Tatsache, dass der Kurs um sieben Dollar gefallen war, bereitete Peter Lynch nicht die geringsten Sorgen. Der letzte Vierteljahresbericht meldete ihm, dass die Umsatzzahlen und die Gewinne aufwärts strebten, die Handlung der Geschichte sich also besserte. Es war eine ausgezeichnete Gelegenheit, bei einem niedrigeren Kurs noch mehr von diesen Aktien zu kaufen.

Peter Lynch empfahl Mitte des Sommers 1994 Johnson & Johnson öffentlich erneut. Der Kurs der Aktie war wieder auf 44 Dollar gestiegen, aber im Hinblick auf die Gewinne war sie immer noch billig. Im Oktober 1995 war der Kurs auf über 80 Dollar geklettert. In nur 18 Monaten hatte er sich also verdoppelt!

KAPITEL 3

DER LEBENSLAUF EINES UNTERNEHMENS

Die Geburt eines Unternehmens

So könnte die Geschichte eines Unternehmens beginnen: Jemand hat eine glänzende Idee und erfindet ein neues Produkt. Dieser Jemand muss keine wichtige Persönlichkeit sein, keinen Doktortitel tragen oder ein Studium an einer Universität abgeschlossen haben. Er oder sie hat vielleicht nicht einmal die Realschule abgeschlossen oder das Studium vorzeitig abgebrochen. Im Falle von Apple Computer haben sogar beide Gründer vorzeitig das College verlassen.

Es ist erstaunlich, wie viele Milliardenunternehmen ihren Anfang auf dem Küchentisch oder in der Garage mancher Leute nahmen. Die Firma Body Shop begann in der Garage von Anita Roddick. Sie war eine englische Hausfrau, die nach einer Beschäftigung suchte, während ihr Ehemann auf Geschäftsreisen war. Sie stellte deshalb Lotionen und Cremes her und entwickelte das Unternehmen zu einem Imperium für Hautpflegemittel, das nun 900 Läden in der ganzen Welt umfasst.

Der erste Computer von Hewlett-Packard kam aus der Garage von David Packard, und der erste Apple-Computer wurde in der Garage von Steve Jobs' Eltern zusammengebaut. Vielleicht sollte man mehr Garagen bauen, um den Fortschritt in der Welt zu beschleunigen.

Sehen wir uns den Ursprung von Apple etwas näher an. Das Unternehmen wurde im Jahr 1976 gegründet, 200 Jahre nach Gründung der

Vereinigten Staaten. Heute verkauft es weltweit jedes Jahr für fünf Milliarden Dollar Computer und bezahlt die Löhne und Gehälter von 11.300 Beschäftigten. Vor 1976 aber war Apple noch gar nicht da, höchstens als Glanz in den Augen zweier junger Leute in Kalifornien.

Der eine war Steve Jobs und der andere sein Freund Steve Wozniak. Jobs war 21 Jahre alt, Wozniak 26. Da beide ebenfalls ihr Studium abgebrochen haben, verbindet sie etwas mit Ben Cohen, dem Ben der Firma Ben & Jerry's Ice Cream. Alle drei verließen früh die Schule, gründeten eine Gesellschaft aus dem Nichts und wurden Multimillionäre, bevor sie 35 Jahre alt waren.

Dies soll jedoch nicht bedeuten, dass Sie Ihre schulische Ausbildung abbrechen und auf ein Wunder warten sollen. Diese drei Personen konnten lesen, schreiben und rechnen, und die zwei Steves hatten bereits viel über Computer gelernt. Sie brachen ihr Studium nicht ab, um morgens lange schlafen und den Rest des Tages vertrödeln zu können. Sie bastelten mit Transistoren, Drähten und gedruckten Schaltkreisen herum.

Wozniak war einer der ersten Hacker – Computerfans, die mit selbst gebauten Geräten experimentierten und herausfanden, wie man Sicherungscodes knacken, in Datenbanken eindringen und Chaos in Regierungsbehörden und Firmenzentralen verursachen kann. In sinnvollerer Tätigkeit machten sie sich Gedanken über die Konstruktion eines einfachen Rechners, der zu Hause von Menschen benutzt werden könnte, die noch nie mit einem Computer zu tun hatten und von allem so verwirrt wurden, dass sie Disk Drive nicht von Discjockey unterscheiden konnten. Das war bei 99,9 Prozent der Bevölkerung der Fall.

Wozniak und Jobs richteten sich deshalb in der Garage der Familie Jobs ein, nahmen einige passende Computerteile, bauten sie zusammen in einen Kasten aus Plastik ein und nannten das Ganze den Apple I. Beide waren begeistert von dem, was sie geschaffen hatten. Sie entschieden sich, alles, was sie an Werten besaßen – einen alten Pkw-Kombi und zwei Rechenmaschinen –, zu verkaufen und den Erlös in ihr Geschäft zu stecken.

Sie kratzten insgesamt 1.300 Dollar eigenes Geld zusammen. Zu den Preisen im Jahr 1976 konnten sie damit die Herstellung von 50 weiteren Apple-Computern finanzieren. Dann verkauften sie diese 50 Geräte, benutzten das Geld, um ein verbessertes Modell zu entwickeln, und verkauften mehrere Hundert davon.

Während dieser ersten Entwicklungsstufe eines Unternehmens bezahlt der Mann mit der glänzenden Idee die Rechnungen aus seiner eigenen Tasche. Wenn die Bargeldbestände erschöpft sind, trägt er den Schmuck seiner Frau ins Pfandhaus, verkauft das zweite Auto, nimmt ein Darlehen auf sein Haus auf – tut alles Mögliche, um das Projekt voranzubringen.

Das Risiko einer Zwangsversteigerung ihres Hauses, den Verlust wertvollen Besitzes und der Ersparnisse des bisherigen Lebens, dieses Risiko nehmen viele Hinterhoferfinder auf sich, damit ein Vorhaben flügge wird. Das sind Leute mit Mut und Grips, die bereit sind, in unbekannte Gebiete vorzudringen wie die frühen Siedler. Indem sie ein neues Geschäft beginnen, stellen sie die Aufregung über die Sicherheit eines regelmäßig eingehenden Gehalts. Es ist auch nicht damit getan, dass sie all ihr Geld in dieses Vorhaben stecken. Sie müssen nämlich außerdem noch viele Stunden arbeiten und den größten Teil ihrer Zeit opfern.

Falls sie Glück haben und nicht stolpern oder zu schnell kein Geld mehr haben, wird es ihnen möglich sein, ein erstes Probestück oder ein verkleinertes Modell des Dings, das sie erfanden, herzustellen oder herstellen zu lassen; oder eine Beratungsfirma zu bezahlen, die ihnen einen ins Detail gehenden Plan für die Geschäftstätigkeit, die sie zu beginnen hoffen, erstellt. In diesem Stadium der Entwicklung gelangen sie zu dem aufregenden Punkt, an dem noch mehr Geld erforderlich wird. Sie legen das Projekt in die Hände eines „rettenden Engels".

Dieser Engel kann ein reicher Onkel sein, ein entfernter Verwandter oder ein Freund mit viel Geld und der Bereitschaft, in ein langfristiges Vorhaben zu investieren. Diese Engel machen das Geld nicht aus allgemeiner Menschenfreundlichkeit locker. Sie stellen es zur Verfügung, weil sie überzeugt sind, dass die neue Idee eine gewisse Aussicht auf

Erfolg besitzt. Als Ertrag für ihr Kapital verlangen sie einen Anteil an dem Geschäft – oft einen ziemlich hohen Anteil.

Sie können bereits erkennen, dass die Person mit der glänzenden Idee nicht hoffen kann, Erfolg zu haben, indem sie selbstsüchtig ist und 100-prozentiger Eigentümer bleiben will. Wenn das Projekt über das Probestück, das verkleinerte Modell oder das Planungsstadium hinauswächst, muss weiteres Geld von neuen Investoren mit größeren Geldmitteln beschafft werden. Dies sind die Kapitalisten, die Risikokapital zur Verfügung stellen.

Als Gegenleistung für die finanzielle Unterstützung fordern Risikokapitalgeber auch ein Stück des Kuchens. Unsere junge Gesellschaft hat nunmehr drei Gruppen von Eigentümern: den ursprünglichen Erfinder, der das erste Häufchen Geld beitrug, die rettenden Engel, die die zweite Ladung herausrückten, und die Risikokapitalgeber, die den dritten Teil in das Vorhaben steckten. Zu diesem Zeitpunkt kann es vorkommen, dass der ursprüngliche Erfinder weniger als 50 Prozent an der Sache besitzt, denn je größer der Kuchen wird, desto mehr Hände greifen nach einem Stück davon.

Wir wollen nun wieder nachsehen, welchen Fortschritt die beiden Steves bei Apple erzielten. Da sie erkannten, dass sie ein beliebtes Erzeugnis in Händen hatten, nahmen sie einen pensionierten Elektroingenieur, der auch ein Marketingfachmann war, in ihren Kreis auf. Er hieß Mike Markkula und hatte vorher für zwei Giganten in der Computerindustrie gearbeitet: Intel und Fairchild Semiconductors. Er war alt genug, um der Vater der beiden Erfinder zu sein.

Markkula hätte das Paar als grüne Anfänger, die sie waren, abtun können, aber er konnte eine gute Sache erkennen, wenn er sie sah. Er erklärte sich nicht nur bereit, ihren Geschäftsplan zu schreiben, sondern er kaufte auch ein Drittel des Unternehmens und legte dafür 250.000 Dollar auf den Tisch – was ihn zum ersten Rettungsengel für Apple machte.

Leute, die gut im Erfinden von Dingen sind, sind nicht notwendigerweise auch gut in der Öffentlichkeitsarbeit, der Werbung, in Finanzangelegenheiten oder im Personalwesen. Da er einsah, dass die beiden Steves noch mehr benötigten, als er allein ihnen geben konnte, stellte Markkula Mike Scott, eine erfahrene Führungspersönlichkeit, als Präsidenten von Apple ein.

Die Gesellschaft stellte auch Regis McKenna, einen sehr erfahrenen Texter einer der besten Werbefirmen im Umkreis, ein, und dieser entwarf das Apple-Markenzeichen. Da die neuen Geschäftspartner das Marketing und die Öffentlichkeitsarbeit übernahmen, wurden die beiden Steves entlastet und konnten sich auf die weitere Verbesserung des Produkts konzentrieren.

Der Apple war der erste Personal Computer, der eine farbige Grafik bot, und der erste, der einen elektronischen Monitor als Bildschirm verwendete. Wozniak baute eine rotierende Festplatte statt der damals zur Datenspeicherung verwendeten Magnetbänder ein. Bis zum Juni 1977 hatte das Unternehmen schon für eine Million Dollar Apples verkauft, und gegen Ende des Jahres 1978, als der Apple II vorgestellt wurde, war Apple eine der am schnellsten wachsenden Gesellschaften in den Vereinigten Staaten.

Während die Verkaufszahlen anstiegen, werkelten die beiden Steves fleißig im Laboratorium von Apple (nicht mehr in der Garage) am Entwurf weiterer Apples. Im Jahre 1979 beschafften sie auch weiteres Geld: Wozniak verkaufte einen Teil seines Aktienbesitzes an den Finanzier Fayez Sarofim, und außerdem investierte eine Gruppe von Risikokapitalgebern, die von L. F. Rothschild & Co. organisiert wurde, 7,2 Millionen Dollar.

Als das Unternehmen seine Aktien im Dezember 1980 an die Börse brachte, hatte es das vierte neue Modell herausgebracht. Das ist typisch – Apple wartete mit dem Börsengang, bis das Unternehmen seine Standfestigkeit bewiesen hatte und die Apples von den begierigen Kunden fast aus den Ladenregalen gerissen wurden.

Der Börsengang

Zu diesem Zeitpunkt der Entwicklung kommt nun die Börse, der Aktienmarkt, ins Spiel. Nun hat die Gesellschaft ihr Ding verbessert und verfeinert, die Schwachstellen beseitigt und bereitet sich auf eine ansehnliche weitere Expansion vor. Oder, falls die ursprüngliche Idee eine neue Art von Ladengeschäft umfasste, hat sich der erste Laden bereits als erfolgreich erwiesen, und die Firma plant bereits einen zweiten Laden und einen dritten ... und so weiter. Diese Art von ehrgeizigem Streben erfordert mehr Geld, als die rettenden Engel und Risikokapitalgeber bereits in das Unternehmen gesteckt haben, und die beste Möglichkeit, es zu erhalten, sind Sie und ich.

Die Umwandlung eines Unternehmens in eine Aktiengesellschaft ist eine schwerwiegende Entscheidung, ähnlich der einer Privatperson, sich zur Wahl für ein öffentliches Amt zu stellen. In beiden Fällen öffnen Sie Ihr Leben und Tun den Reportern der Zeitungen und des Fernsehens, die dann die Nase in all Ihre Geschäfte stecken, und die Regierungsbehörden überwachen jeden Schritt und Tritt, den Sie machen. Ein Politiker hat nach einer gewonnenen Wahl kein Privatleben mehr, und auch eine Gesellschaft, die Aktien an die Börse bringt, kann nichts mehr verbergen. Die Firmen wagen diesen Schritt und ertragen es, gewissermaßen in einem Glashaus zu leben, weil der Schritt an die Öffentlichkeit für sie die besten Aussichten bietet, genügend Kapital zur Entwicklung ihres vollen Potenzials erhalten zu können.

Eine Gesellschaft hat zwei wichtige Geburtstage – den Tag, an dem sie gegründet wird, und den Tag, an dem sie an die Börse geht. Dieses segensreiche Ereignis heißt im Englischen „Initial Public Offering“, kurz IPO. Jedes Jahr werden in den Vereinigten Staaten Hunderte von Aktiengesellschaften in dieser Weise, mit Unterstützung durch Investmentbanken als Geburtshelfer, geboren.

Der Anteil der Bankleute an diesem Vorgang – dem Verkauf der Aktien an interessierte Gruppen und Personen – heißt englisch „Underwriting“. Die Bankiers veranstalten eine Art von Show, eine öffentliche

Veranstaltung, auf der sie Menschen, die investieren wollen, zum Kauf der Aktien zu überreden versuchen. Die voraussichtlichen Investoren erhalten auch einen Prospekt, der alles Wissenswerte über die zukünftige Gesellschaft darlegt, einschließlich aller Gründe, warum man diese Aktie nicht kaufen sollte. Diese Warnungen sind im Emissionsprospekt in großer Schrift rot gedruckt, damit die Leute später nicht behaupten können, sie wären nicht ausdrücklich gewarnt worden. Im Jargon der Wall Street nennt man diese rot gedruckten Warnungen „Red Herrings".

Im Prospekt müssen die Bankiers auch eine Schätzung für den Kurs, zu dem die ersten Aktien verkauft werden, angeben. Gewöhnlich wählen sie einen Kursbereich etwa zwischen 12 und 16 Dollar, wobei schließlich bei der Festsetzung des Kurses auch die Aufnahme der Show bei der Öffentlichkeit, ob positiv oder negativ, mitspielt.

Mit einem Inserat in den Zeitungen, das man „Tombstone" („Grabstein") nennt, machen die Bankiers auf den Verkauf der Aktien aufmerksam. Der Name der sogenannten „führenden Bank" (auch „Konsortialführer" genannt) bei diesem Vorgang erhält eine vorrangige Stelle auf dem „Grabstein". Sie wären überrascht, wenn Sie von dem Drängeln und Streiten erfahren würden, das sich hinter den Kulissen unter den Banken, die alle Konsortialführer sein wollen, abspielt. Auf Seite 230 ist ein Beispiel für einen „Grabstein" abgebildet.

Im Fachjargon der Wall Street kommt in diesem Zusammenhang eine kuriose Kombination zustande. Am Ende eines Menschenlebens tritt ein Bestattungsunternehmen („Undertaker") in Aktion und es wird ein Grabstein („Tombstone") gesetzt. Bei der Geburt einer Gesellschaft tritt ein „Underwriter" in Aktion und in den Zeitungen wird auch ein „Tombstone" gesetzt beziehungsweise gedruckt.

This advertisement is neither an offer to sell nor a solicitation of an offer to buy any of these securities.
The offering is mae only by the Prospectus

September 20, 1995

1,250,000 Shares

CyberOptics

Common Stock

Price $33.25 Per Share

Copies of the Prospectus may be obtained from the undersigned as may legally offer these securities in compliance with the securities laws of the respective states

ALEX. BROWN & SONS

ROBERTSON STEPHENS & COMPANY

PIPER JAFFRAY INC.

Durch eine seltsame Fügung des Schicksals hat gerade „der kleine Mann" („klein" bezieht sich hier nicht auf die Körpergröße, sondern auf die Größe seines Wertpapierdepots) selten Gelegenheit, Aktien von kleinen, neugeborenen Gesellschaften zum Emissionskurs zu kaufen. Diese zuerst ausgegebenen Aktien werden gewöhnlich für große Investoren, etwa Manager von Investmentfonds, die mit Millionen oder gar Milliarden arbeiten können, reserviert.

Die Neuemission von 4,6 Millionen Aktien von Apple Computer war innerhalb einer Stunde ausverkauft. Die Manager von Investmentfonds purzelten fast übereinander, um ihre Hand auf möglichst viele Aktien zu legen. Wie üblich waren Amateur-Investoren von diesem Verkauf ausgeschlossen, besonders im amerikanischen Ostküstenstaat Massachusetts. Viele Staaten der Vereinigten Staaten haben spezielle Gesetze („Blue Sky Laws" genannt), um die Öffentlichkeit vor Kapitalanlagen zu schützen, bei denen dem kleinen Mann das Blaue vom Himmel versprochen wird. Die Überwachungsbehörden des Staates Massachusetts reihten Apple in diese Kategorie ein. Sie hätten keinen größeren Fehler begehen können.

Wenn das Angebot abgewickelt und untergebracht ist, wird der Erlös verteilt. Die Underwriter – die Investmentbanken –, die die Show organisierten und das Angebot zusammenstellten, erhalten einen kleinen Teil. Ein weiterer Betrag geht an die Gründer der Gesellschaft, an die „rettenden Engel“ und die Risikokapitalgeber, die die Emission nutzen, um gleich einige ihrer Aktien zu verkaufen. Den Rest des Geldes erhält die Gesellschaft selbst. Das ist das Kapital, das sie zur Erweiterung des Geschäfts benutzt.

Ab diesem Zeitpunkt hat die Gesellschaft nun eine neue Gruppe von Eigentümern – die Investoren, die bei der Neuemission Aktien kauften. Ihr Geld bezahlt die Underwriter, macht die Gründer etwas reicher und hilft der Gesellschaft bei der Ausweitung der Geschäftstätigkeit. Nun kommt auch der Augenblick, auf den alle gewartet haben: Die Aktien werden an der Börse gehandelt.

Im Dezember 1980 hatte Apple am NASDAQ-Markt den ersten Auftritt. Nun konnte jedermann die Aktien kaufen, auch all die Kleininvestoren, die bei der Emission ausgeschlossen waren. Es geschieht nun oft, dass eine neu eingeführte Aktie vielleicht einige Tage, Wochen oder Monate lang im Kurs steigt, später jedoch legt sich meistens die Aufregung und der Kurs sinkt wieder. Das ist dann eine großartige Zeit für kleine Investoren, um nach einem Gelegenheitskauf zu grapschen. Zwölf Monate nach der Börseneinführung von Apple war der Kurs vom Emissionskurs bei 22 Dollar auf 14 Dollar gesunken.

Dies ist nicht immer der Fall, aber oft genug sind es nicht die Manager der Riesensummen, sondern die kleinen Investoren, die zuletzt lachen.

Die Gründer müssen bei der Emission nicht ihren ganzen Anteil an der Gesellschaft verkaufen. Normalerweise geben sie am Anfang nur einen Teil davon ab. So kamen Jobs, Wozniak und Markkula zu etwas Geld. Sie behielten den größten Teil ihrer Aktien von Apple, die für jeden der drei nach dem ersten offiziellen Handelstag an der Börse einen Nettowert von mehr als 100 Millionen Dollar darstellten. Für Jobs und Wozniak nicht gerade ein schlechtes Geschäft bei einer ursprünglichen Investition von 1.300 Dollar, die nur vier Jahre vorher erfolgte. (Markkula hatte sich mit 250.000 Dollar eingekauft – was auch für ihn kein schlechtes Geschäft war.)

Nur im kapitalistischen System können Hinterhoferfinder und College-Abgänger Unternehmen ins Leben rufen, die Tausende von Menschen beschäftigen, Steuern bezahlen und die Welt lebenswerter machen.

Nur bei einer Erstemission an die Öffentlichkeit zieht eine Gesellschaft einen Nutzen aus ihren Aktien. Wenn Sie einen gebrauchten Chrysler-Minivan kaufen, nutzt dies der Firma Chrysler nichts, ebenso wenig, wie wenn Sie an der Börse eine Aktie von Chrysler kaufen. Jede Woche werden Millionen von Chrysler-Aktien an der Börse hin und her gehandelt, und Chrysler verdient absolut nichts dabei. Diese Aktien werden von privaten Investoren gekauft und verkauft, genauso wie dies bei den normalen Bürgern der Fall ist, die einander gebrauchte Autos und Minivans verkaufen. Das Geld geht direkt von einem privaten Besitzer zum anderen.

Nur wenn Sie ein neues Chrysler-Auto kaufen, bekommt die Firma Chrysler etwas vom Kaufpreis. Genauso erhält eine Gesellschaft nur dann etwas aus ihren Aktien, wenn sie neue Aktien zum Verkauf ausgibt. Es kann sein, dass sie nur ein einziges Mal während ihres Bestehens, bei der Erstemission, Aktien ausgibt, oder es kann vorkommen, dass es spätere Kapitalerhöhungen durch die Ausgabe neuer Aktien (im Englischen „Secondaries" genannt) gibt.

Das junge Unternehmen

Eine junge Firma ist voller Energie, glänzender Ideen und voll Hoffnung für die Zukunft. Sie hegt viele Erwartungen und besitzt wenig Erfahrung. Sie sitzt nun auf dem Bargeld, das aus der Erstemission stammt, und hat daher im Augenblick keine Probleme, ihre Rechnungen zu bezahlen. Sie hofft darauf, ihren Lebensunterhalt verdienen zu können, wenn das ursprüngliche Bargeld dahingeschmolzen ist, aber es gibt keine Garantie dafür.

In den Jahren seines Wachstums ist das Überleben eines Unternehmens keineswegs sicher. Eine Menge schlimmer Zwischenfälle können sich ereignen. Es kann eine glänzende Idee für ein Produkt haben, aber alles Geld schon ausgeben, bevor das Produkt hergestellt und an die Läden ausgeliefert wird. Es kann auch vorkommen, dass die glänzende Idee nicht so schön glänzt, wie es zuerst angenommen wurde. Vielleicht wird die Gesellschaft von Leuten verklagt, die behaupten, jene Idee als Erste gehabt zu haben und dass die Firma sie gestohlen habe. Falls die Geschworenen den Klägern recht geben, kann es passieren, dass die Gesellschaft zu Schadenersatz in Höhe von Millionen (die sie nicht hat) verurteilt wird. Vielleicht wird die großartige Idee auch zu einem großartigen Erzeugnis, das aber in manchen Ländern die Sicherheitsbestimmungen nicht erfüllt und sich daher nicht verkaufen lässt. Oder eine andere Gesellschaft kommt mit einem noch großartigeren Produkt daher, das die Aufgabe besser oder billiger oder beides erfüllt.

In Industriezweigen mit einer heißen Wettbewerbsatmosphäre überholen die einzelnen Gesellschaften sich andauernd gegenseitig mit hohen Geschwindigkeiten. Die Elektronikbranche bietet hierfür gute Beispiele. Ein Genie in einem Labor in Singapur erfindet ein besseres Relais. Sechs Monate später ist es auf dem Markt und hinterlässt die anderen Hersteller mit veralteten Relais, die kein Mensch mehr will.

Es ist verständlich, warum sich die Hälfte aller neu gegründeten Unternehmen innerhalb von fünf Jahren wieder auflösen und warum sich die meisten Fälle von Bankrott in Industriezweigen mit hohem Wettbewerb ereignen.

Aufgrund der Vielzahl von Rückschlägen, denen eine Gesellschaft während der mit einem hohen Risiko behafteten Jugendzeit ausgesetzt sein kann, müssen die Menschen, die die Aktien des Unternehmens besitzen, ihre Investition schützen, indem sie dem Fortgang der Gesellschaft große Aufmerksamkeit widmen. Sie können es sich nicht leisten, irgendeine Aktie zu kaufen und dann schlafen zu gehen und die Sache zu vergessen. Besonders bei jungen Gesellschaften muss jeder Schritt, den sie tun, beobachtet und überwacht werden. Derartige Unternehmen sind oft in der heiklen Lage, dass ein einziger falscher Schritt sie in den Bankrott und damit aus dem Geschäft drängen kann. Die finanzielle Stärke einer Gesellschaft verdient besondere Beachtung – das größte Problem junger Gesellschaften tritt dann auf, wenn ihnen das Bargeld ausgeht.

Wenn jemand eine Reise antritt, nimmt er meistens doppelt so viele Kleider und halb so viel Geld mit, wie er benötigen wird. Junge Gesellschaften machen hinsichtlich des Geldes den gleichen Fehler. Sie fangen mit zu wenig an.

Nun aber noch einige positive Bemerkungen nach der vielen Schwarzmalerei: Wenn es aus dem Nichts beginnt, kann ein junges Unternehmen sehr schnell wachsen. Es ist klein und rastlos und hat viel Raum, um sich in alle Richtungen auszudehnen. Das ist der Grund, warum junge Gesellschaften beim Vorwärtsstürmen die Firmen mittleren Alters, die ihre Wachstumssprünge und die größte Leistungsfähigkeit bereits hinter sich haben, überholen können.

Das Unternehmen mittleren Alters

Gesellschaften, die ein mittleres Alter erreichen, sind stabiler als junge Gesellschaften. Sie haben sich einen Namen geschaffen und aus ihren Fehlern gelernt. Sie sind in einem guten Geschäftszweig tätig, sonst wären sie nicht so weit gekommen. Sie sind für ihre Zuverlässigkeit bekannt. Es ist gut möglich, dass sie Geld auf der Bank liegen haben und gute Beziehungen zu den Bankiers hergestellt haben, was sehr nützlich ist, wenn man sich weiteres Geld leihen muss.

Man kann auch sagen, dass sie sich in eine bequeme Routine gebettet haben. Sie wachsen immer noch, aber nicht so rasch wie während der Anfangszeiten. Sie müssen sich etwas anstrengen, um eine gute Figur zu behalten, genauso wie wir alle, wenn wir die Mitte des Lebens erreichen. Falls sie sich zu viel Entspannung erlauben, werden schlankere und leistungsfähigere Wettbewerber auftreten und sie herausfordern.

Eine Gesellschaft kann im mittleren Alter eine Lebenskrise durchmachen, genauso wie eine Person. Alles, was sie unternimmt, scheint nicht mehr zu wirken. Sie verwirft die alten Gewohnheiten und strampelt sich ab, um eine neue Identität zu finden. Diese Art von Krisen tritt immer wieder auf. Sie trat auch bei Apple auf.

Gegen Ende des Jahres 1980, gerade nachdem Apple eine Aktiengesellschaft wurde, kam die Firma mit einer sauren Gurke, dem Apple III, heraus. Die Produktion wurde gestoppt, während die Probleme gelöst wurden, aber dann war es zu spät. Die Verbraucher hatten das Vertrauen in den Apple III verloren. Sie hatten den Glauben an die ganze Gesellschaft verloren.

Im Geschäftsleben ist nichts wichtiger als der Ruf. Ein Restaurant kann 100 Jahre lang bestehen und eine ganze Wand voller Lobesschilder und Fotos berühmter Leute haben, die schon dort speisten, aber es braucht nur einen einzigen Fall von Lebensmittelvergiftung oder einen Koch, der die Speisen vermasselt, und ein Jahrhundert voller Erfolg fliegt zum Fenster hinaus. Um sich vom Fiasko mit dem Apple III zu erholen, musste Apple daher rasch handeln. Auf der Direktionsebene rollten einige Köpfe, mehrere Führungskräfte wurden degradiert.

Das Unternehmen entwickelte neue Softwareprogramme, eröffnete Verkaufsbüros in Europa, baute Festplatten in einige Modelle ein. Auf der Plusseite erreichte Apple im Jahre 1982 eine Verkaufssumme von einer Milliarde Dollar. Auf der Minusseite verlor es aber gegenüber IBM, dem Hauptrivalen. IBM drang in das Gebiet von Apple, die Personal Computer, ein.

Statt sich auf das zu konzentrieren, was sie am besten beherrschten, versuchten die Leute von Apple Gegenangriffe in das Gebiet von IBM: Rechner für die Wirtschaft. Sie entwickelten „Lisa", eine flotte Maschine mit einer ganz neuen Schikane: der Maus. Lisa verkaufte sich aber trotz der Maus nicht gut. Die Gewinne von Apple sanken, und der Kurs purzelte entsprechend nach unten – um 50 Prozent in einem einzigen Jahr.

Apple war weniger als zehn Jahre alt, wies aber eine ausgewachsene Midlife-Crisis auf. Die Investoren waren enttäuscht und dem Management der Firma wurde es heiß unter den Hosenböden. Die Arbeitnehmer wurden nervös und schauten sich nach anderen Arbeitsplätzen um. Mike Markkula, der Präsident von Apple, trat zurück. John Sculley, der frühere Präsident von PepsiCo, wurde für den Rettungsversuch in die Firma berufen. Sculley war kein Computerfachmann, aber er verstand etwas von Marketing. Apple brauchte Marketing.

Apple wurde in zwei Bereiche aufgeteilt: Lisa und Macintosh. Es gab hitzige Rivalitäten zwischen den beiden. Der Macintosh hatte eine Maus wie Lisa und war auch in weiteren Punkten ähnlich. Er kostete aber viel weniger und war leichter zu benutzen. Deshalb gab die Firma Lisa bald auf und konzentrierte alle Kräfte auf den Macintosh. Sie schaltete TV-Werbung und machte ein unglaubliches Angebot:

Nehmen Sie einen mit nach Hause und probieren Sie ihn 24 Stunden lang aus. Kostenlos!

Die Aufträge schneiten wie im Sturm herein und Apple verkaufte 70.000 Macintoshs in drei Monaten. Die Gesellschaft war wieder auf dem rechten Weg mit einem neuen Produkt. In der Firmenleitung ging es immer noch unruhig zu und bei Sculley waren die Arbeitsplätze nicht sehr sicher.

Dies ist ein weiterer interessanter Gesichtspunkt innerhalb der Demokratie eines Unternehmens: Wenn die Aktien erst einmal in der Hand der Öffentlichkeit sind, bekommt der Gründer der Gesellschaft nicht mehr unbedingt bei allem recht, was er gerade will.

Sculley änderte einiges und löste noch etliche Probleme dazu. Schließlich leistete der Macintosh, was man von Lisa erwartet hatte. Er fasste

Fuß im Geschäftsleben. Neue Software erlaubte die Verknüpfung mehrerer Macintoshs in einem Computernetz. Bis 1988 wurden schon mehr als eine Million Macintoshs verkauft.

Eine Lebenskrise einer Gesellschaft mittleren Alters versetzt die Menschen, die Geld in die Aktien investiert haben, in eine Zwickmühle. Falls der Aktienkurs bereits fühlbar gefallen ist, müssen die Investoren sich entscheiden, ob sie die Aktien verkaufen sollen, um noch größere Verluste zu vermeiden, oder an ihnen festhalten und hoffen sollen, dass die Gesellschaft einen zweiten Frühling erlebt. Hinterher ist leicht zu erkennen, dass Apple sich wieder erholte, aber während der Krise war die Erholung und Genesung völlig unsicher.

Das alte Unternehmen

Gesellschaften, die 20, 30 oder 50 Jahre alt sind, haben die besten Jahre hinter sich. Sie können diese Unternehmen nicht für etwaige Müdigkeit tadeln. Sie haben alles schon einmal durchgemacht und gesehen, und es gibt fast keine Gegend in der Welt, wo sie noch nicht gewesen sind.

Nehmen wir einmal Woolworth als Beispiel. Das Unternehmen ist schon mehr als 100 Jahre alt – mehrere Generationen von Amerikanern sind bereits als Kunden von Woolworth herangewachsen. Zu einem bestimmten Zeitpunkt gab es in jeder amerikanischen Groß- und Kleinstadt einen Laden von Woolworth. Damals hatte die Gesellschaft kaum mehr Platz zur weiteren Expansion.

In jüngerer Zeit musste die Firma einige Jahre ohne Gewinn hinnehmen. Sie kann zwar immer noch Gewinn erzielen, aber sie wird nie mehr so wunderbar erfolgreich sein wie in jungen Jahren. Von alten Gesellschaften, die in der Vergangenheit dicke Gewinne erwirtschafteten, erwartet man nicht mehr denselben Schwung. Einigen gelang es jedoch – hier denkt man an Wrigley's, Coca-Cola, Emerson Electric und McDonald's; sie stellen aber Ausnahmen von der Regel dar.

U.S. Steel, General Motors und IBM sind drei gute Beispiele früherer Sieger, deren aufregendste Tage jedoch hinter ihnen liegen – obwohl GM und IBM derzeit wieder einen Aufschwung verzeichnen. U.S. Steel war einst ein ungeheurer Koloss, die erste Milliardenfirma des ganzen Erdballs. Die Eisenbahnen brauchten Stahl, die Autoindustrie brauchte Stahl, die Wolkenkratzer brauchten Stahl, und U.S. Steel lieferte 60 Prozent allen Stahls. An der Wende vom 19. ins 20. Jahrhundert beherrschte keine Gesellschaft ihren Markt so umfassend wie U.S. Steel die Stahlproduktion. Keine andere Aktie war so populär wie U.S. Steel. Sie war das Wertpapier mit dem höchsten Umsatzvolumen der Wall Street.

Wenn eine Illustrierte, ein Magazin, Amerikas Macht und wirtschaftlichen Ruhm darstellen wollte, druckte sie ein Bild eines Hüttenwerks ab, mit den glühenden Feuern in den Hochöfen und dem flüssigen, sprühenden Metall, das wie feurige Lava in die bereitstehenden Formen floss.

Die Vereinigten Staaten waren damals ein Land der Fabriken, und ein bedeutender Anteil des Reichtums und der Macht des Landes kam von den Städten der Stahlindustrie im Osten und im mittleren Westen.

Wer im Stahlbereich tätig war, befand sich in einem fantastischen Wirtschaftszweig, und das Unternehmen U.S. Steel blühte über zwei Weltkriege und sechs verschiedene Präsidenten hinweg auf. Die Aktie erreichte im August 1959 mit 108 ⅞ Dollar ihren höchsten Kurs aller Zeiten.

Jene Jahre bedeuteten aber den Aufbruch in das elektronische Zeitalter sowie das Ende des schwerindustriellen Zeitalters und der glorreichen Stellung des Stahls. Nun wäre es für die Investoren die perfekte Zeit gewesen, ihre Aktien von U.S. Steel zu verkaufen und stattdessen Aktien von IBM zu kaufen. Um dies durchzuführen, hätte man aber einen außerordentlichen Weitblick besitzen und dazu noch absolut unsentimental sein müssen. U.S. Steel wurde immerhin als „Blue Chip“ angesehen, im Wall-Street-Jargon der Ausdruck der Hochschätzung für Gesellschaften mit höchstem Prestige, die ewig Hervorragendes leisten würden.

Kaum jemand hätte vorhergesagt, dass im Jahr 1995 die Aktien von U.S. Steel niedriger im Kurs stehen würden als im Jahr 1959.

Um diesen Niedergang in den richtigen Rahmen zu stellen, muss hier darauf hingewiesen werden, dass sich damals der Dow Jones Industrial Index Richtung 500 emporschwang und er seither um mehr als weitere 4.000 Punkte gestiegen ist. Während die 30 Aktien im Dow durchschnittlich um das Achtfache stiegen, ging es mit U.S. Steel abwärts. Loyale Aktionäre, die an U.S. Steel festhielten, sind inzwischen alt geworden und gestorben, während sie darauf warteten, dass U.S. Steel den alten Glanz wiedererringen würde.

Die soeben geschilderte Entwicklung enthält eine Lehre, die Ihnen vielleicht einigen Kummer in der Zukunft ersparen kann. Ganz unabhängig von einer augenblicklichen Machtstellung wird eine Gesellschaft nie ewig die Spitzenstellung einnehmen. Einem Unternehmen, dessen Zeit vorbei ist, nützt es überhaupt nichts, dass es früher einmal als Blue Chip oder Weltklassefirma eingestuft wurde, genauso wie die frühere Größe und Weltgeltung von Großbritannien trotz des Namensteils „Groß“ nicht erhalten blieb.

Noch lange nachdem Großbritannien sein Imperium verloren hatte, sahen die Briten ihr Land immer noch als stärker und mächtiger an, als es in Wirklichkeit war, genauso wie dies die Aktionäre von U.S. Steel glaubten. International Harvester, ein Unternehmen, das über ein halbes Jahrhundert hinweg die beherrschende Stellung bei landwirtschaftlichen Maschinen innehatte, stieg auf seinen Spitzenkurs im Jahr 1966 und erreichte ihn seither nie wieder, obwohl die Firma das Glück wenden wollte, indem sie den Namen in Navistar umwandelte. Johns Manville, früher einmal die erste Adresse für Wärmeisolation und Baumaterial, wies im Jahr 1971 den höchsten Kurs auf. Die Aluminum Company of America, die unter der Abkürzung Alcoa besser bekannt ist, war ein Liebling der Wall Street in den 1950er-Jahren, als die Aluminiumfolie in die Haushalte einzog, die Häuser in den Vereinigten Staaten mit Aluminium verkleidet wurden und Boote aus Aluminium beliebt waren.

Der Kurs der Aktie stieg (unter Berücksichtigung von Aktiensplits) auf 23 Dollar, eine Höhe, die er erst in den 1980er-Jahren wieder erreichte.

General Motors (GM), der mächtigste Autoproduzent der Welt und der blaueste der Blue Chips der Autoindustrie, kletterte im Jahr 1965 auf einen Höchstkurs, den die Firma erst nach fast 30 Jahren wieder einmal erreichte. GM ist immer noch die größte Gesellschaft der Vereinigten Staaten und die erste in Bezug auf die Zahl der verkauften Fahrzeuge, aber sie ist weit davon entfernt, die profitabelste zu sein. Irgendwann in den 1960er-Jahren wurden ihre Reflexe etwas langsamer.

Die Deutschen kamen mit ihren Volkswagen und BMWs in die Vereinigten Staaten, und die Japaner starteten eine Invasion mit ihren Toyotas und Hondas. Der Angriff zielte direkt auf Detroit, und GM reagierte nur langsam. Eine jüngere, aggressivere GM wäre dieser Herausforderung vielleicht entgegengetreten, aber die ältere GM war in den bisherigen Wegen festgefahren.

Sie fabrizierte immer weiter große Autos, während sie doch sehen konnte, dass kleine, ausländische Wagen sich wie warme Semmeln verkauften. Bevor die Firma dann neue Modelle bauen konnte, die mit den Typen aus Übersee den Wettbewerb aufnehmen würden, mussten zuerst die veralteten Produktionsstätten umgebaut werden. Das kostete Milliarden von Dollar, und als der Umbau abgeschlossen war und bei GM kleinere Autos von den Fließbändern rollten, hatte der Publikumsgeschmack sich wieder größeren Wagen zugewandt.

Drei Jahrzehnte lang war die größte Industriefirma der Vereinigten Staaten nicht sonderlich gewinnträchtig. Wenn Sie im Jahr 1965, als GM auf der höchsten Woge des Glanzes und Glücks schwamm, diese Entwicklung vorhergesagt hätten, dann hätte Ihnen aber niemand geglaubt. Die Leute hätten Ihnen eher geglaubt, dass Elvis Presley gar nicht singen könne, sondern nur Mund- und Hüftbewegungen zur Lautsprechermusik machen würde.

Dann können wir IBM in unsere Betrachtung aufnehmen, das gegen Ende der 1960er-Jahre ein mittleres Alter erreicht hatte, ungefähr zum

Zeitpunkt des Abstiegsbeginns von GM. Seit Anfang der 1950er-Jahre war IBM enorm leistungsfähig und eine fabelhafte Aktie. Die Firma hatte einen hervorragenden Markennamen und war ein Symbol für Qualität – die blauen Buchstaben IBM wurden allmählich so berühmt wie die Coca-Cola-Flasche. Die Gesellschaft errang Auszeichnungen für außerordentlich gutes Management, und andere Gesellschaften studierten das Vorgehen von IBM, um zu lernen, wie sie ihr eigenes Unternehmen betreiben sollten. Noch in den 1980er-Jahren wurde IBM in dem Buch „Auf der Suche nach Spitzenleistungen" hoch gefeiert.

Die Aktie wurde von allen Brokern als der blaueste aller Blue Chips empfohlen. Für die Manager von Investmentfonds war die Beimischung von IBM ein „Muss". Nur ein extremer Sonderling hatte keine IBM-Aktien.

Bei IBM ereignete sich aber das Gleiche wie bei General Motors. Die Investoren waren von den Ergebnissen der Gesellschaft in der Vergangenheit so sehr beeindruckt, dass sie nicht bemerkten, was sich in der Gegenwart abspielte. Die Kunden hörten nämlich auf, die großen Mainframe-Computer zu bestellen, die den Kern des IBM-Geschäfts darstellten. Der Markt für Mainframes wuchs nicht mehr. Außerdem wurde dazu noch die Modellreihe der Personal Computer auf allen Seiten von Wettbewerbern bedrängt, die ein billigeres Produkt herstellten. Bei IBM sanken die Gewinne und, wie Sie nach dem Lesen der bisherigen Seiten dieses Buches nun ohne Schwierigkeiten einschätzen können, der Kurs ebenfalls.

Nachdem Ihnen die Schwierigkeiten der Mitglieder dieses Altherrenklubs von Unternehmen vorgestellt wurden, fragen Sie sich vielleicht, was denn für eine Geldanlage in den Aktien einer schwerfälligen Gesellschaft wie IBM, GM oder U.S. Steel sprechen könne.

Nun, dafür gibt es verschiedene Gründe. Zunächst einmal sind große Firmen weniger riskant, da sie im Allgemeinen nicht in Gefahr sind, aus dem Geschäftsleben zu verschwinden. Zweitens bezahlen sie höchstwahrscheinlich eine Dividende. Drittens besitzen sie wertvolle Vermögensteile, die möglicherweise mit Gewinn verkauft werden können.

Diese alten Käuze von Gesellschaften haben nämlich schon alles erlebt, alles gesehen und auf ihren Wegen allerhand wertvolle Besitztümer aufgesammelt. Tatsächlich kann das Studium einer alten Gesellschaft und die tiefschürfende Untersuchung ihrer Finanzen genauso aufregend sein wie das Stöbern auf dem Dachboden einer reichen und älteren Tante. Sie wissen nie, welch erstaunliche Stücke Sie aus einer dunklen Ecke ans Licht fördern.

Ob es nun Grundstücke, Gebäude, Einrichtungen, die Aktien und Anleihen, die auf der Bank aufbewahrt werden, oder die kleineren Firmen, die sie auf dem Wege erwarben, sind, alte Gesellschaften haben einen namhaften „Break-up Value“, einen hohen Liquidationswert. Die Aktionäre verhalten sich wie die Verwandten jener alten, reichen Tante. Sie sitzen wartend herum, um herauszufinden, wer was erhalten wird.

Es gibt immer eine Chance, dass eine alte Gesellschaft sich selbst wieder aus dem Sumpf ziehen kann, wie Xerox und American Express dies in den letzten Jahren getan haben.

Wenn andererseits eine alte Gesellschaft strauchelt oder so schlimm stolpert, wie es bei den genannten Gesellschaften der Fall war, dann kann es 20 oder 30 Jahre dauern, bis sie selbst wieder auf den richtigen Weg zurückfindet. Geduld ist eine sehr lobenswerte Tugend, aber wenn Sie Aktien einer Firma, die die Lebensmitte schon lange überschritten hat, in Ihrem Depot halten, dann wird diese Tugend nicht sehr reichlich belohnt.

Die Seifenopern der Aktiengesellschaften

Unter den Gesellschaften gibt es viel Techtelmechtel. Wenn man die Vorgänge beobachtet, kann man oft den Eindruck einer großen Seifenoper gewinnen. Wenn sie sich nicht gerade miteinander verheiraten (englisch: „Merger“, deutsch: Fusion), werden sie vielleicht geschieden (englisch: „Divestiture“ oder „Spin-off“, deutsch: Ausgliederung). Obendrein gibt es noch „Takeovers" (Übernahmen), bei denen eine Gesellschaft von einer anderen geschluckt wird. Wenn die Gesellschaft, die geschluckt werden soll, sich nicht widersetzt, nennt man den Vorgang eine freundliche Übernahme. Wenn sie sich aber dagegen wehrt, geschluckt zu werden, kämpft und sich dreht und windet, nennt man dies eine feindliche Übernahme.

Dieser Vorgang ist nicht so schlimm, wie es sich anhört, denn in der Welt der Finanzen wird die Übernahme einer Gesellschaft allgemein als annehmbares Verhalten angesehen. Eine Übernahme hängt mit den Besitzverhältnissen zusammen, denn sobald eine Gesellschaft eine Aktiengesellschaft wird, bestimmt sie nicht mehr länger, wer die Eigentümer sind oder werden. Sie kann versuchen, sich vor einer Übernahme zu schützen, aber nur wenige Gesellschaften sind sicher vor einer Übernahme. Da die Gesellschaften das Recht haben, eine Übernahme einer anderen Gesellschaft durchzuführen, können sie nicht allzu entrüstet sein, wenn eine andere Gesellschaft dies bei ihnen versucht.

Bei jeder Art von Übernahme, sei sie nun friedlich oder erzwungen, verliert diejenige Gesellschaft, die geschluckt wird, ihre Unabhängigkeit und wird zu einem Zweig der schluckenden Gesellschaft. Ein gutes Beispiel für diesen Vorgang ist Kraft. Kraft war ursprünglich ein unabhängiger Käsehersteller mit eigenen Aktien, die jedermann kaufen konnte. Die Gesellschaft war somit im Besitz von Einzelpersonen, Investment- und Pensionsfonds. Dann betrat Philip Morris die Szene.

Die Direktoren von Philip Morris kamen zu dem Entschluss, dass es unklug sei, nur Zigaretten und sonst nichts zu verkaufen. Sie begannen also damit, Gesellschaften zu übernehmen, die andere Erzeugnisse herstellten, wie beispielsweise Käse und Bier. Schon vor langer Zeit kauften sie die Brauerei Miller Brewing Company. Sie erwarben auch Wisconsin Tissue (Hersteller von Toilettenpapier), die Getränkefirma 7Up und die Nahrungsmittelfirma General Foods. Im Jahr 1982 kauften sie Entenmann's und stellen seither Donut-Gebäck her und im Jahre 1988 übernahmen sie Kraft.

Eine Übernahme kommt dadurch zustande, dass die übernehmende Gesellschaft alle Aktien von den Tausenden von verschiedenen Besitzern der zu übernehmenden Gesellschaft, in unserem Fall Kraft, zusammenkauft. Im Allgemeinen macht die übernehmende Gesellschaft, hier Philip Morris, ein „Tender offer", ein Übernahmeangebot, zu einem festgesetzten Kurs. Sobald dann Philip Morris seine Hände auf 51 Prozent der Aktien des Unternehmens legt, ist die Sache fast vollständig gelaufen. Die übernehmende Firma hat dann die Mehrheit, und von da an ist es leicht, die Eigentümer der anderen 49 Prozent der Aktien von Kraft zu überreden, ihre Aktien auch noch an den Übernehmer zu verkaufen.

Freundliche Übernahmen werden rasch abgewickelt und sind süß. Falls eine Gesellschaft für sich allein während der Selbstständigkeit nicht besonders gut vorwärtskam, werden die Aktionäre den Wechsel im Management willkommen heißen. In den meisten Fällen verkaufen sie sehr gern ihre Aktien, denn die übernehmende Gesellschaft bietet den Kauf zu einem Kurs an, der üblicherweise viel höher ist als der aktuelle Börsenkurs. Der Kurs von Aktien einer Gesellschaft, deren Übernahme geplant wird, verdoppelt und verdreifacht sich oft, sobald die geplante Übernahme angekündigt wird.

Eine erzwungene Übernahme kann vor den Gerichten in einen Kampf ausarten, ähnlich einer Szene in einem Western, in der einer der Streithähne k. o. geschlagen und dann aus dem Saloon hinausgezogen wird. Es kann auch ein Bieterkampf stattfinden, wenn zwei oder mehr Gesellschaften um dieselbe Beute kämpfen. Derartige Kämpfe haben sich schon über Monate hinweg erstreckt. Gelegentlich schluckt auch ein Floh einen Elefanten, aber meistens verläuft die Übernahme in der anderen Richtung und die schluckende Gesellschaft ist größer als diejenige, die geschluckt wird.

In den meisten Fällen hat eine große Firma, die sich nach einer Übernahme umsieht, viel Bargeld auf der Bank, mit dem sie nichts anzufangen weiß. Sie könnte jenes Geld an die Aktionäre als Sonderdividende oder Bonus verteilen, aber die Leute, die Firmen leiten, könnten Ihnen erzählen, dass der Versand von Dividendenschecks bei Weitem nicht so erregend ist wie die Planung einer Firmenübernahme und die Verwendung des überschüssigen Bargelds zu deren Finanzierung. Ganz unabhängig von der Art des Unternehmens, das übernommen werden soll, sind sie davon überzeugt, dass sie es besser und gewinnbringender managen können als die derzeitige Unternehmensleitung. Diese Übernahmen drehen sich daher nicht allein um Geld, sondern auch um gesteigertes Selbstbewusstsein.

Die erfolgreichsten Zusammenschlüsse und Übernahmen sind diejenigen, bei denen die beteiligten Parteien die gleichen Arbeitsgebiete haben oder wenigstens irgendeine Gemeinsamkeit aufweisen. In der Liebe nennt man dies „die Suche nach einem gut passenden Partner". Im Wirtschaftsleben nennt man es „Synergie".

Georgia-Pacific, eine Riesenfirma im Nutzholzbereich, übernahm zwei kleinere Holzfirmen, Puget Sound Pulp & Timber Co. und Hudson Pulp & Paper, und dehnte damit ihren Betrieb aus. Dies war der klassische Synergieeffekt, denn alle drei waren im Nutzholzgeschäft tätig. Von dem Zusammenziehen unter ein gemeinsames Dach hatten sie denselben Nutzen wie Paare von einer Hochzeit: Zwei (oder im vorliegenden Fall drei) können billiger leben als jeweils eine alleinstehende Person.

Ein weiteres Beispiel für klassische Synergie ist der Erwerb der Süßwarenfirma H.B. Reese Candies durch den Schokoladenhersteller Hershey im Jahre 1960. Dies war ein strategisches Bündnis zwischen einem berühmten Becher voll Erdnussbutter und einer berühmten Tafel Schokolade, und beide leben seither glücklich und einträchtig zusammen.

PepsiCo hatte Erfolg mit seinen mehrfachen Übernahmen, zu denen neben anderen Markennamen die Restaurantketten Kentucky Fried Chicken, Taco Bell und Pizza Hut gehören. Es besteht eine ganz klare Synergie zwischen Fast-Food-Restaurants und alkoholfreien Getränken. Die Schnellrestaurants von Pepsi verkaufen neben ihren Hühnchen, Tacos und Pizzas auch noch eine Menge Pepsi-Cola.

Bei Philip Morris ist die Synergie zwischen Zigaretten, Käse, Backwaren und Toilettenpapier nicht so leicht zu durchschauen, bis Sie merken, dass Philip Morris sehr bekannte Markennamen erwarb, die die Verbraucher sofort erkennen.

Beim Erwerb der Firmen Star Kist (Thunfisch in Dosen), Ore-Ida-Kartoffeln und Weight Watchers durch die Ketchup-Firma Heinz entsteht eine etwas ironische Synergie. Der eine Teil der Unternehmensgruppe verkauft Lebensmittel, während der andere Teil „Schlankheit" verkauft. In den Vereinigten Staaten lachten die Leute zuerst über Weight Watchers, aber Heinz wusste, wie man daraus einen Markennamen formen und das Produkt in den Läden verkaufen kann. Es entstand eine Goldgrube.

Die Firma Sara Lee (Gebäck), früher als „Kitchens of Sara Lee" bekannt, startete einen großen Eroberungsfeldzug und fing sich Booth Fisheries, Oxford Chemical und Fuller Brush ein, bevor sie durch die Übernahme von Electrolux in das Geschäft mit Staubsaugern einstieg. Danach verkaufte die Unternehmensgruppe Gebäck und gleichzeitig auch noch die Staubsauger, um die herunterfallenden Brösel aufzusaugen, was eine etwas weit hergeholte Synergie ist. Der schlaueste Schachzug, den Sara Lee jemals durchführte, war jedoch die Übernahme der Firma Hanes. Hanes stellte die L'eggs-Strümpfe her, die von der Hälfte aller Frauen in den Vereinigten Staaten begeistert gekauft werden. L'eggs war schon zu Beginn ein Erfolg, Sara Lee machte daraus einen durchschlagenden Erfolg.

Falls eine Gesellschaft eine Reihe anderer Firmen übernimmt, mit denen sie wenig oder gar nichts gemeinsam hat, nennt man das Ergebnis ein Konglomerat. Vor 30 und 40 Jahren waren Konglomerate sehr beliebt, aber dann kamen sie aus der Mode, denn die meisten konnten die in sie gesetzten Erwartungen nicht erfüllen. Die Manager der Konglomerate kamen zu der Erkenntnis, dass es nicht ganz leicht ist, die Geschäfte anderer Leute zu leiten.

Der Weltrekord in Konglomeratbildung gebührt vielleicht der Firma U.S. Industries, die während eines bestimmten Zeitraums jeden Tag eine andere Übernahme abwickelte. Ein anderer Super-Konglomeratbauer war Charles Bluhdorn von der Firma Gulf & Western, dem nie eine Gesellschaft unter die Augen kam, die er nicht übernehmen wollte. Er erwarb so viele Firmen, dass man Gulf & Western den ähnlich klingenden Spottnamen „Engulf and Devour" (deutsch etwa: „Schnapp und verschlinge") gab. Charles Bluhdorn zog so viele Übernahmen durch, dass der Kurs von Gulf & Western stieg, als er starb! Die Aktionäre glaubten, das neue Management würde einige der Erwerbungen Bluhdorns mit einem netten Profit verkaufen. Genau das geschah auch, als Gulf & Western sich in Paramount Communications verwandelte – bis dann Paramount seinerseits von Viacom übernommen wurde.

Dann gab es auch American Can, das zahlreiche Übernahmen, von Bergwerksgesellschaften bis Sam Goody, durchzog. Dieses ganze Sammelsurium wurde dann mit der Brokerfirma Smith Barney und der Commercial Credit Company vereinigt und der Name in Primerica geändert. Primerica kaufte die Brokerfirma Shearson von American Express und führte sie mit Smith Barney zusammen. Dann kaufte Primerica die Versicherungsgesellschaft Travelers Insurance und änderte den Namen von Primerica in Travelers Group.

Schließlich haben wir noch die Firma ITT (International Telephone and Telegraph), die schon mehr Hochzeiten hinter sich hat als Elizabeth Taylor. Seit 1961 hat sie sich mit nicht weniger als 31 Unternehmen zusammengeschlossen oder sie übernommen, während sie später sechs davon verkaufte. Auf der Liste der Übernahmen stehen Namen wie Avis Rent-A-Car, Continental Baking, Levitt Furniture, Sheraton Hotels, Canteen Corporation, Eaton Oil, Minnesota National Life, Rayonier, Thorp Finance, Hartford Insurance und Pennsylvania Glass Sand. Auf diesem Weg gabelte ITT auch noch das Spielcasino Caesar's World in Las Vegas und den Madison Square Garden in New York auf.

25 Jahre lang nutzten all diese Übernahmen ITT nicht viel. Der Kurs der Aktie bewegte sich kaum. In den Jahren nach 1990 brachte sich die Gesellschaft durch Kostensenkungen und Verringerung der Schulden

wieder in eine gute Form. Dementsprechend verdreifachte sich der Kurs der Aktie von 1994 bis 1995. ITT kündigte Pläne an, sich in drei Teile aufzuspalten, wobei Caesar's World und der Madison Square Garden gemeinsam einem der drei Bereiche angehören sollen.

Erloschene Gesellschaften

In jedem Jahr sterben einige Gesellschaften. Einige sterben schon als Jugendliche. Sie versuchen, mit geliehenem Geld zu schnell zu weit zu kommen, und das Vorhaben endet mit einem Crash. Manche sterben in mittleren Jahren, weil ihre Erzeugnisse fehlerbehaftet sind oder zu altmodisch und die Menschen sie deshalb nicht kaufen. Vielleicht betreiben sie das falsche Geschäft oder das richtige Geschäft zur falschen Zeit oder, im schlimmsten Fall, das falsche Geschäft zur falschen Zeit. Auch große Firmen können genau wie kleinere und jüngere Firmen sterben. American Cotton Oil, Laclede Gas, American Spirits, Baldwin Locomotive, Victor Talking Machine und Wright Aeronautical waren früher einmal groß und wichtig genug, um im Dow Jones Industrial Average enthalten zu sein, aber sie sind untergegangen – und wer erinnert sich noch an sie? Dasselbe gilt für die Autofirmen Studebaker, Nash und Hudson Motors, die Schreibmaschinenfirma Remington und die Lederfirma Central Leather.

Es gibt einen Weg, auf dem eine Firma verschwinden kann, ohne eigentlich zu sterben. Sie kann von einer anderen Firma im Zuge einer Übernahme geschluckt werden. Oft kann eine Firma einem schnellen Tod auch dadurch entrinnen, dass sie bei einem Konkursgericht Schutz sucht.

Das Gericht ist eine Stelle, an die sich Gesellschaften wenden, wenn sie ihre Rechnungen nicht mehr bezahlen können und Zeit brauchen, um ihre Angelegenheiten wieder ins Reine zu bringen. Sie stellen dort einen Antrag im Rahmen von Chapter 11 des Konkursgesetzes und befinden sich dann in einer Form des Bankrottzustands, der ihnen die

Fortführung ihrer Geschäftstätigkeit und die allmähliche Abzahlung ihrer Schulden erlaubt. Das Gericht ernennt einen Treuhänder, der diese Bemühungen überwacht und darauf achtet, dass jeder Beteiligte gerecht behandelt wird.

Falls sich das Unternehmen im Endstadium befindet und die Gesellschaft keine Hoffnung auf eine Rückkehr in gewinnbringende Tätigkeit mehr hat, kann sie Chapter 7 des Gesetzes in Anspruch nehmen. Dann werden die Tore geschlossen, die Arbeitnehmer nach Hause geschickt und die Schreibtische, Schreibtischlampen und Personal Computer abgeholt, um verkauft zu werden.

Bei diesen Konkursfällen kämpfen die einzelnen Gruppen, die einen Anspruch an das betreffende Unternehmen haben (Beschäftigte, Verkäufer, Lieferanten, Investoren), oft darum, wer was bekommt. Diese sich befehdenden Gruppierungen nehmen dann teure Rechtsanwälte, um ihre Seite zu vertreten. Die Rechtsanwälte lassen sich gut bezahlen, aber die Gläubiger erhalten nur selten alles zurück, was ihnen geschuldet wurde. Es gibt keine Begräbnisse für bankrottgegangene Firmen, aber es kann viel Sorge und Traurigkeit entstehen, besonders bei den bisher Beschäftigten, die ihren Arbeitsplatz verlieren, und bei den Besitzern von Anleihen und Aktien, die mit ihren Investitionen Geld verlieren.

Gesellschaften sind so wichtig für die Gesundheit und den Wohlstand des Landes, dass es schade ist, dass es keine Grabsteine für die dahingegangenen Gesellschaften gibt. Oder vielleicht sollten die Dienststellen für die Bewahrung geschichtlich bedeutsamer Stellen und Bauten Gedenktafeln an den Orten, an denen diese Unternehmen einst tätig waren, aufstellen. Jemand sollte ein Buch schreiben, das die Geschichte interessanter Gesellschaften, die aus dem Wirtschaftsleben verschwanden, erzählt und das beschreibt, wie sie lebten, starben und in die Entwicklung des Kapitalismus passen.

Das wirtschaftliche Klima

Gesellschaften leben in einem Klima – dem wirtschaftlichen Klima. Sie benötigen die äußere Welt zum Überleben, genauso wie dies bei Pflanzen, Tieren und den Menschen der Fall ist. Sie benötigen eine stetige Versorgung mit Kapital, das auch als Geldmenge bekannt ist. Sie benötigen auch Käufer für die Dinge, die sie gerade herstellen, und Lieferanten für die Materialien, aus denen diese Dinge hergestellt werden. Sie benötigen eine Regierung, die sie ihre Arbeit verrichten lässt, ohne sie zu Tode zu besteuern oder sie mit Vorschriften zu Tode zu belästigen.

Wenn Investoren über das wirtschaftliche Klima sprechen, meinen sie damit nicht sonniges oder bedecktes Wetter, Winter oder Sommer. Sie meinen die von außen einwirkenden Kräfte, mit denen sich die Gesellschaften auseinandersetzen müssen und die mitbeeinflussen, ob die Gesellschaften Gewinne machen oder Geld verlieren und letzten Endes, ob die Gesellschaften blühen oder dahingehen.

Früher einmal, als in den Vereinigten Staaten (und auch in anderen Ländern) 80 Prozent der Bevölkerung eine Farm oder einen landwirtschaftlichen Betrieb besaßen oder in solchen arbeiteten, hing das wirtschaftliche Klima vollständig vom Wetter ab. Falls eine Dürre die Pflanzen verdorren ließ oder sie durch starke Regenfälle vernichtet wurden, konnten die Farmer kein Geld machen. Und wenn die Farmer kein Geld hatten, konnte der örtliche Laden kein Geschäft machen und auch die Lieferanten jenes Ladens nicht. Falls aber das Wetter günstig war, erzeugten die Farmen Rekordernten, die Bargeld in die Taschen der Farmer brachten. Die Farmer gaben im örtlichen Laden Geld aus, wodurch Bargeld in die Taschen des Ladeninhabers kam. Der Ladenbesitzer füllte dann die Regale wieder mit Waren auf, was Geld in die Taschen der Lieferanten brachte. Und so ließe sich die Geschichte weiter fortsetzen.

Es ist kein Wunder, dass das Wetter – und nicht die Aktienkurse – der wichtigste Gesprächsstoff am Mittagstisch und an den Straßenecken war. Das Wetter war so wichtig, dass ein Buch mit volkstümlichen

Wettervorhersagen, „The Farmer's Almanac", in den Vereinigten Staaten immer wieder ein Bestseller war. In der Bestsellerliste findet man heutzutage keine Bücher über das Wetter mehr. Bücher über Finanzen und die Wall Street schaffen es aber öfter, in diese Liste zu kommen.

Heute, wo in den Vereinigten Staaten weniger als ein Prozent der Bevölkerung in der Landwirtschaft tätig ist, hat das Wetter viel an Einfluss verloren. In der Welt der Wirtschaft achten die Menschen weniger auf den Wetterbericht und mehr auf die Berichte über die Zinssätze, die Ausgaben der Verbraucher und so weiter, die aus Washington und New York kommen. Es sind vom Menschen geschaffene Faktoren, die das wirtschaftliche Klima beeinflussen.

Im wirtschaftlichen Klima gibt es drei grundlegende Zustände: heiß, warm und kalt. Ein heißes oder überhitztes Klima macht die Investoren nervös, und ein kaltes Klima deprimiert sie. Auf was sie immer hoffen, ist das warme Klima, wenn eben alles gerade richtig ist. Dieses Klima lässt sich aber nicht leicht einhalten. Meistens bewegt sich die Wirtschaft zum einen oder anderen Extrem, von heiß nach kalt und dann wieder zurück.

Wir wollen zuerst einmal das heiße Klima untersuchen.

Das Geschäft blüht und die Menschen füllen die Geschäfte, kaufen neue Autos, neue Möbel, neue Videorekorder und so weiter. Die Waren werden nur so von den Regalen geräumt, die Läden und Kaufhäuser stellen weiteres Personal ein, um den Ansturm der Kunden bewältigen zu können, und in den Fabriken werden Überstunden geleistet, um die Liefertermine halten zu können. Wenn die Wirtschaftstätigkeit ihren Höhepunkt erreicht, stellen die Fabriken so viele Erzeugnisse her, dass sich die Waren auf jeder Ebene stapeln, in den Läden, in den Lagerhäusern und in den Fabriken selbst. Die Ladeninhaber halten mehr Waren im Lager, damit sie nicht von Lieferengpässen überrascht werden können.

Arbeitsplätze sind für jeden, der wenigstens halbwegs qualifiziert ist, leicht zu finden, und die Anzeigen mit Stellenangeboten füllen mehrere Seiten der großen Tageszeitungen. Es gibt keine besseren Zeiten für

Schulabgänger und Studenten mit abgeschlossenem Studium als die Mitte eines heißen wirtschaftlichen Klimas.

Dies alles klingt wie eine perfekte Lage: Die Geschäfte und Firmen aller Geschäftszweige verzeichnen hohe Gewinne, die Warteschlangen von Arbeitslosen werden kürzer und die Menschen fühlen sich wohlhabend, sind voller Vertrauen und haben keine Angst um ihre Arbeitsplätze. Aus diesem Grund kaufen sie alles, was sie zu Gesicht bekommen.

In der Finanzwelt wird ein heißes wirtschaftliches Klima jedoch als eine schlimme Sache angesehen. Es stört die Profiinvestoren an der Wall Street. Falls Sie während eines solchen Klimas in der Zeitung die Wirtschaftsnachrichten lesen, werden Sie Überschriften wie „Lebhafte Wirtschaftstätigkeit, das Land ist wohlhabend, die Aktienkurse fallen um hundert Punkte“ finden.

Die größte Sorge bereitet der Umstand, dass eine überhitzte Konjunktur und zu viel Wohlstand zu Inflation führen werden – der finanztechnische Ausdruck für steigende Preise. Die Nachfrage nach Gütern und Dienstleistungen ist hoch, was zu einer Knappheit an Rohmaterialien und vielleicht zu einer Knappheit an Arbeitskräften führt. Immer wenn irgendetwas knapp wird, neigen die Preise dazu, anzusteigen. Die Autohersteller müssen mehr für Stahl, Aluminium und so weiter bezahlen, deshalb erhöhen sie die Preise der neuen Autos. Wenn die Arbeitnehmer die Last höherer Preise fühlen, verlangen sie höhere Löhne und Gehälter.

Jede Preiserhöhung verursacht eine weitere Preiserhöhung, weil sich Firmen und Arbeitnehmer in ihren Versuchen abwechseln, die letzten Lohn- oder Preiserhöhungen auszugleichen. Die Firmen müssen mehr für Strom, Rohmaterialien und ihre Arbeiter bezahlen. Die Arbeitnehmer bringen zwar mehr Geld mit nach Hause, aber sie verlieren diesen Vorteil, weil alles teurer ist als früher. Die Vermieter erhöhen die Wohnungsmieten, um ihre höheren Kosten für die Instandhaltung der Wohnungen bestreiten zu können. Bald ist die Inflation nicht mehr unter Kontrolle und die Preise steigen um fünf Prozent, zehn Prozent oder in extremen Fällen um 20 Prozent und mehr pro Jahr. Von 1979 bis 1981 herrschte in den Vereinigten Staaten eine zweistellige Inflation.

Wenn neue Einkaufsmärkte gebaut und überall die Fabriken erweitert werden, leihen sich viele Firmen Geld, um ihre Bauvorhaben zu bezahlen. Gleichzeitig leihen sich viele Verbraucher Geld über ihre Kreditkarten, um all das Zeug, das sie sich kaufen, zu bezahlen. Das Ergebnis ist eine erhöhte Nachfrage nach Darlehen bei den Banken.

Wenn sie die Schlangen von Menschen sehen, die sich nach Darlehen anstellen, dann verhalten sich die Banken genauso wie die Autohersteller und alle anderen Geschäfte. Sie erhöhen nun ebenfalls ihre Preise – indem sie höhere Zinsen für ihre Darlehen fordern.

Bald steigen die Kosten für Geld – die Zinsen – im Gleichschritt mit den allgemeinen Preiserhöhungen – das einzige, was sinkt, sind die Kurse der Aktien und Anleihen.

Die Investoren verkaufen ihre Aktien, denn sie befürchten, dass die Gesellschaften ihre Gewinne nicht schnell genug vermehren können, um mit der Inflation Schritt zu halten. Während der Inflation Ende der 1970er-Jahre und Anfang der 1980er-Jahre erlebten die Kurse der Aktien und Anleihen in den Vereinigten Staaten einen großen Fall.

Ein heißes wirtschaftliches Klima kann nicht ewig dauern. Irgendwann einmal nimmt die Hitze infolge der hohen Kosten für Geld ab. Wenn die Zinssätze bei den Hypotheken, bei der Finanzierung von Autos, bei den Kreditkarten und wer weiß wo sonst noch sehr hoch sind, können es sich weniger Leute leisten, ein Haus, ein Auto und so weiter zu kaufen. Sie bleiben daher in ihrem bisherigen Haus oder ihrer bisherigen Wohnung und verschieben einen Hauskauf auf bessere Zeiten. Oder sie fahren weiterhin mit ihren schon ein wenig angerosteten Autos und verschieben den Kauf eines neuen Wagens noch einige Zeit.

Plötzlich tritt ein Einbruch der Zahl der neu zugelassenen Autos auf, die Autofirmen haben Schwierigkeiten, ihre gewaltigen Bestände von Neuwagen loszuwerden. Die Autohersteller gewähren Rabatte und die Neuwagenpreise fallen ein wenig. Tausende von Arbeitern in Autofabriken werden arbeitslos und die Schlangen von wartenden Arbeitslosen vor den Arbeitsämtern werden länger. Arbeitslose können es sich nicht leisten, etwas zu kaufen, deshalb kürzen sie ihre Anschaffungen.

Statt wie in den Vorjahren mit den Kindern eine Reise zu Disney World zu machen, bleiben die Leute daheim und schauen stattdessen den Disney-Kanal im Fernsehen an. Das bringt einen Rückgang der Übernachtungen in den Motels. Statt neue Herbstkleidung zu kaufen, trägt die Familie weiter die Kleidungsstücke des vorhergehenden Jahres. Nun sinken auch die Umsätze der Bekleidungsgeschäfte. Die Läden verlieren Kunden und die nicht verkauften Waren stapeln sich in den Regalen.

Links und rechts purzeln die Preise, weil alle Geschäfte, vom Kaufhaus bis zum Kramladen, versuchen, die Ladenkassen weiter klingeln zu lassen. Es folgen weitere Entlassungen, weitere neue Gesichter in den Warteschlangen der Arbeitslosen, weitere leere Läden und weitere Familien, die ihre Ausgaben einschränken. Das wirtschaftliche Klima hat sich innerhalb von Monaten von heiß zu kalt geändert. Falls die Lage noch kälter werden sollte, ist das ganze Land in Gefahr, in eine wirtschaftliche Tiefkühltruhe zu fallen, was auch unter dem Namen Rezession bekannt ist.

Auf Seite 256 finden Sie einen Überblick über alle Rezessionen in den Vereinigten Staaten seit dem Zweiten Weltkrieg. Man sieht, dass ihre Dauer durchschnittlich elf Monate betrug und dass in einer Rezession durchschnittlich 1,62 Millionen Menschen ihren Arbeitsplatz verloren.

Während einer Rezession geht das Geschäftsleben von einem schlechten in einen ganz schlimmen Zustand über. Gesellschaften, die Limonade, Cola, Hamburger oder Arzneimittel verkaufen – Waren, die die Menschen nicht entbehren oder die sie sich immer noch leisten können –, können ohne größere Sturmschäden durch eine Rezession hindurchsegeln. Gesellschaften, die Dinge von größerem Wert, wie etwa Autos, Kühlschränke und Häuser, verkaufen, haben während einer Rezession ernsthafte Probleme. Sie können Verluste in Millionen- oder gar Milliardenhöhe erleiden. Wenn sie nicht ausreichende Geldreserven auf ihren Bankkonten besitzen, kann ihnen der Bankrott drohen.

Viele Investoren haben gelernt, ihr Wertpapierdepot „rezessionssicher" zusammenzustellen. Sie kaufen nur Aktien von McDonald's, Coca-Cola oder Johnson & Johnson und anderer ähnlicher „Konsum-Wachstums"-Gesellschaften, die auch in einem kalten Klima einigermaßen gedeihen. Sie ignorieren Firmen wie General Motors, Reynolds Metals oder U.S. Home Corporation, Beispiele für „zyklische" Gesellschaften, die in einem kalten wirtschaftlichen Klima Not leiden. Zyklische Gesellschaften verkaufen entweder teure Artikel, fabrizieren Teile für teure Artikel oder sie erzeugen die Rohmaterialien, die für teure Artikel verwendet werden. Während Rezessionen kaufen die Verbraucher keine teuren Artikel.

Die perfekte Situation für Gesellschaften und ihre Investoren ist das gemäßigte Klima, nicht zu heiß und nicht zu kalt. Immer wenn wir uns in diesem Zustand befinden, scheint er aber leider nicht lange anzudauern. Meistens erhitzt sich die Wirtschaft oder sie kühlt sich ab, obwohl die Anzeichen für diese Richtungen so verwirrend sind, dass es oft schwierig ist, festzustellen, in welche Richtung wir uns im Augenblick bewegen.

Die Regierung hat auf viele Dinge keinen Einfluss, beispielsweise auf das Wetter, aber sie hat einen großen Einfluss auf das wirtschaftliche Klima. Von allen Aufgaben, die die amerikanische Bundesregierung (und die Regierungen anderer Länder) in Angriff nimmt, vom Krieg gegen äußere Feinde bis zum Krieg gegen die Armut, besteht ihre wichtigste Aufgabe vielleicht darin, die Wirtschaft vor zu viel Hitze und zu viel Kälte zu bewahren. Wenn die Regierung nicht wäre, hätten wir vielleicht bereits eine zweite Große Depression gehabt.

Der Einfluss der amerikanischen Bundesregierung ist jetzt viel größer als vor 60 Jahren während der Großen Depression. Damals hatte sie im Wirtschaftsleben nicht viel zu sagen. Es gab keine Sozialhilfe, keine Rentenversicherung, keine Wohnungsbehörde, keine der Hunderten von Behörden, die es heute in den Vereinigten Staaten gibt. Im Jahr 1935 betrug der gesamte Bundeshaushalt 6,4 Milliarden Dollar, etwa ein Zehntel der gesamten amerikanischen Wirtschaft. Heute beträgt er 1,5 Billionen Dollar und nahezu ein Viertel der gesamten amerikanischen Wirtschaft.

Veränderung der Arbeitsplatzzahlen während Rezessionen (ohne Landwirtschaft)

Rezession	Dauer	Arbeitsplätze	in %
11.1948–10.1949	11 Monate	-2,26 Millionen	-5,0
07.1953–05.1954	10 Monate	-1,53 Millionen	-3,0
08.1957–04.1958	8 Monate	-2,11 Millionen	-4,0
04.1960–02.1961	10 Monate	-1,25 Millionen	-2,3
12.1969–11.1970	11 Monate	-0,83 Millionen	-1,2
11.1973–03.1975	16 Monate	-1,41 Millionen	-1,8
01.1980–07.1980	6 Monate	-1,05 Millionen	-1,2
07.1981–11.1982	16 Monate	-2,76 Millionen	-3,0
07.1990–03.1991	8 Monate	-1,35 Millionen	-1,2
Durchschnitt:	11 Monate	-1,62 Millionen	-2,5

Quelle: U.S. Department of Labour, Bureau of Labor Statistics (BLS); National Bureau of Economic Research (NBER).

Veränderung der Arbeitsplatzzahlen während Expansionsphasen (ohne Landwirtschaft)

Expansion	Dauer	Arbeitsplätze	in %
01.1946–11.1948	34 Monate	+5,35 Millionen	+13,5
10.1949–07.1953	45 Monate	+7,58 Millionen	+17,7
05.1954–08.1957	39 Monate	+4,06 Millionen	+8,3
04.1958–04.1960	24 Monate	+3,83 Millionen	+7,5
02.1961–12.1969	106 Monate	+17,75 Millionen	+33,2
11.1970–11.1973	36 Monate	+7,54 Millionen	+10,7
03.1975–01.1980	58 Monate	+14,31 Millionen	+18,7
07.1980–07.1981	12 Monate	+1,73 Millionen	+1,9
11.1982–07.1990	92 Monate	+21,05 Millionen	+23,7
03.1991–06.1995	51 Monate	+8,13 Millionen	+7,5
Durchschnitt:	50 Monate	+9,13 Millionen	+15,0
bis 07.1990	50 Monate	+9,24 Millionen	+14,3

Quelle: U.S. Department of Labour, Bureau of Labor Statistics (BLS); National Bureau of Economic Research (NBER).

Vor Kurzem überschritten die amerikanischen Beschäftigtenzahlen eine wichtige Wendemarke. Im Jahr 1992 arbeiteten mehr Personen in den Behörden der Gemeinden und Landkreise, der einzelnen amerikanischen Bundesstaaten und der amerikanischen Bundesregierung als in der industriellen Produktion. Dieser sogenannte öffentliche Sektor bezahlt so viele Löhne und Gehälter und pumpt so viel Geld in die Wirtschaft, dass die Wirtschaft nicht in die wirtschaftliche Tiefkühltruhe fallen wird. Ob die Wirtschaftslage nun glänzend oder flau ist, Millionen Regierungsangestellte, pflichtversicherte Rentenempfänger und Empfänger von Sozialhilfe haben immer noch Geld zum Ausgeben. Falls Arbeitskräfte entlassen werden, erhalten sie mehrere Monate lang Arbeitslosenunterstützung, während sie nach einer neuen Arbeitsstelle suchen.

Die Kehrseite dieser Entwicklung besteht darin, dass die Regierung aus dem Gleichgewicht geriet, mit riesigen Defiziten im Budget, die Investitionskapital aufsaugen und die Wirtschaft daran hindern, wieder so schnell zu wachsen wie in früheren Zeiten. Zu viel von einer guten Sache wurde zu einer schlechten Sache.

Die Behörde, die das wirtschaftliche Klima betreut und steuert, ist das Federal Reserve System, das auch unter der Abkürzung „Fed“ bekannt ist. Sie hat eine besondere Möglichkeit, Dinge anzuheizen oder abzukühlen – nicht indem sie darauf bläst, sondern indem sie Geld hinzufügt oder abzieht. Angesichts der gewaltigen Bedeutung der Fed ist es erstaunlich, wie wenige Menschen eine Ahnung davon haben, um was es sich handelt.

In einer vor einigen Jahren durchgeführten Meinungsumfrage gaben manche Leute an, Federal Reserve sei ein Nationalpark, während andere wiederum glaubten, es sei eine Whiskeymarke. In Wirklichkeit stellt die Fed das Zentralbanksystem dar, das die Geldmenge regelt. Falls sich die Konjunktur zu sehr abkühlt, unternimmt die Fed zwei Schritte.

Sie senkt die Zinssätze, die die Banken bezahlen müssen, wenn sie Geld von der Bundesregierung leihen. Als Ergebnis senken die Banken auch die Zinssätze, die sie ihren Kunden berechnen. Die Leute können es sich nun leisten, mehr Darlehen aufzunehmen und mehr Autos und mehr Häuser zu kaufen. Die Wirtschaft beginnt, wärmer zu werden. Die Fed pumpt auch Geld direkt in die Banken, sodass sie mehr zum Ausleihen zur Verfügung haben. Dieses Hineinpumpen von Geld verursacht ebenfalls, dass die Zinsen sinken. In bestimmten Situationen kann die Regierung auch mehr Geld ausgeben und die Wirtschaft in derselben Weise beleben, wie Sie es jedes Mal tun, wenn Sie in einem Laden Geld ausgeben.

Falls die Wirtschaftslage überhitzt ist, kann die Fed in umgekehrter Weise vorgehen: Sie kann die Zinssätze erhöhen und Gelder von den Banken abziehen. Durch diese Maßnahmen schrumpft die Geldmenge und die Zinssätze streben nach oben. Wenn dies geschieht, werden die von den Banken gewährten Darlehen vielen Verbrauchern zu teuer, und sie hören auf, Autos und Häuser zu kaufen. Die Wirtschaft kühlt sich wieder ab. Die Geschäfte machen weniger Geschäft, Arbeitskräfte verlieren ihren Arbeitsplatz und die Ladenbesitzer fühlen sich einsam und senken ihre Preise, um Kunden anzulocken.

An irgendeinem Punkt, wenn die Wirtschaft gründlich ausgekühlt ist, schreitet die Fed wieder ein und heizt das wirtschaftliche Klima wieder an. Dieses Wechselspiel setzt sich ewig fort und die Wall Street macht sich in diesem Zusammenhang immer wieder Sorgen.

Während der letzten 50 Jahre hatten die Vereinigten Staaten neun Rezessionen. Während Ihrer Lebenszeit, die voraussichtlich länger sein wird als 50 Jahre, werden Sie wahrscheinlich mit einem Dutzend oder mehr Rezessionen in Berührung kommen. Jedes Mal, wenn so etwas eintritt, hören Sie von den Reportern und den Leuten, die im Fernsehen ihre Kommentare abgeben, dass das Land zerfalle und der Besitz von Aktien zu riskant sei. In diesem Zusammenhang müssen Sie sich jedoch daran erinnern, dass sich die Vereinigten Staaten aus jeder Rezession seit der Großen Depression wieder herauswanden. Die Tabelle auf Seite 256 zeigt, dass die durchschnittliche Rezession elf Monate dauerte und den Verlust von 1,62 Millionen Arbeitsplätzen zur Folge hatte, während die durchschnittliche Erholung 50 Monate lang andauerte und 9,24 Millionen neue Arbeitsplätze schuf.

Der kenntnisreiche Investor ist sich klar darüber, dass die Aktienkurse deshalb fallen können, weil entweder Furcht vor einer Rezession herrscht oder die Wall Street sich Sorgen über die Inflation macht. Versuche, die eine oder die andere dieser beiden Zwangslagen vorhersehen zu wollen, sind jedoch sinnlos, denn das wirtschaftliche Klima lässt sich nicht vorhersehen. Sie müssen daran glauben, dass eine Inflation sich schließlich einmal abkühlen wird und dass Rezessionen auch immer wieder auftauen.

Die Bullen und die Bären

Während eines normalen Handelstags an der Börse steigen die Kurse mancher Aktien, während die Kurse anderer fallen. Ab und zu entsteht jedoch ein Massenansturm und die Kurse Tausender verschiedener Aktien stürmen in dieselbe Richtung, wie die Stiere bei der Eröffnung der Stierkampfsaison in Pamplona. Falls die Kurse nach oben stürmen, bezeichnet man diesen Zustand als „Bullenmarkt".

Wenn die Bullen losgelassen wurden, kann es eintreten, dass manchmal neun von zehn Aktien jede Woche nacheinander neue Höchstkurse erreichen. Die Leute rennen herum und kaufen so viele Aktien, wie sie sich nur irgend leisten können. Sie telefonieren öfter mit ihrem Broker als mit ihren besten Freunden. Niemand will eine goldene Gelegenheit versäumen.

Solange die gute Sache anhält, gehen Millionen von Aktionären abends glücklich zu Bett und wachen glücklich wieder auf. Sie singen unter der Dusche, pfeifen während der Arbeit leise durch die Zähne, helfen alten Frauen beim Überqueren der Straße und beglückwünschen sich jeden Abend, nachdem sie vor dem Einschlafen noch rasch die Gewinne in ihrem Aktiendepot überflogen haben.

Ein Bullenmarkt dauert jedoch nicht ewig. Früher oder später wird sich der Massenansturm abwärtsrichten. Die Kurse der Aktien werden fallen, wobei neun von zehn Aktien jede Woche nacheinander neue Tiefstkurse erreichen. Menschen, die sich beeilten, beim Anstieg der Kurse zu kaufen, beeilen sich nun noch mehr, beim Absturz der Kurse zu verkaufen, weil sie der Ansicht sind, dass jede beliebige Aktie, die heute noch verkauft wird, einen besseren Kurs erzielt als morgen.

Wenn die Aktienkurse von ihrem unmittelbar zurückliegenden Höchststand um zehn Prozent fallen, nennt man das eine „Korrektur". In den Vereinigten Staaten gab es in diesem Jahrhundert bereits 53 Korrekturen, durchschnittlich also in jedem zweiten Jahr eine. Wenn die Aktienkurse um 25 Prozent oder mehr fallen, spricht man von einer Baisse oder einem „Bärenmarkt". Von den 53 Korrekturen weiteten sich 15 zu Bärenmärkten aus. Das bedeutet, dass wir im Durchschnitt alle sechs Jahre einen erleben.

Es ist nicht bekannt, wer den Ausdruck „Bärenmarkt" prägte, aber es ist unfair gegenüber den Bären, ihren Namen mit finanziellen Verlusten in Verbindung zu bringen. Es gibt aber im Umkreis von 50 Meilen um die Wall Street keine Bären, wenn man die Bären in den New Yorker Zoos nicht berücksichtigt, und Bären stürzen sich nicht von hoch gelegenen Stellen nach unten, wie es die Aktienkurse während eines Bärenmarkts tun. Man sollte einen Bärenmarkt besser einen Lemming-Markt nennen, um diejenigen Investoren zu ehren, die ihre Aktien nur verkaufen, weil alle anderen Leute verkaufen.

Der Vater aller Bärenmärkte begann im Jahr 1929, aber das wurde in diesem Buch bereits besprochen. Bei der Mutter aller Bärenmärkte von 1973–1974 war der Kurs der durchschnittlichen Aktie auf 50 Prozent des vorherigen Standes gesunken. Dann gab es einen weiteren Bären im Jahr 1982, dem der Crash von 1987 folgte, in dem der Dow Jones innerhalb von vier Monaten um mehr als tausend Punkte fiel. Schließlich gab es den Saddam-Hussein-Bären im Jahr 1990, als die Investoren sich wegen des Golfkriegs Sorgen machten. Die Bären der neueren Zeit waren aber leichter zu handhaben als die großen Bären von 1929 und 1973–1974.

Ein längere Zeit andauernder Bärenmarkt kann jedermanns Geduld auf die Probe stellen und auch die erfahrensten Investoren nervös machen. Ganz ohne Rücksicht auf eine glückliche Hand, mit der Sie bisher Ihre Aktien auswählten, sinken die Kurse Ihrer Aktien, und gerade wenn Sie glauben, dass nun der Tiefststand erreicht wurde, fallen sie noch mehr. Falls Sie Anteile eines Aktien-Investmentfonds besitzen, geht es Ihnen nicht besser, denn diese Investmentfonds sinken genauso im Kurs. Ihr Schicksal ist unwiderruflich mit dem Schicksal der in ihnen enthaltenen Aktien verknüpft.

Menschen, die im Jahr 1929 beim Höchststand der Kurse Aktien kauften (es handelte sich glücklicherweise nur um einen kleinen Kreis), mussten 25 Jahre warten, nur um wenigstens wieder ihre Einstandskurse zu erhalten. Stellen Sie sich einmal vor, Ihre Aktien würden ein Vierteljahrhundert lang in den roten Zahlen sein! In Bezug auf den Höchststand im Jahre 1969 vor dem Crash von 1973–1974 waren zwölf Jahre erforderlich, um wenigstens wieder auf dieselbe Kursebene zu gelangen. Vielleicht werden wir nie mehr einen so schweren Bärenmarkt erleben wie den von 1929 – dieser wurde durch die Depression in die Länge gezogen. Wir können aber das Auftreten eines Bärenmarkts der Art von 1973–1974, bei dem die Aktienkurse für einen so langen Zeitraum tief standen, wie es der Schulzeit einer ganzen Generation von Kindern von der ersten Klasse bis zum Abitur entspricht, nicht vollständig ausschließen.

Investoren können Korrekturen und Bärenmärkte ebenso wenig vermeiden wie die nördlichen Länder die Schneestürme. Wenn Sie 50 Jahre lang Aktien besitzen, können Sie in diesem Zeitraum 25 Korrekturen erwarten, von denen sich acht oder neun zu Bärenmärkten entwickeln werden.

Es wäre nett, wenn man ein Warnsignal erhalten könnte, sodass man seine Aktien und Investmentfonds gerade vor dem Anbruch eines Bärenmarkts verkaufen und dann später wieder billig einsammeln könnte.

Das Problem besteht nur darin, dass bisher niemand einen Weg gefunden hat, Bärenmärkte vorherzusagen. Die bisherige Erfolgsquote dieser Vorhersagen ist nicht besser als die der Vorhersagen von Rezessionen. Ganz selten weist jemand auf einen Bärenmarkt hin und wird über Nacht eine berühmte Persönlichkeit. Elaine Garzarelli, eine Frau, die mit der Analyse von Aktien beschäftigt war, wurde dafür gefeiert, dass sie den Crash von 1987 richtig vorhersagte. Man hört aber nie davon, dass jemand zwei Bärenmärkte hintereinander richtig vorhergesagt hat. Was man immer nur hört, ist ein Massenchor von „Experten", die behaupten, Bären zu sehen, wo gar keine sind.

Da wir alle daran gewöhnt sind, Maßnahmen zu treffen, um uns vor Hurrikans und Schneestürmen zu schützen, ist es ganz natürlich, dass wir Versuche machen, uns vor Bärenmärkten zu schützen, obwohl dies ein Fall ist, bei dem eine Vorbereitung nach Art der Pfadfinder mehr schadet als nützt. Es wurde bei Weitem mehr Geld von Investoren bei Versuchen verloren, von der „Vorahnung" von Korrekturen zu profitieren, als insgesamt in allen Korrekturen selbst.

Einer der schlimmsten Fehler, den Sie begehen können, ist das Hinein- und Herausspringen in und aus Aktien oder Aktien-Investmentfonds und dabei zu erhoffen, die sich nähernde Korrektur zu vermeiden. Es ist auch ein Fehler, auf Ihrem Bargeld zu sitzen und auf die kommende Korrektur zu warten, bevor Sie in Aktien investieren. Bei den Versuchen, den Einstieg in den Markt in einen Zeitraum zu legen, der die Bärenmärkte vermeidet, versäumen die Leute oft die Chance, mit den Bullen vorwärtszustürmen.

Eine Überprüfung des S&P 500 von 1954 an zeigt, wie kostspielig es ist, während der kurzen Perioden, in denen die Kurse die wildesten Sprünge nach oben ausführen, nicht in Aktien engagiert zu sein. Falls Sie Ihr ganzes Geld während dieser vier Jahrzehnte immer in Aktien angelegt hatten, erzielten Sie einen jährlichen Zuwachs von 11,5 Prozent. Falls Sie aber während der 40 profitabelsten Monate in diesem ganzen Zeitraum keine Aktien besaßen, fiel Ihr jährlicher Zuwachs auf 2,7 Prozent.

Auf diese Umstände wurde schon früher in diesem Buch hingewiesen, aber es scheint eine Wiederholung wert zu sein. Hier ist eine weitere aufschlussreiche Statistik: Falls Sie im Jahr 1970 begannen und unglücklicherweise jedes Jahr beim Jahreshöchststand der Kurse 2.000 Dollar in Aktien investierten, erzielten Sie einen jährlichen Zuwachs von 8,5 Prozent. Falls Sie aber das Steigen und Fallen der Kurse perfekt trafen und ihre 2.000 Dollar in jedem Jahr beim Jahrestiefststand der Kurse in Aktien investierten, betrug Ihr jährlicher Zuwachs 10,1 Prozent. Der Unterschied zwischen perfekter Zeitwahl und lausiger Zeitwahl beträgt daher nur 1,6 Prozent.

Natürlich wären Sie gern erfolgreich und würden die zusätzlichen 1,6 Prozent gern einstecken, aber Sie werden auch mit lausigem Timing ein gutes Ergebnis erzielen, solange sie in Aktien investiert bleiben. Kaufen Sie einfach Aktien von guten Firmen und halten Sie durch dick und dünn an ihnen fest.

Es gibt eine einfache Lösung für das Problem der Bärenmärkte. Machen Sie sich einen Plan für den Kauf von Aktien oder Aktienfonds in der Art, dass Sie jeden Monat oder alle vier Monate oder in jedem halben Jahr immer einen kleinen Geldbetrag in den gleichen Aktien anlegen. Auf diese Weise kaufen Sie automatisch viele Aktien, wenn die Kurse unten sind, und wenige, wenn sie hoch sind, und vermeiden das Drama mit den Bullen und Bären.

KAPITEL 4

DIE UNSICHTBAREN HÄNDE

Die Reichen und wie sie dazu wurden

Jedes Jahr druckt das Magazin *Forbes* eine Liste der 400 reichsten Leute der Vereinigten Staaten ab. Diese Ausgabe ist bei den Geschäftsleuten genauso beliebt, wie die *Sports Illustrated*-Sonderausgabe über Badeanzüge bei den Sportbegeisterten. Sie ist interessant zu lesen, weil sie Ihnen mitteilt, wer diese Leute sind und was sie so reich gemacht hat. Außerdem erfahren Sie, wie sich das Land über die Jahre verändert hat.

Als *Forbes* diese Liste im Jahr 1982 das erste Mal veröffentlichte, wurde Platz 1 von dem Reedereikönig Daniel K. Ludwig eingenommen, gefolgt von J. Paul Getty, der auf altmodische Weise zu seinem Geld kam: Er erbte es. Fünf der oberen zehn kamen aus der Hunt-Familie, die viele Löcher in die Erde von Texas bohrte und eine Menge Ölquellen traf. Dies erinnert uns an einen Ausspruch, der dem Milliardär J. Paul Getty zugeschrieben wird, nämlich dass der beste Weg, um in der Welt voranzukommen, sei: „Steh früh auf, arbeite hart, finde Öl."

Die ursprüngliche Liste, die vor 14 Jahren erschien, ist gefüllt mit Rockefellers und Du Ponts, einem Frick, einem Whitney, einem oder zwei Mellons – alles große Familienvermögen, die bis ins 19. Jahrhundert zurückreichen. Das Wort „Erbschaft" erscheint in den biografischen Abschnitten nicht weniger als 65 Mal, dazu kommen mindestens zwölf Söhne und Töchter, die maßgeblichen Einfluss auf Familienunternehmen ausüben: ein Mars von den gleichnamigen Schokosnacks, ein Disney, ein Busch von den Bierbrauern Busch, ein Johnson von Johnson & Johnson und so weiter.

1993 gab es nicht mehr so viele althergebrachte Vermögen auf der Liste wie in den 80er-Jahren, was zu einer Reihe von Schlussfolgerungen über den Reichtum in Amerika führt. Erstens, es ist nicht gerade einfach, an Vermögen festzuhalten, sogar unter Milliardären. Erbschaftssteuern schlagen selbst in große Vermögen, die von Generation zu Generation weitergereicht werden, ein gewaltiges Loch. Sofern die Erben nicht vorsichtig und weise investieren, können sie ihre Millionen genauso schnell wieder verlieren, wie sie von den Vorfahren verdient wurden.

Zweitens ist Amerika immer noch das Land der unbegrenzten Möglichkeiten, wo clevere junge Leute wie Bill Gates von Microsoft auf der *Forbes*-Liste vor den Rockefellers, Mellons, Gettys und Carnegies auftauchen können.

Vor Gates auf der Liste von 1993 steht nur noch Warren Buffett, der seine zehn Milliarden Dollar mit dem verdiente, was Sie ebenfalls interessiert (sonst wären Sie in diesem Buch nicht so weit gekommen): Aktien! Buffett ist der erste Vollblutinvestor in der Geschichte, der es an die Spitze schaffte.

Buffett folgt einer einfachen Strategie: keine Tricks, keine Kunstgriffe, keine heißen Spekulationen, nur einfach Aktien guter Unternehmen kaufen und so lange behalten, bis es richtig langweilig wird. Die Resultate sind gar nicht langweilig:

Eine Investition von 10.000 Dollar bei Buffett vor 40 Jahren, als er seine Karriere begann, hätte heute einen Wert von 80 Millionen Dollar! Die meisten der Gewinne erzielte er mit Aktien von Unternehmen, von denen Sie bereits gehört haben und die Sie ebenfalls kaufen konnten: unter anderem Coca-Cola, Gillette und die Tageszeitung *Washington Post*. Sollten Sie jemals daran zweifeln, dass der Besitz von Aktien eine clevere Sache ist, schauen Sie sich einfach Buffetts Investments und seine Rekordgewinne an (oder noch besser, lesen Sie Robert Hagstroms Buch über ihn).

Wenn man die Du Ponts als eine Person zählt, sind nur 43 der 400 Personen durch Erbschaften auf die *Forbes*-Liste 1993 gelangt. Wir finden immer weniger Söhne und Töchter der Industriemagnaten von gestern und mehr Leute wie Horatio Algers, die aus bescheidenen Verhältnissen stammen und es mit Mut, Glück und einer großartigen Idee an die Spitze schafften. Harry Helmsley, Ehemann von Leona und Eigentümer mehrerer Hotels, begann seine Geschäftskarriere als Angestellter in der Postbearbeitung einer Immobilienfirma; David Geffen, der Musikmagnat, arbeitete im Postraum der Agentur William Morris; Ray Kroc, der Mann, der McDonald's kreierte, war Vertreter für Maschinen für Milchmixgetränke; Sam Walton, Gründer von Wal-Mart, begann als Auszubildender bei J. C. Penny; Ross Perot war Vertreter bei IBM; und Curtis Leroy Carlson, der Rabattmarkenkönig und Sohn eines immigrierten schwedischen Lebensmittelhändlers, überließ seinen Zeitungszustellbezirk für einen kleinen Profit seinen Brüdern, verdiente 110 Dollar im Monat, indem er Seife für Procter & Gamble verkaufte, und gründete später die Gold Bond Trading Stamp Company mit einem Darlehen über 50 Dollar.

Auch eine überraschende Anzahl von vorzeitigen Schulabgängern schaffte es bis in die Top 400. Ganz obenan Bill Gates, der Microsoftbegründer, der Harvard verließ, um an Software herumzubasteln, und dabei das „Gehirn" entwickelte, das in den meisten Personal Computern dieser Welt installiert ist. Dann haben wir Kirk Kerkorian, Sohn eines immigrierten armenischen Obstbauern, der die Junior High School vorzeitig verließ; Les Wexner, Gründer der Limited-Läden, beendete vorzeitig das Jurastudium; Geffen, der bereits erwähnte Plattenproduzent, verließ das College; Paul Allen, zusammen mit Gates Mitbegründer von Microsoft, verließ vorzeitig die Washington State University; Ted Turner von Turner Broadcasting ging vorzeitig vom Brown College ab, kam jedoch später zurück, um seinen Abschluss nachzuholen; Lawrence J.

Ellison vom Computerhersteller Oracle verließ vorzeitig die Universität von Illinois; David Howard Murdock, Sohn eines Vertreters, machte sein Vermögen mit Immobilien und Unternehmensübernahmen und verließ die Highschool; John Richard Simplot, der McDonald's die Kartoffeln für die Pommes Frites verkaufte, verließ die Schule und sein Zuhause nach der 8. Klasse, um einen Job als Kartoffelsortierer anzunehmen und Schweine zu züchten; Harry Wayne Huizenga verließ ebenfalls vorzeitig das College, gründete mit einem alten verbeulten Lkw die Abfallbeseitigungsfirma Waste Management, die er bis zu seinem Alter von 31 Jahren zum größten Abfallbeseitigungsunternehmen der Welt machte, bevor er seine Aufmerksamkeit auf einen in Dallas ansässigen Videoladen richtete, den er wiederum zum weltbekannten Unternehmen Blockbuster Video ausbaute.

Verlassen Sie jedoch nicht die Schule, nur weil diese Leute es taten. Zu jener Zeit war es nämlich noch möglich, ohne abgeschlossene Schulbildung einen anständigen Job zu bekommen – heutzutage ist dies nahezu unmöglich. Außerdem hatte sich jeder Einzelne von ihnen bereits die Grundkenntnisse angeeignet, die sie benötigten, um im Geschäft erfolgreich zu sein. Sie sind nicht von der Schule gegangen, um sich vor der Arbeit zu drücken, sie gingen ab, um ein Unternehmen zu gründen oder bestimmte Interessen zu verfolgen.

Es gibt auch heutzutage noch genug Möglichkeiten, Millionen zu verdienen: Autoteile, Waschtisch-Einhebelmischer, Branchenbücher, Kaffeeweißer, Plastiktassen, runderneuerte Reifen, Plastikstoffe aus Industrieabfällen, Slim-Fast, Ping-Golfschläger, Spezial-Autoversicherungen, Duty-free-Shops, Carnival-Kreuzfahrten, Pizza-Franchises (Domino's und Little Caesar) und Autovermietungen (Enterprise). Es gibt sogar einen Rechtsanwalt auf der Liste, der sein Vermögen machte, indem er sich auf Rückenverletzungen spezialisierte.

Eine ganze Reihe dieser Multimillionen-Dollar-Ideen hatten ihren Anfang in Kellern, Garagen und Kleinstadtläden und wurden mit wenigen Groschen Kapital gegründet. Der Computergigant Hewlett-Packard entstand in David Packards Garage mit Elektronikteilen im Wert von 538 Dollar; Wal-Mart entstand aus einem „Fünf und Zehn Cent"-Laden in Newport, Arkansas, der aufgrund eines gekündigten Mietvertrags später nach Bentonville umziehen musste; die Amway Corporation wurde in einem Keller gegründet, wo Richard Marvin de Vos und Jay van Andel aufgrund einer Formel, die sie von einem Detroiter Chemiker gekauft hatten, biologisch abbaubare Seife zusammenmischten.

Nur 31 Personen in dieser sehr finanzstarken Gruppe machten ihr Vermögen mit Immobilien und 18 schafften es mit Öl, sodass Gettys Aussage dazu schon lange nicht mehr die Wahrheit widerspiegelt. Einige dieser Multimillionäre (zum Beispiel Charles Schwab) schafften es in die Spitzengruppe durch die Gründung von Brokerfirmen und Fondsunternehmen; weitere rund 30 Mitglieder waren in der Kabel- und Medienindustrie erfolgreich; und mindestens 20 befassen sich mit Elektronik und Computern.

Die größte Veränderung zwischen 1982 und der Gegenwart ergab sich im Umfang der 400 größten Vermögen. 1982 war man mit 100 Millionen Dollar auf der Liste. Heute benötigt man mindestens 300 Millionen Dollar, um das Schlusslicht zu bilden. In der Spitzengruppe finden sich derzeit 25 Leute, deren Vermögen zwei Milliarden Dollar übersteigt, während das 1982 lediglich fünf Personen schafften.

Es mag ja sein, dass sich, wie es F. Scott Fitzgerald einmal schrieb, die Reichen von unsereinem unterscheiden, aber anhand der *Forbes*-Liste kann man dies nicht beweisen. Man findet sämtliche Arten von reichen Leuten: kleine, dicke, lange, dünne, gut aussehende, schlichte, welche mit hohem IQ und nicht so hohem IQ, freigiebige, Pfennigfuchser, geizige und spendable. Es ist erstaunlich, wie viele Menschen ihre genügsamen alten Gewohnheiten beibehielten, nachdem sie es an die Spitze schafften. Sam Walton, der Wal-Mart-Milliardär, der vor einigen Jahren starb, hätte sich aus der Portokasse eine Flotte der teuersten Limousinen kaufen können; stattdessen fuhr er weiterhin in seinem alten verbeulten Chevy herum, dessen Lenkrad mit Abdrücken von Hundezähnen übersät war.

Er hätte nach Paris, London, Rom und anderen Orten umziehen können, wo die Reichen und Berühmten ihre Villen haben, aber er blieb mit seiner Frau in seinem kleinen Haus in ihrer Heimatstadt Bentonville, Arkansas, wohnen.

Warren Buffett ist eine weitere Person, die den finanziellen Erfolg nicht zwischen sich und seine Heimatstadt Omaha, Nebraska, kommen ließ und immer noch die einfachen Annehmlichkeiten eines guten Buches und eines Bridgespiels zu schätzen weiß. Gordon Earle Moore, Gründer von Fairchild Semiconductor und Mitbegründer von Intel, fährt jeden Tag mit seinem alten Kleinlaster ins Büro. Es gibt viele solche Geschichten von Selfmade-Millionären und -Milliardären, die bescheiden leben, Publicity vermeiden und viele Stunden arbeiten, obwohl sie all ihre Rechnungen bezahlen könnten, ohne den kleinen Finger zu rühren. „Lebt zurückgezogen" und „meidet die Presse" sind Anmerkungen, die in der Beschreibung der 400 reichsten Leute auf der *Forbes*-Liste immer wieder auftauchen.

Diese Menschen haben weiterhin das beibehalten, was ihnen ihren großen Erfolg beschert hat. Es gibt daraus viel zu lernen. Man finde etwas, das man gern tut, und stecke alle Energie hinein, die man hat, und der Rubel wird von allein rollen. Irgendwann wird man den Punkt erreichen, von dem an man den Rest seines Lebens am Rande eines Swimmingpools mit einem Drink in der Hand verbringen könnte, aber man wird es wahrscheinlich nicht tun. Es macht viel zu viel Spaß, zu arbeiten, als dass man aufhören wollte.

Die Anfänge von Coca-Cola

Gott sah nicht eines Tages auf die Erde und sagte: „Heute erschaffe ich Coca-Cola." Der Schöpfer hatte damit nichts zu tun. Außer Sie gehen davon aus, er hatte Coke im Sinn, als er Dr. John Stith Pemberton erschuf. Pemberton kam 1869 von Columbus, Georgia, nach Atlanta und betätigte sich im Verkauf von selbst gemischten Arzneimitteln, sobald er alt genug war, eine Menschenmenge mit Reden zu begeistern.

Dies geschah, bevor wir Gesetze über die Wahrheitstreue der Werbung und eine Lebensmittelbehörde hatten, die über die Produkte wachte, die die Menschen aßen oder tranken. Es gab also nichts, was Pemberton davon abhalten konnte, in der familieneigenen Badewanne verschiedene Mittelchen (der Hauptteil davon Alkohol) zusammenzumischen, portionsweise in Flaschen abzufüllen und sie als Wundermittel zu verkaufen, so wie es mit allen Arzneimitteln damals gemacht wurde.

Pembertons Produktlinie bestand aus Indian Queen Hair Dye, Gingerine, Triplex-Leber-Pillen und einem exotischen Gebräu aus Zucker, Wasser, Kokablätterextrakt, Kolanüssen und Koffein. Auf den Flaschenaufklebern stand, es sei ein „Gehirntonikum und Heilmittel für alle nervösen Erscheinungen", und in seinen Verkaufsveranstaltungen behauptete Pemberton, es könne Kopfschmerzen, Hysterie und Melancholie kurieren und würde den Kunden in eine sehr gute Stimmung bringen. Dies war das originale Coca-Cola.

Pemberton gab im ersten Jahr 73,96 Dollar für Werbung aus, verkaufte aber nur den Gegenwert von 50 Dollar an Coke-Sirup, sodass man davon ausgehen kann, dass ihm die Kunden seine Geschichte nicht unbedingt glaubten. Fünf Jahre später lief der Verkauf immer noch nicht besser und Pemberton war es leid, weiterhin zu versuchen, die Leute zu überzeugen. So verkaufte er das Rezept, die Gerätschaften, die Kokablätter und die Kolanüsse einem Drogisten aus Atlanta namens Asa Candler. Dieser zahlte für das ganze Zeug 2.300 Dollar.

Candler war ein religiöser Mann und zog es vor, die Wahrheit zu erzählen, anstatt diese, wie Pemberton es tat, zu seinen Gunsten zu beschönigen. Er nahm die Kokablätter aus dem Rezept, sodass Coca-Cola ab 1905 vollständig kokainfrei war. Dies war eine gute Idee, da es andernfalls hätte passieren können, dass Leute für das Trinken von Coke ins Gefängnis gemusst hätten, nachdem Kokain im Jahre 1914 für illegal erklärt wurde. Das veränderte Coke-Rezept ist das bestgehütete Geheimnis dieses

Jahrhunderts, gut verschlossen in den Stahlkammern der Trust Company of Georgia.

Candler veränderte auch das Etikett, indem er die Abschnitte über Coke als „Gehirntonikum", als „Heilmittel für nervöse Leiden" und andere dubiose Behauptungen wegließ. 1916 entwarf er die kurvige Flasche, die der Großteil der Weltbevölkerung heute im Handumdrehen als Colaflasche identifizieren kann.

In Candlers Fabrik wurden Kolanüsse, Zucker, Wasser, Koffein und ein paar eigene geheime Zutaten in riesigen Kesseln gekocht und mit riesigen hölzernen Paddeln so lange umgerührt, bis sie zu einem Sirup eingedickt waren. Der Sirup wurde an Drugstores geliefert, wo die Drogisten Sodawasser dazugaben und das Getränk den Leuten servierten, die an den Tresen saßen. Coke wurde so populär, dass die Drogisten Hilfskräfte anheuern mussten, die sogenannten „Soda Jerks", um den Sirup zu mischen. So kamen Tausende von Teenagern kreuz und quer über das Land verstreut zu extra Taschengeld – indem sie nach der Schule Coca-Cola mischten.

Im Jahr 1916 klatschte der Kongress eine neue Steuer auf Geschäftserträge, und Candler raste vor Wut. Um die Zahlung höherer Steuern auf seine Coke-Gewinne zu vermeiden, verkaufte er das Unternehmen für 25 Millionen Dollar an einen Bankier aus Atlanta, Ernest Woodruff. Sein Sohn Robert wurde Coca-Colas Präsident.

Bald nachdem sie das Unternehmen gekauft hatten, brachten die Woodruffs es an die Börse. 1919 verkauften sie eine Million Aktien zu 40 Dollar das Stück. Eine Menge Leute wünschten sich anschließend, die Aktien nicht gekauft zu haben, besonders als die Kosten der Sirupherstellung haushoch stiegen. Wütende Abnehmer protestierten gegen die Preissteigerungen und drohten damit, ihre Verträge mit dem Unternehmen zu kündigen. Prozesse wurden angestrengt, Cokes Umsätze sanken und das Unternehmen schwankte am Rande des Bankrotts.

Dank Robert Woodruffs beträchtlicher Kostensenkungen schaffte es Coke, lange genug zu überleben, um die Große Depression zu erreichen.

Dies war eine furchtbare Zeit für die meisten Unternehmen, eine gute Zeit jedoch für Coca-Cola. Obwohl die Menschen sehr wenig Geld zum Ausgeben hatten und bei der Anschaffung neuer Schuhe, neuer Kleider und so weiter kräftig sparten, fuhren sie fort, Cola zu trinken und zu kaufen.

Hieraus ergibt sich ein guter Rat für Investoren: Benehmen Sie sich wie ein Bluthund und ignorieren Sie alles um sich herum, außer den Dingen, die sich unmittelbar vor Ihrer Nase befinden. Die Wirtschaft hätte in den 1930er-Jahren nicht schlechter sein können, doch nachdem Coca-Cola sehr profitabel war, stieg der Aktienkurs von 20 Dollar im Jahr 1932 auf 160 Dollar im Jahr 1937. Stellen Sie sich vor, Sie würden Ihr Geld verachtfachen, während jedermann um Sie herum das Ende der Welt prophezeit.

Robert Woodruff leitete Coca-Cola 30 Jahre lang und versuchte, seinen Namen aus der Presse herauszuhalten, indem er Reportern aus dem Weg ging. Er hatte mehrere Häuser und mindestens eine riesige Ranch, gab jedoch ansonsten für einen Multimillionär recht wenig Geld aus. Augenscheinlich las er niemals Bücher und hörte so gut wie nie Musik oder betrachtete irgendwelche Bilder, außer es waren Enten oder Rotwild darauf. Er gab zwar Partys, aber nur, weil er musste.

Genauso wie Coca-Cola aus einem Unglück, der Großen Depression, Nutzen gezogen hatte, zog es Vorteile aus einem weiteren Unglück, dem Zweiten Weltkrieg. Menschen auf der ganzen Welt sahen die amerikanischen Soldaten Cola trinken und entschlossen sich dazu, ihre Helden zu imitieren, indem sie das Gleiche taten. Die amerikanischen GIs waren die effektivsten unbezahlten Förderer in der Geschichte der kommerziellen Werbung.

Nach dem Krieg wurde Coca-Cola zum ersten wirklich multinationalen Unternehmen der Welt. Die auffälligen roten Werbetafeln sah man an den Wänden und Gebäuden aller Kontinente – manchmal wurden sie dazu benutzt, Löcher in den Gebäuden zu verdecken. Coke wurde zum Symbol des amerikanischen „Way of Life“, weshalb die Kommunisten es hassten. (In den 1970er-Jahren unterschrieben die Lenker der

Sowjetunion deshalb einen Vertrag mit Pepsi!) Unsere Raketen zielten auf die Sowjets und deren Raketen zielten auf uns, und sie machten sich Sorgen über die Auswirkungen, die ein Softdrink haben könnte. Sogar in Frankreich versuchte die kommunistische Partei, Coca-Cola zu verbieten.

Um den vollen Vorteil aus dem Besitz von Coke-Aktien zu ziehen, musste man zwei Jahrzehnte lang Geduld haben, bis 1958, als der Kurs einen weiteren enormen Anstieg verzeichnete. Coke-Anteile im Wert von 5.000 Dollar im Jahr 1958 waren 1972 nahezu 100.000 Dollar wert. Es gibt nicht viele Chancen im Leben, 5.000 Dollar innerhalb von 14 Jahren in 100.000 Dollar zu verwandeln, außer Sie gewinnen in der Lotterie oder beteiligen sich an irgendeinem illegalen Geschäft. Im Crash von 1972 litt Coke genauso wie all die anderen Aktien, fiel kurzfristig um 63 Prozent und benötigte drei Jahre, um den Verlust wettzumachen. Doch einmal mehr wurde Geduld belohnt, als der Aktienkurs einen weiteren steilen Aufschwung verzeichnete und Coke von 1984 bis 1994 um das Zehnfache stieg.

Im Kampf zwischen Kommunismus und Coca-Cola hat Coke die Nase vorn, denn während der Kommunismus von der Bildfläche verschwunden ist, schreitet Coke weiter voran. Wie sich herausstellt, ging die größte Bedrohung ohnehin nicht von den Sowjets aus, sondern von Pepsi.

Tatsächlich hätte Coke Pepsi in den 1930er-Jahren für einen Apfel und ein Ei kaufen können, als Pepsi kurz vor dem Bankrott stand. Doch nichts dergleichen geschah, und Pepsi kam 50 Jahre später zurück, um Coke zu jagen. 1984 übertrafen Pepsis Verkaufszahlen im US-Markt diejenigen von Coke, und die Gehirne im Hauptquartier von Coke waren gezwungen, einen Gegenangriff zu starten. In der Hitze des Gefechts wurde Coke-Light entwickelt, das die gesamte Softdrinkindustrie veränderte und Millionen Pfunde Übergewicht von den Taillen der menschlichen Rasse purzeln ließ. Ohne den Konkurrenzdruck von Pepsi wäre Coke-Light vielleicht niemals erdacht worden.

Die Woodruff-Ära endete Mitte der 1950er-Jahre, als sich Robert Woodruff zurückzog und die Zeit damit verbrachte, sein Geld auszugeben. Er spendete Hunderte von Millionen Dollar für die medizinische Forschung, die Kunst und die Emory-Universität und stellte das Land zur Verfügung, auf dem in Atlanta das Zentrum für Krankheitskontrolle und -vorbeugung gebaut wurde. Er öffnete seine Brieftasche für das Atlanta-Kunstzentrum, obwohl er selbst nie gern in Museen oder Konzerte ging. Viele seiner Spenden waren anonym, doch die Menschen fanden schnell heraus, dass Woodruff dahintersteckte – wer sonst in Atlanta war reich genug und so großherzig? Sie gaben ihm den Namen „Mr. Anonymous".

Im Jahr 1981 übernahm Roberto Goizueta die Leitung bei Coke und er hat den Vorstandsvorsitz bis zum heutigen Tag inne. Er und Don Keough, Cokes früherer Präsident, bildeten ein fabelhaftes Team. Sie haben es fertiggebracht, die internationalen Umsätze bis zu einem Punkt zu steigern, an dem Menschen in 165 Ländern der Welt Coke trinken, wie sie früher Wasser tranken. Bedenkt man die teilweise traurigen Zustände in der weltweiten Wasserversorgung, sind die Leute vielleicht sogar mit dem Trinken von Coke besser bedient als mit Wasser.

Goizueta ist eine Geschichte für sich. Er stammt aus einer reichen kubanischen Farmerfamilie, die ihre gesamten Besitztümer durch die Castro-Revolution verlor. Er arbeitete für Coke in Kuba und übersiedelte in ein Coca-Cola-Büro auf die Bahamas, nachdem Castro die Macht ergriff. Von da kam er ins Coke-Hauptquartier nach Atlanta, wo er die Unternehmensleiter nach oben kletterte.

In Bezug auf Coca-Colas weltweite Popularität ist derzeit immer noch kein Ende in Sicht, aber die Wall Street hat sehr lange gebraucht, um dies zu erkennen. Einige „Experten" haben es allerdings immer noch nicht begriffen.

Wie Wrigley's begann

Im Jahre 1891 verließ William Wrigley jr. Philadelphia, um nach Chicago zu gehen und in der Seifenfirma seines Vaters eine Stelle als Verkäufer anzutreten. Neben Seife produzierte das Unternehmen außerdem Backpulver, und um den Backpulververkauf anzukurbeln, verschenkte es kleine Kochbücher als Zugabe. Das Backpulver wurde so populär, dass man sich dazu entschloss, die Seifenproduktion einzustellen.

An einem bestimmten Punkt entschied man sich dafür, statt Kochbücher Kaugummi als zusätzliche Geschenke zu vergeben. Der Kaugummi wurde daraufhin so populär, dass man die Backpulverproduktion schließlich fallen ließ und begann, den Kaugummi zu verkaufen.

Wrigley's-Spearmint-Kaugummi hatte sein Debüt 1893, doch wie bei Coke handelte es sich auch hier nicht um einen sofortigen Verkaufserfolg. Bis 1910 jedoch wurde Wrigley's zur führenden amerikanischen Kaugummimarke. Um die Umsätze weiter anzukurbeln, übersandte Wrigley's im Jahr 1915 an jede in den Telefonbüchern der Vereinigten Staaten gelistete Person kostenlos ein Stück Kaugummi.

Campbell's Soup

Der Chemienarr Dr. John T. Dorrance lehnte die Angebote von vier Universitäten für eine Professur ab, um stattdessen einen Job in der Suppenfirma anzutreten, die seinem Onkel Arthur Dorrance und Joseph Campbell gehörte. Nach kurzer Zeit entwickelte Dr. Dorrance ein Verfahren, um kondensierte Suppen herzustellen, zahlte anschließend seinen Onkel aus und wurde Alleineigentümer des Geschäfts. Dies stellte sich als ein Fehler seines Onkels heraus, denn Campbell's fuhr fort, seine Erträge ständig zu steigern, und wurde zu dem 11,4 Milliarden Dollar schweren Unternehmen von heute.

Selbst ein begeisterter Hobby-Aktienanleger, nahm sich Dr. Dorrance den Ratschlag seines Brokers zu Herzen und verkaufte seinen gesamten Aktienbestand vor dem Crash von 1929. Dies war wahrscheinlich der beste Ratschlag, der von einem Broker seither jemals gegeben wurde.

Levi's

Levi Strauss war ein Immigrant aus Bayern, der zur Zeit des Goldrausches von 1849 nach Kalifornien kam, um reich zu werden. Er fertigte Hosen aus Zelttuch und verkaufte diese an die Goldgräber. Während die meisten Goldgräber mit leeren Händen nach Hause gingen, wurde Strauss mit seinen Bluejeans tatsächlich reich. Im Jahr 1873 ließ er sich seine Baumwollversion der Jeans patentieren. Strauss' Unternehmen war bis 1971 in Privatbesitz, als man die Firma in eine Aktiengesellschaft umwandelte und die Aktien an die Öffentlichkeit verkaufte. Später kaufte man die Aktien wieder zurück und wurde schließlich 1985 erneut zum Privatunternehmen.

Wie Ben & Jerry's begann

Ben Cohen und Jerry Greenfield trafen sich als Siebtklässler in einer Turnhalle auf Long Island, New York, und wurden einige Jahre später beide zu Hippies. Ben schmiss vorzeitig das College hin, fuhr Taxi, grillte Hamburger, schrubbte Böden, war Wachposten auf einer Rennstrecke und befasste sich mit Töpferei. Er lebte eine Zeit lang in einer Blockhütte in den Adirondacks mit einem Holzofen und keinerlei fließend Wasser. Er hatte ein großes Herz und einen ebenso großen Bauch.

Zwischenzeitlich besuchte Jerry das Oberlin College in Ohio, wo er zusätzlich zu seinen regulären Studienfächern kleine Zaubertricks lernte und wie man Faschingsspiele aufzieht. Er bewarb sich an der medizinischen Hochschule, wurde abgelehnt und nahm schließlich einen Job an, wo er Rinderherzen in Teströhrchen stopfen musste. Er war magerer als Ben und machte sich den „Grunge-Look“ zu eigen, lange bevor er modern wurde. Die Wege der beiden kreuzten sich erneut in Saratoga Springs, New York, und sie entschlossen sich, da sie nichts Besseres zu tun hatten, eine Eisdiele zu eröffnen. Jerry gab fünf Dollar für eine Broschüre mit dem Thema aus: „Wie mache ich Eiscreme?“

Mit 6.000 Dollar Ersparnissen plus 2.000 Dollar, die sie von Bens Vater borgten, flickten sie das Dach einer alten Tankstelle in Burlington im Bundesstaat Vermont, strichen die Wände neu und nannten es den Scoop Shop. Das war 1978.

Die Leute, die in den Scoop Shop kamen, konnten nicht genug von Bens und Jerrys Eis bekommen. Es war geschmackvoll und cremig und voller großer Stücke von Früchten oder Schokolade oder was sie sonst noch hineintaten. Das Eis war sehr fett und enthielt viel Cholesterin, aber 1978 scherten sich die Leute noch nicht um Cholesterin, sodass sie ohne schlechtes Gewissen große Portionen von Bens und Jerrys Eis essen konnten.

Bald darauf verkauften Ben und Jerry so viel Eiscreme, dass die alte Tankstelle zu klein wurde. Sie entschlossen sich, eine Eiscremefabrik zu bauen. Sie hätten sich bei den entsprechenden Investoren Risikokapital besorgen können, doch stattdessen gingen sie geradewegs an die Börse. Im Jahr 1984 verkauften sie 73.500 Aktien zu 10,50 Dollar das Stück und vereinnahmten so knapp eine Dreiviertelmillion Dollar. Das waren Peanuts in Bezug auf große Unternehmen, aber es war alles, was sie für ihre Fabrik brauchten.

Um sicherzustellen, dass es ein lokales Unternehmen bleibt, machten sie zur Auflage, dass nur Einwohner von Vermont Aktien erwerben konnten. Vermont ist nicht gerade ein reicher Staat, sodass viele Investoren lediglich eine Aktie kauften – mehr konnten sie sich nicht leisten. Zehn Jahre später war die Aktie das Zehnfache des Ausgabekurses wert.

Ben und Jerry's ist eine der interessantesten Aktiengesellschaften. Die Chefs kamen in T-Shirts und Overalls zur Arbeit und trugen niemals Anzüge – sie hatten überhaupt keine Anzüge. Sie nannten eine ihrer Geschmacksrichtungen Cherry Garcia, zu Ehren von Jerry Garcia, dem Rockstar von Grateful Dead. Im Rahmen der jährlichen Hauptversammlungen kam es vor, dass sich Ben mit einem Backstein auf dem Bauch auf den Boden legte und Jerry den Backstein mit einem Vorschlaghammer zertrümmern ließ.

Man konnte die leitenden Angestellten nicht von den Hilfskräften unterscheiden. Der Parkplatz stand voller verbeulter VWs. Unter normalen Gesichtspunkten gesehen erhielt die Führungsmannschaft sehr niedrige Gehälter – die Idee dahinter war, dass jedermann es verdiente, ein anständiges Leben zu leben, aber niemand auf einen Schlag reich werden sollte. Der geringe Gehaltsunterschied bewirkte freundlichere Beziehungen zwischen Arbeiterschaft und Management und bessere Partys am Wochenende. Ben und Jerry spielten in der Fabrik Rockmusik, um die Angestellten zu inspirieren, herumzutanzen und ihr Bestes zu geben. Während des Sommers zeigten sie in Burlington auf einer Leinwand umsonst Spielfilme. Sie kauften so viel Milch von den regionalen Farmern, dass sie die gesamte Milchindustrie Vermonts wieder aufblühen ließen. Sie zahlten sogar etwas mehr für die Milch, um den Farmern zu helfen. Rund 7,5 Prozent der jährlichen Gewinne gingen an Wohltätigkeitsorganisationen.

Wo sonst außer in Amerika könnten zwei Hippies fünf Dollar in eine Broschüre über Eiscremeherstellung investieren und zu den drittgrößten Eiscremeproduzenten des Landes aufsteigen? Vor einigen Jahren hatte das Unternehmen seine Midlife-Crisis: Die Menschen hatten das Cholesterin entdeckt und aßen immer weniger von der wohlschmeckenden, cremigen Eiscreme, die Bens und Jerrys ganzer Stolz war.

Das Unternehmen hat sich der Zeit angepasst und stellt nun statt des cremigen Zeugs, nach dem sich die Kunden immer so sehnten, sein Eis mithilfe von Joghurt- und Lowfat-Zusätzen her.

1994 trat Ben als Vorstandsmitglied zurück, obwohl er schon immer mehr der Chef-Eiscremetester als ein Vorstandsmitglied gewesen war. Das Unternehmen veranstaltete einen Wettbewerb, um Bens Nachfolger zu finden. Um den Job zu bekommen, musste man neben den üblichen Bewerbungsunterlagen irgendetwas Besonderes einsenden. Der Mann, der die Anstellung schließlich erhielt, schrieb ein Gedicht.

Microsoft

Bill Gates wurde 1955 geboren und heißt mit vollem Namen William Henry Gates III. Er wuchs in der Vorstadt Bellevue in Washington auf und besuchte die nahe gelegene Lakeside School. Lakeside hatte ein Computerlaboratorium, was für die 1960er-Jahre sehr ungewöhnlich war, und Gates nutzte das in vollem Umfang aus.

Gates war von Computern hingerissen, entzückt, gefesselt. Er verbrachte mit seinem Freund und Gefährten Paul Allen, der in der Schule einige Jahre über ihm war, so viel Zeit wie irgend möglich im Laboratorium. Gates war derart besessen von Computern, dass seine Eltern anordneten, er müsse diese für einige Zeit aufgeben. Widerwillig fügte sich Gates, aber der Entzug machte die Sache nur noch schlimmer.

Schon bald waren Gates und Allen wieder voll bei der Sache und experimentierten mit der primitiven Hard- und Software, die es damals gab. Es gab damals keine Betriebsanleitungen oder „DOS für Anfänger“-Bücher – Gates und Allen erfanden DOS überhaupt erst. Die beiden waren die Pioniere der Software, während Hunderte von Meilen südlich die beiden Steves, Jobs und Wozniak, den ersten Apple-Computer bauten.

Wissenschaftler und Ingenieure in bestens ausgestatteten Forschungslaboren brachten nicht annähernd fertig, was diese jungen „Hacker“ in Bluejeans und T-Shirts in Eigeninitiative zustande brachten. Noch bevor sie die Highschool verließen, waren Gates und Allen zu Experten auf dem aufregenden neuen Gebiet der Computerprogrammierung geworden.

Mit der Vorstellung, Rechtsanwalt zu werden, ging Gates nach Harvard, während Allen eine Anstellung bei einer kleinen Computerfirma namens MITS in New Mexico antrat. Gates wurde sein Collegeleben zwischen Klassenzimmer, Pokertisch und Computerraum schon bald zu langweilig. Als er es nicht mehr länger aushielt, verließ er Harvard vorzeitig und gesellte sich zu seinem alten Freund nach New Mexico. Die beiden hatten bereits eine neue Computersprache namens BASIC entwickelt.

MITS hatte Allen angeheuert, um eine Version von BASIC für einen Computerchip, der von Intel hergestellt wurde, zu entwerfen. Doch BASIC erregte so viel Aufsehen, dass einige andere Computerhersteller es ebenfalls als Betriebssystem für ihre Geräte nutzen wollten. Dies führte zu einem hässlichen Rechtsstreit darüber, wem die Rechte an BASIC gehörten: Gates und Allen oder MITS? Das Gericht urteilte zugunsten der Erfinder, da sie BASIC bereits entwickelt hatten, bevor sie zu MITS kamen. Nun waren sie in der Lage, die Computersprache zu verkaufen und den Gewinn für sich zu behalten.

Gates gründete seine eigene Firma, Microsoft, schon bevor er den Fängen von MITS entkam. Als der Rechtsstreit vorüber war, steckte er all seine Energie in Microsoft. Das Unternehmen war zwanglos und unorganisiert, und die Angestellten arbeiteten wie verrückt. In jeder Ecke des Büros fand man Computer, aber die Buchhaltung wurde noch von Hand geführt. Es kam vor, dass Besucher ins Chefbüro kamen und fragten: „Wer ist der Junge, der an Herrn Gates Schreibtisch sitzt?" Dieser Junge war Gates selber. Er war 25, sah jedoch wesentlich jünger aus.

Ein Triumph führte zum anderen und 1980 befand sich die winzige Firma in ernsthaften Verhandlungen mit dem Computergiganten IBM. IBM hatte eine neue Linie von Personal Computern entwickelt und benötigte ein dazu passendes Softwaresystem. Gates ging zu einem Meeting, beeindruckte die IBM-Vorstände und erhielt den Auftrag seines Lebens. Indem sie Tag und Nacht und unter absoluter Geheimhaltung im Auftrag von IBM arbeiteten, entwarfen Gates und seine Mitarbeiter MS-DOS.

Viele Menschen haben den Versuch unternommen, eine universelle Sprache für die Menschheit zu entwickeln, und sind gescheitert, aber Microsoft ist nahe daran, Gleiches für die Computer zu tun – MS-DOS wird derzeit von 75 Prozent aller Personal Computer dieses Planeten „gesprochen".

Wenn IBM damals klug genug gewesen wäre, sich einen Teil der Rechte an MS-DOS zu sichern, würden seine Aktien heute zu einem weitaus höheren Kurs notieren. Stattdessen überließ IBM Microsoft alle Rechte, weshalb Microsoft nun selbst zu einem Milliardenunternehmen geworden ist. Die Moral der Geschichte ist: Wenn Sie dabei sind, jemanden sehr reich zu machen, bestehen Sie auf einem Stück des Kuchens.

Home Depot

Home Depot wurde gegründet, als drei Vorstände des Handy Dan Home Center entlassen wurden. Überzeugt, dass sie es besser machen könnten als die Leute, die sie entließen, entschied sich das abgewiesene Trio dafür, seine eigene Version eines „Handy Dan" zu eröffnen. Handy Dan ist zwischenzeitlich von der Szene verschwunden, aber Home Depot ist überall.

Diese Entscheidung war nur ein Vorspiel zu den schwierigen Aufgaben, die den Organisatoren von Home Depot bevorstanden. Sie überzeugten eine Risikokapitalfirma, das Geld zur Verfügung zu stellen, um den ersten Super-Baumarkt in Atlanta zu bauen. Die große Eröffnungsfeier war ein Reinfall. In der Werbung hatte man jeder Person, die die Türen passierte, einen Dollar versprochen. Die Menge war so klein, dass am Ende des Tages ein ganzer Stapel Bargeld übrig war. Zu diesem Zeitpunkt wollten die Leute also nicht einmal zu Home Depot gehen, wenn sie dafür bezahlt wurden.

Aber schon wenig später strömten die Menschen zu Home Depot, angelockt von der riesigen Auswahl an Waren, den niedrigen Preisen und den gut ausgebildeten Verkäufern, die praktisch jede Frage zu den angebotenen Artikeln beantworten konnten. Home Depot wurde zu einem derart populären Laden, dass es selbst während der Rezession, als die meisten Einzelhändler schlimm getroffen wurden, seine Umsätze steigern konnte. Mehr noch, als die Rezession die Kaufhauskette J. C. Penney dazu zwang, aus vier Einkaufszentren um Atlanta herum auszusteigen, übernahm Home Depot die frei gewordenen Mietverträge und eröffnete vier neue Läden.

Als sie sahen, dass sie auf der Gewinnerseite waren, planten die Organisatoren eine rasche Expansion. Sie gingen an die Börse, um das entsprechende Kapital zu erhalten. 1981 verkaufte Home Depot seine ersten Aktien an die Öffentlichkeit zu einem Preis von zwölf Dollar das Stück. Heute sind diese Aktien (unter Berücksichtigung von Aktiensplits) je Stück 3.308 Dollar wert!

Im Jahr 1984 bestand Home Depot aus 19 Läden. 1985 strauchelte das Unternehmen etwas, als die Gewinne nachließen. Man hatte den weitverbreiteten Fehler gemacht, zu schnell zu expandieren. Im Jahr 1986 wurden weitere Aktien verkauft und die Einnahmen dazu benutzt, Schulden zu bezahlen. Drei Jahre später wurde Home Depot zur größten Baumarktkette des Landes. 1995 betrieb das Unternehmen mehr als 365 Läden und machte einen Umsatz von 14 Milliarden Dollar.

Levi's, Campbell's, Wrigley's und Coca-Cola wurden alle vor hundert Jahren oder mehr gegründet, als das Leben noch nicht so kompliziert war wie heute und es noch nicht so viele Anwälte gab, die die Weiterentwicklung behindern konnten. Doch dies bedeutet nicht, dass man nicht auch heutzutage ein großartiges Geschäft aus dem Nichts starten könnte. Ben und Jerry, Bill Gates und Bernard Marcus haben es mit Eiscreme, Software und Haushaltswaren bewiesen.

Es ist noch nicht vorbei

Trotz allem, was Sie darüber hören, dass die Vereinigten Staaten weich in den Knien würden, ihnen langsam die Zähne ausfallen und wir unseren Platz in der Welt verlieren würden – so führen wir doch die Welt, was neue Ideen betrifft, weiterhin an. Wir sind die Nummer 1 in puncto Musik, Fernsehen und Film; wir sind preiswerte Produzenten von Holzprodukten, Papier, Aluminium und chemischen Stoffen. Die Wall Street ist immer noch die Hauptstadt der Aktien, und auch im Bankwesen gewinnen wir unsere Vorherrschaft zurück, nachdem die japanischen Banken mit Problemen zu kämpfen haben.

Glauben Sie es oder nicht, unsere Eisenbahnen sind so gut darin, Fracht zu befördern, dass andere Länder unser System studieren. Unser Frachtsystem wird von jedermann beneidet. (Unsere Personenbeförderung dagegen lässt einiges zu wünschen übrig.)

Wir sind spitze bei tragbaren Telefonen, elektronischen Ausrüstungsgegenständen, Pharmazie, Telekommunikation und landwirtschaftlichen Geräten. Wir bringen hervorragende Leistungen bei der Genforschung, bei Halbleitern und dem medizinischen Fortschritt. Nach Jahren des Rückgangs steigt unser Anteil am Exportmarkt wieder. Das bedeutet, dass Konsumenten in anderen Ländern wieder mehr von dem kaufen, was wir herstellen.

Wir verschicken Stahl nach Seoul, Transistoren nach Tokio, Autos nach Köln und Fahrradteile nach Bombay. Männer auf allen Kontinenten rasieren sich mit Gillette. Der Himmel ist voll von Boeing-Flugzeugen. Die Japaner werden als Meister der Elektronik bezeichnet – Speicherchips, Fernseh- und Faxgeräte –, aber sie können nicht mit den Neuentwicklungen von US-Unternehmen wie Intel, Micron Technology, Microsoft und Compaq Schritt halten.

Wir sind Nummer 1 bei den Personal Computern. Wir dominieren das Feld in puncto Software, Workstations, Laserdrucker, Computernetzwerke und Mikroprozessoren. Viele unserer fantastischsten Erfindungen kommen aus kleinen Unternehmen. Wir sind auch führend in der Welt, was die Anzahl kleiner Unternehmen betrifft. Wir haben bereits gesehen, wie ein Haufen Jungs bei Microsoft und Apple die Computerindustrie für immer verändert hat. Heute, 20 Jahre später, gibt es in den Softwarelaboratorien einen Haufen Jungs, die diese Vorstellung wiederholen.

Es ist noch nicht lange her, dass wir von unseren eigenen Zeitungen und Magazinen dafür gescholten wurden, fett, faul und überbezahlt zu sein. Wir haben eine freie Presse, und die Presse liebt es, sich auf die negativen Dinge, die „Warzen", zu konzentrieren, denn „Warzen" verkaufen sich besser als „Heiligenscheine".

So haben wir immer und immer wieder gehört, dass die Japaner härter arbeiten als wir und dass die Deutschen härter arbeiten als wir und an uns vorbeiziehen, während wir vor dem Fernseher sitzen und durch die Kanäle schalten oder uns in den Schulen ein schönes Leben machen oder mit Frisbees spielen (übrigens eine weitere großartige amerikanische Erfindung).

Es sei unvermeidlich, sagten diese Schwarzmaler, dass Amerika zu einem Land der Nichtstuer verkommen würde, außer vielleicht, dass wir immer noch schlau genug seien, die kleinen Papierschirmchen herzustellen, die man in die Cocktails steckt.

Die Autoindustrie war der auffälligste Krisenherd. Vor den 1960er-Jahren waren wir Nummer 1 im Krieg-Spielen, Nummer 1 im Frieden-Schließen und die Nummer 1 bei den Autos, und Detroit war das Mekka der Autofans. Aber danach wurden unsere Autounternehmen schlampig und ließen die Fabriken verkommen. Mittels ihrer mächtigen Gewerkschaften verlangten die Arbeiter immer höhere Löhne. An diesem Punkt bliesen die Japaner und Deutschen mit ihren schicken, gut verarbeiteten und preisgünstigen Autos zum Angriff auf Detroit. Millionen von amerikanischen Kunden zogen die ausländischen Modelle den langweiligen, schlecht verarbeiteten und überteuerten US-Autos vor.

Journalisten und Akademiker schrieben Artikel und Bücher über den Rückgang und Fall der US-Autoindustrie, was sie gleichsetzten mit dem

Rückgang und Fall des „American Way of Life". Das einflussreichste dieser Bücher war David Halberstams „The Reckoning".

Wenn man Halberstams Buch las, konnte es einem um die Zukunft von Ford, General Motors, Chrysler und Amerika bange werden. Aber das Jahr, in dem es veröffentlicht wurde, 1986, war auch das Jahr, in dem Chrysler sein Comeback nahe dem Bankrott begann und Ford zu einem gewaltigen Gegenschlag ansetzte, während Nissan und die anderen japanischen Autohersteller einen Reinfall nach dem anderen erlitten. Die amerikanischen Verlierer sind wieder zu Gewinnern geworden. Anleger, die ihre Hausaufgaben machten und verfolgten, was geschah, wurden sehr reich mit dem Kauf von Aktien von Ford, Chrysler und General Motors. Wenn sie zum richtigen Zeitpunkt gekauft hatten, verfünfzehnfachten sie ihr Geld mit Chrysler, verzehnfachten es mit Ford und verdreifachten es mit General Motors.

Diese Bewegung geschah nicht innerhalb eines Jahres oder von fünf Jahren, es war ein gigantischer Langzeittrend. Genauso wie es Jahre gedauert hatte, den Platz an der Spitze der Autoindustrie zu verlieren, benötigte Detroit auch Jahre für das Comeback. Dieses Comeback war für eine Vielzahl von Menschen vollkommen überraschend, aber nur deshalb, weil wir nicht die richtige Geschichte erzählt bekamen. Wir hörten immer noch die alten Geschichten, wie die Autoindustrie von den Japanern kontrolliert würde. Aber es waren nicht die Japaner, die den Minivan entwickelten, es war Chrysler. Es waren nicht die Japaner, die eine neue Generation von zeitgemäßen, preisgünstigen Autos auf die Straße brachten, es waren Ford, Chrysler und General Motors. Es war nicht Nissan, das den Jeep überarbeitete, es war Chrysler. Es war kein Toyota, der zum meistverkauften Fahrzeug in Europa wurde, es war ein Ford Fiesta. Und hier bei uns verlieren die Japaner ihren Anteil am US-Markt, während sich die US-Autounternehmen im Aufwind befinden.

Wir haben unsere Fabriken wieder in Ordnung gebracht und effizienter gestaltet. Unsere Löhne sind gesunken, was wiederum unsere Produktionskosten verringert hat, sodass wir unsere Waren nun zu niedrigeren Preisen verkaufen und die ausländische Konkurrenz unterbieten können.

Während der vergangenen beiden Jahrzehnte, in denen wir immer so schlecht über uns gedacht haben, wurde der amerikanische Arbeitsmarkt zum produktivsten der gesamten Welt. Heute produziert ein amerikanischer Industriearbeiter durchschnittlich jedes Jahr Waren im Wert von 49.600 Dollar, also 5.000 Dollar mehr als der durchschnittliche Deutsche und 10.000 Dollar mehr als der durchschnittliche Japaner. Wir leisten mehr Stunden und leisten uns weniger Urlaub als der durchschnittliche deutsche Arbeiter, der jedes Jahr fünf Wochen bezahlten Urlaub erhält.

Tatsächlich ist der amerikanische Arbeiter so viel beschäftigt und so produktiv geworden, dass eine Harvardprofessorin namens Juliet Schor ein Buch darüber geschrieben hat mit dem Titel „The Overworked American". Die Presse hat so einen guten Job getan, uns davon zu überzeugen, dass wir besonders im Vergleich mit den fleißigen Japanern ins Hintertreffen geraten seien, dass es nun umso überraschender ist, zu entdecken, dass wir so hart gearbeitet haben. Das bedeutet nicht, dass wir nicht unsere Probleme haben. In den vergangenen beiden Jahrzehnten ist unser Wirtschaftswachstum insgesamt hinter den Wachstumsraten der vorangegangenen Jahrzehnte zurückgeblieben und die Löhne in den am niedrigsten bezahlten Jobs sind nur unwesentlich gestiegen, wenn überhaupt. Wir haben hohe Kriminalitätsraten und hohe Arbeitslosenzahlen in den Innenstädten, wo mehr als die Hälfte aller Kinder die Highschool nicht beenden. Ohne entsprechende Ausbildung jedoch können diese Menschen unmöglich für all die wundervollen Jobs infrage kommen, die durch die Computertechnologie und andere fortschrittliche Technologien entstanden sind.

So schlimm unsere Probleme auch sein mögen, sie summieren sich keinesfalls zu der Art Pessimismus, die uns infiziert hat. Wir hatten eine ähnliche Dosis Pessimismus in den späten 1940er-Jahren, nachdem der Zweite Weltkrieg zu Ende war und 10 bis 20 Millionen Amerikaner ihre mit dem Krieg verbundenen Jobs beim Militär oder in der Verteidigungsindustrie verloren. Mehr als ein Drittel der gesamten amerikanischen Arbeiterschaft musste sich eine neue Arbeit suchen, eine Krise, die alles, dem wir heute gegenüberstehen, bei Weitem übertraf; und trotzdem könnte man bei den Überschriften heutzutage denken, wir wären in einem schlechteren Zustand als kurz nach dem Zweiten Weltkrieg.

Tatsächlich waren die 1950er-Jahre ein gutes Jahrzehnt für die Wirtschaft und ein hervorragendes für Aktien – in diesem Jahrhundert nur übertroffen von den 1980er-Jahren. Es stellte sich damals heraus, dass der Pessimismus der Menschen und ihre geringen Erwartungen an die Zukunft vollkommen unangebracht waren, genauso wie sich diese Empfindung nunmehr in der ersten Hälfte der 1990er-Jahre als deplatziert herausstellt.

Helden

In der Schule debattieren wir darüber, ob Hamlet ein Held oder ein Jammerlappen war, ob König Lear dumm oder das Opfer einer habgierigen Tochter war oder ob Napoleon ein großer Feldherr oder ein Tyrann war. Aber wir diskutieren niemals darüber, ob Sam Walton ein Schuft oder ein Held war. Sam Walton wurde durch die Gründung von Wal-Mart zum reichen Mann: War dies gut oder schlecht? Wie steht es mit Michael Eisner bei Disney? Ist Eisner ein reiches Schwein oder der Retter des Unternehmens?

Der Footballspieler Joe Montana ist eine nationale Berühmtheit, der für den großen Beitrag, den er der Gesellschaft geleistet hat, nahezu vergöttert wird. Zweifellos hat er einen Beitrag geleistet. Aber wie viel mehr Held ist Montana gegenüber Sam Walton oder Lee Iacocca von Chrysler? Wer zum Beispiel hat mehr Arbeitsplätze geschaffen?

Iacocca schaffte es niemals, ein praktisch verlorenes Spiel in den letzten Minuten noch herumzureißen und den Sieg sicherzustellen, wie es

Joe Montana gelang. Aber er brachte Chrysler, das während der entscheidenden Phase 1981 bis 1982 bereits mit einem Fuß über dem Abgrund hing, zurück auf die Gewinnerstraße. Das Spiel stand auf des Messers Schneide – stellen Sie sich vor, was geschehen wäre, wenn Iacocca es nicht geschafft hätte.

Nicht nur Chryslers mehr als 115.000 Arbeiter hätten ein für alle Mal nach Hause geschickt werden müssen, sondern auch die Reifenhersteller und all die Lieferanten von Aluminium, Stahl, Autoglas, Sitzleder und viele andere wären gezwungen gewesen, in Verbindung mit Chryslers Ableben Arbeiter zu entlassen. Indem er Chrysler sanierte, hat Iacocca möglicherweise mehr als 300.000 Arbeitsplätze gesichert.

Wie viel Arbeitsplätze gehen auf Joe Montanas Konto?

Indem er die Fans in die Stadien lockte, sicherte Montana indirekt das Einkommen einiger Eintrittskarten- und Würstchenverkäufer, und das ist sicherlich in Ordnung. Aber die Jobs, die Iacocca sicherte, sind nicht mit dem Job eines Imbissverkäufers vergleichbar. Bei vielen davon handelte es sich um anspruchsvolle Facharbeiterpositionen, die 20 Dollar in der Stunde einbrachten. Über 300.000 gut bezahlte Arbeiter können Iacocca für ihre Urlaubsreisen und ihre Zweitwohnungen danken, und dafür, dass ihre Kinder das College besuchen konnten.

Ist Jack Welch, der Kopf von General Electric, eine wichtigere Person als Elton John? Ist Dr. Roy Vagelos, der Merck half, viele innovative Arzneimittel gegen die verschiedensten Krankheiten zu entwickeln, eine wichtigere Person als Jodie Foster, Prinzessin Diana oder Shaquille O'Neal? Wenn es zu einer Abstimmung käme, würden wir für Welch und Vagelos stimmen. Und trotzdem ist der Bäcker aus der Dunkin-Donut-Werbung besser bekannt als die meisten der Leute auf unserer Liste.

Wie Sie feststellen, erwähnen wir oft die Namen zweier Helden – gewöhnlich die Person, die das Unternehmen gründete, und die Person oder Personen, die es fortführte(n). Dies sind die unsichtbaren Hände der 1990er-Jahre, und wir sind sicher, sie hätten auch Adam Smith im

Jahre 1776 beeindruckt. Auch ihre Gegenstücke in anderen Ländern der Erde widmen sich der Fortsetzung der kapitalistischen Mission rund um den Globus.

Wir bedauern, dass Frauen und Minderheiten in der Rangfolge unserer Helden zu kurz kommen. Nur eine Frau hat es auf die Liste geschafft: Doris Fisher, Mitbegründerin von The Gap. Wir können nur hoffen, dass zusammen mit immer mehr jungen Leuten, die es reizt, eigene Geschäfte aufzubauen, auch Frauen und Minderheiten ihre Chance erhalten, Aktiengesellschaften zu leiten.

Nachdem sie dieses Buch gelesen haben (Pflichtlektüre in der Familie), begeistern sich vielleicht auch die drei Lynch-Töchter Mary, Annie und Beth und die zwei Rothchild-Töchter Berns und Sascha für eine Karriere auf der Unternehmensleiter.

Die Führer von Amerikas Unternehmen sind nicht nur eine Gruppe von Geldgeiern, deren Hauptziel im Leben es ist, mit Learjets zu den Golfplätzen der Welt zu fliegen. Fred Smith gründete Federal Express, auch bekannt als FedEx, nicht deshalb, weil er Geld brauchte; Smith war bereits reich. Er tat es wegen der Herausforderung, ein Beförderungssystem zu schaffen, das besser funktioniert als die Post. Weil Smith erfolgreich war, hat sich letztlich auch die Post entscheidend verbessert. Zusätzlich zur Postzustellung im Regen, bei Hagel, Glätte und Schnee liefert die Post nun sogar über Nacht. Weil sie viel Geld verdienen, werden die Leute, die Unternehmen leiten, oftmals in ein schlechtes Licht gerückt und mit Bankräubern und Trickbetrügern in einen Topf geworfen. Man erhält den Eindruck, sie würden sich selbst 10-Millionen-Dollar-Gehaltsschecks ausstellen und sich mit dem Geld davonmachen, obwohl ihr Reichtum eigentlich gar nicht aus den Gehaltsschecks resultiert. Dies ist ein bedeutender Punkt, der von der Gruppe der Spötter regelmäßig übersehen wird.

In den meisten Fällen entstehen die Reichtümer durch den Besitz der Unternehmensaktien. Je höher die Leute innerhalb der Unternehmenshierarchie stehen, desto wahrscheinlicher ist es, dass sie in Aktien statt mit Bargeld bezahlt werden. Vorständen werden außerdem „Optionen“ eingeräumt, die es ihnen ermöglichen, mehr Aktien zu einem festgelegten Kurs zu kaufen.

Doch all dies funktioniert nur zum Wohle der Vorstände, wenn es dem Unternehmen gut geht und der Aktienkurs steigt. Geht es dem Unternehmen schlecht und der Aktienkurs fällt, verlieren diese Leute Geld und sind womöglich schlechter gestellt, als wenn sie ein großes Gehalt verdienen würden. In Aktien bezahlt zu werden bringt die Führungsmannschaft eines Unternehmens auf dieselbe Seite des Tisches wie die Aktionäre. Wenn die Bosse mit den Aktien das große Geld machen, profitieren auch die anderen Investoren. Es entsteht eine doppelte Gewinnsituation.

Anstatt also „Buh“ zu rufen, wenn Michael Eisner mit seinen Disney-Aktien 50 Millionen Dollar verdient, sollten wir ihm applaudieren, denn es bedeutet, dass Disney unter seiner Führung aufblüht, der Aktienkurs steigt (um das Elffache in zehn Jahren) und sowohl große als auch kleine Anleger die Früchte ernten. Wir möchten darauf wetten, dass Eisner nicht nur wegen des Geldes tut, was er tut. Wie die meisten seiner Kollegen in den Vorstandsetagen hat er bereits genug, trotzdem geht er jeden Tag zur Arbeit. Warum macht er das? Er liebt die Herausforderung, die Konkurrenz zu übertreffen. Geschäfte zu machen verlangt Grips, List und Durchsetzungsvermögen. An den Fließbändern mag es eine gewisse Monotonie geben, aber nicht in den Büros der Führungsetagen.

Während er der Post eine Lektion erteilte, schuf Fred Smith neue Arbeitsplätze. All die Unternehmerhelden, denen dieses Kapitel gewidmet ist, haben Arbeitsplätze geschaffen, obwohl darüber nie groß geredet wurde. In letzter Zeit hören wir nur ständig vom Verlust von Arbeitsplätzen. Aufgrund der Nachrichten der letzten paar Jahre könnte man annehmen, dass es in Amerika gar keine Arbeit mehr gibt. Jedes Mal, wenn man eine Zeitung aufschlägt, sieht man eine andere Überschrift zur Schließung eines großen Unternehmens. Ein Reporter muss gar nicht viel suchen, um eine dieser Geschichten auszugraben, denn die größten 500 Unternehmen in den Vereinigten Staaten reduzierten die Zahl ihrer Arbeitskräfte in den 1980er-Jahren um drei Millionen, und sie sind drauf und dran, das Gleiche in den 1990er-Jahren zu wiederholen.

Sicher, für die Menschen, die ihren Job verlieren, ist eine Entlassung immer schlimm, aber das ist nicht gleichbedeutend mit einer nationalen Krise. Im großen Zusammenhang betrachtet sind diese Entlassungen positiv. Unsere Unternehmen sind keine Schurken, die sich schadenfroh die Hände reiben und „Ätsch" rufen, wenn sie loyale Angestellte zur Tür hinausschieben. In vielen Fällen geschieht die Reduzierung der Arbeitsplätze automatisch, indem eine Person, die in den Ruhestand geht, nicht ersetzt wird. Aber die Entlassungen haben auch einen Zweck: Sie dienen dazu, die Unternehmen wettbewerbsfähiger zu machen, damit sie in der Zukunft besser überleben können.

Stellen Sie sich die Katastrophe vor, der wir gegenüberstehen würden, wenn jene 500 großen Unternehmen ihre drei Millionen Arbeiter, die sie in den 1980er-Jahren entlassen haben, behalten hätten. Letztendlich hätten die überhöhten Lohnkosten diese Unternehmen zerstört. Sie hätten unmöglich gegen ihre effizienter arbeitenden Rivalen konkurrieren können, die mit niedrigeren Kosten kalkulierten und sie aus dem Geschäft gedrängt hätten. Anstelle der drei Millionen Jobs, die in den großen Unternehmen verloren gingen, hätten wir vielleicht 10 oder 15 Millionen verloren, und das Land wäre in eine weitere Depression gestürzt worden.

Damit kommen wir zu den 25 großen Firmen, die ab Seite 299 aufgelistet sind. Es handelt sich dabei um zumindest drei verschiedene Arten: Unternehmen, die seit Jahrzehnten wachsen (zum Beispiel Walgreens, McDonald's und Raytheon); Unternehmen, die vom Weg abgekommen waren, bevor ein Held auf der Bildfläche erschien und sie zurückholte; und Unternehmen, die zwar ganz gut dastanden, aber dann einen zweiten Frühling erlebten und unter dem Gesichtspunkt, dass sie schon so alt waren und offensichtlich ihre besten Jahre hinter sich hatten, erstaunliche Dinge vollbrachten.

Chrysler ist einer der Turnaround-Kandidaten, zusammen mit Colgate, Allied Signal, Caterpillar, Fannie Mae (Federal National Mortgage) und Citicorp – eine Vielzahl verschiedener Arten von Unternehmen sind hier versammelt. Unter die Kategorie „Zweiter Frühling" fällt beispielsweise Coca-Cola, das zusammen mit Gillette, Motorola und Merck das Unwahrscheinliche geschafft und seine Wachstumsraten ständig gesteigert hat.

Die Fannie-Mae-Geschichte beinhaltet zwei Helden, David Maxwell und Jim Johnson. Fannie Mae, mit vollständigem Namen Federal National Mortgage Association, ist die Nummer 1 im Land, wenn es um Hypothekendarlehen geht. Bevor David Maxwell auf der Bildfläche erschien, war Fannie Mae ein recht instabiles Unternehmen – in einem Jahr schwarze Zahlen, im nächsten rote und nahe an der Pleite. Maxwell sanierte Fannie Mae und hielt es in den schwarzen Zahlen. 1991 übernahm Johnson die Führung. Unter seiner Leitung hat Fannie Mae die Erträge mehr als verdoppelt und schaffte es, die zukünftigen Erträge weniger anfällig und zuverlässiger zu machen. Obwohl Fannie Mae lediglich 3.000 Leute beschäftigt, sehr wenig für so ein großes Unternehmen, beeinflusst es doch Millionen von Immobilienbesitzern direkt und indirekt durch die Vergabe von einem Fünftel aller Hypothekendarlehen in Amerika. Das Schicksal einer großen Zahl von Arbeitsplätzen hängt von der Fähigkeit Fannie Maes ab, Hypothekendarlehen zu finanzieren. Wenn dieses Unternehmen schlecht gemanagt und in Schwierigkeiten geraten würde, könnte dies einen Zusammenbruch des Marktes für neue und gebrauchte Immobilien zur Folge haben. Bauunternehmen, Teppichverleger, Immobilien- und Versicherungsagenturen, Banken sowie Läden für Haushaltswaren, Elektroartikel und Möbel würden darunter zu leiden haben.

Hewlett-Packard war ein altgedientes Technologieunternehmen, das Test- und Messgeräte für die Elektronikindustrie herstellte. Wie Sie aus der Tabelle auf Seite 312 ersehen können, erzielte das Unternehmen 1975 einen Umsatz von 981 Millionen Dollar; 20 Jahre später sind es nun 30 Milliarden Dollar. Die Test- und Messgeräteabteilung des Unternehmens trägt hierzu lediglich elf Prozent bei, 78 Prozent stammen aus dem Verkauf von Druckern und Computern. Vor 15 Jahren stellte Hewlett-Packard überhaupt noch keine Drucker her, aber mit dem Verkauf von Druckern und damit verbundenen Produkten im Wert von geschätzten neun bis zehn Milliarden Dollar im Jahr ist das Unternehmen still und leise zum Goliath in diesem Geschäft geworden. Die Drucker haben Hewlett-Packard außerdem einen Qualitätsmarkennamen verschafft, der dazu beiträgt, auch die Computer zu verkaufen. Im weltweiten Umsatz von Personal Computern steht das Unternehmen nun an sechster Stelle.

Hewlett-Packard ist heute fast halb so groß wie IBM, 1975 jedoch war es noch 15-mal kleiner. Die Firma wuchs und war erfolgreich, weil ihre Angestellten ständig dazu ermutigt wurden, neue Produkte zu erfinden und neue Ideen zu entwickeln. Der Held, der den entsprechenden Vorschub dazu leistete, ist der Vorstandsvorsitzende John Young.

Der Anstoß dazu, Unternehmen wettbewerbsfähiger zu machen, kann bis ins Jahr 1982 zurückverfolgt werden. Wir kamen damals gerade aus der schlimmsten Rezession seit dem Zweiten Weltkrieg – eine ziemlich harte Zeit. Die Autoindustrie war in einem hoffnungslosen Zustand, wir hatten hohe Arbeitslosenraten und Amerikaner von einer Küste zur anderen hatten das Gefühl, dass das Land aus den Fugen geriet. In dieser allgemeinen Krise trafen Unternehmensführer eine bedeutsame Entscheidung. Sie entschieden sich zur grundlegenden Änderung ihrer Geschäftspolitik. Vor 1982 waren sie durch jeden wirtschaftlichen Zyklus gestolpert, indem sie während der blühenden Perioden Arbeiter anstellten und sie während Rezessionen entließen. Wenn das Geschäft schlecht ging, wurden die Kosten schrittweise gekürzt, indem zuerst die Überstunden abgeschafft wurden, anschließend die älteren Arbeiter in den vorzeitigen Ruhestand geschickt wurden und so weiter. Seit 1982 jedoch haben es sich Unternehmen aller Art zur Aufgabe gemacht, in jeder Beziehung effizienter zu werden. An der Wall Street bezeichnet man das als Restrukturierung, Schrumpfung, Sanierung und so weiter. Wie immer man es auch nennt, es bedeutet die Reduzierung der Kosten und die Erhöhung der Produktivität, nicht nur, um Rezessionen zu überleben, sondern um grundsätzlich profitabler und wettbewerbsfähiger zu werden.

Nehmen wir beispielsweise ein Unternehmen wie Johnson & Johnson, das seit 30 Jahren nahezu ununterbrochen höhere Gewinne verzeichnet – unter dem alten System wäre es Johnson & Johnson niemals eingefallen, eine grundlegende Restrukturierung zur Priorität zu machen. Aber unter dem neuen System begriff selbst ein gesundes Unternehmen wie Johnson & Johnson, dass Schritte erforderlich waren, um den Vorsprung zu erhalten, während kontinuierlich neue Produkte entwickelt werden müssen.

Aus diesem Grund können wir seit nunmehr 15 Jahren bei den Unternehmen einen ständigen Anstieg der Profitabilität verfolgen, was wiederum einen ständigen Anstieg der Aktienpreise nach sich zog, die heute höher sind als in irgendeiner anderen Periode der Geschichte. Wir sind heute eine wesentlich reichere Nation als 1982, und ein Großteil dieses Erfolgs steht in Zusammenhang mit der Art und Weise, wie Unternehmen heute Geschäfte machen; dies schließt auch ein, dass Arbeiter entlassen werden müssen, um wettbewerbsfähiger zu werden. Bei den Medien ist dies ziemlich unbeachtet geblieben. Dort denkt man immer noch, unsere Unternehmensführer seien ausschließlich damit beschäftigt, Golf zu spielen.

Unternehmen ruhen sich nicht länger auf ihren Lorbeeren aus. Sie mögen in diesem Jahr Rekordgewinne verzeichnen, aber sie machen sich auch Gedanken, was in zehn Jahren sein wird. Sie wollen keinesfalls den gleichen Weg gehen wie Pan Am, Eastern und Braniff – drei Fluggesellschaften, die ihren Vorsprung einbüßten und bankrottgingen. Sowohl direkt als auch indirekt verloren Hunderttausende von Arbeitern ihre Stellungen, als diese drei Fluggesellschaften von der Bildfläche verschwanden.

Wettbewerbsfähiger zu werden bedeutet nicht einfach, Entlassungspapiere auszuhändigen und einige Lampen auszuschalten, um Strom zu sparen. Sagen wir, ein Unternehmen investiert 100 Millionen Dollar, um eine neue Fabrik zu bauen, in der dieselbe Arbeiterzahl wie in der alten Fabrik die Produktion um 15 Prozent erhöhen kann. Diese 15 Prozent können einer Menge Menschen helfen. Das Unternehmen kann seinen Angestellten eine Gehaltserhöhung von fünf Prozent spendieren und die Leute glücklich machen; es kann seine Preise um fünf Prozent senken und die Kunden glücklich machen; und es kann seine Gewinne erhöhen und die Aktionäre glücklich machen. Selbstverständlich können die 15 Prozent auch anders aufgeteilt werden, grundsätzlich jedoch entstehen immer eine Menge Vorteile, wenn ein Unternehmen wettbewerbsfähiger wird.

Es gibt einen weiteren Weg, die Produktivität zu erhöhen, nämlich bessere Produkte mit weniger Fehlern herzustellen. Weniger Fehler bedeuten weniger Beschwerden von den Kunden, weniger Telefongespräche, um sich für die Fehler zu entschuldigen, weniger Ersatzlieferungen, die kostenlos versandt werden müssen, und weniger Garantiereparaturen an der defekten Ware. Ein Unternehmen, das seine Fehlerquote von 5,0 auf 0,5 Prozent reduziert, kann riesige Mengen Zeit und Geld sparen, die sonst aufgewendet werden müssten, um Probleme zu beseitigen und zornige Kunden zu besänftigen.

In der Tabelle ab Seite 307 finden Sie eine Liste der Helden, die kleine Unternehmen in große verwandelt haben. Dies ist eine andere Seite der Geschichte, die ebenfalls selten erzählt wird. Sie haben von den drei Millionen Arbeitsplätzen gehört, die in den großen Unternehmen in den 1980er-Jahren verloren gingen – plus den weiteren Entlassungen während der 1990er-Jahre –, aber haben Sie auch von den 21 Millionen Arbeitsplätzen gehört, die von kleinen und mittelgroßen Unternehmen in den 1980er-Jahren geschaffen wurden? Nicht viele Überschriften haben dieses Thema behandelt.

Niemand kann exakt sagen, wie viele Jobs tatsächlich in kleinen Unternehmen geschaffen wurden, aber wir wissen, dass in den 1980er-Jahren

2,1 Millionen neue Unternehmen gegründet wurden. Einige sind größer als andere, einige haben überlebt und einige sind fehlgeschlagen, aber wenn wir annehmen, dass durchschnittlich jede kleine Firma zehn Leute beschäftigt, sind dies 21 Millionen neue Arbeitsplätze. Das sind siebenmal mehr Jobs, als wir durch die überall publizierten großen Entlassungswellen verloren haben. Unter diesen 2,1 Millionen Geschäften befand sich eine kleine Gruppe anspruchsvoller Unternehmen, die schließlich zu Aktiengesellschaften wurden. 25 der erfolgreichsten schafften es in unsere Heldenliste. Es ist erstaunlich, wie weit sie in relativ kurzer Zeit gekommen sind. 1985 belief sich der Umsatz aller 25 Firmen zusammen noch auf 30,8 Millionen Dollar, weniger als die Hälfte des Umsatzes, den allein Exxon erzielte. Nur der Gewinn von IBM war 1985 viermal so hoch wie der gesamte Gewinn aller 25 Firmen. Damals stellten diese 25 Unternehmen Jobs für 358.000 Arbeiter zur Verfügung, während die großen Unternehmen auf unserer Liste mehr als 2,6 Millionen Arbeitsplätze boten.

Schauen Sie, was in den vergangenen zehn Jahren passiert ist. Während die großen Unternehmen auf unserer Liste in dieser Zeit mehr als 420.000 Stellen abgebaut haben, sind unsere kleinen Unternehmen zu Giganten geworden. 1995 betrug ihr gesamter Umsatz 225 Milliarden Dollar und sie beschäftigen nun nahezu 1,4 Millionen Angestellte, was eine Zunahme von rund einer Million neuer Jobs bedeutet.

Im Jahr 1975 konnte man Disney noch als kleines Unternehmen bezeichnen; heute ist es riesig. Walt Disney ist der Superheld des Unternehmens, Michael Eisner ist der Held. Disneys große Organisation war etwas eingeschlafen, bis Eisner kam und sie wachrüttelte. In den alten Tagen kam Disney mit immer wieder neuen Zeichentrickfilmen heraus, aber bis zu dem Zeitpunkt, als Eisner kam, hatte die Firma lange Zeit keinen neuen Film gemacht. Unter Eisners Regiment brachte die Firma unter anderem „König der Löwen“, „Aladdin“ und „Die Schöne und das Biest“ heraus. Disney wurde zu einem bedeutenden Produzenten von Spielfilmen, belebte die existierenden Vergnügungsparks wieder und eröffnete neue, triumphierte im Musikgeschäft mit Filmmusik, die genauso populär wurde wie die Filme selbst, und ließ eine Merchandising-Kampagne vom Stapel, durch die Disney-Souvenirs nun in Läden auf der ganzen Welt angeboten werden.

Toys'R'Us war 1985 noch eine mittelgroße Unternehmung, heute jedoch macht die Firma einen höheren Umsatz als Gillette oder Colgate und hat 20.000 Angestellte, mehr als Goodyear Tire. Wal-Mart war 1985 das größte der kleinen Unternehmen und ist heute größer als irgendein anderes der großen Unternehmen auf unserer Liste außer Exxon.

Amgen gab es 1975 noch gar nicht, und im Jahr 1985 hatte die Firma weniger als 200 Angestellte. Heute stellt das Unternehmen für zwei Milliarden Dollar pharmazeutische Produkte her, unter anderem Neupogen und Epogen. Dabei handelt es sich um wichtige Arzneimittel, die Patienten auf der ganzen Welt helfen und dazu beitragen, dass Amgen 1995 mehr als 300 Millionen Dollar verdienen konnte. Die Helden hier sind George B. Rathmann und Gordon Binder.

Dann haben wir da noch Ross Perots Schöpfung, die Firma Electronic Data Systems, die 1984 von General Motors gekauft wurde. Perot arbeitete für IBM und versuchte, die Firma dazu zu überreden, anderen Unternehmen bei der Lösung ihrer Datenverarbeitungsprobleme zu helfen, aber IBM war nicht besonders interessiert. Also machte sich Perot selbstständig und gründete EDS. 1975 hatte das Unternehmen einen Umsatz von 100 Millionen Dollar, 1985 waren es 3,4 Milliarden Dollar und im Jahr 1995 werden es zehn Milliarden Dollar sein. Perot ist bei EDS zwar 1986 ausgestiegen, aber das Unternehmen ist seither weiter dramatisch gewachsen. Für GM war es eine fantastische Akquisition.

Dies zeigt Ihnen wieder einmal die Wichtigkeit eines Helden. Während des Zeitraums von wenigstens ein paar Jahrzehnten hatte IBM keinerlei heldenhafte Führungsmannschaft. Dieses dominante Unternehmen wurde praktisch auf dem falschen Fuß erwischt. Es verlor das Datenverarbeitungsgeschäft an Perots EDS, das Softwaregeschäft an Microsoft und das Mikroprozessorgeschäft an Intel. Es verlor seine

Firmenname	Helden	Kommentar
Allied Signal	Lawrence A. Bossidy, Vorstand & CEO	Turned Around. Bossidy schloss verlustbringende Geschäftszweige. Gewinne nahezu verdoppelt und gewinnbringende Abteilungen verstärkt.
American Express	Harvey Golub, Vorstand & CEO Jeffrey E. Stiefler, Präsident bis 9/95 Jonathan S. Linen Kenneth I. Chenault George L. Farr, Vizevorstand	Turning Around. Unter der Führung durch Golub gute Beziehungen mit dem Handel wiederhergestellt, Brokerfirma Shearson-Lehman veräußert, Wachstumspotenzial im Kreditkartengeschäft wieder aktiviert. Entwickelte IDS und andere Finanzdienste und dehnte sich aus, um zur größten Reiseagentur zu werden.
Boeing	Frank Shrontz, Vorstand & CEO Philip M. Condit, Präsident	Turning Around. Änderung der Unternehmenskultur, Fokus auf hohem Wirkungsgrad und Interessen der Aktionäre. Förderung gruppenbezogener Führung. Ließ die Boeing 777 entwickeln.
Caterpillar	Donald V. Fites, Vorstand & CEO	Turned Around. Sechsjähriger weltweiter Plan zur Anlagenmodernisierung, Neuorganisation der Gesellschaft, weltweite Steigerung des Marktanteils, Produkteinführungszeit verkürzt.
Chrysler	Lee A. Iacocca, Vorstand & CEO, 1978–1992 Robert J. Eaton, Vorstand & CEO ab 1993	Turned Around Twice. Iacocca brachte die Gesellschaft wieder auf die Beine und schuf eine Mannschaft, die sie vor dem Bankrott bewahrte. Senkte Kosten durch Fremdbezug von Teilen, führte Minivan ein und kaufte AMC, um Marke Jeep zu erwerben.
Citicorp	John S. Reed, Vorstand	Investierte stark im Inland (USA) in Verbraucher-Pachtsystemen trotz betrieblicher Schwierigkeiten. Löste Grundstücksprobleme. Verbesserte den Service. Blieb in internationalen Märkten engagiert im Gegensatz zu den meisten amerikanischen Banken.
Coca-Cola	Roberto C. Goizueta, Vorstand & CEO Donald R. Keough, Präsident & COO a.D.	Beschleunigte die Wachstumsgeschwindigkeit. Weckte schläfrige Abfüller in 190 Ländern wieder auf. Keough half Goizueta bei der strategischen Entwicklung und führte den globalen Plan aus.

Firmenname	Helden	Kommentar
Colgate-Palmolive	Reuben Mark, Vorstand & CEO	Turned Around. Erweiterte Marktanteil durch Zusammenfassung von Fabrikationsanlagen, Senkung der Kosten und Ausdehnung in Übersee, wo eine Marktbeherrschung möglich war.
Deere	Robert A. Hanson, Vorstand	Turned Around. Verbesserte Landmaschinen-Erzeugnisse und förderte das Wachstum von nichtlandwirtschaftlichen Geschäftszweigen.
Emerson Electric	Charles F. Knight, Vorstand & CEO	Gewinne wuchsen Jahrzehnt um Jahrzehnt. Führte einen strengen Prozess der Planung der Verkäufe und der Gewinne ein.
Exxon	Lawrence G. Rawl, Vorstand, 1987–1993 Lee R. Raymond, Vorstand & CEO ab 1993	Turned Around. Behielt die Kosten scharf im Auge; beschnitt oder beseitigte wenig profitable Geschäftszweige, erweiterte das Geschäft durch strategische Auswahl und Kauf weltweiter Gelegenheiten.
Federal National Mortgage	David O. Maxwell, CEO, 1981–1991 James A. Johnson, Vorstand & CEO ab 1991	Turned Around. Innovativer Problemlöser, beseitigte Behördenkultur. Johnson festigte die finanzielle Kraft, dehnte die Vergünstigungen auf Schichten mit niedrigem Einkommen, Minderheiten oder unterversorgte Bevölkerungsgruppen aus; verstärkte Technologieänderungen; arbeitete mit dem Kongress zusammen, um den Wechsel durchzusetzen.
General Electric	John (Jack) F. Welch, Jr., Vorstand & CEO	Wuchs weiter – keine leichte Aufgabe für eine so enorm große Gesellschaft. Ermutigte kritisches Eingehen auf Risiken, erneuerte die Produktivität bei vielen alten, vor sich hin dümpelnden Geschäftszweigen und trennte sich von Abteilungen mit geringer Leistung.
Gillette	Colman M. Mockler, Jr. (verstorben), Vorstand & CEO, 1975–1991 Alfred M. Zeien, Vorstand & CEO ab 1991	Beschleunigte die Wachstumsgeschwindigkeit. Führte die Gesellschaft zum Grundprogramm zurück, senkte die Kosten, wehrte einen Übernahmeversuch in kluger Weise ab; die Aktionäre ernteten schließlich einen „Ten-Bagger", weil die Gesellschaft auf ein Übernahmeangebot mit „Nein" antwortete; kaufte einen Teil der Aktien zurück. Zeien betonte Wachstum der einträglichsten Zweige, geografische Ausdehnung, Entwicklung neuer Produkte.
Goodyear Tire & Rubber	Stanley C. Gault, Vorstand & CEO	Turned Around. Verringerte die Schulden, hielt die Kosten in Schranken, führte globalen Bezug von Produkten ein, entwickelte neue Produkte.

Firmenname	Helden	Kommentar
Hewlett-Packard	David Packard und William Hewlett (Gründer) John A. Young, Präs. & CEO, 1977–1992 Lewis E. Platt, Präs., Vorstand & CEO Richard A. Hackborn, Leit. Angestellter	Beschleunigte die Wachstumsgeschwindigkeit. Hewlett und Packard definierten die Firmenkultur, die sich auf Gruppenarbeit, zielbezogenes Management und Konsensbildung gründet. Betraten neue Geschäftsfelder, einschließlich Drucker, Computer und verwandte Produkte, sodass das ursprüngliche Arbeitsgebiet nur noch weniger als 20 Prozent des Verkaufsgeschäfts ausmacht.
International Business Machines (IBM)	Thomas J. Watson, Jr., früherer Vorstand & CEO (verstorben) Louis V. Gerstner, Jr., Vorstand & CEO, ab 1993	Turning Around. Watson setzte die ganze Firma aufs Spiel, als er in das System 360 investierte. Erstes Unternehmen, das es den Anwendern gestattete, die Computer aufzustocken, wenn die Anforderungen an Informationen wuchsen. Gerstner war der erste Direktor, der von außen kam und IBM in eine dem Markt gegenüber empfängliche, kostenbewusste Gesellschaft umstrukturierte.
ITT	Rand V. Araskog, Präs., Vorstand & CEO ab 1971	Turned Around. Verkaufte wenig ertragreiche Firmenteile, senkte die Kosten, teilte die Gesellschaft in drei Einheiten auf, um den Wert der einzelnen Stücke zu nutzen.
Johnson & Johnson	James E. Burke, Vorstand & CEO, 1976–1989 Ralph S. Larsen, Vorstand & CEO ab 1989	Beschleunigte die Wachstumsgeschwindigkeit. Bereit, Gelder in Forschung bzgl. Gesundheitsfürsorge auszugeben, brachte die Betriebskosten wieder auf Normalmaß. Fasste selbstständige Geschäftszweige zusammen, ohne unternehmerischen Geist zu opfern.
McDonald's	Ray A. Kroc (verstorben), Gründer James R. Cantalupo, Präsident & CEO von McDonald's International	Wuchs immer weiter. Kroc war verantwortlich für das frühe Wachstum innerhalb der USA, das Franchisesystem und die Zuwendung zum internationalen Geschäft. Cantalupo beschleunigte die Geschwindigkeit der internationalen Entwicklung.
Merck	P. Roy Vagelos, M. D., Vorstand, Präsident & CEO, 1986–1994	Beschleunigte die Wachstumsgeschwindigkeit. Leitete die Forschungsabteilung, als weitreichende Arzneimittel entwickelt wurden.

Firmenname	Helden	Kommentar
Motorola	Robert W. Galvin, seit 1940, eingesetzt als Präsident 1956. Vorsitzender des Aufsichtsrates ab 1990 George M. C. Fisher, Präsident & CEO, 1988–1990; Vorstand & CEO, 1990–1993 Gary L. Tooker, Vizevorstand & CEO ab 1993 Christopher B. Galvin, Präsident & CEO ab 1993	Wuchs immer weiter. Galvins Vater gründete die Gesellschaft im Jahr 1928, führte eine Familienkultur ein. R. Galvin führte das Halbleitergeschäft, entwickelte anschließend zellulare und mobile Kommunikationsmöglichkeiten. Fisher kämpfte gegen den japanischen Wettbewerb, nahm in Japan das Paging-Geschäft auf. Tooker und C. Galvin sind verantwortlich für die Steigerung der Verkaufszahlen. Die Verbesserung der Erzeugnisse und die Senkung der Kosten bringen diese Firma voran.
Raytheon	Thomas L. Phillips, CEO, Vorstand, 1975–1991 Dennis J. Picard, Vorstand & CEO ab 1991	Wuchs weiter trotz Rüstungskürzungen, verbreiterte die Produktgrundlage, machte das Management schlanker, konzentrierte sich auf Qualität, führte die Bestrebungen an, Fachkenntnisse aus dem militärischen Bereich in zivilen Anwendungen und Märkten nutzbar zu machen.
Walgreen	Charles R. Walgreen III, Vorstand	Wuchs immer weiter. Führte Walgreen in die Rolle einer Drugstore-Gesellschaft zurück, verkaufte nicht zum Kern gehörende Geschäftszweige und konzentrierte sich auf die Ausdehnungsstrategie.
Xerox	David T. Kearns, Vorstand & CEO, 1985–1991 Paul A. Allaire, Vorstand & CEO ab 1990/91	Turned Around. Kearns erbte die Probleme mit dem Markennamen/Marktanteilschwund; leitete Konzentration auf Qualität ein, um japanischen Wettbewerb zu bekämpfen. Allaire erweiterte das Qualitätsprogramm, verkaufte nicht zum Kerngeschäft gehörende Geschäftszweige, senkte die Kosten, um die Firma wettbewerbsfähig zu machen.

Vorrangstellung im Umsatz mit Personal Computern an Compaq und einen Großteil seines Datenspeichergeschäfts an EMC. Alle fünf dieser erfolgreichen Wettbewerber von IBM finden sich auf der Liste der kleinen Unternehmen, die es in die Oberliga geschafft haben.

Bill McGowan und Bert Roberts sind die Helden von MCI. Sie haben sich getraut, im Telefongeschäft gegen AT&T zu konkurrieren, obwohl sie von vielen Leuten deshalb mehr als belächelt wurden. Zehn Jahre lang verlor MCI dabei Geld, aber das Unternehmen hat überlebt und ist erfolgreich. Dem Wettbewerber MCI ist es unter anderem zu verdanken, dass wir heute alle für unsere Ferngespräche weniger bezahlen als früher.

Ken Iverson heißt der Held bei Nucor, einem Stahlunternehmen in einer fast hoffnungslosen Industriesparte. Iverson gab kein Geld für Nebensächlichkeiten aus, sodass er sich mit einem äußerst bescheidenen Hauptquartier in einem Außenbezirk von Darlington, South Carolina, zufriedengab. Nucor begann sein Geschäft als Käufer von Stahl, lernte jedoch bald, aus Schrottprodukten seinen eigenen qualitativ hochwertigen Stahl herzustellen, was beispielsweise U.S. Steel niemals zustande gebracht hat. Im Jahr 2000 will Nucor genauso viel Stahl produzieren wie U.S. Steel. Es wird dann das erste Milliardenunternehmen der US-Geschichte eingeholt haben.

Tom Sternberg ist der Held bei Staples. Er schrieb einmal ein Konzept für einen neuartigen Bürobedarfsladen, aber niemand nahm davon Notiz außer ihm selbst. Mit einem ersten Ladengeschäft in Brighton, Massachusetts, setzte er sein Konzept in die Tat um. Das war vor knapp zehn Jahren. Heute stehen diese Art Bürobedarfsläden an der Schwelle, eine 10-Milliarden-Dollar-Industrie zu werden, und bei der derzeitigen Wachstumsrate wird wohl im Jahr 2000 die 20-Milliarden-Dollar-Marke erreicht sein.

Auch ein Brüderpaar steht auf der Heldenliste, obwohl sie ihr Zuhause in verschiedene Richtungen verlassen haben. Jim Burke beschritt seinen Weg in Richtung der großen Unternehmen und endete schließlich im Vorstandssessel bei Johnson & Johnson, während Dan Burke in Richtung kleine Unternehmen ging und in eine winzige Kommunikationsfirma eintrat, die schließlich zu dem überaus erfolgreichen Unternehmen Capital Cities/ABC wurde, das erst kürzlich den Zusammenschluss mit Disney beschlossen hat.

Das Gedeihen der Nation hängt von kleinen Unternehmen ab, die groß werden, und von großen Unternehmen, die wettbewerbsfähiger werden. Wenn gleichzeitig mit den 25 kleinen Unternehmen, die es nach oben schafften, die 25 altgedienten Unternehmen auf unserer Liste auseinandergebrochen wären, wäre das Nettoresultat null Arbeitsplatzzuwachs oder möglicherweise ein riesiger Verlust von Arbeitsplätzen gewesen.

Stellen Sie sich die Katastrophe vor, wenn Dutzende der Fortune-500-Unternehmen bankrottgegangen wären, anstatt zu schrumpfen und sich zu restrukturieren. In diesem Fall hätten wir während des letzten Jahrzehnts vielleicht 15 Millionen Jobs verloren und hätten heute trotz der 21 Millionen neuer Jobs, die von kleinen Unternehmen landesweit geschaffen wurden, mit einer Arbeitslosenrate von 20 Prozent zu kämpfen.

Glauben Sie nur nicht, dass dies nicht hätte passieren können. Es hätte passieren können, wenn sich die Unternehmen dazu entschieden hätten, jeden Arbeiter zu behalten und die Produktivität außen vor zu lassen, bis sie von den ausländischen Rivalen aus dem Geschäft gedrängt worden wären. Es hätte passieren können, wenn unsere Helden es nicht geschafft hätten, ihre Kollegen zu einem Maximum an Anstrengung anzuspornen.

In den Vereinigten Staaten sind wir in der glücklichen Lage, eine wirklich exzellente Mischung von kleinen Unternehmen im Aufwind und großen Unternehmen, denen es gut geht, aufweisen zu können. Sie werden diese Mischung in Europa nicht finden, dort leidet man unter einem Defizit an kleinen Unternehmen. Wir dagegen haben so viele Erfolgsgeschichten aufzuweisen, dass unsere Liste mehrere Seiten lang sein könnte.

Es war schwierig genug, unsere Liste auf 25 Firmen zu beschränken. Viele andere Helden in anderen großartigen Unternehmen wurden ausgelassen. Wir hätten leicht auch 250 kleine Firmen auswählen können, die es in den vergangen 20 Jahren nach oben geschafft haben, genauso wie 100 große Unternehmen, die ihren Weg weitergingen oder den Turnaround schafften.

Wir hätten unsere Liste auch mit den ganzen Stars der Software-, Computer- und Elektronikindustrie (Cisco, Sun Microsystems und Micron Technology) vollpacken können, wodurch die Leistungen unserer 25 kleinen Unternehmen sogar noch besser ausgesehen hätten. Aber um zu zeigen, dass in den Vereinigten Staaten Unternehmen aller Art schnell wachsen können, haben wir versucht, eine Auswahl aus verschiedenen Industrien zu treffen. Wir schlossen dabei eine Spielzeugfirma, ein Unternehmen, das Gehaltsabrechnungen vornimmt, eine Fluggesellschaft und sogar ein Unternehmen ein, das Kohlefasern herstellt, die unter anderem zur Verstärkung von Reifen benutzt werden. Dieses Unternehmen ist Cabot. Cabot machte eine sehr schwierige Zeit durch, fand jedoch aus eigener Kraft auf den richtigen Weg zurück. Es ist der einzige Fall eines Turnarounds unter den 25 Firmen.

Die Heldenliste zeigt Ihnen ein weiteres Beispiel dafür, wie Sie Geld verdienen können, indem Sie in große oder kleine Unternehmen investieren; wenn Sie sich jedoch nur auf kleine Unternehmen spezialisieren, können Sie erstaunlich gute Resultate erreichen.

Unter unseren großen Unternehmen finden sich drei „Ten-Bagger“, mit denen Investoren ihr Geld hätten verzehnfachen können: Fannie Mae, Gillette und Coca-Cola. Während der Periode von 1985 bis 1995 finden sich unter den kleinen Unternehmen sechs „Ten-Bagger“, drei „25-Bagger“ und drei „40- bis 50-Bagger“. Der Kurs von Amgen stieg beispielsweise von 1,36 auf 84 Dollar, Oracle stieg von 0,80 auf 42 Dollar und Compaq stieg von 1,69 auf 50 Dollar. Dies sind äußerst beeindruckende Bewegungen.

Sie können daraus erkennen, warum Sie nicht unbedingt immer richtigliegen müssen, um mit Aktien Geld zu verdienen. Sagen wir einmal, Sie besitzen die Aktien von zehn kleinen Unternehmen, wovon bei dreien der Umsatz von 40 Millionen Dollar auf null fällt und demzufolge die Aktien, die Sie zu 20 Dollar das Stück kauften, wertlos werden. Diese Verluste werden jedoch von einem großen Gewinner, dessen Umsatz von 40 Millionen Dollar auf 800 Millionen Dollar steigt, mehr als ausgeglichen, indem sich der Aktienkurs entsprechend von 20 auf 400 Dollar emporschwingt.

Der dynamische Prozess von neuen Unternehmen, die sich zu Aktiengesellschaften wandeln, schreitet mit hoher Geschwindigkeit fort. Von 1993 bis Mitte 1995 gaben mehr als 1.700 neue Aktien ihr Debüt. Anleger riskierten an diesen Küken mehr als 100 Milliarden Dollar. Einige werden sicherlich zu Flops, doch unter den 1.700 neuen Aktien werden Sie auch die nächste Amgen, die nächste Staples und die nächste Home Depot finden.

Firmenname	Helden	Kommentar
Amgen	George B. Rathmann, Phr. D., CEO bis 1988, Vorstand bis 1991, zurzeit Ehrenvorstand Gordon Binder, CEO seit 1988, Vorstand seit 1991	Pionier in der Kommerzialisierung rekombinanter Technologie und Gentechnik. Binder, der vorher bei Ford Finanzdirektor war, wählte ein konservatives Vorgehen, um einen finanziellen Verlust zu vermeiden, bevor die Produkte genehmigt wurden.
Automatic Data Processing	Henry Taub, Gründer Frank R. Lautenberg Josh S. Weston, CEO & Vorstand Arthur F. Weinbach, Präs. & COO	30 Jahre zweistellige Gewinne, in jedem Vierteljahr Wachstum trotz Rezessionen. ADP zeigte, wie Auslagerung von Arbeit und Löhnen an Fremdfirmen die Kosten senkt und den Service verbessert.
Cabletron Systems	Craig Benson, Mitgründer, Vorstand, COO, Finanzleiter seit 1989 S. Robert „Bob“ Levine, Mitgründer, Präsident & CEO	Aus einer 2-Mann-Gesellschaft, die in einer Garage begann, entwickelten Benson und Levine die Firma Cabletron zum führenden Lieferanten für lokale Netzwerkbetreiber mit direkter Verkaufsstrategie, wobei auf Kartenkontrolle, hervorragenden Kundendienst und eine breite Produktpalette zu niedrigen Preisen besonderer Wert gelegt wird.
Cabot Corporation	Samuel W. Bodman, Vorstand & CEO ab 1988	Turned Around. Die Firma dümpelte dahin. Verkaufte Geschäftszweige und konzentrierte sich auf ein Kerngebiet von Spezialchemikalien sowie die ursprüngliche Kohlefaserherstellung.
Capital Cities/ ABC	Thomas S. Murphy, Vorstand & CEO Daniel B. Burke, Präsident und CEO a. D., Präsident und COO, 1972–1990	Trat 1954 in eine kleine UHF-Fernseh- und AM-Radiostation in Albany, NY, ein. Überwachte die Ausdehnung in das Verlagswesen, Programmauswahl für das Kabelfernsehen sowie 8 Fernseh- und 19 Radiostationen. Extrem kostenbewusst. Murphy und Burke halfen beim Aufbau eines enormen Imperiums durch ein Programm für Entwicklungen und Übernahmen, einschließlich des Kaufs von *ABC* im Jahre 1986.
Circuit City Stores	Samuel S. Wurtzel, Gründer Alan L. Wurtzel, im Moment Vizevorstand, Präsident & CEO, 1972–1986 Richard L. Sharp, Präsident & CEO, Vorstand seit 1994	Sam Wurtzel gründete die Wards Company, der ursprüngliche Name der Circuit City Stores. Sohn Alan trat in das Geschäft ein und startete das Superstore-Konzept. Sharp war zehn Jahre lang verantwortlich für das hervorragende Wachstum in einem von Wettbewerb gekennzeichneten Geschäftszweig. Ein breites Warensortiment und niedrige Preise gewinnen.

Firmenname	Helden	Kommentar
Compaq Computer	Joseph R. Canion, Gründer, CEO, 1982–1991 Benjamin M. Rosen, Vorstand Eckhard Pfeiffer, CEO	Trat gegen IBM an. Erkannte, dass der PC-Markt vereinbar ist mit Intel und Microsoft, nicht mit IBM. Rosen führte die Gesellschaft, bis sie der Niedrigstkosten-Hersteller der Welt auf dem PC-Markt wurde. Pfeiffer leitete die Gesellschaft weiter als Niedrigkosten-Hersteller mit neuen Produkten von hoher Qualität.
Walt Disney	Walt Disney und Roy O. Disney, Gründer Michael D. Eisner, CEO & Vorstand ab 1984	Gründete die Gesellschaft und trug die schöpferische Vision bei, baute Disneyland, Disney World und das Epcot-Center. Eisner brachte zusammen mit Frank Wells die Disney-Themenparks in die Gewinnzone zurück. Beschleunigte zusammen mit Roy Disney jr. und dem früheren Studiovorstand Jeffrey Katzenberg die Entwicklung neuer Trickfilmtechniken, brachte nie zuvor gesehene Kasseneinnahmen und zusätzliche Gewinne hervor.
EDS	H. Ross Perot, Gründer & CEO, 1975–1986 Les Alberthal, CEO ab 1986	Stürzte sich in die Märkte mit mehr Leidenschaft als Vision, traf den richtigen Zeitpunkt und arbeitete hart. Visionär, der die Mitarbeiter dazu inspirierte, verantwortungsvoll zu handeln. EDS erreichte unter seiner Führung den größten Erfolg.
EMC	Richard J. Egan, Mitgründer & CEO, 1979–1992 Roger Marino, Mitgründer 1979, verließ die Gesellschaft 1990 Michael C. Ruettgers, Präsident & CEO ab 1992	Egan und Marino schufen eine junge, aggressive Verkaufsmannschaft. Ruettgers war von Qualität und betrieblicher Disziplin besessen, betätigte sich im Client-Server-Markt. Marino half mit, IBM im Mainframe-Speichermarkt zu überholen, sodass das Unternehmen die erste Firma war, die IBM in einem Kerngeschäft vom ersten Platz verdrängte.
Federal Express	Frederick W. Smith, Gründer, Vorstand, Präsident & CEO seit 1983	Führungspersönlichkeit mit Zukunftsblick, erkannte den Bedarf für ein Express-Zustellsystem für kleine Pakete. Baute den Betrieb auf Informationstechnologie auf, die die Zuverlässigkeit förderte, formte ein Zustellsystem mit zentraler Nabe und speichenartigen Zustellwegen, um auch entlegenere Gebiete bedienen zu können.

Firmenname	Helden	Kommentar
The Gap	Doris F. und Donald G. Fisher, Gründer Millard S. Drexler, Präsident ab 1987, CEO ab 1995	Gründeten die Gesellschaft, schufen das Konzept zwangloser Kleidung auf der Grundlage von Jeansstoffen. Drexler wandelte die Gesellschaft in eine hochrangige Spezialverkaufskette um, erzielte das höchste Wachstum Ende der 80er-Jahre.
Home Depot	Bernard Marcus, Gründer, Vorstand & CEO Arthur M. Blank, Gründer, Präsident & COO	Markus und Blank schufen die erste Ladenkette von Baumärkten auf der Grundlage von hohem Umsatz, niedrigen Preisen und hervorragendem Kundendienst. Kreatives Management war erfolgreich.
Intel	Gordon E. Moore, Ph. D., Gründer & Vorstand ab 1979 Robert N. Noyce, Ph. D., Gründer & Vorstand, 1975–1979 (verstorben) Andrew S. Grove, Ph. D., Präsident ab 1979, CEO ab 1987	Intel schuf den Mikroprozessor unter der Führung von Moore und Noyce. Die Gesellschaft hat in den letzten Jahren jedes Jahr die Leistung der Mikroprozessoren verdoppelt. Noyce war der Erste, der das Geschäft mit den DRAM Memorychips ausbaute. Grove machte Intel fraglos zum Weltführer bei Mikroprozessoren.
MCI	William G. McGowan, Gründer, Vorstand & CEO, 1968–1992 (verstorben) Bert C. Roberts, Jr., Vorstand & CEO ab 1992	Baute das nationale Telekommunikationsnetz auf, kämpfte mit AT&T in jedem Telekommunikationsmarkt. Roberts Weitsicht führte zum Bündnis von MCI mit British Telecommunications, positionierte MCI für eine globale elektronische Führungsrolle.
Microsoft	William H. Gates, Mitgründer, Vorstand & CEO Paul Allen, Mitgründer, Vizepräsident, 1981–1983; Direktor Steven A. Ballmer, Sr., Vizepräsident, 1984–1989	Prägte die technische Richtung der Gesellschaft, wird als Visionär in Bezug auf neue Produkte angesehen. Allen und Gates schufen die erste Computersprache für Personal Computer. Ballmer baute die Verkaufs- und Marketing-Organisation auf.

Firmenname	Helden	Kommentar
Nucor	F. Kenneth Iverson, Vorstand, CEO & Direktor John D. Correnti, Präsident, COO & Direktor	Belohnt die Angestellten für die Rentabilität des Unternehmens und verteilt Boni für gute Produktionsergebnisse; das Unternehmen vermeidet einen „Verwaltungs-Wasserkopf". „Erfolg ist 70 Prozent Unternehmenskultur und 30 Prozent neue Technologie." Correnti ermutigt dazu, Risiken einzugehen, was zur Senkung von Kosten führte.
Oracle Corporation	Lawrence J. Ellison, Gründer, Präsident & CEO seit 5/77, Vorstand ab 4/90 Jeffrey O. Henley, EVP & CFO Raymond J. Lane, EVP & Präsident von Worldwide Operations	Leitete die Gesellschaft bis 1990; ist weiterhin als Visionär für neue Technologien aktiv. Henley gelang die finanzielle Wende, nachdem die Gesellschaft 1990 ins Stolpern geriet. Lane steigerte Oracles Umsatz von unter einer Milliarde auf drei Milliarden in drei Jahren.
Shaw Industries	Robert Shaw, Präsident, CEO & Direktor seit 1967; Vorstand seit 10.5.95 W. Norris Little, Senior VPO seit 1977; Direktor ab 1979 William C. Lusk, Jr., Finanzleiter seit 1971, Senior VP seit 1977 & Direktor seit 1973	Brachte eine Umwälzung in der Teppichindustrie durch Zusammenfassung und Konzentration auf niedrige Herstellungskosten. Hart im Wettbewerb, bereit zur Opferung kurzfristiger Gewinne für langfristigen Erfolg. Little half bei der Verbesserung der Herstellungs-Kostenstruktur. Lusk ist kritisch bei der Entwicklung neuer Systeme und finanziellen Erwerbungen.
Southwest Airlines	Herbert D. Kelleher, Gründer, Vorstand seit 1967; ebenso Präsident & CEO seit 1982	Erfasst die Zukunft und motiviert mit freundlichem Wesen die Beschäftigten. Kundendienst und niedrigste Preise sind entscheidend.
Staples	Tom Sternberg, Gründer, CEO seit 1985, Vorstand seit 1988	Gründete einen Bürobedarf-Superstore, wobei er auf seine Erfahrungen auf dem Gebiet der Supermärkte zurückgriff und Gattungsbezeichnungen und Kaufhausformat betonte. Unternehmerischer Stil des Managements.
Telecommunications Inc.	John C. Malone, Ph. D., Präsident & CEO seit 1973	Verwendete komplizierte Finanzierung, um kleinen Kabelnetzbesitz als Hebel zum Kauf weiterer Kabelsysteme zu benutzen. Hat Glauben an diesen Industriezweig; ist bereit, Risiken einzugehen; stieg in nur zehn Jahren zur Nummer 1 auf und hat in den folgenden zehn Jahren die Marktbeherrschung verstärkt.

Firmenname	Helden	Kommentar
Thermo Electron	George N. Hatsopoulos, Ph. D., Gründer, Vorstand, CEO & Präsident seit 1956 John H. Hatsopoulos, Eintritt 1956, CFO & EVP seit 1988 Arvin H. Smith, Präsident & CEO von Thermo Instrument Systems Inc. seit 1986, EVP Thermo Electron seit 1991	Eine ungewöhnliche, „ganz besondere" Gesellschaft mit elf öffentlichen „Ausgliederungen", ein Konzept, das sie einführten, um Kapital und Motivation zu schaffen. Zusätzlich wurden brillante „Lückenfüller" erworben, welche dann wieder gewinnbringend gestaltet wurden. Smith ist phänomenal im Betriebswesen und in der Produktion und hilft den beiden Brüdern.
Toys'R'Us	Charles Lazarus, Vorstand seit 1987 & CEO 1987–1994	Lazarus schuf das Superstore-Konzept für Spielzeuge. Toys'R'Us wurde der erste „Killer" der Aufteilung von Kaufhäusern in einzelne Kategorien. Lazarus verbreitete das Konzept dann international.
Wal-Mart	Sam Walton, Gründer (verstorben), gründete die Gesellschaft 1962; bis April 1992	Arbeitete bei der Kaufhauskette J.C. Penney, brachte das Niedrigpreis-Konzept in kleine Städte; starke Beachtung der Kunden, verwendete Verteilungslager zur Niedrighaltung der Kosten.

Großunternehmen	Arbeitsplätze (in 1000)			Umsatz (Mio.)			Nettoeink. (Mio.)			Aktienkurs		
	1975	1985	1.Qu.1995	1975	1985	8/94–7/95	1975	1985	8/94–7/95	1975	1985	31.7.95
Allied Signal, Inc	33.4	143.8	87.5	2,331.1	9,115.0	13,250.0	116.2	(279.0)	788.0	11.69	21.22	46.75
American Express	32.3	70.5	72.4	2,490.2	12,944.0	14,683.0	165.0	810.0	1,413.0	9.13	22.42	38.50
Boeing Co	72.6	104.0	115.0	3,718.9	13,636.0	20,616.0	76.3	566.0	745.0	1.64	20.19	67.00
Caterpillar Inc	78.3	53.6	54.0	4,963.7	6,725.0	14,955.0	398.7	198.0	1,063.0	22.05	17.64	70.38
Chrysler Corp	217.6	114.2	121.0	11,598.4	21,255.5	51,051.0	(259.5)	1,635.2	3,367.0	4.85	16.54	48.75
Citicorp	44.6	81.3	82.6	4,780.5	21,597.0	28,110.0	349.9	998.0	3,642.0	16.20	22.59	62.50
Coca-Cola Co	31.1	38.5	33.0	2,872.8	7,903.9	16,674.0	239.3	722.3	2,671.0	3.31	5.92	65.63
Colgate-Palmolive Co	42.0	40.6	32.8	2,860.5	4,523.6	7,798.2	119.0	109.4	587.1	14.23	13.49	70.00
Deere & Co	53.8	40.5	34.3	2,955.2	4,060.6	9,789.2	179.1	30.5	702.8	21.79	28.83	89.88
Emerson Electric Co	34.0	61.9	73.9	1,250.3	4,649.2	9,279.9	96.2	401.1	846.7	11.69	24.35	70.75
Exxon Corp	137.0	146.0	86.0	44,865.0	86,673.0	102,927.0	2,503.0	4,870.0	5,600.0	10.53	26.07	72.50
Federal Natl Mortgage	1.5*	1.9	3.2	2,475.6	10,342.0	17,756.9	115.0	37.0	2,072.7	5.23	6.62	93.63
General Electric Co	375.0	304.0	216.0	13,399.1	28,285.0	62,082.0	580.8	2,336.0	5,030.0	5.76	15.56	59.00
Gillette Co	33.5	31.4	32.8	1,406.9	2,400.0	6,245.1	80.0	159.9	730.4	1.87	3.85	43.75
Goodyear Tire & Rubber Co	149.2	131.7	90.3	5,452.5	9,585.1	12,621.9	161.6	412.4	584.3	9.42	14.16	43.38
Hewlett-Packard Co	30.2	84.0	98.4	981.2	6,505.0	27,787.0	83.6	489.0	2,002.0	6.09	17.39	77.88
Intl Business Machines Corp	288.6	405.5	219.8	14,436.5	50,056.0	66,414.0	1,989.9	6,555.0	3,918.0	51.50	131.94	108.88
ITT Corp	349.0	232.0	110.0	11,367.5	11,871.1	24,949.0	396.2	293.5	1,048.0	21.04	33.54	120.00
Johnson & Johnson	53.8	74.9	81.5	2,224.7	6,421.3	16,540.0	183.8	613.7	2,116.0	7.45	11.34	71.75
McDonald's Corp	71.0	148.0	183.0	926.4	3,694.7	8,686.1	86.9	433.0	1,261.7	2.45	7.32	38.63
Merck & Co	26.8	30.9	47.5	1,489.7	3,547.5	15,272.8	228.8	539.9	3,079.2	4.15	6.22	51.63
Motorola Inc	47.0	90.2	132.0	1,311.8	5,443.0	23,563.0	41.1	72.0	1,634.0	3.87	8.65	76.50
Raytheon Co	52.7	73.0	60.2	2,245.4	6,408.5	10,085.5	71.0	375.9	763.8	5.65	24.31	82.63
Walgreen Co	29.0	37.2	61.9	1,079.1	3,161.9	9,831.0	9.8	94.2	305.7	0.38	6.53	25.88
Xerox Corp	93.5	102.4	87.6	4,053.8	8,732.1	17,321.0	244.3	475.3	812.0	63.84	50.54	119.38
Total	2,376.0	2,642.1	2,216.7	147,538.7	349,536.1	608,288.6	8,257.8	22,948.4	46,783.4			

* geschätzt

Quelle: Factset, First Call, Moody's Industrial Manual

Ausführung: FMR Equity Research Infocenter Julian Lim

Viele sehr gute Bewegungen!

400.000 Arbeitsplätze verloren. Der Schrumpfungsprozess hat jedoch bewirkt, dass die Unternehmen wettbewerbsfähig und im Geschäft bleiben.

Umsatz und Gewinn verdoppelt

Kleinunternehmen	Arbeitsplätze (in 1000)			Umsatz (Mio.)			Nettoeink. (Mio.)			Aktienkurs		
	1975	1985	1.Qu.1995	1975	1985	8/94–7/95	1975	1985	8/94–7/95	1975	1985	31.7.95
Amgen Inc	-	0.2	3.5	-	21.1	1,723.3	-	0.5	334.8	-	1.36	85.13
Automatic Data Processing	5.4	18.5	22.0	154.7	1,030.0	2,758.8	13.8	87.9	379.3	3.28	12.46	64.00
Cabletron Systems	-	0.4	4.9	-	3.9	870.8	-	0.2	174.1	-	4.78[1]	52.88
Cabot Corp	5.6	7.7	5.4	411.8	1,407.5	1,755.8	14.1	71.3	120.7	1.63	13.33	56.38
Capital Cities/ABC Inc	2.9	8.9	20.2	174.4	1,020.9	6,581.1	25.4	142.2	721.5	1.91	20.68	116.25
Circuit City Stores Inc	0.6	4.6	31.4	61.2	705.5	5,925.9	1.4	22.0	172.8	0.02	3.07	37.00
Compaq Computer Corp	-	1.9	14.4	-	503.9	11,547.0	-	26.6	870.0	-	1.69	50.63
Disney (Walt) Company	14.5	30.0	65.0	520.0	2,015.4	11,276.5	61.7	173.5	1,291.3	2.68	5.48	58.63
EMC	-	0.2	3.4	-	33.4	1,531.0	-	7.5	279.8	-	1.70[2]	22.88
Federal Express Corp	-	34.0	101.0	-	2,606.2	9,187.3	-	131.8	291.0	-	44.61	67.50
Gap Inc	-	11.0	55.0	-	647.3	3,820.0	-	27.7	306.9	-	2.13	34.88
EDS	3.7	40.0	69.9	119.4	3,406.4	10,519.2	14.6	189.8	847.0	0.54	9.36	44.00
Home Depot Inc	-	5.4	67.3	-	700.7	13,173.5	-	8.2	622.5	-	1.41	44.00
Intel Corp	4.6	21.3	32.6	136.8	1,365.0	12,418.0	16.3	1.6	2,560.0	0.93	4.58	65.00
MCI Communications	0.5	12.4	40.7	28.4	2,542.3	13,678.0	(27.8)	113.3	830.0	0.30	4.78	24.00
Microsoft Corp	-	1.0	15.3	-	140.4	5,609.0	-	24.1	1,447.0	-	1.93[3]	90.50
Nucor Corp	2.3	3.9	5.9	121.5	758.5	3,167.6	7.6	58.5	259.1	0.44	6.93	53.50
Oracle Corp	-	0.6	12.1	-	55.4	2,617.1	-	5.9	374.3	-	0.83[3]	41.88
Shaw Industries Inc	1.6	4.3	24.2	86.8	519.5	2,714.6	3.5	25.9	128.2	0.27	1.48	16.75
Southwest Airlines	0.4	5.3	18.8	22.8	679.7	2,593.5	3.4	47.3	149.3	0.10	5.71	28.75
Staples Inc	-	0.2	14.6	-	8.8	2,271.4	-	(1.9)	44.5	-	3.99[4]	22.50
Tele-Comm (TCI)	1.1	4.7	32.0	40.6	577.3	5,400.0	(0.16)	10.12	(22.00)	0.05	4.11	20.00
Thermo Electron Corp	1.3	3.2	10.2	56.2	265.7	1,713.4	1.3	9.6	110.4	0.98	5.45	42.75
Toys R Us Inc	-	45.2	111.0	-	1,976.1	8,776.6	-	119.8	512.6	-	10.26	28.00
Wal-Mart Stores	7.5	104.0	622.0	340.3	8,451.5	85,247.8	11.5	327.5	2,735.5	0.09	3.20	26.63
Total		368.7	1,400.7		31,442.2	226,877.3		1,630.9	15,540.9			

Kleinunternehmen schufen mehr als 1 Mio. neue Arbeitsplätze

Umsätze stiegen um das 7-Fache

Riesige Gewinnzuwächse

Riesige Kursgewinne

ANHANG 1

WERKZEUGE FÜR DIE AKTIENAUSWAHL

Es ist gar nicht so lange her, dass Amateuranleger große Schwierigkeiten hatten, den Fundamentaldaten der Unternehmen zu folgen, deren Aktien sie besaßen. Die Analysten in den Brokerhäusern rannten herum, um alles herauszufinden, was sie konnten, aber diese Informationen kamen nur selten beim Kunden an. Wenn ein Brokerhaus seine Empfehlung von „Kaufen" zu „Verkaufen" änderte, war es der kleine Kunde, der dies als Letzter erfuhr.

Wenn Sie danach fragten, schickte Ihnen Ihr Broker vielleicht einen Analystenbericht über ein Unternehmen, doch diese Berichte waren oftmals mehrere Monate alt. Amateuranleger mussten sich auf die vierteljährlichen und jährlichen Berichte verlassen, die von den Unternehmen selbst herausgegeben wurden. Und sie unternahmen häufige Besuche in der lokalen Bücherei, wo sie eine Veröffentlichung namens *Value Line* studierten.

In *Value Line* findet sich ein jeweils einseitiger ausführlicher Bericht zu Hunderten von Unternehmen, der mit nützlichen Informationen vollgepackt ist – es ist auch heute noch eine exzellente Quelle. Gebrauchen Sie sie, so oft Sie können – wenn Sie einen Aktienbroker haben, können Sie die entsprechenden *Value Line*-Berichte wahrscheinlich von dort erhalten.

In früheren Tagen waren Ihre Nachforschungen limitiert auf die Informationen von *Value Line*; Berichte von Standard & Poor's, die jenen von *Value Line* ähneln, aber weniger Kommentare enthalten; den vereinzelten Analystenbericht aus dem Brokerhaus und das Material, das direkt aus dem Unternehmen zu erhalten war. Das Computerzeitalter hat all dies verändert. In Bezug auf Finanzdaten, die nun per Computer erhältlich sind, hat es eine regelrechte Explosion gegeben. Fast jeden Tag erscheint ein neuer Informationsservice auf der Bildfläche – und viele davon sind kostenlos.

Computer haben den Aktienbroker zu einer wesentlich wertvolleren Nachrichtenquelle gemacht. Anstatt Ihnen einen nicht mehr aktuellen Analystenbericht oder eine Seite aus *Value Line* zu schicken, kann Ihnen der Broker heute alle Up-to-Date-Informationen, die auf seinem Monitor auftauchen, weiterleiten: die neuesten Kommentare der Analysten, Blitznachrichten, die neuesten Gewinnschätzungen für Tausende von Unternehmen und so weiter.

Wenn Sie einen eigenen Computer haben, können Sie all diese Daten auch ohne Hilfe Ihres Aktienbrokers erhalten. Dies ist ein weiterer Bereich, in dem die Jugendlichen einen Vorteil gegenüber den Erwachsenen haben: Sie wissen bereits, wie man ein Modem benutzt und sich in Online-Servicedienste wie zum Beispiel America Online, Prodigy oder CompuServe einklinkt.

Diese zeitnahen Servicedienste geben Ihnen zu jeder Tages- oder Nachtzeit einen laufenden Überblick über die Aktienkurse, sodass Sie nicht auf die morgige Tageszeitung warten müssen, um herauszufinden, was mit Ihren Aktien passiert ist. Aber die Anzeige der Aktienkurse ist das wenigste. Sie können außerdem Unternehmensberichte, Industrieberichte, neueste Nachrichten und „Screens" erhalten.

Screens sind eine wundervolle Erfindung, eine Art Vermittlungsagentur für Aktien per Computer. Sie teilen dem Computer einfach mit, was Sie suchen, zum Beispiel ein Unternehmen ohne Schulden oder ein Unternehmen ohne Schulen mit hohen Barreserven, dessen Gewinne jedes Jahr um 20 Prozent steigen, oder ein Unternehmen, das Verluste macht, keine Schulden und hohe Barreserven hat und zu einem Kurs von weniger als drei Dollar je Aktie zu haben ist. Innerhalb von Sekunden spuckt der Computer eine Liste mit Firmennamen aus, die diesen Beschreibungen entsprechen. Bevor wir Computer hatten, war es praktisch unmöglich, das Universum von Tausenden von Unternehmen zu erforschen, um die wenigen herauszufinden, die unseren Wünschen entsprechen. Nun ist es einfach.

Zusammen mit der Explosion von Online-Services gab es auch überraschende Veränderungen im Bereich der Aktionärsbetreuung. Die Unternehmen haben schon immer versucht, mit ihren größten Investoren zu kommunizieren, aber nun kümmern sie sich auch um den kleinsten Anleger. Von verschiedenen Unternehmen erhalten Sie Jahres- und Vierteljahresberichte umsonst.

Sie können beispielsweise eine gebührenfreie Telefonnummer anrufen und mittels einer aufgezeichneten Telefonansage die neuesten Nachrichten über die Entwicklung des Unternehmens erhalten. Wenn Sie das *Wall Street Journal* lesen, können Sie auf der Seite der Aktienkurse bei den entsprechenden Auflistungen das „Kreuz"-Symbol eines Kartenspiels erkennen, was bedeutet, dass Ihnen diese Unternehmen ihre Berichte umsonst schicken oder faxen.

Sie können heutzutage auch über Tausende von Fonds mehr und bessere Informationen erhalten. Die Fonds selbst unternehmen alle Anstrengungen, ihre Berichte und Prospekte zu vereinfachen, sodass die Menschen besser verstehen, was ihre Strategie ist, wie riskant sie sind und wie gut sie sich entwickelt haben. Magazine wie *Forbes* und *Money* und Finanzzeitungen wie das *Wall Street Journal* veröffentlichen detaillierte Besprechungen von Fonds, wodurch Sie viel über die einzelnen Fondsvarianten und deren verschiedene Risiken lernen können sowie welche Fonds in jeder Kategorie am besten und schlechtesten abgeschnitten haben.

Zusätzlich verfolgen zwei große Research-Organisationen, Morningstar und Lipper, die Entwicklung von Fonds.

Morningstar veröffentlicht einen Fonds-Führer, der für Fonds das ist, was *Value Line* für Aktien bedeutet – es gibt eine Seite für jeden Fonds, auf der praktisch alles Wissenswerte enthalten ist. Die Broker haben Ausgaben von Morningstar in ihren Büros. Bevor Sie einen Fonds kaufen, prüfen Sie auf jeden Fall, was Morningstar darüber zu sagen hat.

Die Lipper-Rangfolge wird zweimal im Jahr im Magazin *Barron's* und viermal im Jahr im *Wall Street Journal* veröffentlicht. Auch damit finden Sie heraus, welche Fonds in den verschiedenen Kategorien am besten abgeschnitten haben.

ANHANG 2

WIE SIE DIE ZAHLEN RICHTIG LESEN – WIE MAN EINE BILANZ ENTSCHLÜSSELT

Man sagt oft, ein Bild sei mehr wert als tausend Worte. Gleiches gilt für die Zahlen im Geschäftsleben. Unabhängig davon, was der Vorstandsvorsitzende im Text des Jahresberichts sagt, sind es doch die Zahlen am Ende des Berichts, die Ihnen ein komplettes, unverhülltes Bild vom Stand und der Entwicklung eines Unternehmens geben.

Wenn die eigene Auswahl von Aktien Ihr Hobby wird oder werden soll, tun Sie sich selbst einen Gefallen: Machen Sie einen Buchführungskurs.

Um Ihnen in der Zwischenzeit zu helfen, die Zahlen richtig zu entschlüsseln, haben wir Ihnen eine Auswahl davon zusammengestellt, was Sie in einem typischen Finanzbericht eines Unternehmens finden. Es handelt sich dabei um die fünfjährige Geschichte einer imaginären Firma namens Compuspeak, gegründet von einer imaginären Person namens Barclay.

Barclay arbeitet im Silicon Valley in Kalifornien als Wissenschaftler. In seiner Freizeit hat er einen neuen Apparat, genannt Interface, entwickelt, der es dem Benutzer erlaubt, jedem Personal Computer mündliche Kommandos wie zum Beispiel „einschalten“, „ausschalten“, „nächstes Fenster“ oder „Diskette kopieren“ zu geben. Er ist an dem Punkt angelangt, wo er die Teile in seinem behelfsmäßigen Laboratorium in seiner Garage fertigt. Um die Rechnungen bezahlen zu können, hat er eine zweite Hypothek auf sein Haus aufgenommen. Den Rest der Geschichte lesen wir aus der Bilanz heraus, die auf Seite 332 gezeigt wird.

Eine Bilanz ist eine Liste mit allem, was eine Firma besitzt oder schuldet. Sie ist ähnlich einer Liste von positiven und negativen Eigenschaften, die Sie über sich selbst zusammenstellen würden.

Die beiden Seiten einer Bilanz sind stets ausgeglichen, die Zahlen mit einem Plus davor ergeben aufaddiert dasselbe Resultat wie diejenigen mit einem Minus. Normalerweise hat eine Bilanz eine linke und eine rechte Seite, in unserem Beispiel jedoch haben wir sie übereinandergestellt.

Die Firma Compuspeak wird mit den 100.000 Dollar, die Barclay von seiner Bank mittels einer zweiten Hypothek auf den Wert seines Hauses geborgt hat, zum Leben erweckt. Er investiert das Geld in sein noch jungfräuliches Unternehmen, worauf der Betrag am Tag 1 auf der Plusseite unter der Überschrift Umlaufvermögen an zwei Stellen auftaucht: 50.000 Dollar bei Barvermögen und 50.000 Dollar bei Anlagevermögen und Ausrüstung. Barclay hat 50.000 Dollar für Ausrüstung ausgegeben – Maschinen, um seine Apparate herzustellen. Zu diesem Zeitpunkt hat er kein Anlagevermögen, keine Fabrik, da er noch von seiner Garage aus arbeitet.

Dies bringt uns zum Punkt Abschreibungen. Die Abschreibung resultiert aus der Tatsache, dass Fabriken, Büros, Maschinen, Computer, Schreibtische, Stühle und so weiter an Wert verlieren, wenn sie älter werden. Die Finanzbehörden erkennen dies an und erlauben den Firmen, diesen Wertverlust auf die Ausrüstung und die Gebäude abzusetzen.

Grundbesitz kann zwar nicht abgeschrieben werden, aber ansonsten haben die Finanzbehörden für alles vom Tonbandgerät bis zum Solarium eine entsprechende Formel. Gebäude können gewöhnlich über 20 bis 25 Jahre abgeschrieben werden; Maschinen, Schreibmaschinen, Computer und so weiter haben eine wesentlich kürzere Abschreibungszeit – 3 bis 15 Jahre, je nach Gegenstand. Das ist deshalb so, weil sie wesentlich schneller veralten als Gebäude.

Sie sehen, dass es am Tag 1 unter dem Punkt „abzüglich Abschreibungen" bei Anlagevermögen und Ausrüstung noch keinen Eintrag gibt. Dies deshalb, weil Barclay noch keinen Wertverlust in Anspruch genommen hat.

So viel zu den Pluswerten – dem Vermögen. Nun begeben wir uns zur unteren Hälfte, zu den Verbindlichkeiten. Darunter fällt, was ein Unternehmen schuldet. Am Tag 1 schuldet Compuspeak niemandem etwas, da Barclays Bankdarlehen über 100.000 Dollar privat ist – er hat dafür eine Hypothek auf sein Haus aufgenommen. Die Verbindlichkeiten des Unternehmens sind null.

Unterhalb der Verbindlichkeiten finden Sie den Abschnitt „Eigenkapital". Ein Unternehmen kommt zu Eigenkapital auf zwei Arten: Entweder es verkauft Anteile oder es macht Gewinne aus seinem Geschäftsbetrieb. Am Tag 1 hat Compuspeak noch keinen Dollar verdient – beachten Sie auch, dass die einbehaltenen Gewinne null sind –, sodass das einzige Eigenkapital aus den 100.000 Dollar besteht, die Barclay in das Unternehmen investiert hat. Es handelt sich dabei um das eingezahlte Kapital.

Unterhalb des Eigenkapitals steht der Abschnitt „Verbindlichkeiten und Aktionärskapital", der die Summe aus den gesamten Verbindlichkeiten, dem eingezahlten Kapital und den einbehaltenen Gewinnen darstellt. Danach kommen wir zum Punkt „umlaufende Aktien".

Als Barclay die ursprünglichen 100.000 Dollar in sein Unternehmen investierte, gab er an sich selbst 10.000 Aktien aus, was, wie aus der letzten Zeile ersichtlich, einen Wert pro Stück von zehn Dollar bedeutet. Die Anzahl der ausgegebenen Aktien war eine willkürliche Entscheidung von Barclay, er hätte genauso gut 1.000 Anteile zum Stückpreis von 100 Dollar ausgeben können.

Unabhängig davon, ob es sich um Barclays Firma oder um General Motors handelt, die Bilanz ist immer in der gleichen Art erstellt. Sie können auf einen Blick erkennen, wo die Pluspunkte liegen – das Bargeld, die Warenbestände und so weiter – und wie es um die Minusseite steht.

Ab dem ersten Tag entwickelt sich die Bilanz dann fort. Lassen Sie uns nun auf die Situation schauen, die sich am Ende des ersten Jahres ergibt. Wir kehren dazu zurück zum Anfang der Bilanz und sehen unter Umlaufvermögen, dass im Unternehmen nur noch 25.000 Dollar an Bargeld vorhanden ist. Barclay hat den Rest ausgegeben, um die Geschäftskosten zu begleichen und sein Produkt, das Interface, herzustellen.

Nun kommen wir zu den Forderungen von 19.500 Dollar. Wir ersehen daraus, dass einige von Barclays Kunden das Interface gekauft, aber die entsprechenden Rechnungen noch nicht bezahlt haben. Bei den 19.500 Dollar handelt es sich also um Geld, das dem Unternehmen geschuldet wird, also Forderungen. Es ist der Gesamtbetrag, den die Kunden schulden.

Anschließend kommen wir zum Warenbestand von 30.000 Dollar. Das bedeutet, dass sowohl fertige Interfaces als auch zur Herstellung benötigte Teile im Wert von 30.000 Dollar in Barclays Garage liegen und darauf warten, verkauft zu werden. Unverkaufte Ware wird als Vermögenswert betrachtet, obwohl es keinerlei Garantie dafür gibt, dass Barclay jemals fähig sein wird, diese bisher unverkauften Interfaces zum regulären Preis zu verkaufen.

Gehen wir weiter zum Punkt Anlagevermögen und Ausrüstung, erkennen wir unter „abzüglich Abschreibungen“ den Betrag von 10.000 Dollar. Barclay hat 10.000 Dollar vom Wert seiner Maschinen abgeschrieben. Er hat 50.000 Dollar ausgegeben, um diese Ausrüstung anzuschaffen, doch nun führt er sie in den Büchern nur noch zu einem Wert von 40.000 Dollar. Er wird diese 10.000 Dollar Wertverlust in seiner Steuererklärung abziehen können. Aufgrund der Art der Maschine, die er besitzt und die schnell veraltet, erlaubt ihm das Finanzamt, jedes Jahr 20 Prozent des Wertes abzuschreiben. Die 10.000 Dollar sind also 20 Prozent der ursprünglichen Anschaffungskosten von 50.000 Dollar, die beim Start der Firma unter Anlagevermögen und Ausrüstung aufgeführt waren.

Auf der Passivseite finden wir 10.000 Dollar an Verbindlichkeiten. Hierbei handelt es sich um Geld, das Barclay schuldet. Der Betrag steht für alle Rechnungen, die er noch nicht bezahlt hat, Telefon- und Stromrechnungen, Rechnungen von seinen Lieferanten und so weiter.

Unterhalb der Verbindlichkeiten, beim Eigenkapital, sehen Sie den Betrag für „einbehaltene Gewinne" in Höhe von 4.500 Dollar. Das ist das, worum sich alles dreht – Barclays Gewinn nach einem Jahr im Geschäft. Das Unternehmen verfügt nun über ein Eigenkapital von 104.500 Dollar. Dies setzt sich zusammen aus den 100.000 Dollar, die Barclay zu Beginn investiert hat, zuzüglich der 4.500 Dollar, die das Unternehmen im ersten Jahr verdient hat.

Barclay hatte die Wahl, was er mit seinem Gewinn anfangen wollte. Er hätte die 4.500 Dollar in seine eigene Tasche stecken können, indem er sich eine Dividende ausgezahlt hätte. Stattdessen jedoch beließ er sie im Unternehmen, sodass der zusätzliche Betrag in das Wachstum des Geschäfts investiert werden kann. Deshalb sagen wir, dass die Gewinne „einbehalten" wurden.

Dank der einbehaltenen Gewinne zuzüglich seines ursprünglichen Startkapitals von 100.000 Dollar ist Barclays Unternehmen nun mit 104.500 Dollar bewertet – das Eigenkapital am Ende des ersten Jahres. Nachdem Barclay an sich selbst 10.000 Aktien ausgegeben hat, ist jedes Stück nun 10,45 Dollar (104.500 Dollar geteilt durch 10.000 Stück) wert. Dies nennt man auch das Eigenkapital je Aktie beziehungsweise den Buchwert.

Wenn wir uns das zweite und das fünfte Jahr betrachten, sehen wir anhand der Zahlen, wie Compuspeak sein Geschäft ausgeweitet hat, indem es mehr Interfaces verkauft hat, während die Forderungen und der Warenbestand ebenfalls stiegen. Im zweiten Jahr steht auf der Minusseite ein neuer Posten: 121.000 Dollar an Bankschulden. Dieses Mal leiht nicht Barclay das Geld, sondern das Unternehmen. Compuspeak benötigt diese Mittel, um für die Expansion zu bezahlen: neue Maschinen, höherer Warenbestand, mehr Arbeiter und so weiter.

Ist Ihnen aufgefallen, dass die Bankschulden am Ende der Bilanz nicht als Eigenkapital gewertet werden? Wenn Banken an Unternehmen Geld verleihen, werden sie nicht zu deren Besitzern. Genauso wenig wie Personen, die Anleihen eines Unternehmens kaufen. Barclay besitzt immer noch alle 10.000 Aktien, und nach zwei Jahren einbehaltener Gewinne hat sich sein Eigenkapital auf 114.500 Dollar erhöht.

Am Ende des fünften Jahres hat Compuspeak einen langen Weg hinter sich. Das Unternehmen besitzt nun ein Barvermögen von 180.000 Dollar. Zusammen mit dem sonstigen Umlaufvermögen addiert sich dies auf 744.500 Dollar. Unterhalb des Umlaufvermögens, bei Anlagevermögen und Ausrüstung, entdecken wir, dass Barclay seine Kapitalausgaben erhöht hat, da der Betrag an dieser Stelle von 120.000 Dollar am Ende des zweiten Jahres auf 500.000 Dollar am Ende des fünften Jahres gesprungen ist.

Um so viel auszugeben, muss er wohl seine Garage verlassen, irgendwo eine kleine Fabrik gebaut und neue Maschinen installiert haben. Wenn er mehr Ausrüstung kauft, steigen natürlich auch die diesbezüglichen Wertverluste entsprechend.

Verschiedene Arten von Unternehmen erfordern verschieden hohe Kapitalausgaben. Stahlverarbeitungsbetriebe zum Beispiel haben riesige Kosten: Es erfordert hohe Geldbeträge, eine Stahlfabrik zu unterhalten und ständig zu modernisieren. Ölbohrstellen benötigen sehr wenig Kapitalausgaben, sobald das Loch erst einmal gebohrt ist und das Öl heraussprudelt. Werbeagenturen haben so gut wie keinerlei Kapitalausgaben: Alles, was sie benötigen, ist ein Büro und eine Anzahl Schreibtische.

Barclay muss zwar weniger für ständige Verbesserungen ausgeben als der Eigentümer einer Stahlfabrik, doch in Relation zum Rest seines Budgets stellen die Kapitalausgaben einen großen Eingriff in seine Mittel dar. Das liegt in der Natur eines Hightech-Hardware-Geschäfts, wie er es betreibt.

Auf der Passivseite können wir erkennen, dass Barclay seine Bankschulden zurückgezahlt hat, da sich am Ende des fünften Jahres der Schuldbetrag wieder auf null reduziert hat. Sie fragen sich nun sicher, woher er das Geld dafür hatte. Sie finden die Antwort beim Eigenkapital.

Das eingezahlte Kapital ist von 100.000 auf 700.000 Dollar geschnellt. Barclay muss neue Aktien ausgegeben und verkauft haben. Sehen Sie die Veränderung bei den umlaufenden Aktien? Bisher standen da 10.000 Stück, alle im Eigentum von Barclay. Nun sind es 15.000 Aktien geworden.

Ein anderer Investor muss eingestiegen sein! Über das eingezahlte Kapital können wir seinen Spuren folgen. Wir sehen die Zahl 700.000 Dollar und wissen, dass Barclay zu Anfang 100.000 Dollar eingezahlt hat, also muss der neue Investor 600.000 Dollar für 5.000 neu ausgegebene Aktien von Compuspeak bezahlt haben. Der neue Investor besitzt nun ein Drittel von Barclays Unternehmen.

In Anbetracht dieser notwendigen Kapitalanlage ist das Eigenkapital je Aktie zum Ende des fünften Jahres auf 59,63 Dollar angestiegen beziehungsweise hat Compuspeak einen Buchwert von 59,63 Dollar je Aktie. Das bedeutet gleichzeitig, dass Barclays eigene 10.000 Aktien nun 596.300 Dollar wert sind. Seine ursprüngliche Investition von 100.000 Dollar und all die harte Arbeit, die er in sein Unternehmen gesteckt hat, beginnen sich bezahlt zu machen.

Warum ist der unbekannte Investor bereit, 600.000 Dollar zu riskieren, und zahlt 120 Dollar je Aktie für Barclays Unternehmen? Weil er erkennt, wie gut Barclay bisher gearbeitet hat, und glaubt, dass das Wachstum bei Umsatz und Gewinn anhalten wird. Das ist die vielversprechende Aussicht bei einem kleinen Unternehmen, dessen Größe sich jedes Jahr mehr als verdoppelt.

In der Gewinn-und-Verlust-Rechnung auf Seite 333 können Sie unter dem Punkt „Gewinn pro Aktie" die Gewinne selbst nachverfolgen: 0,45 Dollar nach dem ersten Jahr, 1,00 Dollar nach dem zweiten Jahr und 6,00 Dollar nach dem fünften Jahr. Der unbekannte Investor hat also 120 Dollar je Aktie für ein Unternehmen bezahlt, das sechs Dollar je Aktie verdient, basierend auf den Erträgen aus dem fünften Jahr.

Indem wir den Aktienpreis (120 Dollar) durch den Gewinn je Aktie (6 Dollar) teilen, erhalten wir das KGV, in diesem Fall 20. Die durchschnittliche Aktie an der New Yorker Börse hat derzeit ein KGV von

15 bis 16, sodass der unbekannte Investor für seinen Anteil an Compuspeak etwas mehr bezahlt, als Investoren im Allgemeinen für eine öffentlich gehandelte Aktiengesellschaft zu zahlen bereit sind. Er tut dies, weil er das Potenzial schnell wachsender kleiner Unternehmen kennt. Er weiß, es ist riskant, aber wenn alles gut geht, rechnet er sich eine Chance aus, dass Compuspeak schließlich ebenfalls an die Börse gehen und die Aktie sich verzehn-, verzwanzig- oder verfünfzigfachen wird und er so das Vielfache seines Einsatzes zurückerhalten wird.

Wenn er die Wahl hätte, würde Barclay nicht ein Drittel seiner geliebten Compuspeak verkaufen. Er tut es, weil er das Geld braucht, um die Expansion des Unternehmens sicherzustellen, um die Kosten für das Warenlager, den Forderungsbestand und die Gehälter abdecken zu können. Sein Erfolg hat die Barreserven aufgezehrt und der Verkauf von Anteilen ist der leichteste Weg, um Bargeld zu erhalten. Indem er ein Drittel von Compuspeak abgibt, sichert er gleichzeitig dessen Überleben. Er denkt sich, dass der Besitz von 67 Prozent einer grundsoliden Firma besser ist, als 100 Prozent eines Unternehmens zu besitzen, das ohne Bargeldreserven dasteht und sein Potenzial nicht realisieren kann.

Nachdem einige Jahre ins Land gegangen sind, erreicht Barclay den Punkt, an dem er mehr Geld braucht. Das mag der perfekte Zeitpunkt sein, um Aktien auszugeben. Bis dahin bringt Barclay große Opfer, um sein Ziel zu verfolgen. Er hat seinen „richtigen Job“ aufgegeben, um seine gesamte Zeit seinem Unternehmen zu widmen, und er gönnt sich nur ein minimales Gehalt, gerade genug, um die grundlegenden Lebenshaltungskosten zu decken. Er hat sich Geld auf den Wert seines Hauses geborgt, um das Anfangskapital für seine Firma zu erhalten, seine Hypothekenrückzahlungen sind deshalb höher als zuvor. Er ist zu beschäftigt, um Urlaub zu machen, und eigentlich kann er ihn sich auch nicht leisten.

Barclays Frau macht in ihrem Job Überstunden, sodass sie so viel von den Haushaltskosten wie möglich bezahlen kann. Die beiden essen zu Hause und vermeiden teure Restaurants.

Statt wie bisher alle vier Jahre ein neues Auto zu kaufen, wie sie es in der Vergangenheit getan haben, behalten sie nun ihr altes. Ihr Lebensstandard hat sich merklich verringert, aber beide nehmen das in Kauf. Barclays Frau ist genauso positiv für Compuspeak eingestellt wie er selbst.

Kommen wir auf die Zahlen zurück und konzentrieren wir uns nun auf die Gewinn-und-Verlust-Rechnung. Hieraus erhalten wir einen Überblick über die Vorgänge innerhalb der Firma: wie viel Geld verdient und wie viel ausgegeben wird. Im Jahr 1 erkennen wir unter dem Punkt Umsatzerlöse, dass Compuspeak Interfaces im Wert von 200.000 Dollar verkauft hat. Mittlerweile wurden durch die Bargeldreserve, die auf dem Sparkonto des Unternehmens geparkt war, 2.500 Dollar Zinsen erzielt, sodass sich Compuspeaks Gesamteinnahmen aus dem ersten Jahr im Geschäft auf 202.500 Dollar belaufen. In der Buchhaltungssprache wird diese Gesamteinnahme „Nettoerlöse" (Net Revenues) genannt.

Genau unterhalb der Nettoerlöse finden wir heraus, wohin die meisten dieser Einkünfte gingen. Dies ist die Kostensektion. Hier erhalten wir sowohl einen Überblick über die Kosten für Material und Personal als auch die Vertriebs-, Gemein- und Verwaltungskosten (im Englischen bekannt als SG&A), die nötig sind, um das Geschäft am Laufen zu halten und das Produkt anzubieten.

Sie können ebenfalls erkennen, dass Barclay im ersten Jahr 20.000 Dollar für Forschungs- und Entwicklungsarbeit ausgegeben hat. Er hat versucht, das Interface zu verbessern, sodass es den Wettbewerbern schwerer fällt, ihn aus dem Markt zu drängen.

Nicht viele Unternehmen sind mit so vielen Kosten belastet wie Compuspeak. Damit kommen wir zu einer Frage, die Sie in Erwägung ziehen müssen, bevor Sie in eine Aktiengesellschaft investieren: Handelt es sich um ein kapitalintensives Geschäft – werden hohe Beträge benötigt, um Vertriebsleute, Forschung und Entwicklung zu bezahlen? Wenn dies so ist, wird eine Menge von dem Geld, das anderenfalls in die Taschen des Investors wandern würde, auf der Kostenseite versickern.

Wenn Sie in ein Unternehmen investieren, das Sand- und Kiesgruben betreibt, werden sich die Forschungs- und Entwicklungskosten auf null belaufen, weil es die Firma nicht nötig hat, den gewonnenen Sand und Kies zu verbessern, um mit dem technologischen Fortschritt Schritt zu halten. Auch die Verkaufskosten werden niedrig sein, weil die Firma letztlich keine teure Vertriebsmannschaft anheuern muss, um ihren Sand und Kies an den Mann zu bringen.

Genauso werden in einem Unternehmen, das eine Kette von Hamburger-Restaurants betreibt, die Forschungs- und Entwicklungskosten minimal sein, denn es ist schwierig, einen Hamburger zu verbessern; und das Verkaufspersonal kann zu sehr niedrigen Kosten beschäftigt werden, da zum Hamburgerverkauf keine besondere Ausbildung erforderlich ist.

In seiner Branche jedoch kann Barclay mit einfachen Hilfskräften als Verkaufsmannschaft nichts anfangen. Er benötigt ausgebildete Vertriebsleute, die das Interface verstehen und es interessierten Endabnehmern und Computerläden, die es ihrerseits weiterverkaufen, erklären können.

Einige von Barclays Hauptaufwendungen und alle seine Forschungs- und Entwicklungsaufwendungen sind freiwillig, das heißt, er musste diese Beträge nicht ausgeben. Er war nicht verpflichtet, Forschung zu betreiben oder seine Maschinen auf den neuesten Stand zu bringen.

Der Geschäftsführer jedes Unternehmens muss entscheiden, wie viel er für grundlegende Verbesserungen und Forschung ausgeben will oder ob das Unternehmen auch ohne diese Aufwendungen auskommen kann. Vorstände und andere Unternehmensmanager müssen derartige Entscheidungen immer wieder treffen. Wenn sie die Forschung außer Acht lassen oder ihre Fabriken und Maschinen nicht auf den neuesten Stand bringen, gehen sie das Risiko ein, von einem Wettbewerber zerstört zu werden, der mit einem besseren Produkt, hergestellt zu niedrigeren Kosten, daherkommt.

Andererseits werden sich die Gewinne kurzfristig dramatisch erhöhen, wenn an grundsätzlichen Ausgaben und Forschungsarbeit gespart wird.

In den meisten Fällen treiben höhere Gewinne den Aktienkurs nach oben, was die Aktionäre glücklich macht. Und mit dem Geld, das nicht für Verbesserungen ausgegeben wird, kann das Unternehmen eine fette Dividende auszahlen, was die Aktionäre noch glücklicher macht. Doch wenn die Gesellschaft ihren Wettbewerbsvorsprung verliert und ein Konkurrent das Geschäft stiehlt, ist dieses Glück nur von kurzer Dauer. Der Umsatz wird fallen, die Gewinne werden fallen und der Aktienkurs wird zurückgehen. Bald darauf wird das Unternehmen kein Geld mehr haben, um eine Dividende zu bezahlen.

Indem er keine Forschung betrieben und seine sonstigen Ausgaben merklich gekürzt hätte, wäre Barclay in der Lage gewesen, den leichten Weg zu gehen und sich eine großzügige Dividende zu gewähren. Er hätte seine kurzfristigen Gewinne in die Höhe treiben und so das Unternehmen profitabler aussehen lassen können, um einen Käufer für den Rest seiner Anteile anzulocken. Er hätte alles verkaufen, Kasse machen und sich fortan dem Golfspiel widmen können.

Doch wie viele der Helden, über die Sie in Kapitel 4 gelesen haben, hat auch Barclay der Verlockung widerstanden, Geld aus seinem Unternehmen herauszuziehen. Er hält seine Hauptausgaben und Forschungsausgaben aufrecht, da er an die Zukunft seines Unternehmens glaubt. Eines Tages, wenn Compuspeak ein 100-Millionen-Dollar-Geschäft wird, kann er seine Aktien immer noch verkaufen und sich zwei Golfplätze und einen Learjet zulegen. Aber wahrscheinlich wird er das dann auch nicht tun. Er wird viel zu sehr damit beschäftigt sein, herauszufinden, wie er Compuspeak zu einem 200-Millionen-Dollar-Geschäft machen kann.

Unterhalb der Forschungs- und Entwicklungskosten stoßen wir wieder auf unseren alten Freund „Abschreibung". Wie bereits erwähnt, war es Barclay im ersten Jahr möglich, 10.000 Dollar an Abschreibungen in Anspruch zu nehmen. Wie es sein sollte, zeigt sich dieser Betrag auf der Kostenseite. Bald genug wird die Ausrüstung veraltet sein und Barclay wird wieder 10.000 Dollar aufwenden müssen, um sie zu ersetzen. Deshalb erlaubt die Regierung seinem Unternehmen, die Abschreibung abzusetzen. Die Aufwendungen für die Erneuerung der Maschinen, Fabriken und so weiter sind Geschäftskosten, die eines Tages bezahlt werden müssen.

Die nächste Station ist der Gewinn vor Steuern. Wir sehen hier, dass Compuspeak im ersten Jahr 7.500 Dollar verdient hat, bevor das Finanzamt seinen Teil beanspruchte. Die meisten Beschwerden über die Finanzämter werden von normalen Bürgern geführt, die mit ihren Einkommensteuersätzen unglücklich sind, aber Steuern reißen auch ein ziemlich großes Loch in die Unternehmensgewinne. Von seinem Gewinn in Höhe von 7.500 Dollar muss Compuspeak 40 Prozent, also 3.000 Dollar an den Staat abgeben. Zurück bleiben die 4.500 Dollar Nettogewinn, die wir bereits in der Bilanz gesehen haben. Wenn das Unternehmen keine Dividende bezahlt (wie bei Compuspeak), ist der Nettogewinn oder Reinertrag gleichbedeutend mit den einbehaltenen Gewinnen, umgangssprachlich auch „Profit“ genannt.

Compuspeak wächst sehr schnell, und in allen Kategorien erhöhen sich die Zahlen. Zum Ende des fünften Jahres macht das Unternehmen mit seinen Interfaces einen Umsatz von fast zwei Millionen Dollar, während für Material- und Personalkosten eine Million Dollar und für Forschung und Entwicklung 210.000 Dollar ausgegeben werden. Die jährlichen Kosten für Forschung und Entwicklung sind nun bereits doppelt so hoch wie Barclays ursprüngliches Investment in das Unternehmen. Compuspeak macht einen Profit von 90.000 Dollar im Jahr.

Die Kapitalflussrechnung (Cashflow-Bericht) auf Seite 334 hilft Ihnen, den Weg des Geldes von einer Stelle zur anderen zu verfolgen. Der Nettogewinn von 4.500 Dollar aus dem ersten Jahr taucht zusammen mit den 10.000 Dollar, die in der Abschreibung verschwunden sind, in der Kapitalflussrechnung wieder auf. Addieren Sie dazu die 100.000 Dollar, die Barclay zum Kauf der ursprünglichen 10.000 Aktien aufwendete, zuzüglich einer Erhöhung von 10.000 Dollar bei den kurzfristigen Verbindlichkeiten und Sie erhalten den Gesamtbetrag von 124.500 Dollar.

Der Abschnitt Kapitalverwendung zeigt Ihnen eine detailliertere Aufstellung der Ausgaben: Die 50.000 Dollar, die Barclay für Einrichtungen und Ausrüstung ausgegeben hat, die 30.000 Dollar für den Warenbestand und die 19.500 Dollar an Forderungen. Wenn Sie den Bargeld-Abfluss in Höhe von 99.500 Dollar vom Bargeld-Rückfluss in Höhe von 124.500 Dollar abziehen, verbleiben 25.000 Dollar. Diese 25.000 Dollar tauchen als Barvermögen in der ersten Zeile der Bilanz aus dem Jahr 1 wieder auf. Diese Art der Symmetrie ist es, die einen Buchhalter in Entzücken geraten lässt.

Gratulation! Sie haben gerade den kürzesten Buchhaltungskurs der Geschichte hinter sich gebracht. Nun, da Sie so weit gekommen sind, können Sie genauso gut einen Blick auf die Zahlen in einem realen Jahresbericht werfen. Einige davon werden Ihnen jetzt sicherlich verständlich sein.

Bilanz

Aktiva

Umlaufvermögen	1.Tag	Ende des 1. Jahres	Ende des 2. Jahres	Ende des 5. Jahres
Kasse/Barvermögen	50.000	25.000	40.000	180.000
Forderungen	—	19.500	49.500	254.500
Warenbestände	—	30.000	80.000	310.000
Total Umlaufvermögen	50.000	74.500	169.500	744.500
Anlagevermögen und Ausrüstung	50.000	50.000	120.000	500.000
abzügl. Abschreibungen	—	10.000	34.000	250.000
Nettoanlagevermögen	50.000	40.000	86.000	250.000
Total Aktiva	100.000	114.500	255.500	994.500

Passiva

kurzfristige Verbindlichkeiten	1.Tag	Ende des 1. Jahres	Ende des 2.Jahres	Ende des 5. Jahres
Lieferantenverb.	—	10.000	20.000	100.000
Bankverb.	—	—	121.000	—
langfr. Verb. (max. 1 Jahr)	—	—	—	—
Total kurzfr. Verb.	0	10.000	141.000	100.000
längerfr. Verb.	—	—	—	—
Total Verbindlichkeiten	0	10.000	141.000	100.000
Eigenkapital				
eingezahltes Kap.	100.000	100.000	100.000	700.000
einbeh. Gewinne	—	4.500	14.500	194.500
	100.000	104.500	114.500	894.500
Verbindlichkeiten & Aktionärskapital	100.000	114.500	255.500	994.500
umlaufende Aktien	10.000	10.000	10.000	15.000
Eigenkap. oder Buchwert je Aktie	10,00	10,45	11,45	59,63

Gewinn-und-Verlust-Rechnung
Betriebsergebnisrechnung

	1. Jahr	2. Jahr	5. Jahr
Umsatzerlöse	200.000	400.000	1.900.000
Habenzinsen	2.500	1.000	10.000
Nettoerlöse	202.500	401.000	1.910.000
Kosten			
Material/Herstellung	110.000	204.000	1.000.000
Vertrieb/Verwaltung	55.000	111.000	448.000
Forschung und Entwicklung	20.000	40.000	210.000
Abschreibung	10.000	24.000	102.000
Sollzinsen	—	6.000	—
Gesamtkosten	195.000	385.000	1.760.000
Gewinn vor Steuern	7.500	16.000	150.000
Steuern (40 %)	3.000	6.000	60.000
Nettogewinn	4.500	10.000	90.000
umlaufende Aktien	10.000	10.000	15.000
Gewinn pro Aktie	0,45	1,00	6,00

Cashflow-Bericht

Kapitalnachweis	**1. Jahr**	**2. Jahr**	**5. Jahr**
Cashflow aus d. Geschäftstätigkeit			
Nettogewinn	4.500	10.000	90.000
Abschreibungen	10.000	24.000	102.000
	14.500	34.000	192.000
Zunahme der Lieferantenverb.	10.000	10.000	50.000
Cashflow aus Finanzierung			
Verkauf v. Vorzugsaktien	100.000	—	—
Erlös aus kurzfr. Schulden	—	121.000	—
Erlös aus langfr. Schulden	—	—	—
	100.000	121.000	0
Total	124.500	165.000	242.000

Kapitalverwendung			
Zunahme Anlagevermögen	50.000	70.000	160.000
Zunahme Warenbestand	30.000	50.000	80.000
Zunahme Lieferantenverb.	19.500	30.000	60.000
Unternehmenskäufe	—	—	—
Tilgung kurzfr. Schulden	—	—	—
Tilgung langfr. Schulden	—	—	—
Dividende an Aktionäre	—	—	—
Total	99.500	150.000	300.000

Barvermögen zum Jahresanfang	0	25.000	238.000
Zunahme (Rückgang) d. Barverm.	25.000	15.000	(58.000)
Barvermögen zum Jahresende	25.000	40.000	180.000